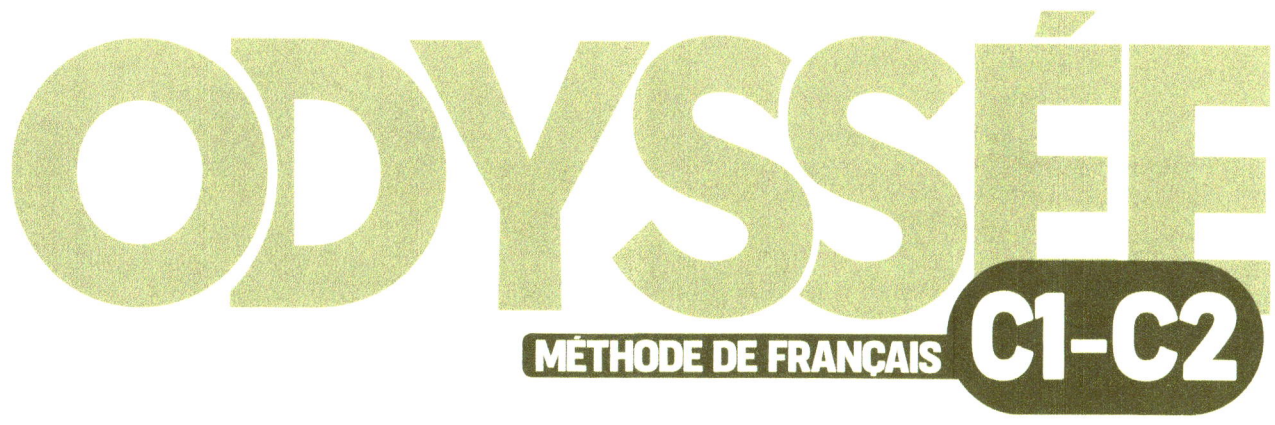

MÉTHODE DE FRANÇAIS C1-C2

Livre du professeur

Fabien Delcambre, Stéphane Jouaud, Aline Bredelet,
Stéphanie Suel, Dolly Abi Mansour, Samantha Damay,
Marion Vergues, Fanny Vittet, Tracy Heranic,
Céline Palis, Héléna Ferrari

Crédits photos

P. 9 : LEBLOND Catherine / Alamy Banque D'Images
P. 27 : Prisma by Dukas Presseagentur GmbH / Alamy Banque D'Images
P. 43 : hitek.fr/42/artiste-street-art
P. 61 : Pavel Kašák/AS
P. 79 : Tryfonov/AS
P. 93 : Techtopia Art
P. 107 : C D/peopleimages.com/AS
P. 119 : Arterra Picture Library / Alamy Banque D'Images
P. 133 : valentinrussanov / Getty images –
P. 147 : Juan Jimenez / Alamy Banque D'Images
P. 161 : Mari Dein/AS
P. 175 : rh2010/AS

Direction éditoriale : Béatrice Rego
Marketing : Thierry Lucas
Édition : Virginie Poitrasson, Marie-Charlotte Serio
Couverture : Miz'en page
Maquette intérieure : Dagmar Stahringer, Fabienne Couderc, Isabelle Vacher
Mise en page : Isabelle Vacher

© CLE International, 2024
ISBN : 978-209-035617-5

Sommaire

Présentation de la méthode *Odyssée* .... page 4

L'environnement numérique .... page 8

Unité 1 .... page 9

Unité 2 .... page 27

Unité 3 .... page 43

Entraînement au DALF C1 .... page 60

Unité 4 .... page 61

Unité 5 .... page 79

Unité 6 .... page 93

Entraînement au DALF C1 .... page 103

Unité 7 .... page 107

Unité 8 .... page 119

Unité 9 .... page 133

Entraînement au DALF C1 .... page 143

Unité 10 .... page 147

Unité 11 .... page 161

Unité 12 .... page 175

Entraînement au DALF C1 .... page 193

Épreuves blanches DALF C1 et C2 .... page 199

Banque de ressources .... page 202

Présentation de la méthode *Odyssée*

▰ Une méthode ouverte sur la francophonie et le reste du monde

Bienvenue dans **Odyssée** ! Ce périple aux quatre coins de la francophonie sera rempli d'échanges interculturels, de projets à réaliser, de moments réflexifs et de découvertes linguistiques.

Cette méthode s'adresse aux adultes et aux grands adolescents qui souhaitent débuter ou poursuivre leur apprentissage du français tout en profitant d'une certaine autonomie. Par la mise en pratique de la langue, à la fois authentique et contextualisée, qu'offre **Odyssée**, les apprenant(e)s pourront acquérir une base solide en français que ce soit pour travailler, étudier ou voyager.

À l'image de ses auteur(e)s, **Odyssée** reflète la diversité linguistique et culturelle de la francophonie présente dans le monde d'aujourd'hui. La méthode met en lumière des thématiques et des contenus calqués sur la réalité du français, tel qu'il est parlé et vécu dans différentes régions du monde.

▰ Des contenus soigneusement structurés

La méthode **Odyssée** s'articule autour de 12 unités proposant des contenus variés et une progression grammaticale, lexicale et phonétique bien pensée. À travers chaque unité sont introduites des situations de communication propres à un thème clairement annoncé, permettant ainsi de pratiquer la langue dans des contextes de communication divers et appropriés aux besoins des apprenant(e)s.

Chaque unité se compose de trois leçons combinant des apprentissages linguistiques, culturels et pragmatiques (notamment par des activités sur le savoir-vivre et le savoir-faire), d'un projet permettant de réinvestir les savoirs appris dans l'unité, mais aussi de pages complémentaires avec une myriade d'exercices et d'activités de révision.

Ces pages complémentaires, un des atouts d'**Odyssée**, constituent une véritable « banque de ressources » idéale pour offrir un parcours d'approfondissement sur mesure ou des évaluations formatives clés en main.

Des entraînements au DALF sont également fournis en cours de route, afin de permettre à l'apprenant(e) et à l'enseignant(e) de suivre les progrès réalisés.

La structure d'**Odyssée** permet, au sein de chaque unité, de découvrir le vocabulaire, la grammaire et les structures nécessaires à l'apprenant(e) pour mener à bien des interactions et soutenir des points de vue relativement complexes de niveau C1-C2. D'une part, les encadrés grammaticaux, phonétiques et de méthodologie (simples et accessibles) ainsi que le lexique contextualisé guident l'apprenant(e) vers la réalisation de nombreux exercices et d'activités de communication qui renforcent l'aisance, l'exactitude et la complexité de son discours. D'autre part, la progression spiralaire au cœur des unités, et de la méthode en général, permet de travailler la langue dans des contextes plus complexes, en s'appuyant sur les éléments acquis précédemment. L'apprenant(e) renforce ainsi sa confiance en ses compétences et peut alors prendre de nouveaux risques linguistiques lors des interactions avec ses pairs.

À la fin du manuel, un précieux outil vous est proposé : la banque de ressources. Conçue méticuleusement et visant à approfondir les compétences lexicales et grammaticales de vos apprenant(e)s, elle est le prolongement naturel de cette odyssée linguistique.

En étroite relation avec chaque unité, la banque de ressources se découpe en deux parties distinctes : les exercices lexicaux et les exercices grammaticaux.

Soigneusement élaborés et ludiques, ces entraînements se déclinent dans une variété de formats engageants tels que des exercices lacunaires, des activités d'appariements, des mots croisés et bien d'autres. Vos apprenant(e)s pourront les réaliser seul(e)s ou en groupe, sur le temps de cours ou chez eux/elles, à leur propre rythme.

La Banque de Ressources sera un compagnon idéal dans la réussite de leur aventure Odyssée C1-C2.

▶ Présentation épreuves DALF C1 et C2

Le DALF C1 et DALF C2 sont des diplômes officiels, délivrés par le ministère français de l'éducation nationale, harmonisés sur les niveaux du Cadre européen commun de référence pour les langues.

Le **DALF C1** est composé de 4 épreuves :

– **Compréhension orale** (40 minutes) : 2 exercices. Le candidat doit répondre à des questionnaires de compréhension portant sur des documents enregistrés : • un document long (entretien, cours, conférence…) (deux écoutes) ; • plusieurs brefs documents radiodiffusés (flashs d'information, sondages, spots publicitaires…) (une écoute).

– **Compréhension écrite** (50 minutes) : Le candidat doit répondre à des questionnaires de compréhension portant sur un texte d'idées (littéraire ou journalistique), de 1 000 mots environ.

– **Production écrite** (2 heures 30) : l'épreuve comprend deux parties : • le candidat doit rédiger **une synthèse** à partir de plusieurs documents écrits d'une longueur totale d'environ 1 000 mots. La synthèse doit comporter entre 200 et 240 mots ; • le candidat doit rédiger **un essai argumenté** à partir du contenu des documents. L'essai argumenté doit contenir 250 mots minimum.

– **Production orale** (préparation : 1 heure – Passation : 30 minutes) : Le candidat tire au sort deux sujets. Il en choisit un. Chaque sujet contient 2 textes qui traitent d'un thème commun. Le candidat dispose d'une heure de préparation pour effectuer les deux parties de l'exercice de production orale : Exposé (8 à 10 minutes) : À partir des documents proposés, le candidat devra préparer un exposé sur le thème indiqué et le présenter au jury. L'exposé présentera une réflexion ordonnée sur le sujet. Il comportera une introduction et une conclusion et mettra en évidence quelques points importants (3 ou 4 maximum).

Attention : les documents sont une source documentaire pour l'exposé. Le candidat doit en exploiter le contenu en y puisant des pistes de réflexion, des informations et des exemples, mais il doit également introduire des commentaires, des idées et des exemples qui lui sont propres afin de construire une véritable réflexion personnelle. En aucun cas il ne doit se limiter à un simple compte rendu des documents.

N.B : L'usage de dictionnaires monolingues français / français est autorisé

– Débat (15 à 20 minutes) : Le jury posera quelques questions au candidat à propos du contenu de son exposé.

Le **DALF C2** est composé de 2 épreuves :

– **Compréhension et production orales** (préparation : 1 heure après les 2 écoutes – Passation : 30 minutes) : Le candidat écoute deux fois un document sonore de 15 minutes environ. À la suite de ces deux écoutes, le candidat devra effectuer ces 3 exercices : Présentation du document : le candidat doit présenter, en 5 à 10 minutes, le contenu du document sonore. Il devra reprendre l'ensemble des informations et points de vue exprimés dans un ordre et selon une structure logique et efficace qui faciliteront l'écoute pour le destinataire. Point de vue argumenté : le candidat doit choisir l'un des deux sujets qui lui sont proposés et présenter, en une dizaine de minutes, idées et exemples pour étayer ses propos et organiser son discours de manière élaborée et fluide avec une structure logique et efficace qui aidera le destinataire à remarquer les points importants. Débat : Dans cette partie, le candidat débattra pendant 10 minutes avec le jury pour défendre, nuancer, préciser son point de vue et à réagir aux propos des interlocuteurs.

– **Compréhension et production écrites** (3 heures 30) : le candidat doit lire les documents qui composent le dossier (textes et documents iconographiques) et choisir un sujet parmi les deux qui lui sont proposés. Il devra produire un texte structuré (article, éditorial, rapport, discours…) de 700 mots minimum dans lequel il prendra clairement position sur la question et proposera des solutions concrètes, en adoptant un style approprié et convaincant. Le candidat pourra s'aider des documents du dossier mais devra également apporter des arguments personnels.

NB : L'usage de dictionnaires monolingues français / français est autorisé pour toutes les épreuves du DALF C2.

Une méthode reposant sur les principes du CECRL

Dans la lignée du Cadre européen commun de référence pour les langues (CECRL), *Odyssée* vise le développement des compétences langagières, sociolinguistiques, pragmatiques et socioculturelles à travers la réalisation de tâches simulées et authentiques.

Grâce à une combinaison équilibrée d'activités de compréhension et de production (orale comme écrite), mais aussi par le biais de la médiation, l'apprenant(e) développe sa capacité à interagir avec la langue et ses locuteurs.

En proposant des thématiques proches des besoins communicatifs des apprenant(e)s de FLE/FLS, *Odyssée* les fait évoluer dans les sphères personnelles, académiques et professionnelles.

Il s'agit ainsi de parler de ses expériences, de ses projets, mais aussi de donner son opinion et de débattre de manière argumentée et détaillée sur des sujets variés. En somme, l'apprenant(e) pourra parfaire ses connaissances en français et acquérir toutes les compétences attendues au niveau C1-C2.

Une méthode diversifiée et actuelle

Prenant en compte la différenciation pédagogique et s'appuyant sur une variété d'outils numériques pour la réalisation des tâches et activités, *Odyssée* propose des contenus au goût du jour, qui parleront à chaque apprenant(e) d'une façon unique. Par l'entremise de documents divers tels que des infographies, des oeuvres d'art, des extraits littéraires ou de très nombreuses vidéos authentiques provenant de sources variées, la méthode expose les apprenant(e)s aux diverses facettes d'un univers francophone contemporain qui ne demande qu'à être exploré ! Les nombreux exercices, activités et tâches deviennent des prétextes motivants pour explorer les éléments de culture, les pratiques sociales et les habitudes des francophones, tout en s'ouvrant au monde et en gagnant en indépendance.

Grâce à la richesse des contenus proposés, (re)travaillés sous différents angles et formes, l'apprenant(e) dispose de la flexibilité d'orienter son parcours d'apprentissage selon ses intérêts. C'est là une autre force d'*Odyssée*, permettre de tracer des chemins divers qui mèneront toutefois tous vers une maîtrise de la langue et plus d'autonomie. Bien sûr, ce parcours ne sera pas solitaire : l'apprenant(e) co-construira ses savoirs à travers des interactions porteuses de sens et ancrées dans l'actualité.

Un cahier d'activités divertissant et efficace

Dans ce cahier figure un ensemble d'exercices qui reprennent les objectifs de chaque leçon, sous différentes formes, afin d'approfondir les notions acquises dans la méthode.

À la fin de chaque unité, des bilans et un entraînement au DELF sont proposés dans le but d'offrir aux apprenant(e)s l'occasion de faire le point sur leurs apprentissages.

Ce cahier peut s'utiliser seul ou en complément. Les corrigés qui se trouvent dans un livret séparé permettent aux apprenant(e)s de travailler en autonomie. Ainsi conçu, le cahier d'activités d'**Odyssée** représente un outil ludique et performant pour compléter la méthode et consolider les acquis langagiers, pragmatiques et culturels des apprenant(e)s.

Un guide pédagogique riche d'idées

Le guide pédagogique est votre boussole dans ce périple avec **Odyssée** ! Il vous orientera et vous mènera à bon port dans votre enseignement. Il contient diverses suggestions d'exploitation pour les activités du livre de l'élève, les corrigés de ces exercices ou, pour les réponses ouvertes, des pistes de réflexion. Il enrichira ainsi vos échanges avec les apprenant(e)s, en s'appuyant notamment sur la multimodalité, l'innovation pédagogique, le potentiel d'intégration des TICE et l'interculturel. Le guide pédagogique vous aidera également à personnaliser votre enseignement à votre contexte institutionnel en vous offrant liberté et créativité dans l'exploitation des différentes ressources.

Ce guide saura vous épauler afin d'amener vos apprenant(e)s à approfondir leur réflexion et à enrichir leurs interactions, en proposant, entre autres, des activités ou des projets visant à poursuivre la découverte, l'échange ou le débat. Il contient notamment des suggestions d'outils numériques permettant de rendre l'enseignement-apprentissage encore plus interactif et donnant l'occasion à chaque apprenant(e) de faire entendre sa voix par le biais de sondages, questionnaires ou votes.

Le guide prend également en compte certains défis logistiques ou pédagogiques propres à différents contextes d'enseignement. Des alternatives à certaines activités de la méthode sont régulièrement proposées afin de prendre en considération les réalités et les besoins qui pourraient émerger dans votre milieu d'enseignement. Tout ceci se fait de manière efficace, grâce à des explications concises et précises, ce qui facilitera votre planification. En bref, le guide pédagogique sera une source d'inspiration dans laquelle vous pourrez puiser sans modération !

Que cette **Odyssée** puisse vous amener, ainsi que vos apprenant(e)s, vers des horizons inexplorés et enrichissants !

Les auteur(e)s

L'environnement numérique

▰ Les Bibliomanuels

▶ Les Bibliomanuels pour les apprenants

– La version numérique individuelle du livre enrichi avec tous les médias
(ISBN : 978-209-034986-3)
– Le cahier d'activités entièrement interactif (ISBN : 978-209-034990-0)

▶ Le Bibliomanuel pour les professeurs

– Une version numérique du livre enrichi avec tous les médias et le Livre du professeur avec les évaluations (ISBN : 978-209-034988-7)

▰ La plateforme CLE International

Destinée aux institutions, vendue par abonnement, c'est l'environnement d'apprentissage/enseignement à distance le plus complet qu'un éditeur de FLE puisse vous offrir. Ce sont tous les outils indispensables à la classe, l'entraînement, le soutien et l'évaluation à distance rassemblés en un point unique avec une seule connexion.

▶ **Le manuel numérique** : feuilletable, interactif, avec accès direct à tous les médias (audio, vidéo, image).

▶ **Des centaines d'exercices interactifs :**
– tous les exercices de la **banque de ressources** ;
– tous les exercices du **cahier d'activités** ;
– des dizaines d'**exercices supplémentaires** classés par unité ;
– les activités de **bilan** et d'**entraînement au DELF**.

Dans un système de tutorat permettant l'assignation et le suivi de tâches, la traçabilité du travail des apprenant(e)s est assurée dans des tableaux de bord très complets.

La visioconférence, élément indispensable de la classe à distance, est intégrée à la plateforme pour disposer de tous ses outils de manière fluide et intuitive pour l'enseignant(e) et l'étudiant(e).

La messagerie, instantanée ou différée (type courriel), permet les interactions, individuelles ou de groupe, entre enseignant(e)s et étudiant(e)s.

L'enregistrement de la production orale, intégrée aux activités touchant à cette compétence, permet la correction en différé.

L'évaluation en ligne, activités spécifiques donnant lieu à une évaluation programmée et limitée dans le temps, est accessible seulement à l'enseignant(e) jusqu'au lancement du test.

Compatible avec tous les matériels connectés (PC, tablettes, smartphones...) et tous les systèmes d'exploitation (Windows, Mac, Android, iOS...), la plateforme peut s'utiliser hors connexion. L'ensemble des informations est ensuite synchronisé dès qu'une connexion internet est rétablie.

▰ L'espace digital

L'audio et les vidéos accessibles sur l'espace digital : **odyssee.cle-international.com**

UNITÉ 1
LES MÉDIAS ET L'ACTUALITÉ

Présentation et objectifs de l'unité

L'unité 1 traitera des médias et de l'actualité et permettra de consolider les connaissances des apprenant(e)s dans ce domaine.

Grâce aux activités proposées, les apprenant(e)s pourront progresser en compréhension écrite et orale tout en développant leur aisance dans leur prise de parole et dans les productions écrites.

Chaque leçon traitera en profondeur d'un aspect des médias et de l'actualité.

Dans la première leçon, on abordera plus spécifiquement des bouleversements dans les médias à l'heure du numérique.

La deuxième leçon portera sur le sujet des fausses informations dans les médias et des défis qui en découlent, notamment en termes de crédibilité.

Enfin, la dernière leçon, la leçon 3, traitera de l'exclusion médiatique dont peuvent souffrir certains groupes comme les personnes âgées. Il sera souligné que ces défis peuvent aussi être considérés comme des opportunités.

Présentation des contenus

Je découvre…

> **des types de documents :** des vidéos authentiques, des reportages et témoignages audio, des articles authentiques, des caricatures, une frise chronologique et une infographie

> **des types d'interactions :** rapporter les points importants d'un discours, nuancer avec la concession, mettre en valeur des arguments par des procédés d'insistance, débattre sur un sujet polémique, s'opposer et critiquer une évolution

> **des points de grammaire :** l'antériorité au passé, le discours rapporté au passé, l'accord du participe passé

> **du vocabulaire :** la progression et l'évolution, la vérité et l'inexactitude, les maux contemporains

> **un projet :** communiquer une même information à travers un panel de médias

Page d'ouverture (page 15)

Annoncez les objectifs de l'unité 1 et introduisez brièvement les différentes thématiques qui y sont présentes, à savoir : les bouleversements des médias à l'ère du numérique, les fausses informations en comparant la situation dans le passé et le présent et enfin les nouveaux médias sous un angle à la fois positif et négatif.
Ensuite, lisez ou faites lire par un(e) apprenant(e) le premier encadré intitulé « Paul vit en colocation ». Assurez-vous de la bonne compréhension de ce qui a été lu auprès des apprenant(e)s.
Continuez en leur posant les questions de l'encadré à droite : « Et vous ? Pensez-vous que l'évolution des médias se fait au service de l'information, pour les journalistes et le grand public ? Pensez-vous que certaines personnes soient en marge de l'information ? Faites-vous confiance aux médias ? Sont-ils suffisamment fiables ? ».
Vous pouvez également constituer de petits groupes pour qu'ils/elles échangent sur la ou les questions et un « chef » de groupe se chargera de faire le résumé des échanges.
Une fois cette activité terminée, vous pouvez passer à la deuxième partie de l'activité de la page d'ouverture : visionner la vidéo. Demandez aux apprenant(e)s de prendre le maximum de notes sur le contenu de la vidéo qui sera jouée, puis faites visionner la vidéo. Si besoin, jouez-la deux fois.
Demandez aux apprenant(e)s de restituer les contenus compris. N'hésitez pas à rejouer les parties non comprises. Vous pouvez également leur poser les questions suivantes : 1. « À quoi doit-on la naissance de la communication de masse ? », 2. « Qu'est-ce que le pluralisme des médias ? », 3. « Quels grands changements la sphère médiatique a-t-elle connus avec l'apparition d'Internet ? »

Réponses :
1. Au perfectionnement des techniques d'imprimerie par Gutenberg, qui va permettre d'industrialiser la fabrication de supports de communication écrits.
2. C'est le fait que tous les médias ne traitent pas l'information de la même manière. Par exemple, un journal orienté politiquement à gauche et un journal orienté à droite n'auront probablement pas le même regard sur une manifestation ouvrière ou sur une élection politique.
3. Internet a tout changé dans notre manière de produire et de consommer de l'information. Nous choisissons le moment où nous souhaitons nous informer, nous ne dépendons plus d'un journal télévisé à heure fixe. L'information est consommée sur mobile.

Proposition de réponse
1. Dans la société, je suis une personne parmi l'ensemble des citoyens, mais dans ce groupe, je pense contribuer à ma manière à la richesse du pays.
2. Je pense respecter les us et coutumes de mon pays. Les normes et valeurs auxquelles j'adhère sont celles que mes parents m'ont inculquées.
3. Culturellement, je partage surtout mon amour pour la musique. Personnellement, j'apprécie beaucoup le jazz et certains de mes amis en sont aussi fans. De manière plus inconsciente, je partage également une culture vestimentaire. Le fait de m'habiller comme les personnes que je côtoie renforce mon appartenance à ce groupe.

LEÇON 1 — Bouleversements dans les médias (pages 16-19)

Avant de commencer

Cette leçon se concentre sur le thème des médias à l'ère du numérique avec toutes les conséquences que cela implique au niveau de l'adaptation que les médias traditionnels doivent mener pour survivre. Elle met également en lumière les nouveaux outils et opportunités.
Présentez brièvement les points de grammaire, de vocabulaire et d'interactions qui seront traités dans cette leçon 1, à savoir :
– grammaire : l'antériorité au passé
– vocabulaire : la progression et l'évolution
– interactions : rapporter les points importants d'un discours ; nuancer avec la concession
Avant de commencer cette leçon, demandez aux apprenant(e)s ce à quoi ils/elles pensent quand on parle de « bouleversements dans les médias ». Après ce petit échange, commencez l'activité 1.

Activité 1 (page 16)

Avant de commencer

Demandez à vos apprenant(e)s de définir le mot « caricature ». La caricature est une représentation grotesque le plus souvent en dessin qui est obtenue par l'exagération et la déformation des traits caractéristiques du visage ou des proportions du corps dans un but satirique.
Ensuite, vous pouvez leur demander s'ils/elles font attention à ces représentations lorsqu'ils/elles consultent l'actualité. Demandez-leur d'expliquer leurs réponses.

Réponses
1. Nous pouvons voir dans cette caricature un jeune vendeur de journaux qui vend de l'information non pas sur papier, mais au format numérique, car il tient à la main un ordinateur portable affichant la Une d'un quotidien. En arrière-plan, sont dessinés des kiosques fermés et en ruines, dans lesquels les journaux étaient vendus dans le passé.
2. Cette caricature confronte les médias traditionnels aux nouveaux médias. Le vendeur de journaux, métier emblématique de la presse écrite, se met à vendre des ordinateurs portables pour continuer à travailler malgré le développement de la presse numérique. En réalité, cette situation ne serait pas possible, la caricature montre donc le triomphe de la presse numérique et la perte de vitesse des médias traditionnels.

Unité 1 • Les médias et l'actualité

3. **Oui**, il est vrai que la presse traditionnelle est en déclin. Bon nombre de journaux physiques se sont reconvertis dans le numérique ou ont tout simplement fermé. La consommation de l'information se fait majoritairement en ligne maintenant.
Oui et cela est à nuancer. Certes, le numérique a pris des parts de marché, mais la presse traditionnelle existe toujours. En fait, nous pouvons raisonnablement penser que la presse traditionnelle continuera à exister en coexistence avec le numérique.
4. La caricature est généralement utilisée en politique, dans les journaux, ou sur les médias sociaux. Elle est en effet un moyen de remettre en cause un fonctionnement, un système. Elle nous invite également à réfléchir sur un sujet.

Suggestions d'exploitation
• Demandez à vos apprenant(e)s de trouver une caricature faite sur le thème des médias traditionnels à l'ère du numérique dans un média francophone, d'en faire la description et l'interprétation.

Activité 2 (page 16)

Avant de commencer
Tout d'abord, commencez par un petit échange avec vos apprenant(e)s pour lancer la compréhension des écrits. Interrogez vos apprenant(e)s sur le titre de cette compréhension en leur demandant ce qu'ils/elles en pensent.
Est-ce une exagération ou non ? Comment ?

Réponses
1. Il les a démenties.
2. Un nombre croissant de lecteurs.
3. L'instantanéité demande un travail de tous les instants : messages, articles à mettre à jour, etc.
4. Il y a de nouveaux concurrents numériques, le gratuit est aussi la norme et les plateformes numériques fournissent gratuitement des contenus.
5. Ils ont dû être plus à l'écoute de leur public et ils ont dû s'adapter au rythme intense qu'est celui d'Internet. Les journalistes de la rédaction papier et web ont aussi dû fusionner.
6. Il a commencé à publier des informations très sensibles.
7. Il a proposé un abonnement volontaire.
8. Non, il est plutôt inquiet. Il parle de « grande fragilité ».
9. Cependant, alors que, en revanche, or.

Suggestions d'exploitation
• Demandez à vos apprenant(e)s s'ils/elles connaissent un média qui a malheureusement disparu ou, au contraire, un média qui a su surfer sur la nouvelle vague. Demandez-leur de faire des recherches et de présenter ce média et son histoire.

Activité 3 (page 17)

Proposition de réponse
Idées principales de l'article
1. Alan Rusbridger, qui a dirigé le *Guardian* de 1995 à 2016, décrit l'évolution et les défis gigantesques auxquels se sont heurtés les médias traditionnels avec la numérisation de l'information.
2. Transition du papier vers le numérique, offrant une portée mondiale, mais nécessitant une adaptation du contenu pour un public dispersé et réactif.
3. Abandon rapide du papier au profit de l'Internet, conduisant à une concurrence accrue, notamment celle de l'information gratuite, et à une chute des ventes.
4. L'essor des plateformes numériques comme Facebook et YouTube, qui ont siphonné le contenu des journaux traditionnels et qui étaient capables de s'adapter aux goûts des internautes grâce à des algorithmes.
5. Effort du Guardian pour compenser la chute des revenus du papier par une présence en ligne accrue, aboutissant à une fusion des rédactions papier et web.
6. Malgré le succès éditorial du Guardian, les revenus n'ont pas suivi, avec une crise financière majeure à partir de 2015.
7. Le Guardian a choisi avec succès une approche d'abonnement volontaire pour générer des revenus.
8. Rusbridger souligne l'incertitude de l'avenir des médias, avec la nécessité d'abandonner le papier et la difficulté de financer le journalisme d'investigation.

Résumé de l'article
Dans son livre « Breaking News », Alan Rusbridger, ancien directeur du Guardian, examine les défis colossaux auxquels sont confrontés les médias à l'ère numérique. Tout d'abord, il explique que l'abandon du papier au profit du numérique a ouvert les médias à une audience mondiale, mais a également nécessité une adaptation du contenu pour un public plus dispersé et plus réactif. Ensuite, cette évolution a fait naître une concurrence féroce qui a fait chuter les ventes. Il s'agit des sites proposant des informations en ligne comme les réseaux sociaux Facebook et YouTube. Ces plateformes se contentent de rediffuser le contenu des journaux traditionnels tout en s'adaptant aux goûts des utilisateurs grâce à leurs algorithmes.
En réponse, le Guardian a augmenté sa présence en ligne en fusionnant ses rédactions papier et web. Pour se distinguer, le journal s'est engagé dans des opérations d'investigation à haut risque. Ainsi, il est devenu l'un des sites d'information anglophones les plus consultés. Malheureusement, malgré son succès éditorial, les revenus insuffisants du journal l'ont fait basculer dans une crise financière majeure à partir de 2015. Le Guardian a donc mis en place, avec succès, un système d'abonnement volontaire.
Alan Rusbridger conclut en exprimant ses craintes quant au futur des médias. La nécessité d'abandonner complètement le papier et le défi de financer le journalisme d'investigation à l'ère des « fake news » et de l'information en continu rendent leur avenir très incertain.

Suggestions d'exploitation
• Faites des groupes et demandez à vos apprenant(e)s de comparer les résumés faits de l'article. Après des échanges, ils/elles proposeront un résumé commun.

Activité 4 (page 17)

Avant de commencer

Pour inscrire cette activité dans la méthode actionnelle, suggérez à vos apprenant(e)s d'écrire une lettre de soutien à un journal francophone qu'ils/elles apprécient particulièrement.

Proposition de réponse

Monsieur le rédacteur en chef,
Je tiens, par cette lettre, à exprimer mon soutien à la presse écrite, qui, dans cette ère marquée par la numérisation effrénée de l'information, lutte vaillamment pour sa survie. La presse papier est un pilier de la démocratie et de la culture dans un monde submergé par les flots tumultueux de l'information digitale.
Pour commencer, la numérisation de l'information l'a rendue plus rapide et plus accessible. Néanmoins, elle est aussi le terreau de la désinformation, de l'absence de vérification des faits et de la vulgarisation de la pensée journalistique.
À l'inverse, l'un des atouts incontestables de la presse écrite réside dans sa capacité à approfondir les sujets. Les articles de fond, fruit d'une recherche méticuleuse, permettent une compréhension en profondeur, contrairement à la superficialité des informations diffusées sur les plateformes en ligne. Contrairement aux médias en ligne, le journal permet une lecture posée, approfondie, propice à la réflexion.
En outre, le travail d'enquête et l'analyse approfondie proposés par les grands titres de la presse constituent un repère essentiel pour comprendre le monde et se forger une opinion éclairée. Les journaux traditionnels sont donc, à mes yeux, les gardiens de la démocratie, car ils garantissent un journalisme de qualité, indépendant des intérêts commerciaux.
Pour finir, à titre personnel, le rituel souvent matinal de la lecture de son journal papier est un plaisir sensoriel irremplaçable. La presse traditionnelle propose une expérience sensorielle unique, alliant la texture du papier, le parfum de l'encre, et la sensation tactile, créant ainsi une intimité entre le lecteur et le contenu.
En somme, je vous exhorte à continuer de défendre et de préserver ce précieux médium qu'est la presse imprimée, afin de préserver notre accès à une information de qualité, indépendante et réfléchie. C'est une composante essentielle de notre société, notre culture et notre démocratie.
Recevez, Madame, Monsieur, mes salutations distinguées.

Suggestions d'exploitation

• Si vos apprenant(e)s ont choisi et écrit une lettre pour un journal francophone comme suggéré dans le point « Avant de commencer », vérifiez leurs productions et demandez-leur de publier sur le site Internet des journaux concernés dans la partie « courriers des lecteurs », « forum » ou « contact ».

Activité 5 (page 18)

Avant de commencer

Dans un premier temps, interrogez vos apprenant(e)s sur le titre de cette compréhension de l'oral.
Pourquoi « la RésoluSon » ? Ils/elles devront trouver le jeu de mots avec, bien sûr, « résolution » et « son ».

Réponses

1. Elle est de 28 points de pourcentage (ou environ 3 fois plus) pour les plus de 12 ans.
On est passé de 12 % à 40 % de jeunes qui disent les utiliser.
2. À la radio libre dans les années 70.
3. 4 au choix : la bouffe, les séries, les comics, le sexe, les chanteuses d'opéra, le féminisme, la masculinité, l'actualité de YouTube.
4. Ils produisent des podcasts pour des marques ou d'autres médias.
5. Même les médias traditionnels (journaux, les chaînes de télé) en proposent.
6. C'est un podcast qui n'a pas pour origine une émission.

Suggestions d'exploitation

• Une fois l'activité 8 finie, lisez la transcription de l'audio avec les apprenant(e)s pour une compréhension fine du document sonore. Expliquez-leur le lexique non compris. Réécoutez le document sonore avec la transcription, puis une dernière fois sans transcription.

Activité 6 (page 18)

Avant de commencer

Les objectifs de l'activité sont les suivants :
• Développer la capacité à s'exprimer de manière fluide et structurée.
• Encourager la réflexion critique sur les médias et l'information.
• Débattre sur l'évolution des médias dans le monde contemporain.

L'activité de production peut se dérouler en deux temps : des échanges visant à se familiariser avec le sujet, puis des discussions de type débat portant sur la révolution médiatique et l'influence sur l'information.
Avant l'activité, il est possible de demander aux apprenant(e)s d'écouter un podcast de leur choix, sur un site d'actualités en français. Cela peut être lié à n'importe quel sujet qui les intéresse. Vous pourrez leur conseiller de prendre en notes les caractéristiques du podcast qui les ont attirés ou rebutés.

Proposition de déroulement de la première partie de l'activité :
1. Commencez par une discussion en groupes sur l'écoute de podcasts. Demandez aux apprenant(e)s s'ils/elles sont des consommateurs de podcasts, et quel type de podcasts ils/elles écoutent.
2. Ensuite, divisez la classe en petits groupes afin qu'ils/elles discutent de leurs expériences d'écoute de podcasts. Les apprenant(e)s partageront, entre eux, ce qui les attirent ou les rebutent dans ce média.
3. Revenez en groupe entier et demandez à chaque groupe de présenter brièvement les caractéristiques discutées.

Proposition de déroulement de la deuxième partie de l'activité : lancez un débat sur la question de savoir si le développement des podcasts représente une révolution dans le monde médiatique. Les apprenant(e)s devraient expliquer leur point de vue en utilisant des arguments concrets. Soyez vigilant sur la capacité de vos apprenant(e)s à s'exprimer de manière claire et structurée, et à développer des arguments cohérents, soutenus par des exemples pertinents.

Proposition de réponse
Axes de discussion suggérés
En faveur des podcasts : la flexibilité d'écoute, la variété des sujets, la profondeur de l'information, etc.
En défaveur : qualité du son, la publicité, le manque de visuel, etc.

Deuxième partie : discussions de type débat
Influence sur l'information : Explorez la manière dont les podcasts influencent la façon dont les informations sont diffusées et consommées. Les apprenant(e)s devraient réfléchir à la diversité des voix et des opinions qui peuvent être exprimées via ce média.

Sujets pour relancer les apprenant(e)s :
• Comment choisissez-vous les podcasts que vous écoutez ?
• Pensez-vous que les podcasts sont plus informatifs que d'autres médias traditionnels ? Pourquoi ?
• Quel est votre podcast préféré et pourquoi ?
• Les podcasts ont-ils un impact sur la manière dont vous percevez l'actualité et les sujets d'actualité ?
• Les podcasts sont-ils une menace pour d'autres formes de médias, comme la radio ou la télévision ?
• Comment les podcasts peuvent-ils être améliorés pour attirer un public plus large ?

 Activité 7 (page 18)

Avant de commencer
Afin que cette activité de production écrite soit réalisée au mieux, n'hésitez pas à lire le sujet en classe et à faire un bref remue-méninges. Cela aidera grandement les apprenant(e)s ayant des difficultés à trouver assez de matières pour mener à bien leur travail de rédaction.

Proposition de réponse
La question de savoir si les nouveaux médias sont simplement complémentaires des médias traditionnels, ou s'ils sont à l'origine d'un bouleversement sans précédent, est profondément complexe. Pour y répondre de manière satisfaisante, il est essentiel de considérer à la fois les avantages et les inconvénients apportés par les nouvelles technologies à l'égard du monde médiatique.
D'une part, il est indéniable que les nouveaux médias ont considérablement élargi l'éventail des sources d'information disponibles pour le public. Par exemple, les plateformes de médias sociaux comme X ont transformé la façon dont les nouvelles se propagent, permettant à des individus et à des groupes autrefois marginalisés de participer plus activement au discours public. En outre, les blogs et les sites web d'information indépendants ont offert une alternative aux sources d'information traditionnelles, souvent dominées par de grands conglomérats médiatiques.
Cependant, il serait erroné de conclure que les nouveaux médias sont simplement complémentaires des médias traditionnels. Bien que ces nouveaux canaux offrent une diversité de voix et de perspectives, ils ont également contribué à l'érosion de la confiance du public dans les médias. Par exemple, l'émergence de « fake news » et de désinformation en ligne a semé la confusion et exacerbé les divisions sociales.
De plus, la montée des nouveaux médias a entraîné une diminution des revenus pour les médias traditionnels, notamment les journaux imprimés. Cela a, à son tour, conduit à des coupes budgétaires dans les salles de rédaction et à une diminution de l'investissement dans le journalisme d'investigation. Par conséquent, nous pourrions dire que les nouveaux médias sont à l'origine d'un bouleversement sans précédent dans la manière dont l'information est produite et consommée.
En conclusion, bien que les nouveaux médias aient apporté une contribution précieuse à la diversité et à l'inclusivité du discours médiatique, ils ont également posé de sérieux défis aux médias traditionnels. Par conséquent, il est crucial de trouver un équilibre qui permette à la fois d'embrasser les possibilités offertes par les nouvelles technologies et de préserver la qualité et l'intégrité de l'information.

Suggestions d'exploitation
• Demandez à vos apprenant(e)s de mettre leur argumentation sur le mur de la page d'un réseau social créé pour la classe. Chaque apprenant(e) devra réagir en commentaire à l'argumentation d'un(e) de ses camarades afin de créer des débats en ligne.

 Activité 8 (page 18)

Réponses
1. L'éclatement de la sphère informationnelle.
2. Grâce à son téléphone portable.
3. Il suit la tendance en créant du « snack content ».
4. De mettre de côté les vrais journalistes et de faire intervenir des experts.
5. Grâce à leur filtre déontologique, ils peuvent véhiculer une information juste et authentique.

Suggestions d'exploitation
• Après avoir corrigé l'activité de compréhension des écrits, demandez à vos apprenant(e)s de faire deux groupes afin de réfléchir à la question suivante : « Sommes-nous tous devenus journalistes ? » Formez deux groupes équilibrés en nombre et demandez-leur de préparer des arguments en vue du débat. Donnez-leur 15 à 20 minutes puis commencez le débat. Vous aurez au préalable disposé des tables en face à face pour faciliter les échanges.

Activité 9 (page 19)

Réponses

Le domaine des médias n'échappe pas aux **mutations** sectorielles et comme pour un nouveau film, il y a une **redistribution** des rôles. Depuis plus de 2 décennies maintenant, nombre d'acteurs traditionnels ont été **bousculés** et rien ne semble **enrayer** ce phénomène. Il y a un réel **changement** conjoncturel qui est visible par la baisse considérable de la vente de journaux papier au profit de la consultation en ligne de l'information qui a le **vent en poupe**. Malgré les efforts des entreprises de presse, beaucoup voient leur chiffre d'affaires **dégringoler**. Mais certaines ont réussi leur mutation et entament un **retour en grâce**, en proposant de nouveaux services tels que des podcasts qui se sont **démocratisés**. Une chose est sûre : l'**éclatement** du secteur a bel et bien eu lieu.

Suggestions d'exploitation

• Après la correction, afin de pratiquer encore un peu plus le lexique, demandez aux apprenant(e)s, à tour de rôle, de donner la définition d'un des mots de vocabulaire de l'activité. Puis invitez-le/la à faire une phrase avec ce mot de vocabulaire.
• Pour aller plus loin sur ce point lexical, consultez la banque de ressources où des exercices complémentaires sont proposés.

Grammaire (page 19)

Avant de commencer

Invitez vos apprenant(e)s à consulter l'encadré de grammaire « Grammaire. L'antériorité au passé : le plus-que-parfait. » Vous pouvez également le lire ou le faire lire à haute voix en donnant des explications supplémentaires. Pour cela, vous pouvez vous appuyer des ressources du livre de grammaire *Grammaire progressive du français* du même éditeur page 214.

Réponses

1. « avait déjà autonomisé », « avait démocratisé », « avait concentré ».
2. Ils sont construits de l'auxiliaire avoir à l'imparfait et du participe passé.
3.
a. Le journaliste avait fini d'écrire son article quelques instants avant que son rédacteur en chef l'appelle.
b. Éliot s'est déjà couché quand son enceinte connectée lui a annoncé un flash info.
c. La nouvelle avait déjà fait le tour du monde lorsque j'en ai entendu parler.
d. Ce journal papier était resté populaire jusqu'à l'apparition des médias sociaux.

Suggestions d'exploitation

• Pour aller plus loin sur ce point de grammaire, consultez la banque de ressources où des exercices complémentaires sont proposés.

Activité 10 (page 19)

Avant de commencer

Dans un premier temps, lisez uniquement le titre du document vidéo et demandez à vos apprenant(e)s de ce qu'ils/elles pensent de la qualité de l'information sur les réseaux sociaux. Demandez-leur ensuite comment cette qualité pourrait être améliorée.
Dans un deuxième temps, lisez les questions de l'activité et faites visionner la vidéo, si nécessaire deux fois.

Réponses

1. Ils leur servent à être en relation avec d'autres personnes, à être mieux informés.
2. Raconter des histoires, sortir des scoops, expliquer ce qui se passe.
3. En donnant une information de qualité, vérifiée.

Suggestions d'exploitation

• Une fois l'activité 10 terminée, lisez la transcription de la vidéo avec les apprenant(e)s pour une compréhension fine du document. Expliquez-leur le lexique non compris. Revisionnez le document avec la transcription, puis une dernière fois sans transcription.

Activité 11 (page 19)

Avant de commencer

Vous pouvez donner cette production écrite à faire en autonomie, sans préparation. Vous pouvez également lire le sujet en classe et faire un travail de préparation, « de débroussaillage » du sujet en reprenant l'opinion du journaliste et en demandant aux apprenants de développer le sujet. Donnez-leur vos conseils pour qu'ils/elles puissent construire au mieux une argumentation solide.

Proposition de réponse

L'évolution du rôle du journaliste est un sujet d'une importance indéniable. Cette transformation, qui s'inscrit dans le contexte des avancées technologiques et des médias sociaux, suscite des questionnements quant à la mission fondamentale de cette profession.
Premièrement, l'avènement des réseaux sociaux a transformé la manière dont les journalistes travaillent. Grâce à ces plateformes, ils ont désormais un accès rapide à une audience mondiale. Cela leur permet de partager l'information plus rapidement que jamais à un large public. Leur mission fondamentale du journaliste demeure néanmoins inchangée, il s'agit de dévoiler la vérité et d'expliquer les événements d'actualité aux populations.
Deuxièmement, cette évolution technologique a également ouvert la voie à une pléthore d'opinions non filtrées sur les réseaux sociaux. Cela a engendré une concurrence accrue pour les journalistes. Distinguer les informations crédibles des opinions infondées devient ainsi un défi majeur. Néanmoins, cela ne fait qu'accroître l'importance du journalisme de qualité. Les journalistes, en tant que garants de la véracité de l'information, sont devenus des repères dans un paysage médiatique parfois chaotique.

Troisièmement, sans informations de qualité, la société s'expose aux mensonges, à la propagande et à une information partisane qui sert des intérêts particuliers. Les journalistes, par leur dévouement à la vérité et à l'intérêt public, nous protègent. Leur rôle en constante évolution reste fondamental pour maintenir une société bien informée et démocratique.
En conclusion, je suis convaincu que les journalistes ont un rôle crucial. Leur travail est indispensable pour nous éclairer dans notre compréhension du monde. Leur adaptation aux nouvelles technologies est d'ailleurs une preuve que leur mission est essentielle malgré les évolutions de la société. Le journalisme de qualité reste la pierre angulaire de l'information, de la démocratie et du progrès.

Suggestions d'exploitation

• Une fois la production corrigée, demandez à vos apprenant(e)s de mettre en ligne sur une page dédiée à la classe leurs productions écrites. Les apprenant(e)s devront lire les productions de leurs camarades et réagir avec un commentaire sous chacune d'elles.

Quand les nouveaux médias riment avec fausses informations (pages 20-23)

Avant de commencer

Cette leçon continue sur le thème des nouveaux médias, mais cette fois-ci en traitant des fausses informations. Les apprenant(e)s pourront en apprendre un peu plus sur les types d'infox en travaillant sur les nuances de sens.
Enfin, la leçon 2 terminera avec une réflexion sur l'indépendance des médias et l'objectivité de l'information.
Présentez de manière succincte les points qui seront abordés dans cette unité, à savoir :
– grammaire : le discours rapporté au passé
– vocabulaire : la vérité et l'inexactitude
– interactions : mettre en valeur des arguments par des procédés d'insistance, débattre sur un sujet polémique
Ensuite, demandez à vos apprenant(e)s d'expliquer l'expression « riment avec » dans le titre de la leçon. Vous pouvez ensuite commencer la leçon avec l'activité 1.

Activité 1 (page 20)

Avant de commencer

Invitez les apprenant(e)s à regarder et lire attentivement l'infographie.
Ensuite, vous pouvez soit poser les questions 1 et 2 de l'activité l'une après l'autre en classe entière sans préparation ou donner quelques minutes aux apprenant(e)s pour y répondre avant de procéder à la correction.
1. Le média suscitant le plus de méfiance est Internet.
2. Le média obtenant le plus de confiance est la radio.

Suggestions d'exploitation

• Avec une application de type Google Forms, faites un sondage auprès des apprenant(e)s de votre classe.
• Vous pouvez également demander à vos apprenant(e)s d'interroger des proches en les faisant répondre à ce sondage, puis de restituer les résultats et de les interpréter à l'oral en classe.

Activité 2 (page 20)

Avant de commencer

Cette activité de production orale a pour objectif d'encourager les apprenant(e)s à exprimer leurs opinions sur la crédibilité des médias tout en les incitant à réfléchir aux tendances médiatiques depuis 2018.
Conseils pour mener l'activité :
1. Préparation préalable : Assurez-vous que les apprenant(e)s ont eu l'occasion d'examiner l'infographie sur la crédibilité des médias, mentionnée dans leur manuel. Demandez-leur de réfléchir aux informations qui s'y trouvent avant de lancer la discussion. Vous pouvez également apporter d'autres supports visuels, tels que des articles de presse ou des extraits de vidéos, pour illustrer les récentes tendances médiatiques.
2. Encouragez la réflexion critique : avant de lancer la discussion, invitez les apprenant(e)s à partager leurs réflexions préliminaires sur la crédibilité des médias. Posez-leur des questions comme « Selon vous, pourquoi la confiance dans les médias peut-elle varier d'une année à l'autre ? » ou « Quels sont les principaux facteurs qui influencent votre perception de la crédibilité médiatique ? »
3. Lancement de la discussion : divisez les apprenant(e)s en petits groupes pour faciliter la discussion. Chaque groupe devra débattre de la crédibilité des médias et des tendances qu'ils ont observées ces dernières années. Encouragez-les à étayer leurs opinions avec des exemples concrets.
Axes de discussion : pour les aider, vous pouvez inviter vos apprenant(e)s à explorer les sujets suivants :
• Les facteurs qui influencent la confiance ou la méfiance envers les médias.
• L'impact des médias sociaux et de la viralité sur la crédibilité des informations.
• Les efforts des médias pour renforcer leur crédibilité, tels que la vérification des faits.
• L'influence de la polarisation politique sur la perception des médias.
• Les responsabilités des consommateurs de médias dans l'évaluation de la crédibilité des sources.

Suggestions d'exploitation

• Relancez la discussion : après le débat en petits groupes, invitez chaque groupe à partager ses réflexions avec l'ensemble de la classe. Encouragez les échanges entre les groupes et posez des questions pour approfondir la discussion, comme « Quels sont les avantages et les inconvénients de la diversité des médias ? »

• Clôture des échanges : à la fin de l'activité, résumez les points clés de la discussion et encouragez les apprenant(e)s à réfléchir à la manière dont leurs opinions ont évolué au cours de la conversation. Discutez des implications de la crédibilité médiatique dans une société démocratique.

Exemple de sujet de discussion : « Pouvez-vous citer un exemple récent de désinformation ou de fake news qui a eu un impact significatif sur la crédibilité des médias ? Comment cela a-t-il été traité ? »

En encourageant les apprenant(e)s à exprimer leurs opinions sur la crédibilité des médias tout en les invitant à réfléchir aux tendances médiatiques depuis 2018, cette activité favorise le développement de compétences essentielles en expression orale, en pensée critique, et en compréhension du monde médiatique.

 ## Activité 3 (page 20)

Avant de commencer

Demandez à un(e) apprenant(e) de lire le texte à haute voix. Arrêtez-le/la quand vous désirez rectifier la prononciation ou poser des questions de compréhension.
Une fois le texte lu, donnez aux apprenant(e)s quelques minutes afin qu'ils/elles puissent répondre aux questions de l'activité.

> **Réponses**
> 1. Le domaine du commerce.
> 2. Parce que cela permet de connaître des intentions ou/et de la malhonnêteté de l'émetteur.
> 3. Infox, vérifiable, crédible, manipulé, malinformation, surinterprétation, extrapolation, désinformation, mésinformation, faux, tromper, biaiser, propagande, canular, véridique, erreur, vraisemblable.
> 4. Réponse libre.

Suggestions d'exploitation

• Sur un mur collaboratif de type Padlet, demandez à vos apprenant(e)s quelle information, qui s'est avérée être une infox, ont-ils crue. Invitez-les à raconter comment ils/elles ont découvert le pot aux roses.

 ## Activité 4 (page 20)

Avant de commencer

Lisez la consigne et demandez aux apprenant(e)s de définir les mots contenus dans la liste pour vous assurer s'ils/si elles les comprennent bien.
Dans un deuxième temps, invitez les apprenant(e)s à compléter le texte à trous.

Une information est **vraie** quand elle est **vérifiable**. Toutefois, de nombreuses informations ne sont pas **véridiques** sur Internet. Les réseaux sociaux propagent en effet beaucoup d'**infox**. Parfois, des nouvelles sont **manipulées** afin qu'elles soient **surinterprétées** par le public. C'est ce qu'on appelle la **malinformation**.

Il arrive aussi que des journalistes fassent des **erreurs**. Le contenu de leur article paraît **vraisemblable**, mais il est en réalité **faux**. Étant donné que ces infox ne sont pas intentionnelles, on les qualifie de **mésinformations**.

Finalement, les médias sociaux diffusent parfois des informations délibérément **fausses**, dont le seul but est de **tromper** les lecteurs et de **biaiser** leur jugement. Ces informations sont qualifiées de **désinformations**.

Suggestions d'exploitation

• Demandez à vos apprenant(e)s de rédiger un paragraphe avec les mots de vocabulaire proposés dans cette activité. Suggérez qu'ils peuvent s'inspirer du texte de l'activité pour réaliser leur production.

• Pour aller plus loin sur ce point lexical, consultez la banque de ressources où des exercices complémentaires sont proposés.

 ## Activité 5 (page 21)

Avant de commencer

Demandez à vos apprenant(e)s, de répondre à la question titre du document sonore « Les fausses nouvelles sont-elles nouvelles ? »
Il n'y a aucune bonne ou mauvaise réponse. Cette activité a pour seul but d'introduire le sujet de l'activité sonore.

> **Réponses**
> 1. La censure rendait difficile la circulation des nouvelles en France.
> 2. Des anecdotes et des rumeurs.
> 3. Parce qu'elles circulaient de mains en mains.
> 4. Elle a contribué à créer une opinion publique.
> 5. La circulation de fausses informations à son encontre.
> 6. En assurant la liberté de la presse, le régime républicain transforma les nouvellistes en véritable journaliste, pratiquant une profession régie par des règles strictes et une déontologie.
> 7. Une nouvelle sorte de nouvellistes sur les réseaux sociaux fait réapparaître de la confusion entre le vrai et le faux en matière d'information.
> 8. On oublie de réfléchir à la sélection des informations qu'on juge nécessaires et utiles de transmettre au public.

Suggestions d'exploitation

• Une fois l'activité 5 terminée, lisez la transcription de l'audio avec les apprenant(e)s pour une compréhension fine du document sonore. Expliquez-leur le lexique non compris. Réécoutez le document sonore avec la transcription, puis une dernière fois sans transcription.

 ## Activité 6 (page 21)

Avant de commencer

Donnez une dizaine de minutes à vos apprenant(e)s pour leur permettre de faire des recherches et de préparer leur présentation. Invitez-les ensuite à la présenter.
Réponse libre.

Suggestions d'exploitation

• Après chaque intervention, demandez à quelques apprenant(e)s de poser une ou plusieurs questions à leur camarade de classe sur l'infox présentée. Le but est de susciter l'attention de tou(te)s les apprenant(e)s pendant les présentations.

Activité 7 (page 21)

Avant de commencer
Afin de rendre le travail plus ludique, composez des groupes de 2 ou 3 personnes. Demandez-leur de lire le texte et de répondre aux 2 questions de l'activité.

Réponses
1. Le passé composé et l'imparfait sont utilisés.
2. Proposition de réponse : Selon Andrew Bosworth, le problème des fausses informations est plus un problème qui vient des individus que des réseaux sociaux. De plus, il soutient que les individus sont à la fois responsables de la propagation de fausses informations et de tenir pour vrais ou non les propos diffusés en ligne.

Activité 8 (page 21)

Avant de commencer
Commencez par discuter brièvement de l'article et des principales déclarations d'Andrew. Veillez afin que les apprenant(e)s aient une compréhension de base du sujet.
Divisez les apprenant(e)s en petits groupes ou en paires, selon le nombre d'élèves dans la classe. Cela favorisera des discussions plus approfondies.
Demandez aux apprenant(e)s de débattre de la question : « Êtes-vous d'accord avec Andrew Bosworth sur la question des "fake news" ? ». Encouragez-les à exprimer leur point de vue en fournissant des arguments solides pour étayer leurs opinions.

Proposition de réponse
Arguments pour :
1. **Responsabilité individuelle** : Les utilisateurs ont le libre arbitre de choisir ce qu'ils croient et partagent en ligne. Ils devraient être capables de distinguer les informations crédibles des infox.
2. **Liberté d'expression** : Placer la responsabilité sur les plateformes pourrait porter atteinte à la liberté d'expression en ligne. Les utilisateurs devraient avoir la liberté de partager leurs opinions, même si elles divergent de la norme.
3. **Éducation** : Les individus ont besoin d'une éducation plus approfondie en matière de littératie numérique pour apprendre à vérifier les informations et à développer un esprit critique.
4. **Dangers de la censure** : Une régulation stricte des plateformes pourrait conduire à la censure de contenus légitimes sous prétexte de lutter contre les infox.

Arguments contre :
1. **Responsabilité des plateformes** : Les plateformes de médias sociaux ont créé des algorithmes qui favorisent la diffusion de contenus sensationnalistes, ce qui rend difficile la lutte contre les infox.

2. **Amplification des infox** : Les plateformes ont un pouvoir considérable pour amplifier la portée des infox. Les utilisateurs peuvent par inadvertance contribuer à la diffusion de fausses informations en partageant des contenus.
3. **Manipulation par les plateformes** : Les entreprises de médias sociaux collectent de remarquables quantités de données sur les utilisateurs et peuvent les exposer à des informations biaisées, contribuant ainsi à la diffusion d'infox.
4. **Contribution à la polarisation** : Les plateformes ont été critiquées pour favoriser la polarisation en présentant des contenus qui renforcent les croyances préexistantes des utilisateurs, créant ainsi un terrain fertile pour les infox.

Grammaire (page 21)

Avant de commencer
Invitez vos apprenant(e)s à consulter l'encadré de grammaire « Le discours rapporté au passé. »
Vous pouvez également le lire ou le faire lire à haute voix en donnant des explications supplémentaires.
1. Ses propos sont rapportés en utilisant le discours indirect au passé.
2. Dans le texte, pour chaque phrase rapportant les propos d'Andrew Bosworth, le passé composé est utilisé dans la première partie de phrase, puis dans la seconde partie de phrase, l'imparfait est utilisé.
3.
a. Le reporter a dit qu'un politicien souhaitait proposer une loi sur l'encadrement des réseaux sociaux.
b. Un modérateur a affirmé qu'un utilisateur postait régulièrement des informations malveillantes.
c. Le rédacteur a affirmé que son journaliste avait vérifié l'information
d. La direction a annoncé que le journal développerait son offre numérique.

Suggestions d'exploitation
• Pour aller plus loin sur ce point grammatical, consultez la banque de ressources où des exercices complémentaires sont proposés.
• Vous pouvez également demander à vos apprenant(e)s de rédiger 5 phrases au discours indirect au passé en prenant en exemple les phrases du point C.

Activité 9 (page 22)

Avant de commencer
Lisez uniquement le titre de cet entretien et demandez à vos apprenant(e)s ce qu'ils/elles pensent de l'indépendance dans les médias : « Est-elle possible ? Est-elle un mythe ? ». Les réponses doivent être justifiées.
Vous pouvez également créer de petits groupes pour faire un remue-méninges avant de mettre en commun les idées échangées.
Demandez ensuite aux apprenant(e)s de lire le texte et de répondre aux questions.

Réponses
1. Les erreurs commises par certains journalistes lors de communications.
2. Le fait que les informations ne sont plus basées sur des faits.
3. Gérer et investir ses profits pour se réinventer.
4. Le journaliste fournit une information indépendante et en retour, le lecteur lui offre sa confiance.

Suggestions d'exploitation
• Demandez à vos apprenant(e)s de faire des recherches pour trouver dans un pays francophone ou dans leur pays d'origine un journal ou un magazine qui est connu pour promouvoir son indépendance. Demandez-leur de quelle manière il y parvient.

 Activité 10 (page 22)

Proposition de réponse
Éric Fottorino : « L'indépendance, au bout d'un moment, ça paie »
Loudéac, le 6 décembre 2021 – Le journaliste et auteur, Éric Fottorino, était l'invité d'une conférence au Palais des congrès et de la culture de Loudéac en Bretagne, où il s'est livré à une discussion captivante sur son métier de journaliste et l'importance cruciale de l'indépendance des médias.
Fottorino a déclaré que le métier de journaliste souffrait d'une méconnaissance ainsi que d'une méfiance de la part d'une partie de la population. Il a affirmé que la méconnaissance découlait en partie de la persistance d'une vision dépassée de ce métier. Il a expliqué que certaines personnes ne réalisaient pas que les journalistes travaillaient sur divers supports, géraient des contraintes temporelles variées et opéraient dans des environnements divers. De plus, il a reconnu que des scandales médiatiques, tels que l'affaire Xavier Dupont de Ligonnès ou la fausse mort de Martin Bouygues, avaient contribué à alimenter la méfiance du public. Ces épisodes avaient semé la confusion et n'avaient fait que renforcer les doutes à l'égard de la profession.
La question des investisseurs dans les médias, notamment le cas de Vincent Bolloré, avait également été évoquée. Fottorino a affirmé que la présence d'investisseurs dans l'industrie médiatique était inévitable. Selon lui, sans ces investissements, de nombreux médias auraient disparu. Cependant, il a également mis en garde contre les risques inhérents à cet état de fait. Il a souligné que l'actionnariat pouvait exercer une influence sur le contenu médiatique, soulignant ainsi le besoin de préserver l'indépendance des médias.
Éric Fottorino, après une longue carrière au journal Le Monde, a lancé plusieurs titres de presse indépendants tels que Zadig, Le 1 et Légende. Il a partagé sa conviction selon laquelle l'indépendance était d'une importance vitale dans le journalisme. Il a souligné que, avec le temps, l'indépendance finissait par être récompensée. Les lecteurs étaient au rendez-vous, car ils accordaient leur confiance à des médias indépendants, créant ainsi un solide contrat de lecture.
Ainsi, Éric Fottorino a partagé sa vision éclairante sur les défis et les opportunités auxquels était confrontée la profession journalistique à l'ère des médias numériques, tout en mettant en exergue l'importance de l'indépendance pour préserver l'intégrité journalistique.

Suggestions d'exploitation
• Avant de proposer ce corrigé en correction, vous pouvez former de petits groupes et demander aux apprenant(e)s de comparer leurs productions. L'objectif est qu'ils/elles trouvent leurs propres erreurs. Passez d'un groupe à l'autre pour les aider et répondre à leurs interrogations si besoin. Mettez un terme aux échanges après une quinzaine de minutes et proposez une correction en classe entière.

 Activité 11 (page 22)

Avant de commencer
Demandez à vos apprenant(e)s de lire les questions de l'activité de compréhension de l'oral. Dites-leur qu'ils/elles vont écouter 2 fois l'enregistrement. Suggérez-leur de prendre plus de notes lors de la première écoute, et de prendre du temps pour répondre aux questions durant la pause donnée entre les deux écoutes et après la deuxième écoute.

Réponses
1. Selon Julia Cagé, la concentration de médias limite le pluralisme d'opinion et appauvrit le débat public.
2. Contrairement à Eric Fottorino, Julia Cagé ne pense pas que la concentration des médias soit une fatalité.
3. Les trois propositions de Julia Cagé sont les suivantes : 1. Au moins une moitié de salariés dans les conseils d'administration des médias, dont 2/3 de journalistes, 2. Les directeurs doivent être validés par au moins 60 % des journalistes, 3. Un droit d'agrément.
4. Un droit d'agrément est la possibilité donnée aux salariés de se prononcer en cas de changement d'actionnaire majoritaire.
5. Les 2 procédés d'insistance utilisés par Julia Cagé sont les suivants : le parallélisme (« jamais… jamais », « quand on parle… quand on parle », « pour… pour ») et les connecteurs d'énumération (« première partie, deuxième chose, troisième chose »).

Suggestions d'exploitation
• Une fois l'activité 11 finie, lisez la transcription de l'audio avec les apprenant(e)s pour une compréhension fine du document sonore. Expliquez-leur le lexique non compris. Réécoutez le document sonore avec la transcription, puis une dernière fois sans transcription.
• Demandez à vos apprenant(e)s de résumer les paroles de Julia Cagé en utilisant le discours rapporté au passé.

 Activité 12 (page 22)

Proposition de réponse
L'indépendance des médias, véritable socle de leur crédibilité, revêt une importance capitale dans le paysage de l'information. Elle assure en effet la fiabilité et la confiance que le public accorde aux médias.

Tout d'abord, l'indépendance éditoriale confère une immunité aux médias contre les pressions extérieures. Cette immunité les préserve de toute influence indésirable, émanant d'intérêts politiques, financiers ou idéologiques. Les journalistes bénéficient ainsi de la liberté nécessaire pour mener des enquêtes fouillées, poser des questions cruciales et révéler des vérités parfois dérangeantes, tout en étant à l'abri de toute ingérence. Cette autonomie assure que l'information est construite sur des fondements solides et des faits incontestables, consolidant ainsi la crédibilité des médias.
En outre, l'indépendance éditoriale favorise la diversité des points de vue. Les médias indépendants sont plus aptes à explorer une variété de sujets, à présenter un éventail d'opinions et à remettre en question les conventions établies. Cela participe à une couverture médiatique équilibrée, reflétant la multiplicité des réalités sociétales. Ce pluralisme renforce la réputation des médias en tant que sources d'information objectives et pertinentes.
Enfin, l'indépendance médiatique est nécessaire à la confiance du public. Les consommateurs d'informations se tournent naturellement vers des médias qui préservent leur autonomie et leur intégrité. Ils savent que ces médias sont moins enclins à manipuler ou déformer l'information. Cette confiance est un socle fondamental pour maintenir la crédibilité des médias.
En conclusion, l'indépendance des médias est indispensable à leur crédibilité. Elle constitue un principe intangible de l'information de qualité et elle a un rôle démocratique important.

Suggestions d'exploitation

• Vous pouvez demander à vos apprenant(e)s de mettre leurs productions écrites sur un mur collaboratif en ligne où leurs camarades de classe pourront réagir sous la forme de commentaires pour engager un débat.

 Activité 13 (page 22)

Avant de commencer

Avant de commencer l'activité en classe, demandez aux apprenant(e)s de faire des recherches sur la presse de leur pays. Assurez-vous qu'ils/elles disposent de suffisamment de temps pour collecter des informations pertinentes et pour les analyser. Il sera peut-être nécessaire de les accompagner dans leur recherche documentaire.
Encouragez les apprenant(e)s à structurer leur présentation orale de manière logique. Ils/elles devraient commencer par une brève introduction sur la presse dans leur pays, puis aborder les points clés tels que la propriété des principaux médias, leur orientation politique, et tout élément saillant. Une conclusion résumant les points essentiels est également attendue.
Suggérez aux apprenant(e)s d'utiliser des supports visuels tels que des graphiques, des schémas ou des images pour illustrer leurs présentations. Cela peut rendre leur discours plus dynamique et faciliter la compréhension de leurs camarades.

Proposition de réponse
Réponse libre

Suggestions d'exploitation

• Encouragez la classe à poser des questions et à participer à une discussion après chaque présentation. Cela peut donner lieu à des débats intéressants et à un échange d'idées constructif.

 Activité 14 (page 23)

Avant de commencer

L'objectif de cette activité est d'inciter les apprenant(e)s à réfléchir sur l'évolution de la connaissance humaine au fil du temps et à tirer des conclusions sur la nature changeante des croyances et des idées.
Encouragez les apprenant(e)s à analyser chaque élément de la frise, en les invitant à expliquer pourquoi ces croyances ont évolué avec le temps. Posez des questions ouvertes pour stimuler la réflexion. Par exemple, « Quelles découvertes scientifiques ont remis en question cette croyance ? » ou « Comment la société a-t-elle évolué pour accepter ces nouvelles idées ? »

Proposition de réponse
Réponse libre

Suggestions d'exploitation

• Après avoir discuté de chaque élément de la frise, encouragez les élèves à partager leurs opinions et leurs réflexions sur la nature changeante de la connaissance humaine. Les débats constructifs peuvent émerger, permettant d'explorer différentes perspectives.
Conclusions possibles :
– Les croyances et les connaissances humaines sont en constante évolution, souvent en réponse à de nouvelles découvertes scientifiques, à l'évolution de la société et à une meilleure compréhension du monde qui nous entoure.
– L'importance de la remise en question constante des idées préconçues et de la quête de la vérité dans le développement de la société et de la connaissance.
– L'importance d'une éducation continue pour rester informé des évolutions de la connaissance et y participer.

 Activité 15 (page 23)

Avant de commencer

Demandez aux apprenant(e)s de réfléchir à une « vérité » qu'ils/elles connaissent qui a été ultérieurement réfutée ou révisée. Vous pouvez également les inviter à faire des recherches pour trouver des exemples historiques ou contemporains. Cela permettra d'initier la discussion.
Encouragez les apprenant(e)s à structurer leur intervention de manière claire et logique. Idéalement, il faudrait qu'ils/elles commencent par présenter la « vérité » initiale, expliquer comment elle a été remise en question ou révisée, et discuter des raisons de ce changement. Ensuite, ils/elles peuvent se pencher sur la question de savoir quelle autre « vérité » actuelle pourrait être contestée à l'avenir.

Invitez les apprenant(e)s à réfléchir à des certitudes actuelles qui pourraient être contestées à l'avenir. Discutez-en en classe entière.

Proposition de réponse
Santé publique : Les idées sur la santé et la médecine évoluent constamment. Par exemple, les recommandations en matière d'alimentation, de médicaments ou de traitements médicaux peuvent changer en fonction des avancées scientifiques et des découvertes.
Technologie et innovation : Les innovations telles qu'Internet, les réseaux sociaux ou les smartphones ont transformé la société et changé la manière dont nous percevons la communication, la vie quotidienne et la vie professionnelle, mais qu'en penserons-nous à l'avenir ?
Éducation : Les conceptions sur ce qui constitue une éducation de qualité peuvent changer, tout comme les priorités en matière d'apprentissage.
Éthique et valeurs sociales : Les valeurs et les normes sociales évoluent, notamment en ce qui concerne les droits de l'homme, l'égalité des genres, l'inclusion et la durabilité environnementale.
Systèmes politiques : Les formes de gouvernance et les systèmes politiques évoluent, passant de la monarchie à la démocratie, de l'autoritarisme à la participation citoyenne, en réponse aux évolutions sociétales et aux aspirations de la population.
L'environnement et la durabilité : Les idées sur la protection de l'environnement et le changement climatique ont changé à mesure que la conscience de l'impact humain sur la planète a augmenté. Les normes et les réglementations environnementales ont été révisées en conséquence.

Suggestions d'exploitation
• À l'écrit, demandez à vos apprenant(e)s de restituer de manière succincte les discussions des apprenant(e)s en environ 250 mots.

Activité 16 (page 23)

Avant de commencer
Demandez à vos apprenant(e)s de lire les questions de l'activité de compréhension de l'oral. Dites-leur qu'ils/elles vont écouter 2 fois l'enregistrement et qu'il y aura une pause d'environ 3 minutes entre les 2 écoutes. Conseillez-leur de se concentrer sur la prise de notes lors de la première écoute et d'essayer de répondre aux questions durant la pause entre les 2 écoutes puis à la fin de la deuxième écoute.

Réponses
1. Friedrich Nietzsche disait qu'il n'y avait pas un fait, il y avait toujours des interprétations, des versions de la vérité.
2. L'argument d'autorité consiste à invoquer une autorité, en accordant de la valeur à un propos en fonction de son origine plutôt que de son contenu. L'exemple donné lors de la discussion est celui de Donald Trump.
3. L'allégorie met en scène des hommes emprisonnés et enchaînés dans une caverne. Ils tournent le dos à l'entrée et au soleil et ils sont captivés par les ombres animées des objets qui sont projetées contre le mur. Ils croient voir la vérité, alors qu'ils n'en voient qu'une apparence. Il leur suffirait simplement de se tourner pour voir la vérité.
4. Les sceptiques doutent de tout, y compris du fait qu'ils doutent. Pour eux, rien n'est certain. De ce fait, ils ne peuvent rien affirmer.

Suggestions d'exploitation
• Une fois l'activité 16 terminée, lisez la transcription de l'audio avec les apprenant(e)s pour une compréhension fine du document sonore. Expliquez-leur le lexique non compris. Réécoutez le document sonore avec la transcription, puis une dernière fois sans transcription.

Activité 17 (page 23)

Avant de commencer
Dans un premier temps, faites découvrir l'œuvre de Magritte, « Ceci n'est pas une pipe. » Assurez-vous que les apprenant(e)s comprennent que l'œuvre est une peinture d'une pipe avec la phrase en dessous, « Ceci n'est pas une pipe. ». Discutez tous ensemble en quoi cette œuvre peut susciter des débats et des réflexions sur la perception et la réalité.
Dans un deuxième temps, demandez aux apprenant(e)s pourquoi ils/elles pensent que Magritte a ajouté la phrase « Ceci n'est pas une pipe. » à une image clairement représentative d'une pipe. Quelle idée veut-il transmettre ? N.B. Le message de Magritte est lié à la nature de la perception. Il nous encourage à remettre en question notre propre compréhension de la réalité et à reconnaître que notre perception du monde est façonnée par des symboles, des représentations et des images. En montrant une pipe et en disant que ce n'est pas une pipe, Magritte nous invite à réfléchir à la manière dont nous interagissons avec le monde et comment la réalité est filtrée à travers nos propres expériences et croyances.
Rappelez aux apprenant(e)s en quoi consiste l'allégorie de la caverne de Platon, abordée dans l'activité de compréhension orale précédente « *Existe-t-il une seule vérité ? La professeure de philosophie Camille Tassel en discute avec des lycéens de terminale.* » Assurez-vous que les apprenant(e)s ont compris comment cette allégorie explore la nature de la réalité et de la perception. Discutez de la façon dont les prisonniers dans la caverne perçoivent les ombres sur le mur par opposition à la réalité extérieure.
Invitez les apprenant(e)s à réfléchir à la question de savoir si notre perception et notre compréhension du monde sont susceptibles d'être fausses. Encouragez-les à explorer comment nos expériences, nos croyances, notre éducation et nos médias peuvent influencer notre perception de la réalité. Encouragez les apprenant(e)s à exprimer leurs opinions sur la question. Sont-ils/elles d'accord avec Magritte, Platon ou d'autres philosophes qui ont abordé cette question ? Pourquoi ? Sont-ils/elles convaincus que notre perception est toujours fidèle à la réalité, ou pensent-ils/elles que la réalité est une construction mentale ?

Proposition de réponse
Réponse libre

Unité 1 • Les médias et l'actualité

LEÇON 3 — Les nouveaux médias : entre exclusions et opportunités (pages 24-27)

Avant de commencer

La leçon 3 montre à la fois les limites des nouveaux médias, mais aussi ses opportunités. Ses limites en soulignant qu'ils sont susceptibles d'exclure certaines personnes de son écosystème, comme les personnes âgées ou les personnes électrosensibles. Ses opportunités parce que les nouveaux médias permettent à tous de communiquer des informations, ce qui était jusqu'à peu l'apanage des journalistes professionnels. Présentez de manière succincte les points qui seront abordés dans cette unité, à savoir :
– grammaire : l'accord du participe passé
– vocabulaire : les maux contemporains
– interactions : s'opposer et critiquer une évolution
Ensuite, demandez aux apprenant(e)s d'expliquer en quoi les nouveaux médias peuvent constituer des exclusions et comment ils peuvent représenter des opportunités. Après un bref tour de table, commencez l'activité 1.

 Activité 1 (page 24)

Avant de commencer

Dans un premier temps, annoncez aux apprenant(e)s qu'il y a deux documents : une caricature et une vidéo.
Dans un deuxième temps, demandez-leur de lire les questions. Puis faites visionner 2 fois la vidéo.
Ensuite, deux choix s'offrent à vous : vous pouvez soit donner quelques minutes à vos apprenant(e)s pour répondre aux questions puis faire une correction collective, soit interroger vos apprenant(e)s, une question après l'autre, en classe entière en leur laissant un temps pour y répondre.

Réponses

1. Dans le dessin, une femme âgée demande de l'aide à un groupe d'hommes habillés de la même manière et utilisant des smartphones. L'un des hommes répond à la femme sous forme de code binaire, un système qui s'utilise principalement en informatique.
2. La personne âgée demande en français de l'aide, mais la seule réponse qui lui est donnée est sous forme de code binaire. Celle-ci est donc incompréhensible pour la dame qui se retrouve condamnée à rester dans son isolement du fait de sa non-maîtrise de l'informatique.
3. Exemples de titres reformulés : « révolution numérique : les grands oubliés », « Technologies, le choix ne vous est pas donné », « la frontière infranchissable du numérique », etc.
4. Les apprenant(e)s pourront expliquer que la vidéo est divisée en deux parties. Dans la première, une personne âgée maîtrise parfaitement les outils numériques (Internet et Smartphone), mais ceci n'est pas la réalité. Dans la deuxième partie, le même homme n'est pas capable d'utiliser correctement son ordinateur. Il semble abandonné.
5. L'expression « exclusion numérique » désigne les disparités dans l'accès à l'Internet, par manque de moyens ou d'infrastructures numériques, mais aussi des difficultés à utiliser les outils numériques. Ces disparités créent une fracture au sein de la société et tendent à isoler les personnes ne pouvant pas utiliser les nouvelles technologies.
6. La technologie étant omniprésente dans la société, les personnes ne pouvant pas utiliser les outils numériques se retrouvent isolées, car leurs moyens de communiquer, de s'informer et de manière plus générale, d'interagir avec le monde extérieur, sont extrêmement limités.

Suggestions d'exploitation

• Constituez de petits groupes et demandez à vos apprenant(e)s de réfléchir à des solutions pour pallier le problème d'exclusion numérique des personnes âgées. Chaque groupe devra trouver 3 solutions et détailler les moyens pour les mettre en place.

Activité 2 (page 24)

Avant de commencer

Faites un tour de table. Demandez à vos apprenant(e)s s'ils/elles pensent avoir une addiction à l'information, pourquoi et comment ils/elles essaient de combattre leur addiction. Après ce tour de table, faites lire le texte par un ou des apprenant(e)s en prenant soin de faire des arrêts au moment que vous croyez opportun pour donner des explications ou/et poser des questions de compréhension.

Réponses

1. Le dialogue d'une poule avec ses poussins est nécessaire et l'information l'est aussi pour nous. C'est une nécessité vitale.
2. Contrairement à la poule, un dialogue continu est un facteur de stress pour l'homme.
3. La consommation excessive d'informations est comparée à une addiction aux drogues. Celui qui attend son info est comparé à un toxicomane qui attend son dealer. Son schéma est le suivant : une attente difficile à supporter, puis un plaisir, suivi d'une déception et enfin, un manque. Ce cycle se reproduit en boucles de plus en plus courtes, accéléré par les outils numériques.
4. Les informations sont devenues instantanées et trop abondantes. Or, on craint de ne pas être à la hauteur et de perdre une position sociale si on en rate, alors on surconsomme l'information.
5. Addict, dose, addiction, drogue, toxicomane, dealer, infolisme, hypnotique.

 Activité 3 (page 25)

Avant de commencer

Avant de commencer à parler, encouragez les apprenant(e)s à effectuer des recherches approfondies sur le sujet de l'infolisme, ses causes et ses effets. Ils/elles devraient également se renseigner sur les solutions possibles. Aidez également les élèves à structurer leur prise de parole de manière logique, en commençant par une introduction, suivie de la présenta-

tion de l'addiction à l'information et de ses raisons, avec des exemples précis, puis des solutions pour s'en prémunir et enfin une conclusion.
Insistez bien sur l'importance de s'exprimer de manière claire, convaincante et articulée.

Proposition de réponse
1. Introduction
• Présentation du sujet de l'infolisme.
• Annonce de l'objectif de la prise de parole : exposer les raisons de l'addiction à l'information et proposer des solutions.
2. Les raisons de l'addiction à l'information
• Expliquer les facteurs qui contribuent à l'infolisme, tels que la surabondance d'informations, la dépendance aux smartphones, la peur de manquer quelque chose, etc.
• Utiliser des exemples concrets pour illustrer chacun de ces facteurs.
3. Solutions pour s'en prémunir
• Présenter des stratégies pour contrer l'infolisme, telles que la gestion du temps passé en ligne, la pratique de la déconnexion numérique, l'amélioration de la concentration, etc.
• Expliquer en quoi ces solutions peuvent améliorer la qualité de vie et la santé mentale.
4. Conclusion
• Récapituler les points clés de la prise de parole.
• Souligner l'importance de prendre des mesures pour lutter contre l'infolisme et retrouver un équilibre sain entre la technologie et la vie réelle.
5. Questions du public
• Inviter le public à poser des questions et y répondre de manière claire et approfondie.

Activité 4 (page 25)

Avant de commencer
Commencez en demandant à vos apprenant(e)s de définir ce que signifie être électrosensible.
Demandez-leur s'ils/si elles ont déjà entendu parler de ce problème.
Une fois cette activité de mise en route terminée, invitez-les à lire les questions de l'activité de compréhension des écrits. Précisez que la piste sera jouée 2 fois avec une pause entre les deux écoutes.
Procédez ensuite à une correction en classe entière.

Réponses
1. Par des picotements sur la peau.
2. Elle n'a pas besoin de porter de bonnet, car elle a constamment une sensation de chaleur au niveau de la tête.
3. Dans une grotte depuis 3 ans.
4. Il s'agit d'une zone dépourvue de champs électromagnétiques artificiels.
5. L'EHS désigne une forte sensibilité aux ondes électromagnétiques émises par les technologies sans fil. Les ondes provoquent un grand nombre de symptômes rendant impossible la vie en environnement urbain.
6. Tous ne sont pas d'accord sur le lien entre la prolifération des ondes et ces symptômes.

Suggestions d'exploitation
• Une fois l'activité 4 finie, lisez la transcription de l'audio avec les apprenant(e)s pour une compréhension fine du document sonore. Expliquez-leur le lexique non compris. Réécoutez le document sonore avec la transcription, puis une dernière fois sans transcription.

 Activité 5 (page 25)

Avant de commencer
Si vous le croyez nécessaire, n'hésitez pas à lire le sujet avec vos apprenant(e)s et à rappeler les outils importants pour rédiger une lettre d'un niveau DALF C1 : présentation et mise en page, niveau lexical (vocabulaire riche et varié) et grammatical (phrases complexes avec l'emploi de temps variés et de structures complexes telles que les pronoms relatifs, connecteurs, etc.).

Proposition de réponse
Monsieur le Rédacteur en Chef,
Permettez-moi de partager mon profond désaccord avec la possibilité, envisagée par votre journal, de supprimer complètement son édition papier. Bien que la numérisation des médias soit une tendance inévitable à l'ère numérique, il est crucial de ne pas ignorer les conséquences de cette transition sur certains membres de notre société, notamment les personnes âgées et les électrosensibles.
Tout d'abord, il est important de reconnaître que de nombreuses personnes âgées comptent sur l'édition papier de votre journal pour rester informées. Les seniors, qui ne sont pas à l'aise avec les dernières technologies, dépendent souvent de la version imprimée pour suivre les nouvelles locales, nationales et internationales. La suppression de l'édition papier les exclurait de cet accès essentiel à l'information, ce qui est contraire aux principes d'inclusion et d'égalité d'accès à l'information.
De plus, d'autres citoyens pourraient souffrir de cette évolution. Il est en effet crucial de prendre en compte les électrosensibles, ces personnes qui souffrent d'une sensibilité aux champs électromagnétiques émis par les appareils électroniques. Pour eux, la transition vers une édition exclusivement numérique se traduirait par un choix douloureux : une exclusion encore plus grande du reste de la société ou une exposition accrue aux écrans et aux ondes électromagnétiques qui nuiraient fortement à leur santé et à leur bien-être.
Je comprends les impératifs financiers auxquels votre journal est confronté, mais il est de votre responsabilité de garantir que cette transition vers le numérique se fasse de manière progressive et réfléchie, tout en veillant à ce que personne ne soit laissé pour compte. Je vous encourage à envisager des solutions alternatives, telles qu'une édition papier moins fréquente ou des partenariats avec des organisations locales pour fournir des copies papier aux personnes âgées et aux électrosensibles.
En tant que lecteur fidèle de votre journal, je vous prie de considérer les implications sociales de cette décision. Notre société doit évoluer avec son temps, mais elle ne doit pas sacrifier l'inclusion et la santé de ses citoyens au nom du progrès technologique.

Suggestions d'exploitation

• Afin d'ancrer votre cours dans une approche actionnelle, demandez à vos apprenant(e)s de rechercher un journal qui a fait le choix de diffuser uniquement son journal en version numérique. Invitez-les à écrire à ce journal pour évoquer l'exclusion que ce choix peut provoquer pour certaines personnes et pour demander ce que le journal prévoit pour y remédier.

Activité 6 (page 25)

Avant de commencer

Avant de lancer le débat, assurez-vous que les apprenant(e)s ont lu le texte et compris les points clés. Encouragez-les à prendre des notes sur les données, les conclusions des chercheurs, et le fait qu'aucun lien de causalité n'a été établi. Divisez les apprenant(e)s en deux groupes, l'un devant soutenir l'idée qu'il y a un lien de causalité entre l'utilisation des médias sociaux et le sentiment d'isolement, et l'autre devant contester cette idée.
Chaque groupe doit présenter ses arguments initiaux. Ils doivent être étayés avec des éléments explicatifs tirés du texte et d'autres exemples pertinents. Encouragez les apprenant(e)s à poser des questions pour mieux comprendre les points de vue opposés. Donnez à chaque groupe l'opportunité de réfuter les arguments de l'autre et de présenter des répliques. À la fin du débat, demandez aux apprenant(e)s de résumer les principaux arguments (notez-les au tableau). Mettez en évidence les éventuelles convergences ou les conclusions tirées.

Proposition de réponse

1. Lien de causalité :
• Groupe 1 : Il y a un lien de causalité entre l'utilisation excessive des médias sociaux et le sentiment d'isolement. Les apprenant(e)s peuvent s'appuyer sur les données de l'étude et des exemples de personnes qui se sentent isolées en raison de leur utilisation des médias sociaux.
• Groupe 2 : Il n'y a pas de lien de causalité direct entre les médias sociaux et l'isolement. Les apprenant(e)s peuvent argumenter que les médias sociaux sont des outils neutres et que l'isolement peut être causé par d'autres facteurs.

2. Impact des médias sociaux :
• Groupe 1 : Les médias sociaux peuvent contribuer à l'isolement en incitant à la comparaison sociale, en promouvant la solitude en ligne, et en encourageant la déconnexion du monde réel.
• Groupe 2 : Les médias sociaux peuvent être des outils de connexion sociale et ne sont pas nécessairement à blâmer pour l'isolement. Les apprenant(e)s peuvent discuter des avantages des médias sociaux pour maintenir des relations à distance.

3. Rôle des facteurs démographiques et sociaux :
• Groupe 1 : Les facteurs démographiques et sociaux ne peuvent pas expliquer entièrement le lien entre l'utilisation des médias sociaux et l'isolement. Il y a une influence directe.
• Groupe 2 : Les facteurs démographiques et sociaux jouent un rôle majeur dans la perception de l'isolement, indépendamment de l'utilisation des médias sociaux.

Activité 7 (page 25)

Avant de commencer

Lisez l'énoncé avec vos apprenant(e)s et demandez-leur de donner une définition pour chaque mot de vocabulaire. Ensuite, demandez-leur de compléter le texte à trous.

Réponses

Les nouvelles technologies permettent la circulation rapide de l'information, mais engendrent aussi des **maux**. Des individus développent de l'**addiction** en ressentant un **manque** ou de l'**anxiété** s'ils ne consultent pas l'actualité en permanence. Ce mal est appelé l'**infolisme**.
D'autres développent des **symptômes** liés à la **nocivité** des ondes utilisées dans la téléphonie. On appelle cela l'**électrosensibilité**.
Enfin, d'autres vivent en **retrait** sans s'en rendre compte en restant dans un monde virtuel et ils sont victimes d'**isolement.**

Suggestions d'exploitation

• Demandez à vos apprenant(e)s de rédiger un paragraphe avec les mots de vocabulaire proposés dans cette activité. Suggérez-leur de s'inspirer du texte de l'activité pour réaliser leur production.
• Pour aller plus loin sur ce point lexical, consultez la banque de ressources où des exercices complémentaires sont proposés.

Activité 8 (page 26)

Avant de commencer

Deux options s'offrent à vous : une lecture du texte en classe entière à voix haute suivie d'une correction des questions de compréhension, ou une lecture individuelle suivie d'une correction des questions de compréhension en classe entière.

Réponses

1. Kopenawa dit que les Occidentaux sont des personnes qui dorment beaucoup mais ne rêvent que d'eux-mêmes. Selon lui, les Occidentaux sont des peuples de courte pensée, en raison de leur attachement prolongé aux minerais et aux marchandises. Il affirme également que les Occidentaux n'écoutent que leurs propres traces, ignorant les connaissances et les visions des autres peuples.
2. Donner plus de visibilité médiatique aux autochtones serait bénéfique à tous, car cela permettrait de partager leurs savoirs, leurs pensées et leurs expériences avec le reste du monde, ce qui peut contribuer à une compréhension plus large et diversifiée des solutions possibles face à la crise planétaire actuelle.
3. Les autochtones ont l'opportunité de faire connaître leurs problèmes au monde grâce à diverses initiatives médiatiques, telles que la vidéo, qui leur permettent de produire et de diffuser leurs propres messages. Ces médias autochtones jouent un rôle crucial en offrant une voix directe, une écriture et des images produites par les peuples autochtones eux-mêmes, ce qui leur permet de partager leurs réalités, de défendre leurs territoires ancestraux et d'attirer l'attention sur les enjeux environnementaux auxquels ils font face.

4. Dans un contexte mondial de concentration et d'hégémonie médiatique, cela signifie que les médias sont largement contrôlés et dominés par un petit nombre d'acteurs puissants, limitant ainsi la diversité des voix dans les médias.

5. En enregistrant et diffusant des images de ce qui se passe dans leur région, ils sensibilisent le public aux défis auxquels ils sont confrontés, tels que l'invasion des orpailleurs et des bûcherons illégaux. La vidéo devient un outil puissant pour témoigner de leurs expériences et de leurs luttes, contribuant ainsi à la préservation de leur environnement et à la sensibilisation mondiale.

Suggestions d'exploitation

• Pour prolonger cette activité, vous pouvez continuer avec une courte activité de production orale en posant les questions suivantes :
Pensez-vous que les nouveaux médias peuvent au contraire desservir les autochtones ?
Comment les autochtones pourraient-ils utiliser ces nouveaux moyens de communication pour qu'ils en tirent les meilleurs bénéfices ?

Grammaire (page 26)

Avant de commencer

Invitez vos apprenant(e)s à consulter l'encadré de grammaire « L'accord du participe passé (cas particuliers). »
Vous pouvez également le lire ou le faire lire à haute voix en donnant des explications supplémentaires.

Réponses

1. Faite, restés, accrochés, observée, produit, réalisé, lié, vivantes, éparpillés, approprié, décidé.

S'accordent	Ne d'accordent pas
Faite (accord avec le sujet parce qu'il est utilisé avec l'auxiliaire « être »)	approprié (verbe pronominal qui est suivi d'un COD)
Restés (accord avec le sujet parce qu'il est utilisé avec l'auxiliaire « être »)	décidé (verbe employé avec l'auxiliaire « avoir »)
Accrochés (accord avec le sujet parce qu'il est utilisé avec l'auxiliaire « être »)	
Observée (accord avec le sujet parce qu'il est utilisé avec l'auxiliaire « être »)	
produit (voix passive, sujet au masculin singulier)	
Réalisé (voix passive, sujet au masculin singulier)	
Lié (voix passive, sujet au masculin singulier)	
Vivantes (accord avec le sujet parce qu'il est utilisé avec l'auxiliaire « être »)	
Éparpillés (voix passive, sujet au masculin pluriel)	

2.
a. Les articles qu'il a voulu écrire n'ont jamais été publiés.
b. Les recherches qu'il a fallu pour cet article étaient considérables.
c. Les journalistes se sont parlé et ils se sont serré la main.
d. Les nouvelles qu'il a écoutées venaient du Brésil.
e. Ce youtubeur a publié beaucoup de vidéos. J'en ai regardé quelques-unes.

Suggestions d'exploitation

• Pour aller plus loin sur ce point grammatical, consultez la banque de ressources où des exercices complémentaires sont proposés.

 Activité 9 (page 27)

Avant de commencer

Vous pouvez lire le sujet avec vos apprenant(e)s pour vous assurer de sa bonne compréhension.
Vous pouvez faire un tour de table pour faire un petit remue-méninges afin d'échanger les idées liées au sujet de cette production écrite qui porte sur l'importance de la médiatisation des autochtones.

Proposition de réponse
La médiatisation des autochtones au service d'un monde meilleur

La médiatisation des autochtones est un enjeu crucial qui exige une approche réfléchie, car elle apporte une contribution précieuse à la diversité culturelle et à la compréhension mutuelle. En effet, les peuples autochtones sont souvent marginalisés dans les médias traditionnels, ce qui accentue leur sentiment d'invisibilité et d'exclusion.

Les médias, en tant que moteurs de la construction de notre perception du monde, ont la responsabilité de porter les voix de tous les peuples. Aussi, l'absence des autochtones dans les médias a pour résultat un manque crucial d'éducation du public sur leurs cultures, leurs traditions et leurs préoccupations. La médiatisation des autochtones offre une opportunité unique de s'ouvrir aux différences et de favoriser la compréhension mutuelle.

Pour donner aux autochtones une place dans les médias, plusieurs solutions sont envisageables. Premièrement, il serait intéressant d'intégrer des journalistes autochtones et des experts dans les équipes de rédaction. Ces professionnels peuvent non seulement garantir une couverture authentique, mais aussi apporter une perspective unique.

Deuxièmement, il est essentiel d'établir des liens médiatiques avec la plupart des communautés autochtones afin de relater leurs histoires et partager avec le monde leur identité, leur culture et leurs revendications de manière respectueuse et impartiale.

Troisièmement, il serait judicieux de créer une loi qui garantit une visibilité accrue aux enjeux autochtones dans les médias, en couvrant des sujets tels que la préservation de l'environnement, les droits fonciers et la promotion de la culture autochtone.

La médiatisation des autochtones ne bénéficie pas uniquement à ces communautés, mais enrichit également notre compréhension du monde et contribue à bâtir une société plus inclusive et éclairée. Il est impératif que les médias répondent de manière proactive et responsable à cet enjeu culturel et moral.

Activité 10 (page 27)

Avant de commencer

Lisez les questions de compréhension en classe entière. Rappelez aux apprenant(e)s qu'ils/elles écouteront le document sonore 2 fois.
Suggérez-leur de prendre le maximum de notes durant la première écoute, du temps leur sera donné entre les deux écoutes pour répondre aux questions.

Réponses

1. Il est reproché à la presse de diffuser des informations trop sombres, trop pessimistes.
2. Le journalisme de solution est né à la fin des années 1990.
3. Le journalisme de solution n'aborde pas seulement les problèmes, mais il propose aussi des solutions pour les résoudre.
4. Au choix : Les lecteurs sont plus attirés par le journalisme de solution. Ils lisent plus longtemps les articles. Ils sont plus enclins à mettre en place les solutions, à s'engager.
5. Les ventes augmentent fortement.
6. Une association « Reporters d'espoirs » a approché le journal Libération en 2007 pour qu'il inclue dans son journal une partie de « journalisme de solutions », cependant les journalistes de ce journal trouvaient l'idée mauvaise. La direction du journal a néanmoins tenté l'expérience pendant la période de Noël, durant laquelle les ventes sont généralement faibles. À la surprise générale, le « Libération des solutions », qui avait été créé à cette époque, a été la meilleure vente de Libération durant cette année.

Suggestions d'exploitation

• Une fois l'activité 10 terminée, lisez la transcription de l'audio avec les apprenant(e)s pour une compréhension fine du document sonore. Expliquez-leur le lexique non compris. Réécoutez le document sonore avec la transcription, puis une dernière fois sans transcription.
• Prenez quelques minutes pour discuter avec vos apprenants du journalisme de solutions. Vous pouvez leur poser les questions suivantes : « Aviez-vous déjà entendu parler du journalisme de solution ? » « Que pensez-vous de son impact sur la société ? » « Devrait-il être mis plus en avant ? Comment ? »

Activité 11 (page 27)

Avant de commencer

Vous pouvez donner 15 à 20 minutes pour que vos apprenant(e)s puissent préparer leur oral.
Cette activité peut être réalisée en classe entière, les apprenant(e)s réfléchissant chacun de leur côté pour répondre aux questions posées dans la consigne de manière argumentée, ou en groupes avec un « chef de groupe » qui aura le rôle de médiateur et qui devra restituer les échanges.

Proposition de réponse
Axes de discussion :

1. Informations anxiogènes
• Les médias diffusent souvent des informations anxiogènes pour attirer l'attention du public et augmenter leur audience.
• Les informations anxiogènes peuvent avoir un impact négatif sur la santé mentale de la population en générant du stress et de l'anxiété.
• Certaines informations anxiogènes sont nécessaires pour informer le public sur des problèmes graves et urgents, mais un excès peut être préjudiciable.

2. Journalisme de solutions
• Le journalisme de solutions met l'accent sur les réponses constructives aux problèmes et encourage l'engagement du public.
• Il peut être un moyen de contrer l'impact des informations anxiogènes en offrant des perspectives positives et des solutions aux défis sociaux.
• Le journalisme de solutions nécessite une approche équilibrée et des enquêtes approfondies pour être efficace.

3. Rôle des Médias
• Les médias ont la responsabilité de présenter un éventail d'informations, y compris des solutions aux problèmes, pour donner une vision plus complète de la réalité.
• Le public a également un rôle à jouer en choisissant de soutenir les médias qui pratiquent le journalisme de solutions.

4. Un équilibre à trouver
• Il est important de trouver un équilibre entre informer sur les problèmes et présenter des solutions. Trop d'informations positives pourraient masquer des problèmes réels.
• Le journalisme de solutions peut compléter la couverture des informations anxiogènes en offrant de l'espoir et en inspirant le changement positif.

Activité 12 (page 27)

Avant de commencer

Vous pouvez demander aux apprenant(e)s de lire le texte et de répondre aux questions avant de procéder à une correction en classe entière. Vous pouvez aussi procéder différemment et lire ou faire lire le texte en faisant quelques arrêts pour donner des explications sur le vocabulaire ou les phrases/expressions employées à vos apprenant(e)s avant de leur demander de répondre aux questions, puis de procéder à une correction en classe entière.

Réponses

1. Elle était jugée comme inférieure à la transmission écrite.
2. On a constaté qu'elle n'a pas concurrencé la culture oralisée. Au contraire, elle l'aide à rester vive.
3. Un archivage est possible.
4. Elle propose de nouveaux moyens de communiquer à l'oral, rendus possibles par le numérique.
5. Les réseaux sociaux diffusent les contes au-delà des sphères culturelles habituelles. De plus, la traduction élargit encore plus cette audience.

Les médias et l'actualité • Unité 1

Suggestions d'exploitation

• Pour aller plus loin sur cette activité, vous pouvez poser les questions suivantes à vos apprenant(e)s :
Que pensez-vous de cette nouvelle manière de transmettre la culture ? Croyez-vous que ce mode de transmission est le meilleur moyen de faire survivre cette tradition ? Auriez-vous d'autres idées de mode de transmission ? Dans votre pays d'origine, comment sont gardées les traditions ancestrales ?

Activité 13 (page 27)

Avant de commencer

Avant de demander à vos apprenant(e)s de réaliser cette activité, prenez un moment pour leur faire visionner une ou deux vidéos afin de leur donner une idée plus précise du type de vidéo dont il s'agit.
Voici quelques liens que vous pouvez compléter avec votre sélection personnelle :
Vidéo d'un célèbre conteur africain >
Kientenga Pingdéwindé, conteur — Burkina Faso — Festival du conte du Québec.
https://www.youtube.com/watch?v=8xBwhmAt48o
Le récit d'un conte >
Coumba, la fille sans mère : Conte du Sénégal.
https://www.youtube.com/watch?v=hE575i_nbLA

Proposition de réponse
Pas de proposition de réponse pour cette activité.

Suggestions d'exploitation

• Faites visionner les vidéos faites par vos apprenant(e)s. Demandez-leur s'ils/si elles connaissent l'histoire racontée. N'hésitez pas à leur poser des questions pour s'assurer de la compréhension et/ou de l'attention.
• Après que toutes les vidéos ont été visionnées, organisez un vote soit en classe, soit en ligne en mettant les vidéos sur une page dédiée à cette activité et une application pour voter en ligne.

PROJET : Communiquez une même information à travers un panel de médias (page 28)

Avant de commencer

Vous pouvez sélectionner un sujet d'actualité et trouver des documents traitant de cette même information à travers différents médias. Cela permettra de rendre la compréhension de cette « mission » de projet beaucoup plus parlante.
Vous pourrez montrer cet exemple après avoir lu le paragraphe introductif de la page « Projet ».
Ensuite, lisez le projet avec vos apprenant(e)s. Assurez-vous que les étapes et le but final du projet est bien compris de tous/toutes.

Étape 1

Suggestions d'exploitation

• Vous pouvez organiser un vote via une application en ligne pour rendre la sélection du sujet d'actualité plus ludique à faire par les apprenant(e)s.

Étape 2

Avant de commencer

Veillez à ce que les groupes soient bien équilibrés afin que tous/toutes les apprenant(e)s puissent réaliser les tâches au mieux et ainsi remettre à profit ce qu'ils/elles ont repris par travers cette unité et par conséquent progresser.

Étape 4

Avant de commencer

Avant que les apprenant(e)s réalisent cette dernière étape, assurez-vous que tout ait été fait correctement jusque-là pour qu'il n'y ait pas un écart entre les attentes du projet et le travail final effectué.

Étape 5

Suggestions d'exploitation

• N'hésitez pas à demander aux apprenant(e)s de mettre des commentaires sous les productions pour dynamiser la page Internet (ou le mur virtuel) de la classe.
• Si ce travail est réalisé pendant un événement de type « Fête de la Francophonie », vous pouvez ancrer ce projet comme un des projets menés pour cet événement et l'inscrire sur le site de la Francophonie.

UNITÉ 2 — LES TENDANCES ET LES QUESTIONS DE SOCIÉTÉ

Présentation et objectifs de l'unité

L'unité 2 explorera les évolutions et les enjeux sociétaux contemporains, engendrés par la mondialisation et l'irruption fulgurante des nouvelles technologies.
La première leçon dévoilera, à travers des supports documentaires, écrits et sonores, une série de transformations significatives, dont le métissage et le phénomène de l'ubérisation. Les implications de ces mutations seront mis en lumière.
La deuxième leçon approfondira les thèmes de la consommation effrénée et du désir de reconnaissance, souvent associés à l'apparence ou autre un impératif social que l'on nous incite à satisfaire.
Enfin, la troisième leçon clôturera l'unité sur une note optimiste et apaisante en abordant le concept du retour à soi. Nous explorerons la quête d'équilibre à laquelle certains aspirent, dans l'objectif de retrouver leur bien-être intérieur.

Présentation des contenus

Je découvre...

> **des types de documents :** des vidéos authentiques, des reportages et témoignages audio, des articles authentiques et des infographies

> **des types d'interactions :** réagir aux évolutions sociétales, développer une argumentation logique et cohérente, organiser et mener un débat sur un sujet de société ; argumenter à l'oral

> **des points de grammaire :** les pronoms relatifs composés, le subjonctif présent, l'expression de l'opposition et de la concession

> **du vocabulaire :** les mutations contemporaines, les extrêmes du monde contemporain, le bien-être

> **un projet :** créer une utopie

Page d'ouverture (page 29)

Annoncez les objectifs de l'unité 2 et introduisez brièvement les différentes thématiques qui y sont présentes, à savoir : « un monde en mutation », « l'avoir au détriment de l'être », et enfin « le retour à l'être ».

Dans un deuxième temps, invitez les apprenant(e)s à observer la photo d'ouverture et demandez-leur quel rapprochement ils peuvent faire entre la photo et les différentes thématiques de cette unité. Par exemple : *Les personnes représentent la société, une certaine harmonie dans le pluralisme.*

Ensuite, lisez ou faites lire par un(e) apprenant(e) le premier encadré intitulé « Louis est un jeune Français. ».

Continuez en leur posant les questions de l'encadré à droite : « Et vous ? Quelle est votre place dans la société ? À quelles normes et valeurs adhérez-vous ? Quels éléments culturels partagez-vous avec les autres ? De quelles manières interagissez-vous avec ceux qui vous entourent ? ».

Vous pouvez également faire de petits groupes pour que les apprenant(e)s échangent entre eux sur ces questions avant de faire une mise en commun.

Une fois cette activité terminée, vous pouvez passer à la deuxième partie de l'activité de la page d'ouverture : visionner la vidéo. Demandez aux apprenant(e)s de prendre le maximum de notes sur le contenu de la vidéo qui sera jouée, puis faire visionner la vidéo. Au besoin, jouez-la deux fois. Demandez aux apprenant(e)s de restituer ce qu'ils ont compris. Vous pouvez également leur poser les questions suivantes : 1. « Quel message veut-on véhiculer dans la première partie de vidéo ? », 2. « Pourquoi pouvons-nous dire que la vidéo finit sur une note positive ? »

Réponses :
1. Nous sommes tous des Hommes avant d'être un citoyen d'un pays.
2. Les personnes sont souriantes et évoquent des anecdotes positives.

LEÇON 1 — Un monde en mutation (pages 30-33)

Avant de commencer

La leçon 1 parlera du monde et de ses changements. Ces changements peuvent être inhérents aux mouvements de populations, mais ils le sont particulièrement du fait de la révolution numérique.

Présentez brièvement les points de grammaire, de vocabulaire et d'interactions qui seront traités dans cette leçon 1, à savoir :
– grammaire : les pronoms relatifs composés
– vocabulaire : les mutations contemporaines
– interactions : réagir aux évolutions sociétales

Ensuite, demandez aux apprenant(e)s ce que leur évoque la mutation du monde. Est-ce négatif ? Ces mutations sont-elles pleines d'opportunités ?

Activité 1 (page 30)

Avant de commencer

Lisez le titre de l'activité 1 et demandez-leur d'essayer de répondre à la question « Qu'est-ce que le métissage ? »
La réponse attendue est : un mélange de groupes ethniques, de personnes d'origine différente.
Ensuite, lisez ou faites lire le texte par un(e) apprenant(e). Arrêtez la lecture quand vous désirez poser des questions sur une phrase, une expression ou un mot de vocabulaire. Après la lecture, demandez aux apprenant(e)s de répondre aux questions et procédez à la correction.

Réponses
1. Contrairement au simple mélange, le métissage est la rencontre de deux ou plusieurs éléments qui vont se recomposer, donner naissance à une nouvelle entité.
2. Parce que le métissage ne veut pas uniformiser le monde et promeut la diversité.
3. Le métissage ne survalorise pas des identités et est ouvert aux autres cultures.
4. La mondialisation rend le métissage inévitable du fait des échanges toujours plus rapides.

Suggestions d'exploitation

Pour prolonger l'activité de compréhension des écrits sur une production orale, demandez à vos apprenant(e)s de prendre quelques minutes pour réfléchir sur le sujet du métissage et de donner leur opinion de manière argumentée. Afin de leur donner des pistes de réflexion, vous pouvez leur poser les questions suivantes :
– Voyez-vous le métissage comme une possible uniformisation du monde ?
– Au contraire, êtes-vous d'accord avec l'idée du texte et une superposition des cultures ?
– Considérez-vous le métissage comme une opportunité pour le rapprochement des peuples ?

Activité 2 (page 30)

Avant de commencer

Faites lire les questions de l'activité ou donnez un petit moment aux apprenant(e)s pour lire les questions.
Dites-leur que l'enregistrement audio sera joué 2 fois.

Réponses
1. C'est rendre obsolète un modèle économique existant via notamment l'utilisation de plateformes numériques.
2. Elles disent n'être que de simples entreprises de mise en relation.
3. La Cour européenne a jugé qu'Uber n'était pas un service dans le domaine de l'information, mais dans le transport. Elle a donc dû se conformer aux règles du domaine.

Unité 2 • Les tendances et les questions de société

4. Elles n'ont pas besoin d'assurer leurs salariés, de respecter le Code du travail (sur la durée maximale de travail, les congés, le salaire minimum, etc.) et de payer les cotisations sociales.
5. Cela veut dire qu'elles ne sont pas d'accord avec la décision qui a été prise.
6. Ils n'ont pas de protection, ils ont des revenus moins élevés, ils sont déshumanisés et ils perdent de l'autonomie. (3 parmi ces réponses)

Suggestions d'exploitation

• Une fois l'activité 2 terminée, lisez la transcription de l'audio avec les apprenant(e)s pour une compréhension fine du document. Expliquez-leur le lexique non compris. Réécoutez le document avec la transcription, puis une dernière fois sans transcription.
• Après avoir fini cette activité de compréhension de l'oral, en groupes ou en classe entière, demandez aux apprenant(e)s leur avis sur l'ubérisation de la société. La voient-ils/elles comme un moyen d'améliorer le service et les conditions de travail, notamment par un choix des horaires de travail ? Ou, au contraire, comme une régression, particulièrement en ce qui concerne les conditions de travail ?

Activité 3 (page 31)

Avant de commencer

Afin de lancer le thème de cette compréhension des écrits, faites un tour de table auprès de vos apprenant(e)s. Se sentent-ils/elles comme un homo confort ? Pourquoi ? Le ressentent-ils/elles comme un élément positif dans leur vie ? Ensuite, faites lire le texte par un(e) apprenant(e). N'hésitez pas à arrêter la lecture et à poser des questions sur les éléments qui vous semblent pertinents (notions abordées dans le texte, lexique, etc.).

Réponses

1. Le confort serait l'absence de contrainte, d'effort ou de fatigue.
2. Les trois phases sont les suivantes :
– 1re phase : le confort était rare, mais distribué de manière égalitaire entre les individus.
– 2e phase : les élites bénéficiaient du confort. Ce sont les autres membres de la société, ayant un statut inférieur, qui avaient la charge des travaux fatigants.
– 3e phase : avec le développement technologique, le confort s'est développé jusqu'à toucher tous les aspects de la vie. Tous les individus de la société en ont bénéficié.
3. Le confort éloigne ou coupe l'être humain de la nature. Cette dernière est de plus en plus perçue à travers les dispositifs technologiques qui créent du confort.
4. Les grandes entreprises, pour augmenter leurs ventes, ont commercialisé et fait la promotion d'appareils technologiques présentés comme une solution confortable à des problèmes imaginaires.
5. Le confort nous prive de nombreuses expériences essentielles et nous enferme dans un « cocon protecteur » qui nous coupe du monde extérieur et de nous-mêmes. Nous perdons ainsi nos savoir-faire un peu de notre humanité.
6. Pour l'auteur, il s'agit de l'ensemble des expériences qui donnent tout son intérêt à la vie. Petites ou grandes, il s'agit des joies, des peines, des efforts, des réussites, etc. qui donnent du sens et de la consistance à la vie.

Suggestions d'exploitation

• Demandez à vos apprenant(e)s de revoir le vocabulaire du texte et préparez un petit jeu-questionnaire avec une application de type Kahoot sur le lexique du texte. Voici quelques mots particulièrement difficiles : existentielle, effréné, existe, anthropologue, perpétuelle, le cocon, imprévisible, holistique, grossière, etc.

Activité 4 (page 31)

Avant de commencer

Afin d'aider les apprenant(e)s à trouver des idées et à les organiser, vous pouvez lire le sujet de production écrite et demander aux apprenant(e)s de réfléchir aux questions posées dans la consigne. Faites un tour de table et notez les idées au tableau.

Proposition de réponse
Le confort est-il l'ennemi de l'homme ?

Le développement du confort dans notre société suscite des inquiétudes vis-à-vis des conséquences inattendues sur le comportement humain et l'environnement.
Tout d'abord, l'accès aisé à la technologie et à la commodité a parfois encouragé la paresse et l'isolement social. Lorsque tout est à portée de main, l'effort et l'interaction sociale peuvent décliner, ce qui peut avoir un impact significatif sur notre bien-être mental et notre développement personnel.
Ensuite, un excès de confort peut nuire aux ambitions individuelles et sociétales. Lorsque tout est prévu et facile, la motivation pour poursuivre de grands rêves et améliorer le monde peut s'estomper. La quête du confort inhibe ainsi le désir de repousser les limites et d'innover.
Pour finir, les avancées technologiques qui ont amélioré notre confort ont également eu un impact significatif sur l'environnement. La production et la distribution de biens et services entraînent la consommation de ressources naturelles et il en découle une production de déchets et la libération de polluants. De fait, certaines inventions, comme les véhicules à moteur, la climatisation et les appareils électroniques, ont un impact direct sur la consommation d'énergie et les émissions de gaz à effet de serre.
Toutefois, il ne faut pas pour autant bannir complètement le confort de nos vies. Il est préférable de rechercher un équilibre entre le bien-être personnel, le développement humain et la préservation de notre planète. Il faut apprécier le confort sans en devenir dépendants. Le développement de compétences, d'efforts personnels et la poursuite d'objectifs ambitieux sont tout aussi importants que de profiter des commodités modernes. La technologie et le confort devraient être des catalyseurs pour un progrès humain durable, encourageant l'innovation, la créativité, l'interaction sociale et la préservation de notre planète.

En conclusion, la quête du confort dans la société moderne est légitime, mais il est crucial de comprendre ses implications sur le comportement humain. L'équilibre entre le bien-être personnel et la soif de progrès est essentiel pour un avenir épanouissant. Il est donc temps de repenser notre relation au confort en ayant bien conscience que l'ambition, l'effort et les interactions sociales sont au cœur de l'évolution des êtres humains.

Grammaire (page 32)

Avant de commencer

Invitez vos apprenant(e)s à consulter l'encadré de grammaire « Les pronoms relatifs composés. »
Vous pouvez également le lire ou le faire lire à haute voix en donnant des explications supplémentaires.

Réponses
1. « que », « qu' », « dans laquelle », « où », « qui ».
2. « dans laquelle »
3.
a. Ce sont des objets **avec lesquels** je passe beaucoup de temps.
b. C'est un livre **dans lequel** sont écrites toutes nos lois.
c. C'est une idée **à laquelle** je n'arrête pas de penser.
d. Les réseaux sociaux sont des outils avec lesquels nous pouvons nous exprimer.
e. C'est une place près **de laquelle** des personnes de cultures différentes se rassemblent.

Suggestions d'exploitation
• Pour aller plus loin sur ce point grammatical, consultez la banque de ressources où des exercices complémentaires sont proposés.
• Vous pouvez également demander à vos apprenant(e)s de composer 5 phrases sur le thème de la leçon en utilisant les pronoms relatifs composés.

 Activité 5 (page 32)

Avant de commencer
Lisez la consigne de l'activité avec les apprenant(e)s. Demandez-leur de donner une définition pour chaque mot de la liste de vocabulaire de l'énoncé.

Réponses
Le monde n'a jamais changé aussi rapidement au point qu'on parle d'**uniformisation** du monde. Dans le domaine économique, un néologisme a fait sa place dans nos dictionnaires avec le verbe **« ubériser »**.
Néanmoins, alors que notre planète est devenue un village, l'**altérité** nous fait encore peur. On craint une perte **identitaire**, une **assimilation** des cultures. Pourtant, dans de nombreux cas, alors qu'on évoque un **métissage**, il serait plus juste de parler de **juxtapositions** de cultures. Les **particularismes** nationaux ou régionaux ont encore de belles années devant eux !

Suggestions d'exploitation
• Demandez à vos apprenant(e)s de rédiger un paragraphe avec les mots de vocabulaire proposés dans cette activité. Suggérez-leur de s'inspirer du texte de l'activité pour réaliser leur production.
• Pour aller plus loin sur ce point lexical, consultez la banque de ressources où des exercices complémentaires sont proposés.

 Activité 6 (page 32)

Avant de commencer
Donnez une petite minute à vos apprenant(e)s pour lire les questions ou lisez les questions.
Dites-leur que l'enregistrement sonore sera joué 2 fois. Suggérez-leur de prendre le maximum de notes pendant la première écoute de l'enregistrement.

Réponses
1. L'individualisme est l'idée par laquelle un individu donne plus d'importance à sa personne qu'au reste de la société. L'identité, les valeurs et les droits des individus sont donc considérés comme étant plus importants que ceux de la société.
2. Certaines personnes pensent que l'individualisme se résume à la lutte des uns contre les autres. Que chaque individu souhaite se faire passer avant les autres. L'individualisme serait donc « le danger suprême de nos sociétés modernes et démocratiques ».
3. Des relations riches et complexes unissent les individus de la société. En effet, les membres de la société sont dépendants les uns des autres pour se construire en tant qu'individus. Cela pousse notamment chaque individu à respecter les autres, à ne pas leur nuire.

Suggestions d'exploitation
• Une fois la correction de l'activité 6 terminée, lisez la transcription de l'audio avec les apprenant(e)s pour une compréhension fine du document sonore. Expliquez-leur le lexique non compris. Réécoutez le document sonore avec la transcription, puis une dernière fois sans transcription.

 Activité 7 (page 32)

Avant de commencer
Assurez-vous que les apprenant(e)s comprennent bien le sujet, en particulier le concept d'individualisme. Lors de l'écoute, encouragez les apprenant(e)s à prendre des notes pour ne pas oublier les points clés. Afin de fournir des exemples personnels, invitez les apprenant(e)s à réfléchir à leurs propres expériences de l'individualisme et de la dépendance vis-à-vis d'autrui.

Proposition de réponse
Le chroniqueur aborde plusieurs idées et points importants dans cette émission radio :
1. Remise en question du concept d'individualisme dangereux et généralisé : Le chroniqueur remet en question la notion répandue d'un individualisme envahissant et destructeur de la société. Il s'interroge sur la validité de cette vision selon laquelle les individus

mettraient systématiquement leurs intérêts personnels en avant, même au détriment de la collectivité.

2. La critique de l'individualisme méthodologique : Il fait référence à l'idée que l'économie repose sur un modèle d'individu isolé en compétition avec les autres (homo œconomicus) et met en garde contre la transposition de cette fiction scientifique dans la vie quotidienne. Il plaide pour une vision plus nuancée qui intègre les relations sociales.

3. La vision de Jaurès sur la création d'individus différents : Il mentionne la perspective de Jean Jaurès, un socialiste du xxe siècle en France, qui considérait que le socialisme devait conduire à la création d'individus uniques, formés par des relations sociales.

4. L'individualisme moral : Le chroniqueur explore la notion d'individualisme moral, qui reconnaît la limite de la liberté individuelle lorsque celle de l'autre commence. Il évoque également la nécessité de ne pas nuire à autrui, soulignant ainsi l'importance de l'individualité de chacun. Il précise qu'il s'agit d'un individualisme universel qui tient compte de l'individualité de chacun tout en empêchant les intrusions du social dans la vie individuelle.

5. L'importance de la dépendance de l'identité individuelle vis-à-vis d'autrui : Le chroniqueur souligne que l'individuation dépend des autres et de leurs interactions avec nous. Il insiste sur le rôle crucial de l'attachement dans la construction de l'identité individuelle.

Activité 8 (page 32)

Avant de commencer

Lisez la consigne de la production orale avec vos apprenant(e)s. Assurez-vous qu'ils/elles comprennent bien les attentes, notamment au niveau de l'organisation de l'écrit. Si besoin, donnez-leur quelques conseils (étapes de l'organisation d'une argumentation, utilisation de connecteurs, mise en page, etc.).

Proposition de réponse

Monsieur,

J'ai récemment écouté votre podcast intitulé « L'individualisme est-il une réalité ? » et je me permets de vous adresser cette lettre pour vous exprimer mon point de vue sur ce sujet. Les arguments que vous avez avancés sont convaincants, mais je suis tout de même persuadé que l'individualisme menace la solidarité et le vivre-ensemble dans nos sociétés.

Tout d'abord, il est indéniable que l'individualisme a gagné en importance dans nos sociétés modernes et démocratiques. Les médias sociaux, les choix de consommation personnalisés et l'accent mis sur l'individualité ont contribué à cette évolution. Cela dit, le véritable défi réside dans la manière dont cet individualisme est vécu et pratiqué au quotidien. Celui-ci peut conduire à des comportements égoïstes et à une désintégration du tissu social. Prenons l'exemple de l'économie. Vous avez mentionné l'homoœconomicus, l'individu isolé en compétition économique. Cette vision a façonné nos modèles économiques, mais elle a aussi créé des inégalités massives et une perte de solidarité. Le capitalisme extrême, basé sur l'individualisme économique, a mené à des crises financières et à une exploitation accrue de la main-d'œuvre.

De plus, l'individualisme moral, que vous avez évoqué, peut également poser problème. Si nous nous contentons de dire que « ma liberté s'arrête là où commence celle de l'autre », cela peut donner lieu à un individualisme égocentrique. Les individus peuvent interpréter cela comme une justification pour ne pas se soucier des autres, car tant que leurs actions ne nuisent pas directement à autrui, tout est permis. Cette attitude peut conduire à l'indifférence envers les problèmes sociaux et à une perte de solidarité.

En outre, votre argument en faveur de l'individualisme universel, qui prévient les intrusions du social dans nos vies individuelles, peut également être problématique. La société repose sur des structures collectives qui assurent la sécurité, la santé, l'éducation et bien d'autres aspects de nos vies. Un individualisme excessif peut remettre en question ces garanties collectives, ce qui peut être préjudiciable à de nombreux citoyens.

En conclusion, bien que je reconnaisse la valeur de l'individualisme dans la construction de l'identité individuelle, je crains que, poussé à l'extrême, il puisse nuire à la solidarité et au vivre-ensemble. Il est crucial de trouver un équilibre entre l'individualisme et la coopération, de manière à préserver les fondements de nos sociétés démocratiques. Cela ne signifie pas de se laisser aller à la nostalgie des sociétés collectives, mais plutôt repenser la façon dont nous concilions l'individualité avec les besoins de la collectivité.

Cordialement,

Activité 9 (page 33)

Avant de commencer

Invitez vos apprenant(e)s à bien regarder et lire l'infographie. Dans un deuxième temps, demandez à vos apprenant(e)s de répondre aux questions de l'activité.

Proposition de réponse

1. D'après le document, il est possible de participer à un large éventail d'activités dans le métavers. Par exemple, on peut assister à des concerts virtuels, jouer à des jeux dans un environnement virtuel très immersif, faire des achats en ligne, essayer virtuellement des vêtements et effectuer des transactions avec des monnaies virtuelles, travailler avec des collègues du monde entier dans des salles de réunion virtuelles ou encore interagir avec ses amis et rencontrer de nouvelles personnes sur des réseaux sociaux.

Pour aller plus loin : Encouragez les apprenant(e)s à imaginer des scénarios concrets pour chacune des activités mentionnées dans le document. Demandez-leur de décrire en détail comment ils pensent que ces activités se dérouleraient dans le métavers.

2. Outre les activités mentionnées dans le document, de nombreuses autres activités pourraient être réalisées dans le métavers. Par exemple, les cours et la formation

pourraient être dispensés dans un environnement virtuel, offrant une expérience d'apprentissage plus immersive. Les visites touristiques virtuelles pourraient permettre aux gens de découvrir des destinations du monde entier sans quitter leur domicile. De plus, des événements sportifs virtuels pourraient être organisés. Enfin, la thérapie et la santé mentale pourraient également tirer parti du métavers pour offrir des solutions de soutien en ligne plus immersives.

3. Il y a certaines activités pour lesquelles le métavers pourrait ne pas être approprié. Par exemple, les activités nécessitant une interaction physique réelle, comme le sport en plein air ou les soins médicaux physiques. De plus, les expériences en lien avec la nature, comme la randonnée en montagne ou la baignade dans la mer, seraient difficiles à recréer dans un environnement virtuel.

Suggestions d'exploitation

• Organisez un petit débat sur le sujet du métavers. Vous pouvez constituer 2 groupes qui défendront leur opinion, l'un soutiendra que le métavers aura un avenir certain et prospère, l'autre, au contraire, affirmera que l'avenir glorieux du métavers n'aura pas lieu.

 Activité 10 (page 33)

Avant de commencer

Dans un premier temps, lisez uniquement le titre de l'activité de compréhension de l'oral.
Demandez à vos apprenant(e)s s'ils/si elles connaissent des applications ou sites de rencontre et s'ils/si elles en ont déjà utilisé.
Ensuite, invitez vos apprenant(e)s à lire les questions de l'activité. Faites écouter le document sonore 2 fois.

Réponses

1. Depuis le XIXe siècle avec les premières annonces matrimoniales en France.
2. Parce qu'ils sont en contradiction avec les imaginaires amoureux. Il y a en effet une forte valorisation, encore aujourd'hui, de la rencontre fortuite, de l'amour aveugle, désintéressé, inconditionnel. Les sites et applications de rencontre sont incompatibles avec cette vision de l'amour.
3. Il y a encore un tabou très fort. Beaucoup de couples qui se rencontrent via ces services ne le disent pas. Ils imaginent généralement une tout autre histoire et racontent par exemple qu'ils se sont rencontrés dans le lieu qui était en fait le lieu où ils se sont vus la première fois.
4. Voici l'opinion de chacun des invités :
– D'après Pascal Lardellier, cela s'expliquerait par l'existence d'une « crise de la rencontre ». En effet, de nombreuses personnes ne se sentiraient pas capables de séduire et préfèrent n'avoir de relations que sur Internet. Il leur est difficile de rencontrer des personnes de manière naturelle, dans la vraie vie. Ce phénomène s'accélérerait même avec les mouvements contre les agressions sexuelles. Les gens auraient peur d'être en faute lorsqu'ils « draguent ». Les applications et sites sont donc beaucoup plus sécurisants.
– Marie Bergström pense quant à elle que cette nouvelle tendance s'explique par une « diversification des parcours affectifs ». En effet, ces dernières décennies, les jeunes se mettent en couple plus tard, ils multiplient les expériences, à l'abri des regards, grâce aux applications. Il y a de plus une augmentation des séparations. La rupture amoureuse est devenue une expérience courante et récurrente et les personnes séparées souhaitent, à tout âge, se remettre en couple.

Suggestions d'exploitation

• Une fois l'activité 10 terminée, lisez la transcription de l'audio avec les apprenant(e)s pour faire une compréhension fine du document. Expliquez-leur le lexique non compris. Réécoutez le document avec la transcription, puis une dernière fois sans transcription.

 Activité 11 (page 33)

Avant de commencer

Lisez la consigne de l'activité 11 avec vos apprenant(e)s. expliquez-leur comment ils/elles doivent mener leur enquête et comment ils/elles doivent rédiger leur compte-rendu des résultats.

Proposition de réponse
Enquête : Sites de rencontre et relations amoureuses.
L'enquête a été menée auprès de dix participants, âgés de 25 à 40 ans, qui ont utilisé des sites de rencontre en ligne. Bien que l'échantillon soit plus restreint que prévu, les résultats offrent néanmoins des informations significatives sur les expériences et les opinions de ces individus en ce qui concerne les rencontres en ligne et leur impact sur les relations amoureuses.
La possibilité de trouver l'amour en ligne : Huit des dix participants (80 %) ont déclaré avoir rencontré des partenaires potentiels en ligne. Parmi eux, six (60 %) ont connu une expérience amoureuse significative qui a débuté sur un site de rencontre. Ces résultats suggèrent que les rencontres en ligne offrent une véritable opportunité de trouver l'amour.
Les avantages des rencontres en ligne : Les participants ont unanimement mentionné plusieurs avantages des rencontres en ligne, notamment la possibilité de connaître les intérêts et les valeurs de l'autre avant de se rencontrer, la facilité d'accès à un large éventail de personnes et le gain de temps. Les rencontres en ligne ont été perçues comme une manière efficace de filtrer les partenaires potentiels.
Les inconvénients des rencontres en ligne : Trois participants (30 %) ont exprimé des préoccupations concernant les aspects négatifs des rencontres en ligne. Ils ont évoqué la possibilité de rencontrer des personnes malintentionnées, de faire face à des déceptions lorsque les profils en ligne ne correspondent pas à la réalité et la superficialité du processus de sélection basé sur des critères physiques.
Le désenchantement des relations amoureuses : Plusieurs participants (40 %) ont partagé leur expérience de désenchantement des relations amoureuses en raison des rencontres en ligne. Ils ont expliqué que le large éventail de choix et la nature impersonnelle de ces rencontres

pouvaient s'apparenter à de la « consommation ». Les plateformes ont tellement facilité la rencontre amoureuse, qu'on recherche constamment quelque chose de mieux, ce qui rend difficile la création de relations profondes.

Conclusion

Les rencontres en ligne offrent effectivement la possibilité de trouver l'amour, mais elles comportent également des défis. Les avantages sont la facilité d'accès à un large éventail de partenaires potentiels et la communication ouverte. Cependant, il existe des inconvénients, tels que le risque de déceptions et l'effet potentiellement désenchantant sur les relations amoureuses. Les sites de rencontre en ligne apparaissent en définitive comme un outil à utiliser avec discernement pour trouver des partenaires compatibles.

Suggestions d'exploitation

• Demandez à vos apprenant(e)s de lire à haute voix leur compte-rendu en classe entière. Inscrivez les pourcentages obtenus par apprenant au tableau et demandez à vos apprenant(e)s de commenter les chiffres.

 Activité 12 (page 33)

Avant de commencer

Commencez l'activité en posant aux apprenant(e)s des questions sur le texte afin de vérifier qu'ils/elles aient bien tout compris. Expliquez ensuite que l'objectif de l'activité est de discuter de l'évolution des aspirations des enfants et de ses conséquences..

Divisez ensuite la classe en petits groupes pour favoriser des discussions plus animées et demandez-leur d'échanger sur les questions suivantes :

• Que pensent-ils de cette évolution des rêves des enfants, passant de vouloir être astronaute ou médecin à vouloir être influenceur ?

• Quelles pourraient être les causes de ce changement ? Les médias sociaux, la célébrité, l'influence de la société de consommation ?

• Est-il souhaitable que les enfants aient d'autres rêves, comme ceux liés à l'aide à la société et aux relations humaines ?

• Comment cette évolution pourrait-elle affecter la société sur le long terme ?

Proposition de réponse

Réponse libre

Suggestions d'exploitation

• Invitez chaque groupe à partager ses idées et ses réflexions avec la classe et demandez à plusieurs apprenant(e)s de faire la synthèse au tableau des principaux points de la discussion, en insistant sur les différentes opinions exprimées. Vous pouvez enfin ouvrir la discussion en demandant aux apprenant(e)s ce qu'ils/elles feraient pour encourager les enfants à avoir des aspirations qui contribuent à une société meilleure.

LEÇON 2 — L'avoir au détriment de l'être (pages 34-37)

Avant de commencer

Présentez brièvement les points de grammaire, de vocabulaire et d'interactions qui seront traités dans cette leçon 2, à savoir :
– grammaire : le subjonctif présent
– vocabulaire : les extrêmes du monde contemporain
– interactions : développer une argumentation logique et cohérente

Demandez à vos apprenant(e)s de s'interroger sur le titre de la leçon « L'avoir au détriment de l'être ? ».

Qu'est-ce que cela leur évoque ? Est-ce que le monde contemporain privilégie l'accumulation de richesses sans considérer la paix intérieure ?

Dans un deuxième temps, demandez-leur de donner une définition du mot « consumérisme » qui est le premier sous-titre de la leçon 2.

 Activité 1 (page 34)

Avant de commencer

Afin de lancer le thème de cette compréhension des écrits, faites un tour de table auprès de vos apprenant(e)s en leur posant les questions suivantes : « Qu'est-ce que la surconsommation ? » « Pensez-vous être un surcommateur/trice ? Pourquoi ? ».

Ensuite, faites lire le texte par un(e) apprenant(e). N'hésitez pas à arrêter la lecture et à poser des questions sur les éléments qui vous semblent pertinents (notions abordées dans le texte, lexique, etc.).

Réponses

1. Cela veut dire dévoiler quelque chose, expliquer quelque chose.
2. Nous devenons un maillon de l'engrenage productiviste.
3. L'homme est devenu individualiste, replié sur lui-même.
4. Parce que notre consommation nous donne le sentiment d'appartenir à un certain groupe.
5. Des coûts sociaux et environnementaux très élevés.
6. Le fait de jeter, de répéter un acte d'achat.

Suggestions d'exploitation

• Demandez à vos apprenant(e)s de revoir le vocabulaire du texte et préparez un petit jeu-questionnaire avec une application de type Kahoot sur le lexique. Voici une liste de mots de vocabulaire issus du texte de la compréhension des écrits que vous pouvez utiliser pour faire votre jeu-questionnaire : un gobelet, le maillon, l'engrenage, ostentatoire, une enseigne, reléguer, louper, le cocon douillet, ringard, mercantiliste.

 Activité 2 (page 35)

Avant de commencer

Organisez un débat en classe en divisant les apprenant(e)s en deux groupes : ceux en faveur de l'abondance et de l'hy-

perconsommation et ceux contre. Encouragez-les à défendre leur position.
N'hésitez pas à demander aux apprenant(e)s de partager des exemples concrets liés à l'abondance et à l'hyperconsommation afin de rendre leur discours plus vivant et convaincant.

Proposition de réponse
Arguments en faveur :
1. Création d'emplois et de croissance économique : L'hyperconsommation stimule l'économie en créant des emplois dans divers secteurs, de la production à la vente au détail.
2. Accès à une variété de biens et de services : L'abondance offre aux consommateurs un large choix de produits et de services, ce qui peut améliorer leur qualité de vie.
3. Innovation et progrès technologique : L'hyperconsommation encourage la recherche et le développement, stimulant ainsi l'innovation et le progrès technologique.
4. Réduction de la pauvreté : L'abondance peut contribuer à réduire la pauvreté en créant des opportunités d'emploi et en augmentant le niveau de vie.

Arguments contre :
1. Impact environnemental négatif : L'hyperconsommation entraîne une surproduction et une surconsommation de ressources naturelles génératrice de pollution. Ce qui a des effets néfastes sur l'environnement et le changement climatique.
2. Tension sur les ressources : L'abondance peut créer une pression sur les ressources, entraînant des pénuries pour les générations futures.
3. Problèmes de santé : L'hyperconsommation de produits malsains, tels que la « malbouffe », peut contribuer à des problèmes de santé tels que l'obésité et les maladies liées au mode de vie.
4. Augmentation des déchets : L'hyperconsommation génère une quantité considérable de déchets, ce qui pose des problèmes de gestion des déchets et de pollution.

Grammaire (page 35)

Avant de commencer
Invitez vos apprenant(e)s à consulter l'encadré de grammaire « Le subjonctif présent. »
Vous pouvez également le lire ou le faire lire à haute voix en donnant des explications supplémentaires.

Réponses
1. « tente », « demande », « prenne », « continue », « sache ».
2. Ils sont tous à la troisième personne du singulier.
3.
a. Ils veulent que nous achetions toujours plus.
b. Tout est fait pour que vous consommiez.
c. Il faut que je réfléchisse avant de sortir mon portefeuille.
d. Il est préférable que tu arrêtes d'utiliser des produits jetables.
e. J'ai peur qu'on ne parvienne pas à revenir en arrière.
f. Nous souhaitons que vous fassiez ce que vous dites.

Suggestions d'exploitation
• Pour aller plus loin sur ce point grammatical, consultez la banque de ressources où des exercices complémentaires sont proposés.
• Vous pouvez également demander à vos apprenant(e)s de composer 5 phrases sur le thème de la leçon en utilisant le subjonctif présent.

Activité 3 (page 35)

Avant de commencer
Invitez vos apprenant(e)s à lire les questions de l'activité de compréhension de l'oral.
Dites-leur qu'ils pourront écouter l'enregistrement 2 fois. Suggérez-leur de prendre le maximum de notes durant l'écoute et d'essayer de répondre aux questions après. Un temps leur sera donné entre les 2 écoutes.

Réponses
1. C'est un achat qui ne fait pas plaisir, qui est inutile et au-dessus de nos possibilités financières.
2. Lorsque l'achat procure du plaisir et qu'on peut le payer.
3. Parce que les gens qui aiment dépenser n'attendent pas les soldes.
4. C'est de nous faire croire que quand on achète, on gagne de l'argent.
5. Le fait de ne pas pouvoir résister à l'envie d'acheter, le fait d'avoir une addiction à l'achat et, enfin, la sensibilité à la publicité.
6. Elles jouent sur la fausse idée qu'un objet pour changer nos vies, sur notre peur de manquer une opportunité et de ne pas devenir la personne exceptionnelle qu'on pourrait être en achetant un objet.

Suggestions d'exploitation
• Une fois la correction de l'activité 3 terminée, lisez la transcription de l'audio avec les apprenant(e)s pour une compréhension fine du document sonore. Expliquez-leur le lexique non compris. Réécoutez le document sonore avec la transcription, puis une dernière fois sans transcription.

Activité 4 (page 35)

Avant de commencer
Avant que vos apprenant(e)s se lancent dans la rédaction de ce sujet, vous pouvez lire la consigne avec eux/elles et faire une petite activité remue-méninges.

Proposition de réponse
L'achat compulsif et l'illusion du bonheur qui en découle sont des thèmes préoccupants. Alors que la consommation effrénée est souvent présentée comme un gage de bien-être, il est impératif de souligner que cette quête perpétuelle d'acquisition matérielle ne garantit nullement le bonheur. Au contraire, elle peut être un symptôme du mal-être profond qui affecte nos sociétés. Tout d'abord, il est crucial de reconnaître que la richesse matérielle n'est pas garante de bonheur. Les études montrent que les taux de dépression et d'anxiété sont en augmentation dans les pays les plus riches, où

l'accumulation de biens matériels est souvent considérée comme un objectif en soi.

Il est donc temps de remettre en question cette mentalité et de se tourner vers des priorités plus significatives pour une société épanouissante. Pour construire une meilleure société, nous devons promouvoir des valeurs alternatives, axées sur l'épanouissement personnel, les relations interpersonnelles et la recherche de sens. L'éducation à la psychologie positive, l'encouragement de l'empathie et de la solidarité, ainsi que la promotion de modes de vie plus durables sont autant de moyens de s'éloigner de la course à la consommation.

En outre, le bien-être doit être au cœur de nos politiques publiques. L'accès à des soins de santé mentale de qualité, l'équilibre entre vie professionnelle et vie personnelle et des mesures pour réduire les inégalités sociales sont essentiels pour construire une société plus heureuse. Il est temps de reconnaître que le bonheur ne réside pas dans un sac de courses bien garni, mais dans la qualité de nos vies, de nos relations et de notre environnement. Le changement ne pourra pas être instantané, mais il est impératif de tout faire pour qu'il se produise, pour le bien-être de nos sociétés.

Suggestions d'exploitation

• Une fois la production corrigée par vos soins, vous pouvez demander à vos apprenant(e)s de mettre leur production écrite sur le mur collaboratif de la classe. Chaque apprenant(e) devra lire les productions de ses camarades et y laisser un commentaire. L'auteur(e) de l'article devra également réagir aux commentaires laissés.

Activité 5 (page 36)

Avant de commencer

En guise d'introduction à cette compréhension de l'oral, demandez à vos apprenant(e)s ce que leur évoque le titre de cet audio « Accélération du temps ». Échangez pendant un court temps avant d'inviter vos apprenant(e)s à lire les questions de l'activité de compréhension de l'oral. Dites-leur qu'ils pourront écouter l'enregistrement 2 fois.

Suggérez-leur de prendre le maximum de notes durant l'écoute et d'essayer de répondre aux questions après. Un temps leur sera donné entre les 2 écoutes.

Réponses

1. « Vous avez les montres et nous avons le temps. ». Cela veut dire qu'ils jouissent pleinement du temps qu'ils ont, contrairement aux personnes vivant dans les pays occidentaux.
2. Les nouvelles technologies nous permettent de faire de plus en plus de choses dans un temps de plus en plus restreint, mais, d'un autre côté, elles compressent le temps.
3. Ce gain de temps s'annule si la quantité d'activités évolue. Il met en cause le capitalisme, système qui demande toujours plus.
4. À la vie éternelle.
5. Le numérique peut nous être très utile, mais aussi être notre ennemi.

6. Il faut vivre avec les technologies et non sous leur emprise.

Suggestions d'exploitation

• En groupes ou individuellement, demandez à vos apprenant(e)s de rédiger des règles de conduite aussi bien dans la vie privée que dans la vie professionnelle pour reprendre le contrôle de son temps tout en profitant des technologies qui nous en font gagner.

Activité 6 (page 36)

Avant de commencer

Demandez à vos apprenant(e)s de bien regarder l'infographie et d'y lire les informations.
Ensuite, donnez quelques minutes à vos apprenant(e)s pour qu'ils/elles puissent répondre aux questions de l'activité.

Réponses

1. L'âge, la corpulence, le handicap réel ou supposé, les antécédents médicaux, l'origine de la personne.
2. Les personnes de nationalité étrangère, en situation de handicap ou porteuses de signes religieux.
3. Les discriminations à l'embauche semblent avoir considérablement augmenté depuis 2001. En effet, le nombre de personnes disant avoir fait l'objet de discrimination à l'embauche a doublé.

Activité 7 (page 36)

Avant de commencer

Demandez aux apprenant(e)s de réfléchir à la situation des discriminations dans leur pays, en se basant sur les lois, les événements récents et les préjugés qui existent. Encouragez-les également à partager des expériences personnelles ou des anecdotes liées aux discriminations. Si vous sentez que certains apprenant(e)s ne sont pas à l'aise avec ce sujet, n'insistez pas.
Demander finalement aux apprenant(e)s de formuler des propositions pour lutter contre les discriminations qu'ils/elles ont précédemment mentionnées.

Proposition de réponse

Suggestions d'idées pour lutter contre les discriminations :
1. Sensibilisation et éducation : Il est fondamental de sensibiliser les individus aux différentes formes de discrimination, y compris la discrimination basée sur la race, le genre, la religion, l'orientation sexuelle, l'âge, etc. Les écoles et les médias peuvent jouer un rôle crucial dans cette sensibilisation.
2. Législation anti-discrimination : Les gouvernements doivent mettre en place des lois anti-discrimination strictes et les faire respecter. Cela peut inclure des sanctions sévères pour ceux qui se livrent à des actes discriminatoires.
3. Promotion de la diversité : Les entreprises et les institutions doivent promouvoir la diversité au sein de leurs effectifs. Cela peut se faire par le biais de politiques de recrutement inclusives et d'une culture d'entreprise qui valorise la diversité.

4. Dialogue interculturel : Encourager le dialogue interculturel est essentiel pour combattre les stéréotypes et les préjugés. Les échanges culturels, les événements interculturels et les discussions ouvertes peuvent aider à briser les barrières.
5. Soutien aux victimes : Encourager les actions de soutien des services de conseil et des organisations non gouvernementales. Ces institutions ont en effet un rôle crucial dans l'accompagnement des personnes discriminées.

Activité 8 (page 36)

Avant de commencer

Avant de demander à vos apprenant(e)s de rédiger leur production écrite, lisez le texte déclencheur avec eux/elles. Vous pouvez leur poser les questions suivantes :
– Que nous montre ce texte concernant les critères de beauté ?
– Qu'en est-il dans votre pays ? Quelles en seraient les causes ?
– Y aura-t-il des solutions pour y remédier ?

Proposition de réponse
Les standards de beauté et leurs conséquences destructrices : un défi mondial
Les standards de beauté imposés aux femmes, qu'ils glorifient la minceur occidentale ou la rondeur africaine, ont des conséquences dévastatrices qui transcendent les frontières géographiques. Ces diktats de la beauté comportent des dangers qui ne peuvent être ignorés. En Afrique, la rondeur est synonyme de force et de personnalité. Les silhouettes en sablier, avec une poitrine généreuse, des hanches larges et des fesses volumineuses, sont louées. Cependant, cette quête de la rondeur conduit certaines femmes à adopter des méthodes dangereuses. De nombreuses femmes, incapables de manger suffisamment pour atteindre ces standards, se tournent vers des solutions soi-disant miraculeuses, mais souvent douteuses. Un exemple criant de ces pratiques malsaines est la Mauritanie, où près d'une femme sur cinq est obèse. Leur vie est menacée du fait des conséquences du surpoids, telles que l'hypertension, le diabète, les maladies cardio-vasculaires, les déformations osseuses et même la stérilité. Ainsi, les femmes africaines sont victimes des standards de beauté inaccessibles, tout comme leurs homologues occidentales qui elles courent après la minceur.
Pour évoluer vers une société plus équilibrée et bienveillante, il est essentiel d'aborder ce problème de manière globale. Les médias et l'industrie de la mode ont un rôle crucial à jouer en diversifiant les modèles de beauté promus. En mettant en avant des femmes de toutes formes et tailles, ces secteurs contribueraient à déconstruire les idéaux actuels.
L'éducation joue également un rôle essentiel. Les jeunes, filles et garçons, doivent être informés des risques liés à l'obsession de l'apparence. Les programmes éducatifs devraient aborder la notion de beauté de manière plus inclusive, en mettant l'accent sur la santé et la confiance en soi plutôt que sur la conformité à des normes arbitraires.

En conclusion, les standards de beauté, qu'ils soient basés sur la minceur occidentale ou la rondeur africaine, ont des répercussions néfastes sur la santé physique et mentale des femmes. Pour faire évoluer la situation, il est impératif de sensibiliser, d'éduquer et de célébrer la diversité. L'acceptation de soi et d'autrui, quelle que soit la silhouette, doit devenir la norme. En nous efforçant de briser ces chaînes oppressantes de beauté, nous pouvons espérer une société plus saine, plus égalitaire et plus bienveillante pour toutes et tous.

Activité 9 (page 36)

Avant de commencer

Lisez la consigne de l'activité avec les apprenant(e)s. Demandez-leur de donner une définition pour chaque mot de la liste de vocabulaire de l'énoncé.

Réponses
Dans le système capitaliste actuel, les entreprises **assaillent** de publicités les consommateurs. Cela peut les plonger dans une **frénésie** d'achats et générer des comportements **compulsifs**. Malheureusement, cela est un excellent **terreau** à l'installation d'un véritable **diktat** consumériste, créant une société dont les membres sont pris dans l'**engrenage** d'une consommation toujours plus **ostentatoire**.

Suggestions d'exploitation
• Mettez dans une boîte le vocabulaire présent dans cette activité et demandez au hasard à un(e) apprenant(e) de piocher un mot de cette boîte. Il/elle doit en donner la définition.
• Pour aller plus loin sur ce point lexical, consultez la banque de ressources où des exercices complémentaires sont proposés.

Activité 10 (page 37)

Avant de commencer

Invitez vos apprenant(e)s à lire les questions de l'activité de compréhension de l'oral.
Dites-leur qu'ils pourront écouter l'enregistrement 2 fois.
Suggérez-leur de prendre le maximum de notes durant l'écoute et d'essayer de répondre aux questions après. Un temps leur sera donné entre les 2 écoutes.

Réponses
1. Il s'agit d'obsessions sur les imperfections physiques du corps. La personne atteinte de dysmorphophobie est obnubilée par des imperfections qu'elle repère et qu'elle perçoit de manière exagérée.
2. La dysmorphophobie peut engendrer une dépression, voire des idées suicidaires avec un repli sur soi-même. Une personne sujette à la dysmorphophobie peut, par exemple, s'empêche de vivre des relations amoureuses par peur qu'on voie ses défauts physiques et d'être moquée, critiquée ou abandonnée.
3. Il est nécessaire d'accompagner la personne en communiquant avec elle, en la laissant s'exprimer sur ses complexes physiques. Il ne faut cependant pas nier. Lorsqu'une personne a un complexe physique, il ne faut

pas lui dire qu'elle se trompe, mais plutôt essayer de comprendre pourquoi elle pense de cette manière, la laisser s'exprimer.
4. L'augmentation mammaire.

Suggestions d'exploitation

• Une fois l'activité 10 terminée, lisez la transcription de l'audio avec les apprenant(e)s pour une compréhension fine du document. Expliquez-leur le lexique non compris. Réécoutez le document avec la transcription, puis une dernière fois sans transcription.

• Pour aller plus loin, organisez un débat sur le thème suivant : « Faut-il interdire la chirurgie esthétique ? » Faites 2 groupes. Laissez-leur suffisamment de temps pour qu'ils puissent préparer leurs arguments.

Activité 11 (page 37)

Avant de commencer

En guise d'introduction à cette compréhension des écrits, faites un tour de table auprès de vos apprenant(e)s en leur posant la question qui est le titre du texte « Ça veut dire quoi "réussir dans la vie" ? »
Ensuite, faites lire le texte par un(e) apprenant(e). N'hésitez pas à arrêter la lecture et à poser des questions sur les éléments qui vous semblent pertinents (notions abordées dans le texte, lexique, etc.).

Réponses

1. Celle d'une vie de couple, avec une bonne situation, une maison et des enfants.
2. La création d'une chambre d'hôte ou d'un gîte rural, l'entrepreneuriat engagé, le voyage au long cours, la vie en mode slow.
3. Le concept de réussite est un reflet de l'époque et projette les valeurs qui lui sont contemporaines.
4. L'échec est vu comme le contraire de la réussite.

On l'évite à tout prix et il est souvent caché, car une personne considérée en échec peut se voir mise à l'écart.
5. La réussite, en accord avec les schémas de pensée de notre époque, est inatteignable et ne devrait pas être un objectif en soi.

Activité 12 (page 37)

Proposition de réponse
Réponse libre

Suggestions d'exploitation

• Commencez par demander aux apprenant(e)s comment ils définiraient la réussite dans leur propre vie. Est-ce lié au bonheur, à la carrière, à la réalisation personnelle, aux relations, ou à d'autres aspects ? Suite à leurs réponses, invitez les apprenant(e)s à discuter des facteurs qui, selon eux, contribuent à la réussite. Cela peut inclure la persévérance, l'éducation, la chance, le talent, le travail acharné, etc. Poussez ensuite les apprenant(e)s à s'interroger sur ce qui peut influer sur leur vision de la réussite. Est-ce que la société a des attentes spécifiques en matière de réussite ? Discutez en classe entière pour savoir si les réussites énoncées sont réalisables.

• Pour aller plus loin, vous pouvez :
– explorer la distinction entre la réussite personnelle et la réussite professionnelle. Demandez aux apprenant(e)s s'ils/elles pensent que l'un peut compenser l'autre ou s'ils sont interdépendants.
– demander aux apprenant(e)s si leur vision de la réussite a évolué au fil du temps et si oui, de quelle manière ? Qu'est-ce qui a influencé ce changement ?
– discuter des mesures concrètes que les apprenant(e)s prendraient pour atteindre leur propre vision de la réussite. Cela peut inclure des objectifs éducatifs, professionnels, personnels, etc.

LEÇON 3 — Le retour à l'être (pages 38-41)

Avant de commencer

La dernière leçon, la leçon 3, complète cette unité sur une note positive en s'intitulant « Le retour à l'être ».
Elle parle des tendances que suivent certains de nos contemporains pour se reconnecter avec eux-mêmes en délaissant tout ce qui pourrait nuire à leur bien-être.
Présentez brièvement les points de grammaire, de vocabulaire et d'interactions qui seront traités dans cette leçon 3, à savoir :
– grammaire : l'expression de l'opposition et de la concession
– vocabulaire : le bien-être
– interactions : organiser et mener un débat sur un sujet de société ; argumenter à l'oral

Ensuite, pour introduire la première partie de la leçon 3 « Vers une vie meilleure », demandez à vos apprenant(e)s de quelle manière leur vie pourrait devenir meilleure.

Activité 1 (page 38)

Avant de commencer

Pour introduire cette compréhension des écrits, vous pouvez commencer par demander à vos apprenant(e)s comment ils/elles voient leur équilibre travail-vie personnelle.
Après un court échange, vous pouvez continuer en lisant le texte ou en demandant à un/une apprenant(e) de le lire. Faites des arrêts lorsque vous désirez donner des explications sur certains éléments du texte.

Les tendances et les questions de société • Unité 2   37

Réponses
1. Le bonheur eudémonique est le fait de trouver un sentiment de bonheur en fonctionnant à son niveau optimal. Le bonheur hédonique est ressenti en présence de sentiments positifs avec de rares sentiments négatifs.
2. Au-delà de 5 heures de travail, le bien-être commence à diminuer.
3. Le bonheur expérientiel consiste à vivre des moments peu banals même si cela peut être quelquefois désagréable alors que le bonheur eudémonique consiste à fournir des efforts soutenus, à vivre en tirant parti de son plein potentiel et à en tirer satisfaction.
4. Parce que le temps libre n'est pas forcément synonyme de bonheur. C'est plutôt de trouver le mode de vie qui nous convient : hédoniste, eudémoniste ou expérientiel.

 Activité 2 (page 39)

Proposition de réponse
Réponse libre

Suggestions d'exploitation
• Discutez des points clés de l'article, tels que l'importance du travail et des activités exigeantes pour le bonheur eudémonique, ainsi que le rôle du bonheur hédonique.
• Demandez aux apprenant(e)s s'ils sont d'accord avec cette analyse. Demandez également aux apprenant(e)s de réfléchir à leur propre personnalité en termes de bonheur. Sont-ils plus enclins à rechercher un bonheur eudémonique, hédonique ou expérientiel ? Quelles sont leurs motivations principales ? Quelles sont les activités ou les réalisations qui contribuent le plus à leur bien-être ?
• Si le temps le permet, organisez un débat où les apprenant(e)s peuvent défendre leurs points de vue et s'opposer de manière constructive. Si votre classe est composée d'apprenant(e)s de différentes cultures, encouragez la discussion sur la manière dont la perception du bonheur peut varier d'une culture à l'autre.

Grammaire (page 39)

Avant de commencer
Invitez vos apprenant(e)s à consulter l'encadré de grammaire « L'expression de l'opposition et de la concession. » Vous pouvez également le lire ou le faire lire à haute voix en donnant des explications supplémentaires.

1. À l'opposé, toutefois, alors qu', mais, au lieu d'
2. Opposition : à l'opposé, mais, au lieu de. Concession : toutefois, alors que.
3.
a. Opposition
b. Concession
c. Concession
d. Opposition

Suggestions d'exploitation
• Pour aller plus loin sur ce point grammatical, consultez la banque de ressources où des exercices complémentaires sont proposés.

 Activité 3 (page 39)

Avant de commencer
Dans un premier temps, demandez à vos apprenant(e)s de proposer une définition de l'altruisme.
Ensuite, demandez-leur de faire des recherches sur Internet sur Matthieu Ricard et de faire une petite biographie de lui.

Réponses
1. On pense à la bonté, la bienveillance.
2. Le court terme c'est de gérer les événements du quotidien, notamment l'aspect financier. Le moyen terme concerne les défis sociétaux, de qualité de vie. Le long terme englobe les défis sur plusieurs générations, pour l'humanité.
3. Dans l'anthropocène. Elle correspond au sort de notre planète, à l'impact que l'homme a sur celle-ci.
4. Parce qu'il ne parle pas le même langage.
5. Il préconise l'altruisme et la bienveillance. À court terme, le bien-être augmentera, à moyen terme, il y aura plus de justice sociale, et à long terme, on se concentrera plus sur les prochaines générations.
6. Il n'est pas d'accord avec ceux qui disent que l'homme est fondamentalement égoïste. Des études prouvent le contraire.
7. Pour illustrer le fait qu'on devient altruiste en pratiquant cette philosophie.

Suggestions d'exploitation
• Une fois l'activité 3 terminée, lisez la transcription de l'audio avec les apprenant(e)s pour faire une compréhension fine du document. Expliquez-leur le lexique non compris. Réécoutez le document avec la transcription, puis une dernière fois sans transcription.
• Pour aller plus loin et pour préparer indirectement la production écrite de l'activité 4, demandez à vos apprenant(e)s ce qu'ils/elles pensent des propos de Matthieu Ricard. Adhèrent-ils/elles ou pas à ce qu'il dit ? Pourquoi ?

 Activité 4 (page 39)

Proposition de réponse
L'altruisme : la clé pour un monde meilleur
Récemment, j'ai eu la chance d'assister à un entretien inspirant, celui de Matthieu Ricard, un moine bouddhiste, auteur et chercheur, qui a consacré sa vie à l'étude de l'altruisme. Ses idées m'ont profondément marqué et m'ont fait réfléchir sur la nature de l'altruisme et son rôle essentiel dans la société contemporaine.
Matthieu Ricard nous rappelle que l'altruisme va bien au-delà de la simple bienveillance qu'il nous arrive d'avoir lorsque tout va bien dans nos vies. C'est, en réalité, un concept essentiel pour faire face aux défis de notre époque. Nous sommes confrontés à trois échelles de

temps : le court terme, le moyen terme et le long terme. Ces échelles ont des intérêts parfois divergents. Que ce soient pour les besoins immédiats, pour la justice sociale sur la décennie à venir, ou pour la préservation du monde pour les générations futures, l'altruisme est le concept qui peut unifier ces échelles de temps et nous aider à œuvrer ensemble pour un monde meilleur. L'altruisme nous encourage à repenser notre économie, passant d'une simple recherche de profit personnel à une économie axée sur le bien-être de la société. Cela nous incite à lutter pour une plus grande justice sociale et à prendre en compte le sort des générations à venir. L'altruisme nous permet également de travailler ensemble malgré nos différences d'objectifs à court, moyen et long terme.

Certains peuvent soutenir que l'égoïsme est inhérent à l'humanité, mais les preuves scientifiques démontrent le contraire. L'altruisme est ancré en nous et nous avons le potentiel de le cultiver. C'est une nécessité à notre époque, car il favorise la coopération, qui est essentielle pour notre survie.

De nos jours, nous sommes confrontés à des défis sans précédent. Il s'agit notamment du changement climatique, des inégalités croissantes ou encore de la préservation de la planète pour les générations futures. L'altruisme peut nous aider à relever ces défis. Comme l'a dit Martin Luther King, nous avons le choix entre l'obscurité de l'égoïsme et la lumière de l'altruisme. Le sort de notre monde est entre nos mains et l'altruisme est la voie à suivre pour un avenir meilleur.

Il est temps de cultiver l'altruisme dans nos vies, dans nos sociétés et de travailler ensemble pour un monde où la compassion et la considération d'autrui sont au cœur de nos actions. C'est un défi que nous pouvons tous relever, pour notre plus grand bien.

Suggestions d'exploitation

• Demandez aux apprenant(e)s de réfléchir à la manière dont ils/elles pourraient intégrer davantage d'altruisme dans leur propre vie quotidienne. Proposez-leur ensuite de concevoir des projets ou des actions altruistes qu'ils pourraient mettre en œuvre dans leur propre communauté. Cela peut être une occasion de mettre en pratique les idées discutées dans l'article.

Activité 5 (page 40)

Avant de commencer

En guise d'introduction, vous pouvez demander à vos apprenant(e)s s'ils/si elles ont déjà entendu parler du concept de minimalisme. Si oui, dans quelle situation ?
Après un court échange, lisez ou faites lire les questions de la vidéo. Dites à vos apprenant(e)s qu'ils/elles pourront voir la vidéo 2 fois.

Réponses

1. Cela lui permet de se désencombrer l'esprit.
2. C'est un lieu de stockage de la société de consommation.
3. Il s'impose 30 jours de réflexion. Cela lui permet de savoir si l'achat de l'objet en question est réellement utile ou pas.
4. C'était un acheteur compulsif.
5. Ils veulent créer un monde différent, un contre modèle purifié et minimum.
6. Suite à un cambriolage, elle s'est aperçue qu'elle avait beaucoup trop d'objets.
7. Avoir moins d'objets lui permet de perdre moins de temps à les ranger et donc à pouvoir consacrer plus de temps à ses proches.

Suggestions d'exploitation

• Une fois l'activité 5 terminée, lisez la transcription de la vidéo avec les apprenant(e)s pour faire une compréhension fine du document. Expliquez-leur le lexique non compris. Revisionnez le document avec la transcription, puis une dernière fois sans transcription.

Activité 6 (page 40)

Proposition de réponse

Arguments en faveur de l'adoption d'un mode de vie minimaliste :

1. Réduction du stress : Le minimalisme permet de se libérer du fardeau de la surconsommation, réduisant ainsi le stress lié à la possession d'objets superflus.

2. Meilleure gestion du temps : En se concentrant sur l'essentiel, on peut allouer plus de temps à des activités significatives, comme passer du temps en famille ou se consacrer à des loisirs enrichissants.

3. Économies financières : Le minimalisme favorise l'économie d'argent en évitant les achats impulsifs et inutiles, ce qui peut améliorer la stabilité financière.

4. Responsabilité environnementale : La réduction de la consommation conduit à une empreinte environnementale plus légère, ce qui est bénéfique pour la planète.

5. Épanouissement personnel : Le minimalisme encourage la réflexion sur ses valeurs et priorités, conduisant à une plus grande satisfaction personnelle.

6. Moins de désordre : Un espace de vie minimaliste est plus facile à entretenir, libérant ainsi du temps précieux.

7. Priorité aux relations : Le minimalisme met l'accent sur les relations humaines et les expériences plutôt que sur la possession d'objets matériels.

8. Appréciation de la simplicité : Le minimalisme permet de redécouvrir la beauté de la simplicité et d'apprendre à apprécier les petites choses de la vie.

9. Éthique de durabilité : En réduisant la surconsommation, le minimalisme s'aligne avec une éthique de durabilité et de responsabilité envers l'environnement.

Arguments contre l'adoption d'un mode de vie minimaliste :

1. Privation : Certains estiment que le minimalisme équivaut à la privation de biens matériels, ce qui peut être difficile à accepter.

2. Rigidité : Pour ceux qui apprécient la variété et le changement, le minimalisme peut sembler trop rigide et restrictif.

3. Résistance au changement : Passer d'une vie d'abondance à un mode de vie minimaliste peut être difficile et exige un changement radical.

Les tendances et les questions de société • Unité 2

4. Sentiment de perte : Se débarrasser de biens matériels peut susciter un sentiment de perte, notamment pour les objets ayant une valeur sentimentale.
5. Impact sur l'économie : Certains craignent que la promotion du minimalisme puisse avoir un impact négatif sur l'économie en réduisant la demande de biens de consommation.

Suggestions d'exploitation

• Invitez les apprenant(e)s à préparer des discours argumentatifs sur le sujet, en mettant en avant leurs arguments favorables ou non au minimalisme. Ils/elles peuvent présenter leurs discours devant la classe.

 Activité 7 (page 40)

Avant de commencer

Lisez la consigne avec vos apprenant(e)s. Demandez-leur de définir les mots listés. S'ils/si elles ne peuvent pas donner une définition, proposez-en une. Une fois cette activité terminée, demandez-leur de compléter le texte à trous.

Réponses

Dans la société actuelle, un certain nombre de personnes souffrent d'un sentiment d'**inachevé** dans leur vie ou d'un sentiment d'**asservissement** au travail. Ils recherchent un **équilibre** entre le travail et la vie professionnelle et aspirent à atteindre un bonheur **hédonique**, qui combine des sentiments positifs à une rareté relative de sentiments négatifs. Ou ils poursuivent un bonheur **eudémonique**, en se surpassant. Cependant, certains pensent que l'atteinte du bonheur n'est qu'un rêve, une **utopie**. D'autres essaient, néanmoins, d'y parvenir en se satisfaisant de peu, ce sont les **minimalistes**.

Suggestions d'exploitation

• Pour que les apprenant(e)s puissent acquérir le nouveau vocabulaire de manière ludique, réalisez un jeu-questionnaire avec le lexique de l'activité avec une application telle que Quizlet ou Plickers.
• Pour aller plus loin sur ce point lexical, consultez la banque de ressources où des exercices complémentaires sont proposés.

 Activité 8 (page 40)

Avant de commencer

En guise d'introduction, vous pouvez demander à vos apprenant(e)s comment ils/elles imaginent la ville de demain. Après un court échange, lisez ou faites lire les questions de la vidéo. Dites à vos apprenant(e)s qu'ils/elles pourront voir la vidéo 2 fois.

Réponses

1. Un « mérien » vit dans la mer ou dans un océan.
2. Il espère qu'ils vivent en harmonie avec la nature en créant une économie circulaire où tout est recyclé dans une boucle vertueuse.
3. Il s'inspire des formes, des structures de l'intelligence des matériaux et de toutes les boucles de rétroactions des écosystèmes matures. En d'autres termes, il s'inspire de la nature.
4. C'est une construction inspirée d'une méduse qu'on appelle « oceanscrapper » qui est en partie dans un océan et en dehors. Tout est étudié pour qu'on puisse y habiter de manière autonome et en symbiose avec son environnement.
5. Son but est d'exploiter tous les champs encore inconnus pour l'urbanisation du futur, en respectant la Terre.
6. Ce sont des projets fous qui peuvent être réalisés par des technologies existantes.

Suggestions d'exploitation

• Une fois l'activité 8 terminée, lisez la transcription de la vidéo avec les apprenant(e)s pour une compréhension fine du document. Expliquez-leur le lexique non compris. Revisionnez le document avec la transcription, puis une dernière fois sans transcription.

Activité 9 (page 40)

Proposition de réponse
Réponse libre

Suggestions d'exploitation

• Débutez l'activité par une brève discussion en classe pour évaluer les premières impressions des apprenant(e)s sur le projet. Demandez-leur s'ils/si elles aimeraient vivre dans un tel monde et s'ils/si elles pensent que le projet est réalisable.
• Divisez ensuite la classe en petits groupes de discussion pour favoriser une participation active. Assurez-vous que chaque groupe comprend des apprenant(e)s aux opinions variées. Orientez les discussions avec des questions spécifiques. Par exemple, demandez aux apprenant(e)s de discuter des aspects positifs et négatifs du projet, de son impact sur l'environnement, de sa faisabilité technologique, etc. Demandez finalement à un rapporteur de faire, devant la classe, la synthèse des échanges de son groupe.
• À la suite de cette activité, vous pouvez demander aux apprenant(e)s d'écrire des lettres fictives à Vincent Callebaut pour partager leurs opinions sur son projet.
• Vous pouvez aussi demander à vos apprenant(e)s de faire des recherches pour trouver une autre personne que Vincent Callebaut qui conçoit également des projets futuristes qui ont pour but de créer une société meilleure. Ils/elles présenteront ensuite cette personne et son/ses projet(s) avec un support visuel (photos ou vidéos).

Activité 10 (page 41)

Avant de commencer

Demandez à vos apprenant(e)s de définir le mot « utopie ». Si ce mot est non compris, invitez-les à en chercher la définition et à expliquer ce qu'il désigne par leurs propres mots.
Ensuite, faites lire le texte par un(e) apprenant(e). N'hésitez pas à arrêter la lecture et à poser des questions sur les éléments qui vous semblent pertinents (notions abordées dans le texte, lexique, etc.).

Réponses

1. On ne sait pas si ce terme signifie « sans lieu » (du grec ancien *ou-topos*) ou s'il signifie « bon lieu » (du grec ancien *eu-topos*).
2. Notre monde peut être vu comme une cité mondiale et unifiée où le développement technique et le développement économique sont centraux.
3. L'homme est le grand oublié, car sa véritable raison de vivre n'est pas prise en compte, il n'est là que pour servir la mécanique sociale imaginée pour lui, c'est-à-dire la société.
4. Le bonheur des êtres humains.
5. Elle propose une société qui a tourné le dos à l'usine, au laboratoire et à la grande ville au profit d'une vie simple où s'épanouissent les plaisirs, les jeux et le sens de la beauté.
6. Il faut limiter le développement technique et économique, car leur poursuite empêche les êtres humains d'être heureux. En effet, ils doivent les servir et ne peuvent donc pas se consacrer à une vie heureuse.

Suggestions d'exploitation

• N'hésitez pas à interroger vos apprenant(e)s sur le vocabulaire qui peut leur être difficile. Demandez-leur d'en donner une définition.

 Activité 11 (page 41)

Avant de commencer

Vous pouvez réaliser cette activité en classe entière ou en groupes.
Si vous demandez de faire cette activité en groupes, désignez un(e) chef (fe) de groupes qui aura comme mission de faire la synthèse des échanges à l'ensemble de la classe.

Proposition de réponse

Voici des idées qui devraient être abordées au cours de la discussion :

1. Exploration de possibilités : Les utopies permettent d'explorer des possibilités et des scénarios alternatifs pour l'avenir. Elles ouvrent des perspectives et encouragent la créativité.

2. Critique sociale : Les utopies peuvent servir de miroir à la société actuelle, mettant en lumière ses défauts et ses inégalités. Elles permettent d'exprimer des idéaux et des aspirations.

3. Innovation et progrès : En imaginant des mondes meilleurs, les utopies peuvent inspirer l'innovation et le progrès dans divers domaines, de la science à la technologie.

4. Mobilisation collective : Les utopies peuvent mobiliser les individus et les communautés en les incitant à agir pour créer un monde conforme à leurs idéaux.

5. Réflexion sur les valeurs : Elles suscitent une réflexion sur les valeurs et les priorités de la société, aidant à définir ce qui est réellement important.

 **Activité 12** (page 41)

Avant de commencer

Lisez le sujet de production écrite à la classe. Demandez à vos apprenant(e)s de répondre brièvement à la question présente dans la consigne afin de vous assurer de la bonne compréhension du sujet.

Proposition de réponse

La vision utopiste de William Morris dans « Nouvelles de nulle part » est à la fois séduisante et intrigante. L'auteur nous présente une société où les valeurs de simplicité, de beauté et de communauté prévalent sur l'industrialisation et le profit. Dans cette utopie, le développement technique est jugulé pour préserver le bien-être des individus et la vie est axée sur la satisfaction des besoins humains essentiels, y compris le plaisir, les jeux et l'appréciation de la beauté.

Il est difficile de ne pas être attiré par cette vision d'une société harmonieuse, où l'accent est mis sur l'art, l'épanouissement personnel et la convivialité plutôt que sur la production de masse et la consommation effrénée. La critique de Morris envers l'industrialisation et la recherche du profit au détriment du bonheur humain résonne toujours aujourd'hui, à une époque où la surconsommation et les inégalités sont de plus en plus préoccupantes.

Toutefois, il est important de reconnaître que la réalisation d'une telle utopie est complexe, voire impossible, dans le monde actuel. Les avancées technologiques et économiques sont profondément enracinées dans notre société et un retour en arrière complet semble peu réalisable.

De plus, les différences culturelles et les intérêts économiques divergents rendent difficile l'adoption d'un modèle utopiste à l'échelle mondiale.

Néanmoins, la vision de Morris peut servir de source d'inspiration. Elle nous rappelle l'importance de trouver un équilibre entre le progrès technique et le bien-être humain et de questionner les valeurs de notre société moderne. Plutôt que de chercher à créer une utopie parfaite, nous pourrions nous efforcer de mettre en place des changements progressifs vers une société plus équilibrée, où les besoins humains et la préservation de la planète sont au centre des préoccupations.

En somme, la société utopiste de William Morris est un modèle fascinant, mais il est plus réaliste de s'efforcer de trouver des solutions pragmatiques pour créer un monde meilleur, en tirant des leçons des idéaux utopiques.

• Une fois la production corrigée par vos soins, vous pouvez demander à vos apprenant(e)s de mettre leur production écrite sur le mur collaboratif de la classe pour chaque apprenant(e) devra lire les productions de leurs camarades et y laisser un commentaire. L'auteur(e) de l'article devra également réagir aux commentaires laissés par un commentaire en retour.

PROJET : Créer votre utopie (page 42)

Avant de commencer

Lisez l'introduction du projet « L'utopie ». Ajoutez des explications si vous le souhaitez.
Ensuite, lisez chaque étape, l'une après l'autre, en vous assurant de leur bonne compréhension.

Suggestions d'exploitation

• Pendant l'élaboration de leur utopie, ayez une présence active en classe. Passez dans les rangs et veillez à ce que les apprenant(e)s respectent les consignes du projet. Répondez aux interrogations si besoin.
• Pour mettre un peu plus de « piment », vous pouvez préparer quelques prix pour les gagnants lors du vote (gâteaux, sucreries, etc.).

UNITÉ 3
LA POLITIQUE ET LES VALEURS SOCIÉTALES

Présentation et objectifs de l'unité

L'unité 3 s'articule autour des thèmes de la politique et des valeurs sociétales.

Dans nos sociétés, la politique a une grande influence sur nos vies, et dans un monde qui bouge, nos valeurs tendent à évoluer beaucoup plus rapidement que dans le passé.

La leçon 1 se concentrera sur le populisme et permettra aux apprenant(e)s d'être capables d'échanger et de débattre sur des sujets aussi variés que l'abstention, les nouveaux moyens de communication en politique ou l'anonymat.

La leçon 2 se penchera sur les problèmes de société tels que le manque de mobilité sociale, mais aussi sous un angle plus positif avec les politiques visant à améliorer nos sociétés.

Enfin, la leçon 3 s'intéressera aux nouvelles valeurs sociétales dans un monde où l'acceptation de la différence et le désir d'une société inclusive sont des tendances fortes.

Présentation des contenus

Je découvre...

> **des types de documents :** des vidéos authentiques, des reportages et témoignages audio, des articles authentiques et une caricature

> **des types d'interactions :** résumer un texte long en restituant les prises de position et les raisonnements, analyser un texte et en discuter, faire des recommandations

> **des points de grammaire :** les modalisateurs, les articulateurs du discours, la cause et la conséquence

> **du vocabulaire :** l'information politique, l'organisation de la société, les mutations sociétales

> **un projet :** présenter un programme présidentiel à travers un spot vidéo

Page d'ouverture (page 45)

Annoncez les objectifs de l'unité 3 et introduisez brièvement les différentes thématiques qui y sont présentes, à savoir : « le populisme », « la société à l'épreuve », et enfin « de nouvelles valeurs sociétales ».
Ensuite, lisez ou faites lire par un(e) apprenant(e) le premier encadré intitulé « Théo vit en société. ».
Continuez en leur posant les questions de l'encadré à droite : « Et vous ? Avez-vous remarqué des changements de société ? Agissez-vous pour qu'il y en ait ? Aimeriez-vous le faire ? Quels combats vous tiennent à cœur ? Pour quelles raisons ? Comment pourraient-ils être mis en œuvre ? ».
Vous pouvez également faire de petits groupes pour que les apprenant(e)s échangent entre eux sur ces questions avant de faire une mise en commun.
Une fois cette activité terminée, vous pouvez passer à la deuxième partie de l'activité de la page d'ouverture : visionner la vidéo. Demandez aux apprenant(e)s de prendre le maximum de notes sur le contenu de la vidéo qui sera jouée, puis faites visionner la vidéo. Si besoin, jouez-la deux fois.
Demandez aux apprenant(e)s de restituer ce qu'ils/elles ont compris. Vous pouvez également leur poser les questions suivantes : 1. « Qu'est-ce qui paraît surprenant concernant la boisson ? », 2. « Que s'est-il passé en 1973 ? », 3. « Quel changement a eu lieu dans les années 80 ? »

Réponses
1. Jusqu'en 1981, les plus de 14 ans pouvaient boire de l'alcool dans les cantines.
2. La cantine est renommée « restaurant scolaire » et les plats sont dits comme moins bons.
3. On se sert désormais seul à la cantine.

LEÇON 1 — Le populisme (pages 46-49)

Avant de commencer

La leçon 1 parlera de la politique sous différents angles. Elle se veut en outre explicative des nouvelles tendances dans le monde politique avec notamment l'utilisation des réseaux sociaux par les politiciens.
De nombreux débats pourront être menés en classe grâce à des sujets tels que le vote à 16 ans et l'anonymat en ligne qui seront traités dans cette leçon.
Présentez brièvement les points de grammaire, de vocabulaire et d'interactions qui seront traités dans cette leçon 1, à savoir :
– grammaire : les modalisateurs
– vocabulaire : l'information politique
– interactions : résumer un texte long en restituant les prises de position et les raisonnements.
Ensuite, demandez aux apprenant(e)s de définir « le populisme » qui est le titre de la leçon.

 Activité 1 (page 46)

Réponses
1. La caricature représente des politiciens recouverts de fientes d'oiseaux provenant de l'oiseau du logo de Twitter. Assurez-vous que les apprenant(e)s ont bien compris qu'il s'agit d'une critique de l'impact des médias sociaux, en particulier Twitter, sur la réputation des politiciens. Les fientes d'oiseaux symbolisent la désapprobation, la critique et le discrédit que les politiciens peuvent subir sur les plateformes de médias sociaux.
Les médias sociaux permettent en effet aux gens de s'exprimer librement et de critiquer les personnalités publiques, parfois de manière virulente. Cette caricature suggère aussi que les politiciens sont vulnérables aux critiques en ligne et que leur réputation peut être ternie par les commentaires négatifs et les attaques sur les médias sociaux. Elle souligne également le contraste entre l'image officielle des politiciens et la perception qu'on a d'eux sur les réseaux sociaux.

Proposition de réponse
2. Dans mon pays, la situation est similaire. Les femmes et les hommes subissent de nombreuses critiques, en particulier sur les réseaux sociaux. Certes, la loi interdit la diffamation, mais les commentaires sont parfois à la limite de la légalité. Dans les journaux ou magazines, de nombreuses caricatures sont présentes.

Suggestions d'exploitation

• Pour aller plus loin, vous pouvez présenter aux apprenant(e)s d'autres caricatures politiques (de caricaturistes tels que Jean Cabut, Patrick Chappatte, Michel Cambon ou encore Carlos Brito). Demandez-leur de les analyser et de trouver leur signification et leur message.
• Vous pouvez également demander à vos apprenant(e)s de trouver une caricature politique dans un pays francophone de leur choix et d'en faire l'analyse. Ils/elles la présenteront à leurs camarades en expliquant son sens.

 Activité 2 (page 46)

Avant de commencer

Introduisez de manière succincte cette compréhension de l'oral en présentant son sujet.
Ensuite, vous pouvez leur poser les questions suivantes :
– Quel est l'âge de la majorité électorale dans votre pays ?
– Est-ce que le vote est obligatoire ?
– Est-ce qu'un jour de congé est donné lors d'un vote ?
– Est-ce que l'abstention est forte ?
Ces échanges terminés, demandez-leur de lire les questions. Dites-leur qu'ils/elles pourront écouter l'enregistrement sonore 2 fois. Conseillez-leur de se concentrer sur la prise de notes lors de la première écoute et d'essayer de répondre aux questions durant la pause entre les 2 écoutes.

Réponses
1. Aux élites.
2. Parce qu'ils ont d'autres manières d'y participer : par l'engagement dans des associations par exemple.
3. Non. Il a commencé dans les années 2000, voire les années 1990.
4. Il est devenu « intermittent ».

Suggestions d'exploitation
• Une fois l'activité 2 terminée, lisez la transcription de l'audio avec les apprenant(e)s pour faire une compréhension fine du document. Expliquez-leur le lexique non compris. Réécoutez le document avec la transcription, puis une dernière fois sans transcription.

Activité 3 (page 46)

Avant de commencer
Cette activité de production orale peut être effectuée en classe entière ou en groupes. Vous pouvez former 2 groupes, pour et contre. Laissez-leur suffisamment de temps pour qu'ils/elles puissent prouver des arguments solides.

Proposition de réponse
Arguments en faveur du vote obligatoire :
1. Devoir civique : le vote est un devoir civique important. En rendant le vote obligatoire, on rappelle à chaque citoyen son devoir démocratique.
2. Participation accrue : le vote obligatoire augmentera mécaniquement la participation électorale, luttant ainsi contre l'abstentionnisme, un problème courant dans de nombreuses démocraties.
3. Représentativité : les résultats des élections seraient plus représentatifs de la volonté de l'ensemble de la population, car un plus grand nombre de citoyens participerait.

Arguments contre le vote obligatoire :
1. Liberté individuelle : Certains considèrent que le vote obligatoire porte atteinte à la liberté individuelle en obligeant les gens à voter, même s'ils ne souhaitent pas le faire.
2. Vote éclairé : Forcer les citoyens à voter peut conduire à des votes non éclairés, car certaines personnes peuvent voter au hasard ou sans comprendre les enjeux. De même, les électeurs forcés peuvent manquer de motivation pour s'informer correctement sur les candidats et les problèmes, ce qui pourrait entraîner des votes superficiels.
3. Sanctions : Il serait nécessaire de mettre en place des sanctions pour ceux qui ne votent pas, ce qui soulève de nombreuses questions.

Suggestions d'exploitation
• À la suite de cette activité, demandez aux apprenant(e)s d'écrire des articles d'opinion sur le sujet. Ils/elles peuvent choisir de défendre le vote obligatoire ou de s'opposer à cette idée. Assurez-vous qu'ils/elles utilisent des arguments solides pour étayer leur position.

Activité 4 (page 46)

Avant de commencer
Lisez ou faites lire le texte par un(e) apprenant(e). Au cours de la lecture, n'hésitez pas à donner des explications ou à donner des questions à vos apprenant(e)s pour stimuler la concentration.

Réponses
1. Ces médias sont vus comme un moyen de communiquer avec la jeunesse, qualifiée de désabusée vis-à-vis de la politique. Aussi, les réseaux sociaux sont la première source d'information des 18-34 ans (45 %) et les 3/4 des Français éprouvent soit du dégoût soit de la méfiance envers la politique.
2. Les marques dans leurs relations avec les consommateurs.
3. Non. Certes, le média est nouveau, mais le message des politiciens reste le même. D'après l'auteur, pour s'adresser aux jeunes, il ne suffit pas de changer de canal et d'entrer en conversation avec eux, il faut surtout se concentrer sur les enjeux de la jeunesse et faire passer des messages qui répondent à ces enjeux.
4. La communication « sans filtre » est une communication plus spontanée, sans retenue et qui n'a pas été préparée. Elle peut être également perçue comme étant plus franche.
5. Parce que les responsables politiques et les citoyens ont un dialogue plus direct. Cela correspond donc plus au système de la démocratie directe.

Suggestions d'exploitation
• Vous pouvez faire visionner des parties de vidéos d'interviews données par des politiciens sur YouTube sur la chaîne HugoDécrypte.

Activité 5 (page 47)

Avant de commencer
Divisez la classe en deux groupes, l'un représentant les partisans de l'utilisation des réseaux sociaux par les politiciens et l'autre les opposants. Organisez un débat où les apprenant(e)s doivent présenter leurs arguments.

Proposition de réponse
Arguments pour :
– **Accessibilité :** Les réseaux sociaux permettent aux politiciens d'atteindre un public plus large et diversifié, y compris les jeunes électeurs qui sont souvent plus actifs en ligne. L'utilisation de ces nouveaux médias change également l'image des politiciens, les rendant plus dynamiques, modernes et proches de leurs concitoyens.
– **Transparence :** Les médias en ligne permettent aux politiciens de partager des informations en temps réel et de rendre compte de leurs activités, renforçant ainsi la transparence et la responsabilité.
– **Engagement :** Les politiciens peuvent interagir directement avec les électeurs, répondre à leurs préoccupations et recueillir leurs commentaires, renforçant ainsi l'engagement citoyen.

La politique et les valeurs sociétales • Unité 3   45

Arguments contre :
– **Désinformation** : Les réseaux sociaux sont propices à la désinformation et aux fausses nouvelles, ce qui peut compromettre la crédibilité des politiciens.
– **Manipulation de leur image** : Les politiciens peuvent utiliser les réseaux sociaux pour fausser leur image et donner l'illusion qu'ils sont dans l'air du temps et proches des préoccupations du grand public afin de séduire un électorat plus large.
– **Déconnexion de la réalité** : Passer trop de temps en ligne pour faire leur promotion et construire leur image peut déconnecter les politiciens des réalités de leur mandat et des besoins de leurs concitoyens.
– **Perte du fond au profit de la forme** : Plus d'importance est donnée à l'apparence, au marketing politique au détriment du fond, c'est-à-dire les idées.

Suggestions d'exploitation

• Pour aller plus loin dans cette activité, demandez à vos apprenant(e)s de faire une présentation d'un ou des partis politiques de leur pays ainsi qu'une ou quelques grandes figures politiques en décrivant la manière dont ils communiquent avec les électeurs.

Grammaire (page 47)

Avant de commencer

Invitez vos apprenant(e)s à consulter l'encadré de grammaire « Les modalisateurs ».
Vous pouvez également le lire ou le faire lire à haute voix en donnant des explications supplémentaires.

Réponses
1.
5 modalisateurs parmi la liste :
Bien sûr (adverbe de modalité)
Rien d'étonnant (adverbe de modalité)
Oui.... Oui.... (répétition)
On peut se féliciter (verbe d'appréciation)
Il faut aussi relativiser... (verbe d'appréciation)
Il ne suffit pas (verbe modal)
Encore faut-il (verbe modal)
Certes (adverbe de modalité)
Il est possible (verbe modal)

2.
a. Selon lui, ce genre de communication va ternir l'image de la politique.
b. Je pense que l'abstention des jeunes est un grave problème.
c. Il ferait sans doute mieux de soigner sa manière de parler.
d. Comment ? Tu crois encore à ces fausses informations ?
e. Il trouve scandaleuses toutes ces déclarations faites en ligne.

Suggestions d'exploitation

• Pour aller plus loin sur ce point grammatical, consultez la banque de ressources où des exercices complémentaires sont proposés.

 **Activité 6** (page 48)

Avant de commencer

Pour lancer cette activité de compréhension de l'oral, vous pouvez demander aux apprenant(e)s quels réseaux sont utilisés par les politiciens dans leur pays pour communiquer. Ensuite, demandez-leur de lire les questions de compréhension. Dites-leur que l'enregistrement sera joué 2 fois. Suggérez-leur de se concentrer sur la prise de notes lors de la première écoute.

Réponses
1. Quand il y a de nouveaux formats, ils s'empressent de les utiliser.
2. Ils sont faiblement politisés.
3. Parce que lorsque les politiciens utilisent les nouveaux formats de communication, les jeunes pensent qu'ils les instrumentalisent.
4. Cela peut désacraliser leur fonction.
5. Le marketing segmente la réalité sociale.
6. Ils veulent véhiculer une image de modernité, s'adresser à des publics jeunes et s'affranchir des médias traditionnels.
7. Ils veulent éviter les intermédiaires qui peuvent nuire à la bonne réception de leur message.

Suggestions d'exploitation

• Une fois l'activité 2 terminée, lisez la transcription de l'audio avec les apprenant(e)s pour faire une compréhension fine du document. Expliquez-leur le lexique non compris. Réécoutez le document avec la transcription, puis une dernière fois sans transcription.
• Interrogez vos apprenant(e)s sur la manière dont ils/elles sont abordés avec les partis politiques : à la télévision ? à la radio ? Est-ce que les réseaux sociaux leur semblent être un moyen efficace ?

 Activité 7 (page 48)

Avant de commencer

Pour préparer au mieux cette activité de production écrite, vous pouvez dans un premier temps lire la consigne et prendre quelques minutes pour que les apprenant(e)s échangent leurs idées sur le sujet.
Donnez quelques conseils pour que les apprenant(e)s puissent rédiger au mieux leur article (structure judicieuse, grammaire, vocabulaire et connecteurs variés).

Proposition de réponse
La communication politique à l'ère des nouveaux médias et des réseaux sociaux
À l'ère de l'information instantanée et de l'hyperconnectivité, les politiciens ont saisi les nouveaux modes de communication pour entrer en contact avec leur électorat comme jamais auparavant. Les médias sociaux, les plateformes de streaming en direct et les blogs sont devenus des outils incontournables de la politique moderne. Cependant, cette révolution de la communication politique est loin d'être parfaite.

D'un côté, ces canaux offrent une proximité et une accessibilité inégalées. Les politiciens peuvent engager des conversations directes avec les électeurs, partager leurs idées et leurs actions, et mobiliser rapidement un large public. Cela renforce la démocratie en favorisant une participation citoyenne active et en tenant les dirigeants responsables de leurs actes.

D'un autre côté, cette accessibilité a un revers. Les politiciens sont confrontés à la menace de la désinformation, de la calomnie et du harcèlement en ligne. Les médias sociaux peuvent devenir des arènes toxiques où le débat politique est remplacé par des échanges haineux et des rumeurs non vérifiées. De plus, la quête effrénée de likes, de partages et d'abonnés peut les entraîner dans une quête de popularité vide de sens plutôt que dans un engagement pour l'intérêt public.

La communication politique moderne a également érodé la vie privée des politiciens. Chaque aspect de leur vie est exposé en ligne, et la frontière entre public et privé s'amenuise. Cela peut décourager de nouveaux talents de se lancer en politique, craignant une intrusion excessive dans leur vie personnelle.

En conclusion, la communication politique moderne est un outil puissant, mais à double tranchant. Elle rapproche les politiciens de leur électorat, mais peut aussi générer la méfiance, la désinformation et l'intrusion dans la vie privée. Les politiciens doivent naviguer avec prudence dans ces eaux tumultueuses, en veillant à ce que la démocratie et la responsabilité l'emportent sur la superficialité et les pièges de l'ère numérique.

Suggestions d'exploitation

• Demandez aux apprenant(e)s de rechercher des exemples concrets de politiciens qui ont bénéficié de leur stratégie de communication en ligne et d'autres qui ont été confrontés à des problèmes en raison de leur utilisation des médias sociaux. Analysez ces cas en classe pour illustrer les arguments qui ont pu être développés dans l'activité de production écrite.

 ## Activité 8 (page 48)

Avant de commencer

Lisez ou faites lire le texte par un(e) apprenant(e). Arrêtez la lecture quand vous désirez poser des questions sur un élément du texte. Après la lecture du texte, demandez aux apprenant(e)s de répondre aux questions et procédez à la correction.

Réponses

1. L'anonymat est la cause principale de la diffusion de *fake news*.
2. Elle a démontré que ceux qui expriment le plus d'agressivité sur le net sont ceux dont l'identité est identifiable.
3. Même si on est caché derrière un pseudonyme, cela ne veut pas dire qu'on est anonyme parce que l'identité peut être connue.
4. Elle peut être utile pour les lanceurs d'alerte ou ceux voulant témoigner sans crainte. Elle peut être utile aussi pour ceux voulant partager des expériences traumatisantes.
5. La protection de l'anonymat est un indicateur de la santé démocratique d'un pays. Vouloir le supprimer c'est faire reculer la démocratie.

 ## Activité 9 (page 49)

Avant de commencer

Lisez la consigne de l'activité avec les apprenant(e)s. Demandez-leur de donner une définition pour chaque mot de la liste de vocabulaire de l'énoncé.

Réponses

Les jeunes votent de moins en moins : c'est l'**abstentionnisme** de masse.
La jeunesse pense que les **politiciens** ne répondent pas à leurs **revendications**.
Pour répondre à cette sorte de **grève** civique, les politiciens tentent de **propager** leurs idées sur les réseaux sociaux. Cependant, nombre d'électeurs voient cela comme un **leurre** et cette manière de communiquer ne fait qu'augmenter leur **défiance** envers la politique.

Suggestions d'exploitation

• Demandez à vos apprenant(e)s de rédiger un paragraphe avec les mots de vocabulaire proposés dans cette activité. Suggérez qu'ils/elles peuvent s'inspirer du texte de l'activité pour réaliser leur production.
• Pour aller plus loin sur ce point lexical, consultez la banque de ressources où des exercices complémentaires sont proposés.

 ## Activité 10 (page 49)

Avant de commencer

Divisez la classe en deux groupes égaux, l'un représentant les partisans du maintien de l'anonymat sur Internet et l'autre les opposants. Demandez aux apprenant(e)s de trouver des arguments. Il serait d'ailleurs idéal de leur donner la possibilité de faire des recherches pour recueillir des informations et des arguments sur le sujet. Une fois que les apprenant(e)s ont eu le temps de préparer leurs arguments, organisez une discussion en groupe. Chaque groupe peut présenter ses arguments en faveur ou contre le maintien de l'anonymat sur Internet.

Proposition de réponse

Arguments en faveur de l'anonymat sur Internet :

– **Protection de la vie privée** : L'anonymat en ligne permet aux individus de protéger leur vie privée.
– **Liberté d'expression** : Il favorise la liberté d'expression en permettant aux personnes de s'exprimer librement sans craindre de représailles.
– **Sécurité des lanceurs d'alerte** : L'anonymat est essentiel pour les lanceurs d'alerte qui divulguent des informations importantes sur des problèmes gouvernementaux ou d'entreprise sans se mettre en danger.
– **Protection contre le cyberharcèlement** : Il permet aux victimes de cyberintimidation de signaler des comportements nuisibles tout en restant en sécurité.

– **Accès à l'information** : l'anonymat peut favoriser l'accès à l'information en permettant aux personnes d'accéder à des contenus qui pourraient être bloqués ou censurés dans leur pays.

Arguments contre l'anonymat sur Internet :
– **Cybercriminalité** : L'anonymat peut être utilisé pour commettre des actes criminels en ligne, tels que le harcèlement, la fraude ou la diffusion de contenu illégal.
– **Impunité** : Les comportements malveillants en ligne peuvent rester impunis en raison de l'anonymat, ce qui encourage davantage la cybercriminalité.
– **Fake news et désinformation** : Les acteurs malveillants peuvent propager de fausses informations en ligne en restant anonymes.
– **Harcèlement en ligne** : L'anonymat est souvent utilisé pour harceler d'autres utilisateurs en ligne, ce qui peut avoir des conséquences graves.

Suggestions d'exploitation

• Après les présentations initiales, encouragez un débat ouvert entre les deux groupes. Les apprenant(e)s devront poser des questions et réfuter les arguments de l'autre groupe.
• À la suite de cette activité, vous pouvez demander aux apprenant(e)s de rédiger en devoir un essai argumentatif sur le maintien ou non de l'anonymat sur Internet.

 ## Activité 11 (page 49)

Proposition de réponse
Le texte examine l'importance de l'anonymat en ligne pour la démocratie tout en réfutant les idées préconçues selon lesquelles il contribue à la diffusion de fausses informations et de comportements agressifs.
Pour commencer, il aborde la position d'Emmanuel Macron, qui plaide en faveur de la suppression progressive de l'anonymat sur Internet pour améliorer la qualité de l'information.
Cependant, selon l'auteur, l'anonymat n'est pas la cause principale de la diffusion de fausses informations. Les internautes non anonymes, y compris les personnalités publiques, sont également à l'origine de la propagation d'informations erronées. Une étude démontre d'ailleurs qu'il n'y a pas de lien entre l'anonymat et l'agressivité en ligne.
Ensuite, le texte souligne la distinction entre anonymat et pseudonymat, en expliquant que cacher son identité derrière un pseudonyme ne signifie pas être introuvable. Il met en avant les avantages de l'anonymat, notamment la protection de la vie privée, la liberté d'expression et la sécurité des lanceurs d'alerte. L'anonymat peut permettre à des employés d'exprimer leurs revendications sans craindre des représailles de la part de leur employeur.
Finalement, l'anonymat offre la possibilité de partager librement sur Internet des expériences traumatisantes afin de créer des réseaux d'entraide. La protection des données personnelles et de la vie privée est donc essentielle à la santé démocratique d'un pays.

Suggestions d'exploitation
• Vous pouvez demander à vos apprenant(e)s de comparer leurs résumés entre eux/elles et de se mettre d'accord sur des modifications. Ensuite, montrez-leur la proposition de réponse.

 ## Activité 12 (page 49)

Avant de commencer
Donnez une petite minute à vos apprenant(e)s pour lire les questions ou lisez les questions.
Dites-leur que l'enregistrement sonore sera joué 2 fois. Suggérez-leur de prendre le maximum de notes pendant la première écoute de l'enregistrement.

Réponses
1. Non, au XIXe siècle, on en parlait déjà beaucoup.
2. Les politiciens, pour montrer qu'ils agissent.
3. Même si l'on croit que l'insécurité est plus importante de nos jours, les chiffres nous montrent le contraire.
4. L'action renforcée de la police et de la justice pour réprimer les délits explique l'augmentation de certains chiffres.

Suggestions d'exploitation
• Une fois l'activité 12 terminée, lisez la transcription de l'audio avec les apprenant(e)s pour une compréhension fine du document. Expliquez-leur le lexique non compris. Réécoutez le document avec la transcription, puis une dernière fois sans transcription.

 ## Activité 13 (page 49)

Avant de commencer
Formez des groupes et donnez aux apprenant(e)s quelques minutes pour réfléchir au thème de l'insécurité et de la violence dans leur pays. Quels constats font-ils/elles ? Encouragez-les à partager leurs idées, leurs observations et leurs opinions sur l'insécurité et la violence dans leur pays.
Demandez ensuite aux apprenant(e)s si les éventuelles violences identifiées sont utilisées politiquement ou commercialement.

Proposition de réponse
Réponse libre

Suggestions d'exploitation
• Après les discussions de groupe, demandez aux rapporteurs de chaque groupe de partager les points essentiels de leurs échanges avec la classe.
• Vous pouvez ensuite poursuivre l'activité en ouvrant un débat en classe sur les thèmes de l'insécurité et de la violence sociétale.

 ## Activité 14 (page 49)

Proposition de réponse
Combattre la violence et le sentiment d'insécurité est une préoccupation cruciale dans tous les pays. Pour améliorer la situation, plusieurs moyens peuvent être mis en œuvre. Tout d'abord, une éducation préventive et une

sensibilisation dès le plus jeune âge sont essentielles. Les programmes scolaires devraient inclure des modules sur la résolution pacifique des conflits, le respect des autres, la tolérance et la compréhension mutuelle. Les écoles peuvent jouer un rôle clé en favorisant un environnement inclusif et respectueux.
Ensuite, il est impératif de renforcer l'application de la loi et d'assurer une présence policière adéquate, tout en veillant à lutter contre la corruption des forces de l'ordre. Il est crucial que la police soit à l'écoute de la communauté et travaille main dans la main avec les citoyens dans le but d'identifier et résoudre les problèmes de sécurité. De la même manière, la justice doit impérativement se montrer équitable et rapide pour que les criminels soient traduits en justice dans le respect de leurs droits. Aussi, des programmes de réhabilitation et de réinsertion sociale pour les délinquants doivent être mis en place, car ils luttent efficacement contre la récidive.
En outre, l'accès à l'emploi et à l'éducation pour les jeunes doit être considéré comme une priorité. Il est en effet indéniable que le chômage et la pauvreté conduisent à la délinquance. Le gouvernement doit donc encourager la création d'emplois et la formation professionnelle.
Enfin, une sensibilisation aux problèmes de violence doit se faire dans les médias dans le cadre de campagnes publiques de lutte contre les stéréotypes et les discours haineux.
En somme, la lutte contre la violence et l'insécurité est un défi complexe, mais crucial qui nécessite une approche globale. Pour fonctionner, elle doit impliquer l'ensemble de la société, que ce soit au niveau des institutions gouvernementales ou celui des citoyens, de manière individuelle. La mise en œuvre des mesures précédemment évoquées participera efficacement à la création d'un environnement plus sûr, plus inclusif et plus pacifique pour tous.

Suggestions d'exploitation

• Pour aller plus loin, vous pouvez demander à vos apprenant(e)s d'échanger à l'oral sur leurs solutions proposées.

LEÇON 2 — La société à l'épreuve (pages 50-53)

La leçon 2 traitera des défis de la société et de ses évolutions positives. Cette leçon montre des points négatifs de notre société avec le sujet de la panne de l'ascenseur social. Elle se veut aussi positive en évoquant les politiques en faveur des personnes discriminées et des avancées dans le bien-être animal.
Présentez brièvement les points de grammaire, de vocabulaire et d'interactions qui seront traités dans cette leçon 2, à savoir :
– grammaire : les articulateurs du discours
– vocabulaire : l'organisation de la société
– interactions : analyser un texte et en discuter
Ensuite, demandez aux apprenant(e)s de définir ce qu'est « l'ascenseur social » qui est le titre de la première sous-partie de la leçon 2.

Activité 1 (page 50)

Avant de commencer

Lisez le titre de l'activité 1 et demandez aux apprenants d'expliquer le titre du texte.
La réponse attendue est : « L'auteur veut dire que l'ascension sociale n'a jamais fonctionné. La mobilité entre les classes est inexistante. »
Ensuite, lisez ou faites lire le texte par un(e) apprenant(e). Quand vous le croyez nécessaire, arrêtez la lecture pour donner des explications ou poser des questions à vos apprenant(e)s. Après la lecture du texte terminée, demandez-leur de répondre aux questions et procédez à la correction.

Réponses

1. Cette formule visait à dénoncer les obstacles à la liberté d'entreprendre, liés « aux pesanteurs bureaucratiques » et à l'« égalitarisme » de la gauche. La métaphore de l'ascenseur a ensuite désigné l'incapacité du système scolaire à lutter contre les inégalités sociales. Elle dénonce ainsi la reproduction sociale, c'est-à-dire le fait que les enfants occupent dans la société une position analogue ou identique à celle de leurs parents. Les personnes appartenant aux classes populaires ont donc des difficultés à accéder aux grandes écoles et à progresser socialement.
2. La mobilité professionnelle des personnes les moins diplômées est souvent oubliée, car on pense généralement que la formule de l'« ascenseur social en panne » désigne uniquement le faible nombre d'enfants de milieux populaires accédant aux grandes écoles et aux positions de pouvoir.
3. Cette période est vue à tort comme le temps de la méritocratie, de la réussite des plus méritants, quelle que soit leur origine. En réalité, la mobilité sociale était presque à l'arrêt. Une étude montre ainsi qu'à la fin des années 50, 68 % des élites provenaient des 5 % des catégories sociales les plus élevées.
4. Cela s'explique par un allongement général de la durée des études et la popularisation des études supérieures.

Suggestions d'exploitation

• Vous pouvez demander à vos apprenant(e)s de lire le texte et de répondre aux questions, puis de corriger les réponses. Ensuite, vous pouvez relire le texte avec vos apprenant(e)s pour vous assurer de la bonne compréhension du texte et d'ajouter des explications sur les événements historiques présents dans ce texte.

Activité 2 (page 51)

Avant de commencer

Pour mener à bien cette activité, vous pouvez afficher au tableau la question suivante « Dans votre pays, pensez-vous que chaque individu ait les mêmes chances de réussite à l'école et dans le monde professionnel ? Si ce n'est pas le cas, pensez-vous qu'il soit nécessaire d'y remédier ? Si oui, de quelle manière ? »

Laissez les apprenant(e)s réfléchir à la question et en discuter pendant 15 à 20 minutes.

Vous pouvez ensuite organiser un débat en classe en divisant les apprenant(e)s en deux groupes, l'un défendant l'idée que l'égalité des chances est en danger, l'autre soutenant le contraire.

Deux possibilités s'offrent à vous : interroger les apprenant(e)s en classe entière ou faire des groupes de discussion. Si la deuxième possibilité est retenue, désignez un médiateur qui aura pour rôle de restituer le contenu des échanges qui auront eu lieu.

Proposition de réponse

Idées pour promouvoir l'égalité des chances :
– Garantir un accès égal à une éducation de qualité pour tous, en investissant dans des écoles bien équipées et des programmes éducatifs de qualité.
– Offrir des programmes de soutien scolaire aux élèves issus de milieux défavorisés pour les aider dans leur scolarité.
– Faire suivre aux enseignants des formations pour qu'ils soient en mesure de mieux répondre aux besoins variés des élèves.
– Mettre en place des programmes de bourses d'études pour les étudiants méritants issus de milieux défavorisés.
– Sensibiliser à la discrimination et mettre en place des politiques de tolérance zéro pour lutter contre le harcèlement et les préjugés à l'école et dans le monde professionnel.
– Créer des programmes d'insertion professionnelle pour les jeunes, offrant des opportunités de stages, d'apprentissage et d'emploi.
– Pousser les entreprises à adopter des politiques de diversité visant à recruter et à promouvoir des employés issus de groupes sous-représentés.
– Sensibiliser la société aux avantages de l'égalité des chances à l'école et dans le monde professionnel.
– Mettre en place des politiques visant à réduire les inégalités économiques.

Activité 3 (page 51)

Avant de commencer

Lisez ou faites lire les questions de la vidéo. Dites à vos apprenant(e)s qu'ils/elles pourront voir la vidéo 2 fois.

Réponses

1. Il est balayeur de rues.
2. Ses anecdotes de travail.
3. Il fait un jeu de mots avec « prendre le balai à deux mains » et l'expression « prendre son courage à deux mains ».
4. Non. Il est dit que son succès a dépassé les frontières du canton.
5. Il avait envie de travailler dehors et d'avoir un lien avec le service public.
6. Il se concentre sur sa vie, sur sa famille.
7. Il répond à comment on peut vivre avec autant d'enfants à charge tout en n'ayant qu'un petit salaire.

Suggestions d'exploitation

• Une fois l'activité 3 terminée, lisez la transcription de la vidéo avec les apprenant(e)s pour une compréhension fine du document. Expliquez-leur le lexique non compris. Revisionnez le document avec la transcription, puis une dernière fois sans transcription.

Activité 4 (page 51)

Avant de commencer

En classe entière, lisez la consigne de l'activité de compréhension de l'oral. Demandez-leur d'expliquer l'expression « L'habit ne fait pas le moine ». Demandez-leur s'il y a une expression similaire dans leur langue maternelle.

Proposition de réponse

Michel Simonet est un balayeur de rues désormais célèbre pour son travail en tant qu'écrivain. Il incarne parfaitement l'adage « L'habit ne fait pas le moine ». En effet, il a délibérément choisi le métier de cantonnier et en est satisfait malgré ses qualifications académiques qui auraient pu lui ouvrir d'autres portes. Pourtant, son choix est compréhensible à bien des égards.

L'homme a beaucoup d'amour pour son travail et sa capacité à trouver de la beauté et de la poésie dans les coins les plus modestes de sa ville. Sa décision de rester dans ce métier réside dans son désir d'être dehors, de servir le public et de créer un équilibre entre le manuel et l'intellectuel. En tant qu'écrivain, il a trouvé un moyen de combiner ses compétences littéraires avec sa carrière de balayeur de rues.

Sa réussite en tant qu'auteur, avec 40 000 exemplaires vendus de son premier livre, démontre que la réussite ne se mesure pas uniquement par la profession que l'on exerce, mais aussi par la satisfaction personnelle et le bonheur que cela procure. Pour lui, le succès réside dans l'accomplissement, la créativité et l'harmonie familiale. En conclusion, la vie de ce monsieur est un témoignage de la possibilité de réussir en suivant sa propre voie et en trouvant le bonheur dans les petits moments de la vie. En ce sens, il peut être considéré comme ayant réussi sa vie, car il a trouvé un équilibre entre son travail, sa famille et sa passion pour l'écriture.

Suggestions d'exploitation

• Vous pouvez demander à vos apprenant(e)s de faire des recherches et de présenter le parcours atypique d'une personne comme celle de Michel Simonet. Cette personne peut être francophone ou non.

Activité 5 (page 51)

Avant de commencer

Dans un premier temps, lisez uniquement le titre et demandez à vos apprenant(e)s de définir le concept de discrimination positive. Demandez-leur si ce concept existe dans leur pays.

Continuez ensuite la lecture du texte, puis demandez-leur de répondre aux questions de compréhension.

Unité 3 • La politique et les valeurs sociétales

Réponses

1. Certaines catégories subissent des discriminations négatives. Ces personnes sont moins susceptibles de trouver un emploi, de faire de longues études, etc. Ainsi, traiter ces personnes de manière préférentielle permet d'augmenter leurs chances de réussite, à un niveau semblable à celles appartenant à d'autres catégories.
2. Ce sont les États-Unis, afin de lutter contre les discriminations raciales à l'embauche.
3. Les minorités ethniques et les femmes.
4. Ces politiques peuvent être considérées comme injustes, car la sélection ne se fait pas seulement selon le seul mérite personnel, mais en fonction de critères sans rapport, comme la couleur de la peau ou le sexe.

Activité 6 (page 51)

Avant de commencer

Lisez la consigne de l'activité avec les apprenant(e)s. Demandez-leur de donner une définition pour chaque mot de la liste de vocabulaire de l'énoncé.

Réponses

La société est en pleine **mutation**. La **méritocratie** qui était vue comme un modèle qui récompensait les plus travailleurs n'est pas un idéal. Ainsi, on cherche à rétablir l'**ascenseur** social, en mettant notamment en place un système de **discrimination** positive. Tout cela pour éviter une **fracture** sociale liée aux **écarts** toujours plus importants entre les **classes** sociales.

Suggestions d'exploitation

• Demandez à vos apprenant(e)s de rédiger un paragraphe avec les mots de vocabulaire proposés dans cette activité. Suggérez qu'ils/elles peuvent s'inspirer du texte de l'activité pour réaliser leur production.
• Pour aller plus loin sur ce point lexical, consultez la banque de ressources où des exercices complémentaires sont proposés.

Activité 7 (page 51)

Avant de commencer

Divisez la classe en deux groupes, l'un représentant les partisans des politiques de discrimination positive et l'autre les opposants. Organisez un débat où les apprenant(e)s doivent présenter leurs arguments.

Proposition de réponse

Arguments en faveur des politiques de discrimination positive :
– Les politiques de discrimination positive sont nécessaires pour compenser les inégalités historiques et systémiques. Elles permettent de donner des opportunités égales à des groupes marginalisés qui ont été historiquement désavantagés.
– Ces politiques favorisent la diversité et l'inclusion, ce qui est bénéfique pour la société. Elles permettent de rassembler différentes perspectives et expériences, ce qui peut conduire à des décisions plus éclairées et à des environnements plus équilibrés.

– Les politiques de discrimination positive ne sont pas nécessairement en opposition avec la méritocratie. Elles visent à égaliser les chances afin que le mérite individuel puisse pleinement s'exprimer.

Argument contre les politiques de discrimination positive :
– L'égalité devrait être la priorité, car les politiques de discrimination positive peuvent discriminer d'autres groupes ou individus, ce qui peut être injuste.
– Les politiques de discrimination positive peuvent stigmatiser les individus qui en bénéficient, les faisant passer pour des « bénéficiaires de quotas » plutôt que pour des individus compétents.

Suggestions d'exploitation

• Vous pouvez demander à vos apprenant(e)s de rédiger un écrit sur le sujet de la production orale. Cela permettra de mettre à profit les idées échangées durant le débat.

Activité 8 (page 52)

Avant de commencer

Lisez ou faites lire le texte par un(e) apprenant(e). Quand vous le croyez nécessaire, arrêter la lecture pour donner des explications ou poser des questions à vos apprenant(e)s. Après la lecture du texte, demandez-leur de répondre aux questions et procédez à la correction.

Réponses

1. Les mouvements pour la protection animale sont devenus de plus en plus populaires et médiatisés. Depuis 2015, le Code civil reconnaît aux bêtes le statut d'êtres sensibles. Aux élections législatives de 2017, le Parti animaliste a présenté pour la première fois des candidats. Les associations pour la protection animale s'expriment dans de nombreux médias, des manifestations ont lieu, des livres sont consacrés à cette cause et de nombreux contenus viraux en faveur du bien-être des animaux sont partagés sur les réseaux sociaux.
2. D'après Caroline Brousseaud, ces séquences d'épouvante nous sont intolérables parce qu'elles « nous renvoient à la mort, qui n'a jamais cessé de faire partie de la vie, mais que nous voulons à tout prix évincer de nos existences aseptisées ».
3. Comme un progrès moral et culturel, voire une « authentique révolution culturelle ».
4. La plupart des personnes pensaient que les animaux n'étaient pas sensibles, qu'ils ne ressentaient pas la douleur.
5. La science a mis en évidence que les animaux étaient doués d'intelligence, de conscience et avaient une sensibilité comparable à la nôtre.

Suggestions d'exploitation

• Pour aller plus loin, vous pouvez organiser un débat sur le sujet suivant : « Faut-il interdire les zoos ? ». Vous pouvez constituer 2 groupes, l'un sera pour et l'autre contre, ou laisser les apprenant(e)s débattre en classe entière.

La politique et les valeurs sociétales • Unité 3

Activité 9 (page 53)

Avant de commencer

À travers cet écrit, le lecteur doit bien ressentir la révolte et l'engagement de l'auteur.
Si vous le croyez nécessaire, prenez un moment pour faire un rappel sur les moyens à utiliser pour faire retranscrire ces 2 éléments demandés notamment par l'emploi de figures de style et les champs lexicaux.

Proposition de réponse
Pour un monde sans souffrance animale

Il est essentiel de reconnaître que dans nos sociétés modernes, l'exploitation des animaux à des fins alimentaires, vestimentaires et de divertissement est source de souffrances inacceptables. Notre conscience éthique évoluant, ces abus devraient nous révolter et nous pousser à prendre des mesures décisives pour défendre la cause animale. Il est temps que nos politiciens et législateurs aillent plus loin dans la protection des droits des animaux et prennent des mesures décisives pour mettre fin aux cruautés qu'ils subissent.

Tout d'abord, l'industrie alimentaire mondiale est un calvaire pour d'innombrables animaux. Des élevages industriels inhumains aux abattoirs cruels, ces êtres vivants ne connaissent qu'une existence douloureuse, de la naissance à la mort. Il est donc crucial de mettre en place des réglementations strictes qui garantissent des conditions de vie décentes pour les animaux destinés à l'alimentation, tout en encourageant une transition vers des régimes alimentaires moins carnés.

Ensuite, l'industrie de la mode est également coupable d'exploiter les animaux pour leur peau. Des fourrures aux cuirs exotiques, des animaux sont tués pour répondre aux désirs de la mode. Cela est injustifiable ! Il faut, à tout prix, interdire la production et la vente de produits en provenance d'animaux exotiques. Il est également important de mettre en place des normes strictes pour assurer le bien-être des animaux destinés à l'industrie de la mode.

Enfin, le divertissement des êtres humains ne devrait pas être basé sur l'exploitation des animaux, car c'est une honte inacceptable. Les spectacles de cirque utilisant des animaux sauvages, les combats de coqs, les courses de lévriers et les autres formes de divertissement cruelles doivent être interdits. Faire souffrir pour le plaisir est inhumain ! Des lois doivent être créées afin de protéger les animaux contre ces abus.

En définitive, notre société ne pourra progresser que lorsque la question de la souffrance animale aura été réglée. À cette fin, il est nécessaire de donner des droits fondamentaux aux animaux. Aussi, éduquer les jeunes générations en instaurant dans les écoles des programmes de sensibilisation à la cause animale, dès le plus jeune âge devrait être une priorité.

Les animaux méritent d'être traités avec dignité et respect. Soyons les voix des sans-voix et faisons pression sur nos législateurs pour faire bouger les lignes. Ensemble, nous pouvons éradiquer la souffrance animale et créer un monde plus juste pour toutes les créatures vivantes.

Suggestions d'exploitation

• Pour ancrer votre cours dans la méthode actionnelle, demandez à vos apprenant(e)s de trouver un réseau social sur le sujet où ils pourront mettre leur production écrite en apportant, si nécessaire, quelques modifications à leur écrit.

Grammaire (page 53)

Avant de commencer

Invitez vos apprenant(e)s à consulter l'encadré de grammaire « Les articulateurs du discours. »
Vous pouvez également le lire ou le faire lire à haute voix en donnant des explications supplémentaires.

1.
3 parmi cette liste :
Il y a quelques décennies,
Depuis 2015,
chaque jour,
Puis,
À partir des années 1940,

2.
De nos jours, les sociétés font leur révolution. Ce qui était autrefois acceptable l'est de moins en moins.
En premier lieu, les inégalités sociales exaspèrent les citoyens et ils attendent que les dirigeants prennent des mesures. De surcroît, ils exigent que ces mesures soient prises rapidement. Au premier abord, on pourrait penser qu'ils ont uniquement des demandes matérielles, mais en fait leur bien-être les préoccupe aussi. J'ajouterai qu'ils veulent également construire un monde durable.
En définitive, ce qui transparaît dans ces demandes de changements c'est la volonté de créer une société meilleure.

Suggestions d'exploitation

• Pour aller plus loin sur ce point grammatical, consultez la banque de ressources où des exercices complémentaires sont proposés.

Activité 10 (page 53)

Pour introduire le sujet de cette vidéo, demandez à vos apprenant(e)s s'ils/si elles ont déjà entendu parler du concept de désobéissance civile. Si oui, dans quelle situation ? Peuvent-ils/elles le définir ?
Après un court échange, lisez ou faites lire les questions de la vidéo. Dites à vos apprenant(e)s qu'ils/elles pourront voir la vidéo 2 fois.

Réponses
1. Il a fait un acte de désobéissance civile en ne voulant pas payer ses impôts à un État esclavagiste.
2. Pour pouvoir voter sur des objets qui les concernent.
3. Lorsque celles-ci sont injustes, si des motifs le justifient.
4. De faire parler de leurs actions.
5. Le fait que le droit est évolutif.

Suggestions d'exploitation

• Une fois l'activité 5 terminée, lisez la transcription de la vidéo avec les apprenant(e)s pour une compréhension fine du document. Expliquez-leur le lexique non compris. Revisionnez le document avec la transcription, puis une dernière fois sans transcription.

 ### Activité 11 (page 53)

Proposition de réponse
Exemples d'actions de désobéissance civile dans l'Actualité :
– Marche pour le climat : Des millions de personnes dans le monde ont participé à des manifestations et à des grèves scolaires pour exiger des mesures plus strictes contre le changement climatique.
– Mouvement Black Lives Matter : Après le meurtre de George Floyd en 2020, des manifestations massives ont éclaté dans le monde pour dénoncer la brutalité policière et exiger la réforme du système de justice pénale.
– Extinction Rebellion : Ce mouvement utilise la désobéissance civile non violente pour attirer l'attention sur l'urgence climatique, organisant des actions telles que le blocage de rues et de ponts.
– Mouvement antiguerre : Des manifestations contre la guerre ont eu lieu dans le monde entier, où des citoyens ont occupé des places publiques et organisé des grèves pour protester contre la participation de leur pays à des conflits armés.
Lors des échanges, les apprenant(e)s devront expliquer en quoi ces mouvements leur paraissent justes ou non. Voici quelques arguments :

Arguments pour :
– La désobéissance civile permet aux citoyens de manifester leur désaccord profond avec des politiques ou des actions qu'ils considèrent comme injustes.
– Mobilisation de l'opinion publique : Les actes de désobéissance civile attirent souvent l'attention des médias et du public, favorisant ainsi le débat sur les questions importantes.
– Changement social : Historiquement, la désobéissance civile a contribué à apporter des changements sociaux positifs en luttant contre l'injustice et en défendant les droits civiques.

Arguments contre :
– Violation de la loi : La désobéissance civile implique souvent la violation délibérée de lois ou d'ordonnances, ce qui peut entraîner des conséquences légales pour les participants.
– Troubles à l'ordre public : Les manifestations et les actes de désobéissance civile peuvent perturber l'ordre public, mettant en danger la sécurité des citoyens.
– Possibilité d'abus : Certains acteurs peuvent utiliser la désobéissance civile pour promouvoir des agendas extrémistes ou causer des dégâts matériels.

Suggestions d'exploitation

• En prolongement, vous pouvez proposer aux apprenant(e)s de choisir et analysez une action de désobéissance civile célèbre, telle que le mouvement des droits civiques aux États-Unis ou les manifestations pour le climat dans le monde entier. Invitez-les ensuite à discuter des impacts de ces actions sur la société.

 ### Activité 12 (page 53)

Avant de commencer
Faites lire par un(e) apprenant(e) les questions de l'activité ou donnez aux apprenant(e)s un moment pour lire les questions. Dites-leur que l'enregistrement audio sera joué 2 fois. Suggérez-leur de se concentrer sur la prise de notes lors de la première écoute.

Réponses
1. « Journée nationale de la vérité et de la réconciliation » pour se rappeler du traitement subi par les autochtones.
2. La découverte de plus d'un millier de tombes anonymes depuis mai dernier, sur les sites d'anciens pensionnats catholiques.
3. Il y avait des discriminations, des punitions, des privations, des abus sexuels, l'effacement des langues, des cultures, des mémoires autochtones.
4. Cette journée est un moment de réflexion pour que ces tragédies ne se répètent pas.
5. Par des programmes de réconciliation et des compensations financières.

Suggestions d'exploitation

• Une fois l'activité 12 terminée, lisez la transcription de l'audio avec les apprenant(e)s pour faire une compréhension fine du document. Expliquez-leur le lexique non compris. Réécoutez le document avec la transcription, puis une dernière fois sans transcription.

 ### Activité 13 (page 53)

Proposition de réponse
Sauvegarder la diversité culturelle : un impératif
La richesse de notre monde réside dans sa diversité culturelle. Nos sociétés sont composées d'une mosaïque d'identités uniques tissées par des siècles d'histoire et de tradition. Malheureusement, cette diversité est aujourd'hui menacée. L'acculturation forcée des peuples autochtones et les pressions de la mondialisation en sont principalement la cause. Il est donc de notre devoir de préserver l'essence plurielle de l'humanité.
Avant toute chose, force est de constater que l'acculturation a été le fléau de nombreux peuples autochtones à travers le monde. Leur savoir, leur langue, et leurs coutumes ont été progressivement érodés sous l'influence du modèle dominant. La diversité culturelle est un patrimoine commun qui ne doit pas être sacrifié sur l'autel de la modernité. Il est impératif que les gouvernements reconnaissent les droits des peuples autochtones, les protègent et encouragent la préservation de leurs cultures.
Pour ce faire, une éducation et sensibilisation aux différentes cultures et à leur richesse doit être mise en place. Les écoles doivent impérativement enseigner l'histoire, les coutumes et les langues locales pour donner

aux jeunes les outils pour perpétuer leur héritage. De même, les musées et les institutions culturelles ont un rôle clé. Ils doivent préserver et en exposer les artefacts et les traditions autochtones, tout en veillant à ce que ces communautés participent activement à ce processus. L'interculturalité est une autre pierre angulaire de la préservation de la diversité culturelle. Les échanges culturels, les festivals et les initiatives communes favorisent la compréhension mutuelle et renforcent les liens entre les communautés. De plus, les médias ont un rôle vital à jouer en célébrant les différentes cultures et en combattant les stéréotypes.

La diversité culturelle doit être aussi défendue sur la scène internationale. Il faut respecter et renforcer les traités et les conventions internationales, tels que la Déclaration des Nations Unies sur les droits des peuples autochtones. Les nations du monde doivent travailler ensemble pour protéger le trésor de la diversité culturelle.

En conclusion, la préservation de la diversité culturelle doit être considérée de tous comme un impératif moral et intellectuel. La défense des cultures en déclin est aussi la célébration de la richesse de notre monde. Il en va de notre responsabilité collective de veiller à ce que chaque culture, aussi petite ou éloignée qu'elle soit, puisse briller et prospérer dans la mosaïque culturelle de notre planète.

Suggestions d'exploitation

• Pour aller plus loin, vous pouvez proposer à vos apprenant(e)s d'aller à la rencontre de membres de groupes autochtones, en ligne ou en face à face, et de les interviewer. Les témoignages en personne peuvent fournir un aperçu précieux de la réalité de la préservation culturelle.

LEÇON 3 — De nouvelles valeurs sociétales (pages 54-57)

La dernière leçon de cette unité, la leçon 3, parlera des nouvelles valeurs sociétales.

Le monde actuel change rapidement. Que ce soit la technologie, nos modes de consommation ou les valeurs sociétales partagées, tout meut très vite.

Présentez brièvement les points de grammaire, de vocabulaire et d'interactions qui seront traités dans cette leçon 3, à savoir :
– grammaire : la cause et la conséquence
– vocabulaire : les mutations sociétales
– interactions : faire des recommandations

Ensuite, demandez aux apprenant(e)s s'ils/si elles peuvent parler d'une valeur sociétale qui a évolué au cours des dernières années ou décennies.

 Activité 1 (page 54)

Avant de commencer

Avant d'inviter vos apprenant(e)s de lire et de répondre aux questions, demandez-leur si elles ont déjà entendu parler du « congé paternité ». Si oui, comment ?

Réponses

1. D'après Hélène Périvier, le plus souvent, les congés maternité et paternité sont pris en même temps, alors qu'il faudrait que le père soit un moment seul avec l'enfant. Cela le pousserait à s'impliquer davantage dans l'éducation des enfants et renforcerait par conséquent l'égalité entre les hommes et les femmes.
2. Il faut assurer la prise en charge des enfants avant leur scolarisation, de leur naissance à leurs 3 ans, en repensant le parcours d'accueil des jeunes enfants.
3. Certains pères ne prennent pas leur congé paternité, car ils craignent que cela ait des répercussions négatives sur leur carrière. Bien entendu, les personnes en CDD (contrat à durée déterminée) sont plus sujettes à cette crainte. Pour éviter cela, Hélène Périvier propose de rendre obligatoire le congé paternité.

 Activité 2 (page 54)

Avant de commencer

Divisez la classe en petits groupes et attribuez à chaque groupe les trois questions suivantes :
a. Comment s'organisent les congés parentaux dans votre pays ?
b. Quelle est votre opinion sur les congés parentaux tels qu'ils sont actuellement ?
c. Comment devraient-ils être organisés selon vous ?

Donnez aux apprenant(e)s quelques minutes pour en discuter en groupe. Encouragez-les à noter les points clés de leur discussion. Ensuite, chaque groupe désigne un porte-parole pour présenter brièvement les points de vue de leur groupe à la classe. Ils peuvent s'appuyer sur leurs notes prises lors de la discussion de groupe.

Encourager les apprenant(e)s à réagir aux prises de parole de chaque groupe.

Proposition de réponse
Réponse libre

Suggestions d'exploitation

• Pour prolonger l'activité, vous pouvez organiser un débat formel en classe, durant lequel les apprenant(e)s prennent des positions spécifiques sur la question des congés parentaux et argumentent en leur faveur ou en leur défaveur.

 Activité 3 (page 54)

Avant de commencer

Faites lire par un(e) apprenant(e) les questions de l'activité ou donnez-leur un moment pour lire les questions.
Dites-leur que l'enregistrement audio sera joué 2 fois. Suggérez-leur de se concentrer sur la prise de notes lors de la première écoute.

Unité 3 • La politique et les valeurs sociétales

Réponses

1. Se préparer à accueillir une population plus âgée avec des budgets et des politiques.
2. C'est le traitement injuste qu'une personne sur la base de son âge.
3. Il y a de nombreuses expressions qui montrent ce qu'on attend à un âge donné. Exemple : « Tu ne fais pas ton âge » OU « Ce n'est pas de mon/son âge ».
4. Une personne d'EDF est venue et a dit qu'elle ne pouvait pas parler aux personnes de plus de 70 ans.
5. Il y a des impacts individuels sur l'estime de soi, sur la santé mentale. On va s'autolimiter, s'isoler. Il y a aussi des conséquences sur les finances publiques.
6. Parce que, pour différentes raisons, les personnes âgées sont en moins bonne santé et n'ont pas d'emploi salarié, n'ont pas assez de revenus.
7. Par des lois, par l'éducation et des échanges intergénérationnels.

Suggestions d'exploitation

- Une fois l'activité 3 terminée, lisez la transcription de l'audio avec les apprenant(e)s pour une compréhension fine du document. Expliquez-leur le lexique non compris. Réécoutez le document avec la transcription, puis une dernière fois sans transcription.

Activité 4 (page 54)

Avant de commencer

Avant de demander à vos apprenant(e)s de rédiger leur production écrite, faites un tour de table pour échanger les idées sur les questions posées dans la consigne de l'activité.

Proposition de réponse

En France, les personnes âgées occupent une place importante dans la société. En effet, plus de 33 % de la population a plus de 60 ans. Cependant, l'âgisme, c'est-à-dire la discrimination basée sur l'âge, est trop souvent présent. De nos jours, de trop nombreux stéréotypes négatifs visent les personnes âgées. Nombreux sont ceux qui considèrent que les séniors sont incompétents et inutiles, car ils ne maîtrisent pas les compétences technologiques élémentaires et que leur compréhension du monde moderne et de son fonctionnement est erronée. Pour remédier à cette situation, il est nécessaire d'agir. Tout d'abord, il est impératif de sensibiliser davantage la société au problème de l'âgisme. Cette sensibilisation doit être menée par le biais de campagnes médiatiques, des programmes d'éducation dans les écoles et des formations professionnelles.

De plus, les gouvernements et les entreprises doivent encourager l'emploi des travailleurs âgés en valorisant financièrement leur expérience et des compétences qu'ils ont acquises tout au long de leur carrière. Des incitations fiscales pour les entreprises qui embauchent des travailleurs âgés pourraient également être mises en place. En outre, le gouvernement doit également garantir des soins de santé et des services de soutien adéquats pour les personnes âgées. Cela garantirait le respect de ce qui devrait être un droit fondamental : la possibilité de vivre de manière autonome et active aussi longtemps que possible. De la même manière, les maisons de retraite doivent être améliorées pour assurer à nos aînés la qualité de vie qui leur est due.

Enfin, pour promouvoir la participation active des personnes âgées à la société. Les programmes intergénérationnels, les clubs de loisirs pour les seniors, et les initiatives qui encouragent les échanges intergénérationnels peuvent être mis en place, car ils valorisent les séniors et permettent de briser leur isolement.

En conclusion, pour lutter contre l'âgisme en France, il est impératif de mettre en place des campagnes de sensibilisation et de créer des dispositifs politiques d'insertion. Il en va de notre devoir à tous que les seniors soient respectés, valorisés et inclus dans tous les aspects de la société.

Activité 5 (page 55)

Avant de commencer

Demandez aux apprenant(e)s de lire le texte et de répondre aux questions de compréhension. Procédez ensuite à la correction de l'activité.

Réponses

1. Parce que selon Isabel Côté, le droit et les représentations sociales restent figés dans le temps alors que les familles sont en perpétuelle évolution. Un décalage se crée donc inévitablement.
2. Malgré son rôle et son importance dans la vie de l'enfant, si l'un des parents n'est pas reconnu légalement, alors il ne peut pas bénéficier des mêmes droits que les parents, reconnus par la loi. Il n'a pas de lien légal avec l'enfant et peut donc, par exemple, être séparé de lui.
3. Le terme soloparentalité s'emploie lorsqu'une seule personne fait le choix d'élever un ou des enfants seule. Il s'agit d'un projet parental planifié. La monoparentalité, au contraire, n'est pas choisie. Elle découle d'autres circonstances, comme la non-reconnaissance de l'enfant par l'un des parents ou encore le décès d'un des deux adultes.
4. Parce que d'après Isabel Côté, les familles ne sont pas construites comme ça depuis des millénaires. Le modèle de la famille nucléaire n'est pas ancien, son apogée a eu lieu au milieu du 20e siècle, en conséquence de l'industrialisation.
5. Des recherches montrent que le modèle familial n'a pas d'effet sur le développement de l'enfant. D'autres facteurs importent vraiment : des parents investis auprès des enfants, qui possèdent des habiletés parentales, qui peuvent collaborer entre eux et qui ont du soutien autour d'eux.

Activité 6 (page 55)

Avant de commencer

Afin de stimuler la prise de parole des apprenant(e)s, n'hésitez pas à les interroger sur les principaux modèles familiaux, de manière plus spécifique. Les voici :

– **La famille nucléaire** : C'est le modèle traditionnel comprenant les parents et leurs enfants. Bien qu'il évolue parfois en familles monoparentales et recomposées, il demeure très courant.
– **Les familles monoparentales** : Elles sont en augmentation en raison du divorce et des naissances hors mariage.
– **Les familles recomposées** : Elles résultent du mariage ou de l'union de deux personnes qui ont déjà des enfants d'un précédent mariage ou d'une précédente relation.
– **Les familles homoparentales** : Avec le mariage entre personnes de même sexe légalisé en 2013, ce modèle est de plus en plus fréquent, avec des couples de même sexe élevant des enfants.
– **Les familles élargies** : Ces familles regroupent généralement plusieurs générations sous le même toit.

Proposition de réponse
Voici, pour la deuxième partie, quelques arguments en faveur et défaveur de l'opinion de Isabel Côté :
– Les études montrent que le bien-être de l'enfant dépend plus de la qualité des relations familiales que du modèle en soi. Ainsi, les modèles non traditionnels peuvent offrir des environnements tout aussi propices au développement. En d'autres termes, la qualité des interactions familiales et le soutien émotionnel sont plus importants que le modèle familial.
– Les modèles familiaux contemporains remettent en question les rôles traditionnels des parents, ce qui peut être bénéfique pour briser les stéréotypes de genre et favoriser l'égalité.
– Il est communément pensé (mais non prouvé) que les familles nucléaires traditionnelles offrent un environnement stable et prévisible qui peut contribuer au bien-être de l'enfant.
– Les parents servent de modèles de rôle pour les enfants, influençant leur comportement et leurs valeurs.
– Les parents « traditionnels » peuvent offrir un soutien émotionnel équilibré, car de différente nature. Cela est essentiel pour le développement sain de l'enfant.

Suggestions d'exploitation
• Pour prolonger cette activité, vous pouvez proposer une production écrite autour du sujet suivant : « Pouvons-nous dire que le modèle familial nucléaire est dépassé ? ».

Grammaire (page 55)

Avant de commencer
Invitez vos apprenant(e)s à consulter l'encadré de grammaire « La cause et la conséquence ».
Vous pouvez également le lire ou le faire lire à haute voix en donnant des explications supplémentaires.

Réponses
1.
Connecteurs exprimant la cause : étant ; Le fait de ; puisqu'il ; étant donné que
Connecteurs exprimant la conséquence : découle ; ainsi

2.
a. Grâce au congé de paternité, les hommes ont la possibilité de partager du temps avec leur nouveau-né.
b. Étant donné que le modèle de la famille a changé, il est grand temps que la loi évolue.
c. Dans notre société, on peut quelquefois faire preuve d'âgisme si bien que les personnes âgées s'en sentent exclues.
d. Des politiques en faveur des familles monoparentales ont été mises en place. Ainsi, le gouvernement souhaite à enrayer la pauvreté chez ces familles.

Suggestions d'exploitation
• Pour aller plus loin sur ce point grammatical, consultez la banque de ressources où des exercices complémentaires sont proposés.

 ## Activité 7 (page 56)

Avant de commencer
Pour introduire ce sujet, demandez à vos apprenant(e)s d'expliquer ce qu'est l'euthanasie.
Demandez-leur si le sujet est très débattu dans leur pays. Ensuite, faites lire par un(e) apprenant(e) les questions de l'activité ou donnez-leur un moment pour lire les questions. Dites-leur que l'enregistrement audio sera joué 2 fois. Suggérez-leur de se concentrer sur la prise de notes lors de la première écoute.

Réponses
1. Sa mère est morte d'un cancer et son oncle a eu une fin de vie difficile.
2. De la souffrance durant la période « d'agonie » pour les personnes atteintes d'une maladie incurable. C'est encore un sujet tabou.
3. La sédation profonde et continue jusqu'au décès pour éviter l'acharnement thérapeutique.
4. Ils sont largement favorables à la légalisation de l'euthanasie.
5. Ils ont déposé plus de 3000 amendements pour bloquer le projet.

Suggestions d'exploitation
• Une fois l'activité 7 terminée, lisez la transcription de l'audio avec les apprenant(e)s pour faire une compréhension fine du document. Expliquez-leur le lexique non compris. Réécoutez le document avec la transcription, puis une dernière fois sans transcription.

 ## Activité 8 (page 56)

Avant de commencer
Suite à cette activité de production écrite, vous pouvez diviser les apprenant(e)s en deux groupes, l'un pour la légalisation de l'euthanasie et l'autre contre. Organisez un débat en classe où chaque groupe présente ses arguments de manière structurée.

Unité 3 • La politique et les valeurs sociétales

Proposition de réponse

Le débat sur la légalisation de l'euthanasie est un sujet sensible dans de nombreuses sociétés à travers le monde. Mon point de vue sur cette question délicate est nuancé, je suis en effet sensible aux arguments en faveur de l'euthanasie et je comprends les préoccupations qui l'entourent.

D'un côté, la légalisation de l'euthanasie peut être considérée comme un moyen de respecter l'autonomie des individus en phase terminale ou souffrant de douleurs insupportables. Elle pourrait leur offrir la possibilité de mettre fin à leur vie dans la dignité et d'éviter des souffrances inutiles. Toutefois, la mise en place de garanties strictes pour prévenir les abus et les pressions sociales est essentielle.

D'un autre côté, la légalisation de l'euthanasie soulève de nombreuses inquiétudes qui paraissent légitimes. En effet, les risques de dérives et d'abus sont réels et doivent être pris en compte. Pour cette raison, il est impératif de protéger les individus vulnérables et de veiller à ce que toute décision soit prise de manière éclairée et libre. Les constats faits dans les pays ayant légalisé l'euthanasie mettent tous en évidence la nécessité d'une réglementation fine.

En somme, plutôt que de prendre position catégoriquement pour ou contre la légalisation de l'euthanasie, je suis en faveur d'une approche équilibrée promouvant toutefois le respect de la volonté des patients de manière très encadrée afin d'éviter les abus. En d'autres termes, l'euthanasie doit rester une option exceptionnelle, strictement encadrée, avec des garanties et des contrôles pour éviter toute forme de dérive.

Suggestions d'exploitation

• Pour aller plus loin, faites visionner le film « Amour » de Michael Haneke en classe entière ou demandez à vos apprenant(e)s de le regarder chez eux. Engagez ensuite une discussion en classe sur le film. Voici quelques questions que vous pouvez leur poser : Comment ce film aborde-t-il le sujet de la fin de vie ? Que pensez-vous de Georges et du choix qu'il a pris vis-à-vis de sa femme ? Plus généralement, en quoi ce film peut-il être considéré comme engagé ?

Activité 9 (page 56)

Avant de commencer

Pour introduire ce sujet, dites à vos apprenant(e)s que cette activité parlera de l'écriture inclusive avec le pronom « iel ». Vous pouvez leur poser la question suivante : « Savez-vous ce qu'est l'écriture inclusive ? Pouvez-vous expliquer de quoi il s'agit ? » Ensuite, demandez-leur si le sujet de l'écriture inclusive est présent dans les médias de leur pays d'origine. Quand cette activité introductive est finie, faites lire par un(e) apprenant(e) les questions de l'activité ou donnez-leur un moment pour lire les questions.
Dites-leur que l'enregistrement audio sera joué 2 fois. Suggérez-leur de se concentrer sur la prise de notes lors de la première écoute.

Réponses

1. Le pronom « iel » est un pronom qui sert à désigner une personne, quel que soit son genre.
2. Qu'un certain nombre de personnes n'étaient pas représentées par les deux pronoms.
3. Parce que les deux mots ont dû se battre pour que le grand public y voie une utilité.
4. Ils voulaient répondre aux requêtes du public et l'informer d'un nouvel emploi.
5. Ils ne marquent ni le masculin ni le féminin.
6. Elle l'accorde avec le masculin parce que c'est le genre le plus neutre en français.

Suggestions d'exploitation

• Une fois l'activité 9 terminée, lisez la transcription de l'audio avec les apprenant(e)s pour une compréhension fine du document. Expliquez-leur le lexique non compris. Réécoutez le document avec la transcription, puis une dernière fois sans transcription.

• Vous pouvez faire visionner la vidéo suivante pour améliorer la compréhension du sujet sur l'écriture inclusive. Arrêtez fréquemment le document vidéo en demandant aux apprenant(e)s de résumer les dires de la personne. Corrigez les erreurs de compréhension des apprenant(e)s et apportez des explications supplémentaires.
Lien de la vidéo Brut, C'est quoi l'écriture inclusive ? : https://www.youtube.com/watch?v=clmOwRIVoaE&list=WL&index=15

• Pour aller plus loin, vous pouvez organiser un débat sur l'écriture inclusive. Pour cela, faites 2 groupes, un premier groupe avec ceux voulant garder la langue telle qu'elle est, et un deuxième qui, au contraire, défendra l'écriture inclusive. Donnez-leur suffisamment de temps (15-20 minutes) pour qu'ils/elles puissent préparer leurs arguments. Puis, commencez le débat.

Activité 10 (page 56)

Avant de commencer

Lisez avec vos apprenant(e)s la consigne de cette activité et le texte. N'hésitez pas à donner des expressions, notamment culturelles et sociétales, en relation avec les éléments présents dans le texte. Vous pouvez également interroger vos apprenant(e)s sur la question de l'énoncé. Ensuite, demandez-leur de rédiger leur production écrite.

Proposition de réponse

La récente décision du gouvernement belge de supprimer la référence au genre sur les cartes d'identité a suscité un débat important, alimenté par des considérations sur l'inclusion des personnes non binaires et la reconnaissance des droits fondamentaux. Cette mesure répond à une tendance de fond de nos sociétés de prise en compte de la diversité des identités de genre et elle nous interroge sur la manière dont elle devrait être prise en compte.
Pour commencer, la décision du gouvernement belge apparaît comme une avancée vers une société plus inclusive, respectant l'identité et les choix de chacun.
Le fait de reconnaître que le modèle binaire traditionnel met à l'écart de nombreux individus est un progrès.

La politique et les valeurs sociétales • Unité 3

Les personnes non binaires ont enfin une place. Elles ne sont plus obligées de choisir entre les catégories homme ou femme qui ne correspondent pas à leur identité. Toutefois, des voix s'élèvent et dénoncent cette prise en compte des différences comme étant excessives. Nombreux sont ceux qui s'inquiètent des conséquences pratiques, notamment en ce qui concerne les voyages ou les interactions administratives. La suppression du genre sur les cartes d'identité peut engendrer de nombreuses difficultés au quotidien.

En outre, la question de l'imposition du pronom « iel » est soulevée. Certains estiment que cela devrait être laissé au choix individuel et que l'imposer pourrait aller à l'encontre de la liberté d'expression. D'autres soutiennent que c'est une démarche nécessaire pour refléter une langue plus inclusive et respectueuse de la diversité des identités de genre.

Personnellement, ce sujet me semble extrêmement complexe. Je pense toutefois que la solution réside dans la recherche d'un équilibre entre inclusion et praticité. L'important est néanmoins de promouvoir un dialogue de tolérance afin de construire ensemble une société qui respecte la diversité des identités de genre.

Suggestions d'exploitation

• Invitez vos apprenant(e)s à mettre leur écrit sur un mur collaboratif dédié à la classe. Demandez-leur de lire les écrits mis par leurs camarades et de mettre un commentaire pour établir un échange. L'auteur de l'argumentation devra également réagir aux commentaires laissés par ses camarades.

Activité 11 (page 56)

Avant de commencer

Lisez avec vos apprenant(e)s la consigne de cette activité. Laissez-leur suffisamment de temps pour qu'ils/elles puissent se préparer (30 minutes minimum).

> **Proposition de réponse**
> – Les programmes éducatifs qui intègrent la diversité, l'égalité et la compréhension interculturelle sont essentiels. Cela peut inclure l'enseignement de l'histoire et de la culture de différentes communautés, la lutte contre le harcèlement et les discriminations à l'école, ainsi que la promotion de l'empathie et de la tolérance.
> – L'utilisation d'un langage non genré est un moyen de reconnaître les différentes identités de genre. Par exemple, l'utilisation du pronom neutre « iel » en français. Cela permet de créer un environnement linguistique plus respectueux et inclusif pour toutes les personnes.
> – Le fait de garantir l'accessibilité à tous, y compris les personnes en situation de handicap des espaces publics, des transports, des sites web, etc. Cela peut inclure des aménagements physiques, des sous-titres pour les médias, etc.
> – Des campagnes de sensibilisation sur des questions telles que le racisme, l'homophobie, la transphobie, et d'autres formes de discrimination peuvent contribuer à changer les attitudes et à promouvoir l'inclusivité.

Les médias, les ONG, et les institutions gouvernementales peuvent jouer un rôle clé dans la sensibilisation du public.

Suggestions d'exploitation

• Demandez aux apprenant(e)s de mener des recherches sur des exemples d'actions pour favoriser l'inclusivité dans des pays francophones ou ailleurs dans le monde. Ils/elles peuvent présenter leurs découvertes à la classe. Vous pouvez aussi demander aux apprenant(e)s de concevoir une campagne de sensibilisation pour promouvoir l'une des actions évoquées en classe. Ils/elles peuvent créer des affiches, des vidéos, ou des présentations pour sensibiliser leurs camarades à l'importance de cette action.

 ## Activité 12 (page 57)

Avant de commencer

Lisez ou faites lire le texte par un(e) apprenant(e). Quand vous le croyez nécessaire, arrêter la lecture pour donner des explications ou poser des questions à vos apprenant(e)s. Après la lecture du texte terminée, demandez-leur de répondre aux questions et procédez à la correction.

> **Réponses**
> 1. 20 %.
> 2. Les filles, car elles représentent les 3/4.
> 3. L'approche inclusive essaie d'adapter le type d'éducation aux caractéristiques de chaque enfant afin de le faire réussir au mieux.
> 4. Dans les pays en voie de développement.
> 5. Le genre, la pauvreté ou l'éloignement.

Suggestions d'exploitation

• Quand l'activité de compréhension est terminée, vous pouvez faire une tour de table en posant aux apprenant(e)s les questions suivantes :
– Dans votre pays, comment les enfants handicapés suivent-ils leur scolarité ? Est-ce qu'ils sont scolarisés dans des établissements spécialisés ou, au contraire, est-ce qu'ils suivent leurs cours dans les mêmes établissements que les personnes sans handicap avec une aide appropriée ?
– Est-ce que vous avez l'impression que suffisamment d'efforts sont fournis pour rendre l'école inclusive dans votre pays ? Qu'est-ce que le gouvernement de votre pays pourrait proposer pour y améliorer la situation existante ?

 ## Activité 13 (page 57)

Avant de commencer

Lisez la consigne de l'activité avec les apprenant(e)s. Demandez-leur de donner une définition pour chaque mot de la liste de vocabulaire de l'énoncé.

> **Réponses**
> Le XXIe siècle connaît, lui aussi, ses révolutions.
> Les familles monoparentales, autrefois montrées du doigt, ne le sont plus.
> Le congé de paternité, autrefois moqué, est maintenant un droit acquis pour les hommes.
> Les minorités, comme les transgenres, sont beaucoup moins stigmatisées.

Cependant, des injustices assombrissent ces avancées. Des femmes sont encore victimes de féminicides. De plus, l'âgisme frappe encore nos aînés.

Suggestions d'exploitation

• Demandez à vos apprenant(e)s de rédiger un paragraphe avec les mots de vocabulaire proposés dans cette activité. Suggérez qu'ils/elles peuvent s'inspirer du texte de l'activité pour réaliser leur production.
• Pour aller plus loin sur ce point lexical, consultez la banque de ressources où des exercices complémentaires sont proposés.

Activité 14 (page 57)

Avant de commencer

Pour introduire ce sujet, demandez à vos apprenant(e)s, s'ils/si elles connaissent des méthodes d'enseignement. Si oui, d'en donner les caractéristiques. Demandez-leur quelle méthode est dominante dans leur pays et pourquoi (caractéristique culturelle, influence d'un pays ou d'une personnalité ?).
Ensuite, faites lire par un(e) apprenant(e) les questions de l'activité ou donnez-leur un moment pour lire les questions. Dites-leur que l'enregistrement audio sera joué 2 fois. Suggérez-leur de se concentrer sur la prise de notes lors de la première écoute.

Réponses

1. La fin de la Première Guerre mondiale.
2. Il ne cherche qu'à former des citoyens obéissants.
3. Il a réuni les différentes approches sous la bannière générale et l'appellation d'« éducation nouvelle ».
4. L'introduction de la mixité garçons-filles.
5. Cette période est contemporaine à l'émergence du cinéma.
6. Pour souligner le chaos de la Deuxième Guerre mondiale.

Suggestions d'exploitation

• Une fois l'activité 14 terminée, lisez la transcription de l'audio avec les apprenant(e)s pour une compréhension fine du document. Expliquez-leur le lexique non compris. Réécoutez le document avec la transcription, puis une dernière fois sans transcription.

Activité 15 (page 57)

Proposition de réponse

Depuis quelques décennies, les nouvelles méthodes d'apprentissage ont fortement gagné en popularité. L'accès aux technologies de l'information et de la communication a en effet radicalement transformé la manière dont nous pouvons enseigner et apprendre. Je crois que ces changements sont très intéressants, mais nous ne devons pas pour autant faire une croix sur certaines méthodes traditionnelles et oublier l'essence même de l'enseignement.
Les nouvelles méthodes d'enseignement, notamment l'apprentissage en ligne et les ressources numériques, offrent des avantages indéniables. Les MOOC, par exemple, permettent un accès à l'éducation à n'importe qui, n'importe où, sans condition de richesse. Ils démocratisent ainsi le savoir et s'adaptent aux besoins individuels des apprenant(e)s. Cependant, ces nouveaux moyens ne devraient pas être considérés comme une panacée.
Il est essentiel de reconnaître que l'enseignement traditionnel a lui aussi de précieux avantages.
L'interaction en face à face, les débats en classe et le développement de compétences sociales sont des aspects cruciaux de l'éducation. Les enseignants demeurent une source irremplaçable d'inspiration, de mentorat et d'accompagnement.
L'avenir de l'enseignement doit donc reposer sur un équilibre entre les méthodes traditionnelles et les innovations technologiques. Les enseignants devraient être encouragés à utiliser avec discernement les nouvelles technologies comme des outils complémentaires tout en conservant la richesse de l'interaction humaine en classe.

Suggestions d'exploitation

• À la suite de l'activité de production écrite, organisez un débat en classe sur l'impact des nouvelles méthodes d'enseignement. Divisez les apprenant(e)s en deux groupes, l'un défendant l'enseignement traditionnel et l'autre plaidant en faveur des nouvelles méthodes. Encouragez-les à utiliser des arguments solides pour étayer leurs points de vue.

PROJET — Présentez votre programme présidentiel à travers un spot vidéo. (page 58)

Avant de commencer

Lisez l'introduction du projet « Présentez votre programme présidentiel à travers un spot vidéo. ». Ajoutez des explications si vous le souhaitez.
Ensuite, lisez chaque étape, l'une après l'autre, en vous assurant de la bonne compréhension des apprenant(e)s.
Vous pouvez illustrer le projet demandé en faisant visionner une vidéo de campagne d'un candidat à la présidentielle.

Suggestions d'exploitation

• Pendant l'élaboration du projet, ayez une présence active en classe. Passez dans les rangs et veillez à ce que les apprenant(e)s respectent les consignes du projet. Répondez aux interrogations si besoin.
• N'hésitez pas à donner une récompense au groupe ayant reçu le plus de votes. Préparez de petits lots de consolation pour les autres. Il y aura un grand gagnant, mais aucun perdant.

ENTRAÎNEMENT AU DALF C1 (pages 59-62)

Compréhension de l'oral (pages 59-60)

• PREMIÈRE PARTIE

1. En Europe, les sécheresses, la canicule, mais aussi les épisodes d'orages violents. Au Pakistan, d'énormes inondations.
2. a.
3. c.
4. Elle est trop énergivore et coûteuse.
5. Elle tente de densifier les villes, d'éviter l'étalement urbain et améliore les transports, plus respectueux pour l'environnement.
6. Le but premier est de protéger les personnes alors que le modèle actuel détruit la planète.
7. b.
8. Parce qu'elles profitent uniquement aux plus riches.
9. C'est le pays de Le Corbusier, des Bunkers, de grands cimentiers et les gens pense que le ciment offre un gage de solidité.
10. Parce qu'il est un signe de richesse, il est simple à travailler, très disponible.

• DEUXIÈME PARTIE

DOCUMENT 1

1. a. Parce qu'ils sont déconnectés de tout cadre scientifique.
2. a. Il a pensé que cette critique manquait de sérieux
3. b. Il pense que c'est une approche injuste et superficielle.

DOCUMENT 2

1. b. Les libertés aux dépens de l'égalité.
2. c. C'est une société offrant liberté et équité.
3. a. Sur le fait que les citoyens choisissent les bases de justice sans connaître leur place dans la société.
4. b. Parce que les individus sont généralement égoïstes.

Compréhension de l'écrit (pages 61-62)

1. b. Consommer moins, mais mieux.
2. Vrai. Justification : Les mouvements de consommateurs, tels que ceux qui consomment de manière responsable participent réellement à transformer les normes et valeurs des entreprises et du système économique en général grâce au boycott et aux manifestations.
3. Pour répondre aux attentes des consommateurs, les entreprises doivent s'adapter et mettre en place des stratégies de responsabilité sociale des entreprises (RSE). Cependant, ces transformations ne sont souvent que superficielles. Dans de nombreux cas, il s'agit de mesures symboliques destinées à rassurer les clients sans réellement modifier les structures de l'entreprise. Le système capitaliste contemporain démontre ainsi sa capacité à se reconstruire sans apporter de modifications profondes, tout en intégrant les critiques qui lui sont adressées. Les entreprises neutralisent les forces de contestation en adoptant une apparence de vertu, principalement grâce à des stratégies de communication bien élaborées.
4. Faux. Justification : Bien que certaines entreprises du secteur pétrolier aient maintenu leurs performances financières malgré les opérations de «Name and Shame», l'intensification des actions des militants environnementaux commence doucement à porter ses fruits, les forçant à se positionner sur des sujets comme l'écologie ou le climat.
5. b. Il neutralise les forces de contestation en se donnant des apparences de vertu, souvent grâce à des stratégies de communication bien huilées.
6. La consommation responsable doit être soutenue par des relais dans les entreprises et au niveau politique pour que les changements initiés par les consommateurs aient un impact durable sur les normes politiques et économiques. Les transformations marginales mises en place par les entreprises peuvent être institutionnalisées par des réglementations, de nouvelles valeurs, labels, lois de protection des marchés, aides financières, normes de qualité, etc.
7. b. Ils jouent un rôle important dans les rapports de force entre les directions et les employés, ainsi que dans la remise en question des normes et valeurs des entreprises.
8. Les « radicaux tempérés » sont des militants internes à l'entreprise, qui ont des convictions radicales, mais des modes d'action tempérés. Ils remettent en question les stratégies d'entreprise et contribuent à changer le système de l'intérieur.
9. Faux. Justification : Les consommateurs responsables, même les plus marginaux, participent in fine à la création de nouveaux marchés et de nouvelles formes d'organisations sociales plus respectueuses du bien-être humain et de l'environnement.
10. Les mouvements décroissants appellent à un mode de vie plus sobre, plus simple et à une consommation en accord avec les limites planétaires et les ressources disponibles.
11. Le triangle de l'inaction est une situation où chacun reste passif face aux enjeux socio-écologiques. Pour en sortir, il faut que chacun s'engage, à son échelle, à pousser ces enjeux à l'intérieur et à l'extérieur des entreprises, et dans l'ensemble de l'espace public.

UNITÉ 4 — L'ENVIRONNEMENT

Présentation et objectifs de l'unité

Le thème de l'environnement occupera une place centrale dans cette unité 4. Dans un contexte tendu où la population mondiale et les besoins en ressources augmentent, nous faisons face à une crise environnementale sans précédent.

La première leçon de cette unité se penchera sur les conséquences de l'activité humaine sur l'environnement, que ce soit sur la planète, avec la faune et la flore, ou dans l'espace. La seconde leçon explorera les efforts entrepris par l'humanité pour faire face au changement climatique. Cela inclura des mesures prises en milieu urbain pour réduire la consommation d'énergie, ainsi que des stratégies adaptatives dans les régions rurales, afin de cultiver dans des environnements de plus en plus arides et chauds.

La troisième et dernière leçon se penchera sur notre prise de conscience de la crise environnementale. Cette prise de conscience, bien qu'accompagnée d'une anxiété notable connue sous le nom «éco-anxiété», peut également être considérée comme une opportunité bénéfique pour notre planète. Elle nous incite à réfléchir à la manière de réduire notre impact sur le monde dans lequel nous évoluons. Parmi les solutions envisagées, la sobriété sera discutée.

Présentation des contenus

Je découvre...
> **des types de documents :** des vidéos authentiques, des reportages et témoignages audio, des articles authentiques et une infographie
> **des types d'interactions :** décrire un phénomène naturel et/ou une catastrophe écologique ; dénoncer un abus/alerter, synthétiser des informations et des arguments de sources diverses ; présenter un sujet polémique, se positionner pour un mode de consommation alternatif ; rapporter les résultats d'une enquête scientifique
> **des points de grammaire :** l'accord des verbes avec des noms collectifs, l'antériorité, la simultanéité, la postériorité, la concordance des temps
> **du vocabulaire :** le déclin environnemental, les solutions environnementales, la conscience environnementale
> **un projet :** agir pour l'environnement

Page d'ouverture (page 63)

Annoncez les objectifs de l'unité 4 et introduisez brièvement les différentes thématiques qui y sont présentes, à savoir : « Vers une Terre invivable », « Agir pour l'environnement », et enfin « L'éveil des consciences ».

Dans un deuxième temps, invitez les apprenant(e)s à observer la photo d'ouverture et demandez-leur ce qu'elle leur évoque.

Ensuite, lisez ou faites lire par un(e) apprenant(e) le premier encadré intitulé « Léa est bien consciente. ».

Continuez en leur posant les questions de l'encadré à droite : « Et vous ? Êtes-vous pessimiste quant à l'avenir de la planète et donc, de l'espèce humaine ? Pensez-vous que les gouvernements prennent les bonnes décisions afin de minimiser la crise environnementale ? ».

Vous pouvez également faire de petits groupes pour que les apprenant(e)s échangent entre eux/elles sur ces questions avant de faire une mise en commun.

Une fois cette activité terminée, vous pouvez passer à la deuxième partie de l'activité de la page d'ouverture : visionner la vidéo qui s'intitule « Une espèce à part ». Demandez aux apprenant(e)s de prendre le maximum de notes sur le contenu de la vidéo, puis faites visionner la vidéo. Si besoin, jouez-la deux fois.

Demandez aux apprenant(e)s de restituer ce qu'ils ont compris. Vous pouvez également leur poser les questions suivantes : 1. « Même avec l'industrialisation de l'agriculture, qu'est-ce qui est essentiel pour son bon fonctionnement ? », 2. « Comment s'appelle la relation d'échanges entre les insectes ? », 3. « Qu'est-ce qui peut rendre vulnérable l'Homme dans sa survie ? »

Réponses :
1. Les insectes comme, par exemple, les pollinisateurs.
2. L'interaction.
3. Le mauvais état de son environnement.

LEÇON 1 — Attention, la Terre ! (pages 64-67)

Avant de commencer

La leçon 1 décrit les changements environnementaux liés à l'activité humaine. À travers de nombreux documents (articles, audio et vidéos), cette première leçon dépint une Terre qui souffre, mais qui laisse entrevoir une pointe d'espoir par la formidable capacité d'adaptation de sa faune et de sa flore.

Présentez brièvement les points de grammaire, de vocabulaire et d'interactions qui seront traités dans cette leçon 1, à savoir :
– grammaire : l'accord des verbes avec des noms collectifs
– vocabulaire : le déclin environnemental
– interactions : décrire un phénomène naturel et/ou une catastrophe écologique, dénoncer un abus/alerter

Invitez vos apprenant(e)s à s'interroger sur le titre de la leçon « Attention, la Terre ! ».

Demandez-leur leur opinion concernant l'avenir de la planète bleue. Sont-ils/elles plutôt optimistes ou pessimistes ? Demandez-leur de justifier leur réponse.

 Activité 1 (page 64)

Avant de commencer

Dans un premier temps, demandez à vos apprenant(e)s de regarder et lire les informations de l'infographie.
Posez-leur ensuite les questions de l'activité.

Réponses
1. Les vidéos en ligne représentent 60 % du flux mondial de données.
2. L'envoi d'un e-mail de 1 Mo est comparé à la consommation d'une ampoule de 25 watts, allumée pendant 1 heure.
3. Les minéraux rares sont appelés « minerais du sang », car ils ont un fort impact sur la santé des êtres humains qui travaillent à leur extraction dans des conditions souvent difficiles.

Suggestions d'exploitation

• Pour aller plus loin, invitez vos apprenant(e)s à choisir une une cause majeure de pollution (déchets plastiques, transports, etc.). Demandez-leur de faire des recherches et de réaliser un document d'information sur le même modèle que celui de l'activité.

 Activité 2 (page 64)

Avant de commencer

Lisez ou faites lire le texte par un(e) apprenant(e). Au cours de la lecture, n'hésitez pas à donner des explications ou à poser des questions à vos apprenant(e)s pour stimuler la concentration.

Réponses
1. L'auteur qualifie la pollution numérique de contre-intuitive, car celle-ci est invisible aux sens. Nous avons également tendance à penser que seul le matériel pollue. Les usages numériques étant immatériels, nous avons moins conscience de la pollution qu'ils engendrent. De plus, les appareils numériques et notamment les téléphones ont une ergonomie et un esthétisme qui nous font oublier leur complexité et donc la pollution qu'ils génèrent. Pour finir, la plupart de nos usages numériques paraissent anodins. Leur banalité nous empêche de réaliser la pollution qu'ils génèrent.
2. Les deux vecteurs de pollution de l'industrie du numérique sont la pollution matérielle engendrée par l'extraction, le transport et la transformation des matières premières, en particulier des métaux rares qui servent à fabriquer ordinateurs et téléphones ; et la pollution

Unité 4 • L'environnement

générée par l'action numérique elle-même, qui nécessite de l'électricité.
3. D'après le texte, pour aller vers un internet responsable, il faut allonger la durée de vie des produits et modifier nos modes de consommation, notamment au niveau individuel en utilisant par exemple le Wi-fi plutôt que les données mobiles.

Suggestions d'exploitation

• Pour aller plus loin, demandez à vos apprenant(e)s de réaliser une production écrite sur le sujet suivant :
« Conscient de l'impact important de l'activité numérique sur notre planète, écrivez une lettre ouverte qui sera affichée dans les locaux de votre entreprise afin de sensibiliser à ce sujet et promouvoir les gestes environnementaux concernant l'utilisation du numérique au travail. (400 mots environ) ».

Activité 3 (page 65)

Avant de commencer

Pour introduire cette activité de compréhension de l'oral, demandez à vos apprenant(e)s de définir ce qu'est la fast-fashion et en quoi elle peut être considérée comme délétère.

Ensuite, demandez-leur de lire les questions de compréhension. Dites-leur que l'enregistrement sera joué 2 fois. Suggérez-leur de se concentrer sur la prise de notes lors de la première écoute.

Réponses

1. Au nord de l'Europe, la Norvège et la Suède prennent en considération les problèmes environnementaux liés à l'industrie de la mode.
2. Acheter un vêtement est perçu comme un petit plaisir facilement réalisable, car peu onéreux.
3. La *fast-fashion* désigne l'offre devenue très importante de vêtements avec notamment un nombre de références de plus en plus large et des collections de plus en plus nombreuses afin d'inciter les consommateurs à acheter en permanence des vêtements qui sont faits pour peu durer et être changés régulièrement.
4. L'industrie de la mode a un impact social (conditions précaires de travail) et un impact écologique (création d'un grand nombre de déchets en raison de la durée de vie limitée des produits et ainsi que consommation d'énergie et pollution inhérentes à la production et la distribution).
5. Le modèle économique de la Fast Fashion se base sur l'incitation des consommateurs. Tout est fait pour pousser à la consommation alors qu'il est également sans cesse demandé aux consommateurs d'être responsable, de consommer raisonnablement. Le contrat tacite dont parle l'invité est le suivant : en achetant des vêtements à des prix très bas, les consommateurs sont conscients de la durée de vie très courte des produits qu'ils achètent.

Suggestions d'exploitation

• Une fois l'activité 3 terminée, lisez la transcription de l'audio avec les apprenant(e)s pour une compréhension fine du document. Expliquez-leur le lexique non compris. Réécoutez le document avec la transcription, puis une dernière fois sans transcription.

Activité 4 (page 65)

Proposition de réponse

Chers concitoyens,
C'est avec un sentiment profond de révolte que je prends ma plume aujourd'hui. Ma colère ne cesse en effet de grandir face aux ravages de la fast-fashion sur notre environnement. Il est grand temps que nous prenions conscience de l'impact dévastateur de nos achats de vêtements bon marché au rythme insensé d'une mode capricieuse.
La fast-fashion, ce monstre vorace, dévore les ressources naturelles de notre planète à un rythme effrayant. Les forêts sont rasées pour faire place aux plantations de coton, les rivières empoisonnées par les produits chimiques utilisés dans le processus de teinture. Les déchets textiles s'accumulent dans d'immenses décharges et nos océans étouffent sous le poids des microfibres synthétiques. Toutes ces atrocités sont commises pour satisfaire notre soif insatiable de nouveautés à bas prix. Ouvrons les yeux ! Cette folie est bien plus qu'un atroce crime contre la nature. La fast-fashion repose sur l'exploitation impitoyable de travailleurs dans des conditions inhumaines. Des salaires misérables, des heures de travail interminables, des usines insalubres, voilà le revers de la médaille de nos achats à bas prix. Ces ouvriers, souvent invisibles, sont les véritables victimes de cette industrie sans scrupules.
Il est temps de remettre en question nos habitudes de consommation. Nous devons réfléchir à la véritable valeur des vêtements que nous achetons. Privilégions la qualité à la quantité, soutenons les marques engagées dans des pratiques éthiques et optons pour des vêtements durables. Il est de notre responsabilité en tant que consommateur responsable de freiner cette ineptie tyrannique et destructrice.
La révolte que je ressens se mue en un appel à l'action. Mettons-nous debout ! Ensemble, nous pouvons faire la différence. Nous pouvons demander des comptes aux entreprises de fast-fashion, exiger des normes éthiques et environnementales plus strictes. Nous pouvons choisir la durabilité plutôt que la superficialité, l'éthique plutôt que l'indifférence.
Ne soyons pas les complices silencieux de cette catastrophe en cours. Élevons la voix, agissons, et changeons notre rapport à la mode. Il est temps que tout cela s'arrête, pour le bien de notre planète et de l'humanité.

Suggestions d'exploitation

• En prolongement de cette activité de production orale, vous pouvez demander aux apprenant(e)s de choisir une marque de fast-fashion et de réaliser une analyse de ses pratiques commerciales, environnementales et sociales. Ils/elles pourront ensuite présenter leurs résultats en classe.
• Pour aller plus loin, demandez aux apprenant(e)s de rechercher des alternatives durables. Ils/elles pourront ensuite créer des présentations ou des affiches pour mettre en avant ces alternatives.

L'environnement • Unité 4

Activité 5 (page 65)

Avant de commencer

Lisez ou faites lire le texte par un(e) apprenant(e). Au cours de la lecture, n'hésitez pas à intervenir pour donner des explications sur le lexique ou certaines phrases, ou encore pour poser des questions à vos apprenant(e)s.

> **Réponses**
> 1. Le premier engin spatial a été lancé en 1957.
> 2. Il y a environ 2 800 objets et engins spatiaux fonctionnels.
> 3. Il s'agit de débris spatiaux, c'est-à-dire des engins et objets spatiaux qui ne sont plus utilisés. Ce sont des fragments liés à des explosions, collisions ou événements anormaux entraînant la fragmentation des satellites ou des fusées.
> 4. Les débris, même très petits, peuvent gravement endommager ou désactiver un vaisseau spatial opérationnel. De plus, chaque collision avec un débris peut créer de nombreux autres débris, qui vont à leur tour présenter des risques de collision.
> 5. L'agence spatiale européenne travaille sur des missions d'enlèvement qui captureront les débris spatiaux pour les envoyer brûler dans l'atmosphère terrestre ou les mettre sur des orbites où ils ne représentent pas de risque.

Activité 6 (page 65)

Avant de commencer

Demandez aux binômes de mener une brève recherche pour comprendre les causes et les conséquences de la pollution orbitale. Cette étape les aidera à formuler des propositions. Invitez ensuite les binômes à élaborer des propositions pour résoudre ce problème. Chaque proposition devrait être accompagnée d'arguments solides pour la soutenir. Chaque binôme présentera ses propositions à la classe. Encouragez les autres apprenant(e)s à réagir à la prise de parole de leurs camarades.

> **Proposition de réponse**
> 1. Limiter les lancements spatiaux : moins de lancements signifient moins de débris potentiels. Cela favorise la durabilité de l'orbite terrestre.
> 2. Nettoyage des débris spatiaux : le nettoyage actif des débris réduit les risques de collisions et aussi la génération de nouveaux débris.
> 3. Réglementation internationale renforcée : des réglementations plus strictes encourageront la responsabilité des acteurs spatiaux.
> 4. Utilisation de matériaux biodégradables : encourager la recherche sur le développement de matériaux biodégradables pour les satellites et les lanceurs. Ces matériaux réduiront en effet le risque de pollution orbitale à long terme.
> 5. Surveillance et suivi renforcés : cela permettra de mieux gérer les débris existants et de prévenir les collisions.

Suggestions d'exploitation

- Suite à ces échanges, demandez à vos apprenant(e)s de rédiger une synthèse des discussions d'environ 250 mots.

Grammaire (page 66)

Avant de commencer

Invitez vos apprenant(e)s à consulter l'encadré de grammaire « L'accord des verbes avec des noms collectifs ». Vous pouvez également le lire ou le faire lire à haute voix en donnant des explications supplémentaires.

> **Réponses**
> a. La plupart des outils numériques sont énergivores.
> b. Une majorité de pays est entrée dans l'ère de la fast-fashion.
> c. Un grand nombre de satellites sont présents dans le ciel.
> d. L'ensemble de nos e-mails envoyés génère une pollution considérable.

Suggestions d'exploitation

- Pour aller plus loin sur ce point grammatical, consultez la banque de ressources où des exercices complémentaires sont proposés.

Activité 7 (page 66)

Avant de commencer

Commencez en lisant uniquement le titre de cette activité « L'hiver en voie d'extinction ». Posez-leur la question : « Généralement, à quoi pensons-nous quand on utilise l'expression « en voie d'extinction » ? Continuez en leur demandant pourquoi on peut dire que l'hiver est en voie d'extinction. Ensuite, demandez-leur de lire les questions de compréhension. Dites-leur que l'enregistrement sera joué 2 fois. Suggérez-leur de se concentrer sur la prise de notes lors de la première écoute.

> **Réponses**
> 1. Ces 25 dernières années ont regroupé la totalité des hivers les plus doux en France depuis 1900.
> 2. En 1956. Il a fait -15 degrés à Paris.
> 3. Des études ont montré que notre mémoire climato-météorologique n'allait pas plus loin que les trois à sept dernières années. En d'autres mots, nos standards se fondent sur nos hivers récents et nous oublions en quelque sorte les hivers plus anciens. Notre perception de l'hiver change.
> 4. Les derniers hivers ne connaissent pas de vagues de froid. Seulement des pics de froid. Les hivers actuels sont caractérisés par une relative douceur par rapport à ce qu'ils étaient auparavant.
> 5. Car naguère, le froid de l'hiver était craint alors qu'à présent c'est l'été et ses canicules, ses chaleurs écrasantes, handicapantes, que l'on attend avec crainte et que l'on vit avec peine.
> 6. Le climatologue Matthieu Sorel pense en effet que l'hiver tel qu'on le connaissait disparaîtra à court ou moyen terme.

Suggestions d'exploitation

- Une fois l'activité 8 terminée, lisez la transcription de l'audio avec les apprenant(e)s pour une compréhension fine du document. Expliquez-leur le lexique non compris. Réécoutez le document avec la transcription, puis une dernière fois sans transcription.

Activité 8 (page 66)

Avant de commencer

Lisez la consigne de l'activité avec les apprenant(e)s. Demandez-leur de donner une définition pour chaque mot de la liste de vocabulaire de l'énoncé.

Réponses

La Terre souffre. L'acidification des océans et l'augmentation des canicules en sont la preuve.
Le déclin des espèces en est une autre. Dans certains cas, on peut même parler d'effondrement tant la baisse est importante. D'autres n'ont tout simplement pas pu éviter l'extinction.
Il est grand temps de tirer la sonnette d'alarme et de changer nos comportements. Par exemple, réduire l'utilisation d'Internet qui génère beaucoup de pollution numérique et en finir avec la fast-fashion qui crée également une énorme pollution.

Suggestions d'exploitation

• Demandez à vos apprenant(e)s de rédiger un paragraphe avec les mots de vocabulaire proposés dans cette activité. Suggérez-leur de s'inspirer du texte de l'activité pour réaliser leur production.
• Pour aller plus loin sur ce point lexical, consultez la banque de ressources où des exercices complémentaires sont proposés.

Activité 9 (page 66)

Avant de commencer

Pour commencer, demandez aux apprenant(e)s de mener des recherches pour recueillir des informations sur l'évolution climatique qu'a connu leur pays. Ils/elles peuvent utiliser des ressources en ligne, des rapports gouvernementaux ou des données météorologiques historiques.
Invitez ensuite les apprenant(e)s à partager leurs découvertes sur la manière dont le climat de leur pays a évolué. Encouragez les apprenant(e)s à discuter des causes possibles de ces changements climatiques, y compris les activités humaines et les phénomènes naturels. Demandez-leur également de réfléchir aux conséquences de ces changements dans leur pays, notamment sur la météo, l'environnement, l'agriculture, etc.

Suggestions d'exploitation

• Concluez cette activité en demandant aux apprenant(e)s d'exprimer leurs préoccupations, leurs espoirs ou leurs idées pour atténuer les effets du changement climatique.

Activité 10 (page 67)

Avant de commencer

Lisez ou faites lire le texte par un(e) apprenant(e). Au cours de la lecture, n'hésitez pas à intervenir pour donner des explications sur le lexique ou certaines phrases, ou encore pour poser des questions à vos apprenant(e)s.

Réponses

1. C'est dû à la perte de leurs habitats, la pollution de l'air et les produits chimiques.
2. Elles deviennent à leur tour de plus en plus rares.
3. Des effets positifs sur sa santé mentale.

Suggestions d'exploitation

• Demandez à vos apprenant(e)s de revoir le vocabulaire du texte et de préparer un petit jeu-questionnaire avec une application de type Kahoot ou Plickers sur le lexique du texte. Voici une liste de mots issus du texte que vous pouvez utiliser : la prairie, décimer, aviaire, la faune, le moineau, anéantir, éradiquer, intrinsèquement, la pérennité, la dispersion, nuisible.

Activité 11 (page 67)

Avant de commencer

Demandez aux apprenant(e)s de choisir une espèce animale en voie de disparition. Ils/elles peuvent effectuer des recherches préliminaires pour trouver des exemples pertinents. Les apprenant(e)s devront ensuite mener des recherches pour identifier les raisons de la diminution de la population de l'espèce choisie. Il faudra également qu'ils/elles explorent les conséquences de cette diminution sur l'écosystème.
Finalement, invitez les apprenant(e)s à présenter leurs conclusions en classe.

Proposition de réponse
Le tigre de Sibérie
Raisons de la diminution de la population :
– La chasse illégale pour la vente de peaux, d'os et d'autres parties du corps.
– La perte d'habitat due à la déforestation et à l'expansion des activités humaines.
– Les conflits avec les populations locales en raison de la prédation du bétail.

Conséquences sur l'écosystème :
– La diminution de la population de tigres a un impact sur les populations de proies, ce qui peut entraîner une surpopulation de certaines espèces.
– Les tigres jouent un rôle clé dans le maintien de l'équilibre des écosystèmes en contrôlant les populations de ses proies (cervidés et autres herbivores). La non-prédation de ces espèces a elle aussi des répercussions sur toute la chaîne alimentaire, y compris la flore.

Suggestions d'exploitation

• À la suite des présentations, inviter les apprenant(e)s à discuter des similitudes et des différences entre les espèces présentées. Demandez-leur quelles leçons peut-on tirer de ces exemples pour la préservation de la biodiversité.

Activité 12 (page 67)

Avant de commencer

Donnez une petite minute à vos apprenant(e)s pour lire les questions ou lisez les questions.

Dites-leur que l'enregistrement sonore sera joué 2 fois. Suggérez-leur de prendre le maximum de notes pendant la première écoute de l'enregistrement.

Réponses
1. Ils cherchent des températures propices à leur vie.
2. Il peut réguler sa température, donc mieux s'adapter, aussi, il est protégé.
3. Elles ne craignent pas l'acidification des océans, elles peuvent digérer les plastiques et aiment les températures chaudes.
4. Parce que ça leur permet de mieux vivre dans un environnement qui contient moins d'oxygène.
5. Ils voient leurs poissons fuir certaines zones de pêche.
6. Les océans ont été peu considérés, ont été mis au second plan.

Suggestions d'exploitation
• Une fois l'activité 13 terminée, lisez la transcription de l'audio avec les apprenant(e)s pour une compréhension fine du document. Expliquez-leur le lexique non compris. Réécoutez le document avec la transcription, puis une dernière fois sans transcription.
• Demandez à vos apprenant(e)s s'ils/si elles connaissent des espèces qui s'adaptent soit au changement climatique soit au changement de leur environnement à cause notamment de l'urbanisation.

 Activité 13 (page 67)

Avant de commencer

Lisez la consigne de l'activité avec les apprenant(e)s. Suggérez-leur de remettre à profit le contenu de l'activité de compréhension orale écoutée précédemment et les échanges qui ont eu lieu après cette écoute dans leur production écrite tout en ajoutant des idées personnelles.

Proposition de réponse
Comment la faune et la flore s'adaptent au changement climatique
Le changement climatique est indéniablement l'un des plus grands défis auxquels notre planète est confrontée, et il est facile de succomber au pessimisme face à ses conséquences dévastatrices. Un espoir subsiste toutefois. Partout dans le monde, les incroyables capacités d'adaptation de la faune et de la flore sont observées. Dans cet article, nous allons découvrir à travers quelques exemples les stratégies de la nature pour s'adapter au changement climatique.
La migration animale est l'un des exemples les plus frappants de cette adaptation. Nombreuses sont les espèces qui migrent vers des altitudes plus élevées ou de nouvelles latitudes différentes pour échapper à la hausse des températures. Les oiseaux, en particulier, ajustent leurs itinéraires migratoires en réponse aux changements de température, démontrant une flexibilité étonnante.
De même, les plantes développent des stratégies pour s'adapter aux conditions climatiques changeantes. C'est le cas des arbres. Il a été observé que ces derniers colonisent de plus les sommets de nos montagnes. De nouvelles forêts, capables de stocker du carbone, contribuant à la lutte contre le réchauffement, naissent dans des espaces septentrionaux qui étaient auparavant presque désertiques.
Les océans semblent aussi s'adapter aux nouvelles conditions climatiques. Les coraux, bien que menacés, montrent une certaine résilience. Certaines espèces de coraux sont capables de s'adapter aux eaux plus chaudes en établissant des symbioses avec des micro-organismes résistants à la chaleur.
L'adaptation de la faune et de la flore est un message d'espoir. Cela ne suffit cependant pas. Le changement climatique est beaucoup plus rapide que les capacités d'adaptation de la faune et de la flore. Nous devons donc soutenir la nature en luttant pour notre part contre les causes des bouleversements que nous vivons. La réduction des émissions de gaz à effet de serre, la préservation des habitats naturels et la restauration de nos écosystèmes sont essentielles pour rendre possibles ces processus naturels d'adaptation.

LEÇON 2 — Pour vivre sur Terre... (pages 68-71)

Avant de commencer

La leçon 2 se veut plus positive que la première : l'être humain prend son avenir en main pour sauver sa planète et respecter ceux qu'elle héberge : la faune et la flore. Divers documents écrits, sonores et vidéographiques montreront l'ingéniosité de l'être humain à relever des défis de toutes sortes : climatiques, énergétiques et éthiques.
Présentez brièvement les points de grammaire, de vocabulaire et d'interactions qui seront traités dans cette leçon 2, à savoir :
– grammaire : l'antériorité, la simultanéité et la postériorité
– vocabulaire : les solutions environnementales
– interactions : synthétiser des informations et des arguments de sources diverses, présenter un sujet polémique

Invitez vos apprenant(e)s à s'interroger sur le titre de la leçon « Pour vivre sur Terre... ».
Demandez-leur de citer quelles actions on peut mener pour l'environnement.
Après un bref tour de table, commencez l'activité 1.

 Activité 1 (page 68)

Avant de commencer

Faites lire le texte par un(e) apprenant(e). N'hésitez pas à arrêter la lecture et à poser des questions sur les éléments qui vous semblent pertinents (notions abordées dans le texte, lexique, etc.).

Réponses

1. Il s'agit de la bioluminescence, c'est-à-dire la capacité de certains organismes vivants à produire leur propre lumière.
2. Woodlight souhaite transférer des gènes bioluminescents d'animaux à des plantes. Ainsi, des plantes bioluminescentes pourront être plantées en ville et donc créer de la lumière.
3. La Startup souhaite infertiliser les végétaux génétiquement modifiés. Ainsi, elles ne pourront pas se reproduire et seront également non bouturables. De cette manière, les capacités bioluminescentes d'une plante mourront avec cette même plante.
4. Glowee souhaite mettre au point une lumière liquide produite par des bactéries.
5. La bioluminescence produit une lumière très douce et ne peut donc pas éclairer les zones urbaines qui doivent l'être. En revanche, cette lumière convient pour résoudre la question de la pollution lumineuse et remplacer les enseignes lumineuses, les éclairages de façades ou les bornes de signalisation par un éclairage 100 % renouvelable et moins nocif pour la biodiversité.

Suggestions d'exploitation

- Demandez à vos apprenant(e)s de revoir le vocabulaire du texte et préparez un petit jeu-questionnaire avec une application de type Kahoot sur le lexique du texte. Voici une liste de vocabulaire que vous pouvez utiliser pour votre jeu-questionnaire : le Graal, la luciole, le lampadaire, la méduse, l'infertalisation, bouturable, compostable, le photon, opportun, la borne, le nutriment.
- Pour prolonger l'activité, vous pouvez demander à vos apprenant(e)s de rédiger un écrit sur le sujet suivant : « Vous habitez dans une petite commune en France. Vous avez lu cet article sur la bioluminescence. Conscient(e) des bénéfices environnementaux et économiques de cette technologie, vous écrivez à votre maire pour le/la convaincre d'adopter cette technologie dans un futur proche. (250 mots minimum).

Activité 2 (page 68)

Avant de commencer

Pour commencer, expliquez aux apprenant(e)s que l'objectif de cette activité est d'imaginer et de décrire une ville plus écologique. Précisez que différents aspects doivent être pris en compte, tels que les transports, l'urbanisme ou encore la production et gestion de l'énergie.

Pour que les propositions soient riches et variées, il serait pertinent de mener en classe un remue-méninges pour identifier les principales sources d'empreinte écologique dans les villes, puis discutez des mesures qui pourraient les réduire.

Une fois les axes d'amélioration identifiés, divisez les apprenant(e)s en groupes et attribuez-leur la tâche de concevoir une ville plus écologique. Chaque groupe doit prendre en compte l'un des grands domaines : transports, urbanisme, énergie, gestion des déchets, espaces verts, etc.

Finalement, chaque groupe présente ses propositions pour rendre le domaine urbain qui lui a été attribué plus écologique. Les propositions doivent être étayées d'arguments et d'exemples.

Proposition de réponse

– Transports durables : des transports publics efficaces, les pistes cyclables sécurisées et les voies piétonnes bien entretenues pour réduire la dépendance aux voitures individuelles.
– Urbanisme compact et vertical : des bâtiments écoénergétiques et un urbanisme dense afin de réduire l'étalement urbain. Cela permet de préserver les espaces naturels et de favoriser l'utilisation efficace de l'énergie et des ressources.
– Énergies renouvelables : la ville peut utiliser des sources d'énergies renouvelables, comme le solaire et l'éolien, pour réduire les émissions de gaz à effet de serre.
– Gestion des déchets efficace : le recyclage et la réduction des déchets contribuent à minimiser l'impact environnemental.
– Espaces verts et parcs : La ville peut offrir de nombreux espaces verts, des parcs et des jardins, favorisant la biodiversité et offrant des zones de loisirs.
– Accès à l'eau potable de qualité : un accès à une eau potable de qualité est crucial sanitairement et permet de réduire le besoin de bouteilles en plastique.
– Éducation environnementale : une sensibilisation à l'environnement peut être menée pour encourager les citoyens à adopter des comportements durables.

Activité 3 (page 69)

Avant de commencer

Lisez ou faites lire les questions de la vidéo. Dites à vos apprenant(e)s qu'ils/elles pourront voir la vidéo 2 fois.

Réponses

1. Grâce à ses profondes racines qui lui permettent de puiser l'eau en profondeur.
2. Il a besoin de moins d'eau, d'engrais, de pesticides et d'insecticides.
3. Les animaux d'élevage s'en accommodent très bien. Ils produisent autant de lait.
4. Pour l'alimentation humaine, car il est sans gluten.

Suggestions d'exploitation

- Pour prolonger cette activité, demandez à vos apprenant(e)s de faire des recherches sur un problème agricole qui est imputable au changement climatique et les changements qui sont envisagés pour y remédier. Ils/elles présenteront ensuite les résultats de leurs recherches. Après chaque présentation, encouragez vos apprenant(e)s à poser des questions à leur camarade.

Grammaire (page 69)

Avant de commencer

Invitez vos apprenant(e)s à consulter l'encadré de grammaire « L'antériorité, la simultanéité et la postériorité ». Vous pouvez également le lire ou le faire lire à haute voix en donnant des explications supplémentaires.

Réponses

1. Une fois que l'éclairage bioluminescent sera mis au point, les villes pourront s'éclairer avec une énergie 100 % renouvelable. Cependant, en attendant que cette technologie soit prête, des années s'écouleront encore.
2. Aussi longtemps qu'ils planteront du maïs, les agriculteurs n'arriveront pas à réduire leur consommation en eau. Ainsi, jusqu'à ce qu'ils fassent une transition avec une céréale comme le sorgho, des manques d'eau continueront.

Suggestions d'exploitation

- Pour aller plus loin sur ce point grammatical, consultez la banque de ressources où des exercices complémentaires sont proposés.

Activité 4 (page 69)

Avant de commencer

Lisez ou faites lire le texte par un(e) apprenant(e). Arrêtez la lecture quand vous désirez poser des questions sur une phrase, une expression ou un mot de vocabulaire. Après la lecture du texte terminée, demandez aux apprenant(e)s de répondre aux questions et procédez à la correction.

Réponses

1. 1 milliard d'animaux sont abattus chaque année. La production de cuir est également à l'origine de nombreux actes de déforestation pour l'élevage des animaux.
2. Le processus de tannage du cuir est particulièrement nocif pour la santé. Les ouvriers qui en ont la charge doivent manipuler des substances nocives pour la santé comme le chrome. Il est également à noter que les consommateurs sont également exposés, dans une moindre mesure, aux risques relatifs au chrome, utilisé pour tanner les peaux.
3. Le cuir végétal répond à des caractéristiques semblables à celle du cuir animal par sa souplesse et sa résistance et sa durabilité.
4. Pour des raisons économiques. L'offre de cuir animal est en effet abondante et bon marché.

Suggestions d'exploitation

- Pour prolonger cette activité, organisez un petit débat. Faites 2 groupes, le groupe des pour et le groupe des contre, sur le sujet suivant : « Pour des raisons éthiques et environnementales, ne devrions-nous pas interdire toute exploitation animale ? » Laissez environ 30 minutes aux groupes pour se préparer, puis lancez le débat.

Activité 5 (page 70)

Proposition de réponse

Arrêtons d'employer les matières d'origine animale dans l'industrie de la mode

En réponse aux bouleversements que nous vivons, nous devons à tout prix réduire notre impact sur la planète en repensant nos pratiques. L'utilisation de matières d'origine animale dans la mode, que ce soit pour la fourrure, le cuir ou la laine, est une pratique dépassée et inacceptable.

Tout d'abord, la fourrure encore très utilisée dans la confection de vêtement et généralement issue d'élevages cruels. Des millions d'êtres vivants, tels que les visons et les renards, sont élevés dans des conditions atroces pour être ensuite tués pour leur fourrure. Soyons humains. Nous devons mettre fin à cette barbarie en adoptant des alternatives synthétiques et respectueuses des animaux. Le cuir est un autre problème majeur. L'industrie du cuir est synonyme de déforestation, de surproduction d'animaux d'élevage et de gaspillage de ressources naturelles. De plus, les procédés de tannage du cuir sont souvent toxiques pour l'environnement et la santé des travailleurs. Nous devons opter pour des alternatives durables, telles que le cuir végétal.

Même la laine, qui semble plus éthique, n'est pas exempte de problèmes. L'industrie lainière est associée à des pratiques de tonte souvent cruelles et au surpâturage des terres, ce qui nuit aux écosystèmes locaux. Des alternatives, comme la laine végétale fabriquée à partir de matières premières durables, doivent être privilégiées. Nous devons impérativement questionner nos pratiques en matière de mode et adopter des alternatives plus éthiques. En privilégiant des matériaux d'origine végétale ou synthétique, nous pouvons mettre fin à l'exploitation animale dans le monde de l'habillement, réduire notre empreinte écologique et soutenir une industrie de la mode respectueuse de la planète et de ses habitants. Rejoignez le mouvement pour une mode éthique et dites non à l'utilisation de matières d'origine animale. Ensemble, nous pouvons créer un avenir plus respectueux de la vie sur Terre !

Suggestions d'exploitation

- Vous pouvez inviter les apprenant(e)s à se pencher sur l'empreinte carbone de leur tenue et l'éventuelle présence de matière d'origine animale. Demandez-leur ensuite quels changements concrets ils/elles devraient faire pour que leur garde-robe soit plus éthique.

Activité 6 (page 70)

Avant de commencer

Donnez une petite minute à vos apprenant(e)s pour lire les questions ou lisez les questions.
Annoncez que l'enregistrement sonore sera joué 2 fois. Suggérez-leur de prendre le maximum de notes pendant la première écoute de l'enregistrement.

Réponses

1. Il s'agit d'une technique qui consiste à aller mettre dans des nuages existants de petites particules pour accélérer la formation des gouttes et ainsi générer des précipitations.
2. Des conditions météorologiques particulières sont nécessaires pour pouvoir accélérer le processus de formation de la pluie. Il faut notamment la présence de nuages pluvieux.
3. L'ensemencement des nuages nécessite la présence de nuages pluvieux. Lors d'une sécheresse, s'il n'y a pas de nuage, il sera alors impossible de faire pleuvoir.

4. Lorsqu'il est craint qu'un nuage d'orage va générer de la grêle et détruire des cultures, alors l'ensemencement du nuage peut être utilisé pour qu'il pleuve avant que les gouttelettes ne se transforment en grêle.
5. À Moscou, le 1er mai et le 9 mai se tiennent des événements importants avec des parades. Les Russes ne veulent donc pas qu'il pleuve durant ces manifestations populaires. Ils ont donc recours à l'ensemencement des nuages pour faire pleuvoir les nuages avant qu'ils arrivent sur la ville de Moscou.
6. En France, cette technique est utilisée pour la protection des cultures.
7. Pour ensemencer des nuages, des métaux lourds sont utilisés. Ces derniers se dispersent avec la pluie.
8. L'invité pense qu'il est important de bien réfléchir aux conséquences de cette pratique. Toutefois, selon lui, les risques de contamination aux métaux lourds sont faibles, car les particules utilisées sont dispersées sur de très grandes surfaces.

Suggestions d'exploitation

• Une fois l'activité 11 terminée, lisez la transcription de l'audio avec les apprenant(e)s pour une compréhension fine du document. Expliquez-leur le lexique non compris. Réécoutez le document avec la transcription, puis une dernière fois sans transcription.
• Pour aller plus loin, organisez un petit débat sur le sujet suivant : « Est-ce que l'être humain ne va pas trop loin lorsqu'il se met à vouloir commander les pluies ? » Donnez une vingtaine de minutes à vos apprenant(e)s pour réfléchir sur le sujet et préparer leurs arguments.

Activité 7 (page 70)

Avant de commencer

Lisez la consigne de l'activité avec les apprenant(e)s. Demandez-leur de donner une définition pour chaque mot de la liste de vocabulaire de l'énoncé.

Réponses

Face aux menaces environnementales, nous commençons à agir. Il est vrai que des alternatives existent.
Pour diminuer la consommation d'énergie et la pollution lumineuse en ville, des chercheurs étudient la bioluminescence. Cela semble être le nouveau Graal. Dans le domaine de l'agriculture, on rivalise d'ingéniosité pour s'adapter aux nouveaux défis climatiques, notamment les sécheresses, en tentant de substituer des céréales par d'autres, moins gourmandes en eau.

Suggestions d'exploitation

• Demandez à vos apprenant(e)s de rédiger un paragraphe avec les mots de vocabulaire proposés dans cette activité. Suggérez-leur de s'inspirer du texte de l'activité pour réaliser leur production.
• Pour aller plus loin sur ce point lexical, consultez la banque de ressources où des exercices complémentaires sont proposés.

Activité 8 (page 70)

Avant de commencer

Lisez ou faites lire le texte par un(e) apprenant(e). Arrêtez la lecture quand vous désirez poser des questions sur une phrase, une expression ou un mot de vocabulaire. Après la lecture du texte terminée, demandez aux apprenant(e)s de répondre aux questions et procédez à la correction.

Réponses

1. L'association a pour ambition de construire un catamaran géant capable de collecter, trier manuellement et valoriser les déchets présents dans les océans.
2. Le *Manta* transformera l'intégralité du plastique collecté en énergie. L'énergie dégagée par ce processus alimentera le bateau. En complément, le bateau sera également alimenté en énergie par des panneaux solaires, deux éoliennes, des hydrogénérateurs et des groupes électrogènes.
3. Le *Manta* pourra collecter et traiter de 1 à 3 tonnes de déchets par heure, soit entre 5 000 et 10 000 tonnes de déchets plastiques par an.
4. Le *Manta* doit faire ces escales afin de se ravitailler et de décharger les déchets collectés qui n'ont pas été transformés en énergie. Ce sera également l'occasion de mener des campagnes de sensibilisation et de promotion de la transition vers une économie circulaire. À cet effet, des conférences éducatives et des activités pédagogiques sur la pollution plastique seront organisées sur le bateau.
5. Le projet *Manta* est qualifié d'ambitieux, car la construction d'un bateau *Manta* n'est qu'une première étape. En effet, plusieurs centaines de bateaux du même type seront nécessaires pour une dépollution efficace.
Le projet est qualifié d'international, car la pollution plastique est internationale et a un coût important sur l'économie mondiale. Tous les pays bénéficieront d'une dépollution des océans. Des acteurs du monde entier sont donc invités à s'investir dans le projet *Manta*.

Activité 9 (page 71)

Avant de commencer

Commencez l'activité par recueillir les premières réflexions des apprenant(e)s sur le sujet. Encouragez-les à noter des arguments en faveur et contre l'affirmation.
Divisez ensuite la classe en deux groupes. Un groupe devra défendre l'affirmation, tandis que l'autre groupe devra la contester. Les apprenant(e)s auront l'occasion de préparer leurs arguments de manière structurée.
Invitez ensuite chaque groupe à présenter ses arguments devant la classe.

Proposition de réponse
En faveur de l'affirmation :
– Les océans couvrent une grande partie de la surface de la Terre, ce qui rend difficiles la collecte de tous les déchets et la prévention de la pollution, en particulier dans des zones éloignées.
– La taille des océans, les coûts logistiques élevés et les conditions météorologiques difficiles compliquent la mise

en œuvre d'opérations de nettoyage à grande échelle.
– Il ne sera pas possible de « nettoyer » les océans tant que le problème n'est pas résolu à sa source : il faut d'abord réduire la production de déchets plastiques et la pollution à terre, ce qui est un défi majeur.

En désaccord avec l'affirmation :
– Des initiatives telles que la collecte des déchets plastiques, le recyclage des filets de pêche abandonnés et la réglementation stricte de la pollution contribuent efficacement au « nettoyage » des océans.
– La sensibilisation du public à la pollution des océans commence à porter ses fruits. Il y a, à présent, une volonté émergente de réduire les produits plastiques et jetables ainsi qu'un désir croissant des populations à dépolluer les océans.
– Des technologies innovantes, telles que les drones sous-marins et les navires équipés de systèmes de collecte, améliorent notre capacité à nettoyer les océans. Ces technologies devraient encore se développer.

Suggestions d'exploitation

• Pour aller plus loin, demandez à vos apprenant(e)s d'identifier un problème écologique et de faire des recherches pour présenter précisément les solutions possibles pour le résoudre. Demandez aussi que les limites des solutions présentées soient soulevées. Après chaque présentation, encouragez tous les apprenant(e)s à être critiques quant aux solutions proposées et à poser des questions. L'apprenant(e) qui aura fait la présentation devra connaître suffisamment son sujet pour pouvoir contre-argumenter.

Activité 10 (page 71)

Proposition de réponse
Idées essentielles de l'article :
– Le « Manta » est un catamaran géant conçu pour lutter contre la pollution plastique océanique.
– Il a été développé par le navigateur Yvan Bourgnon en réponse à la menace de la pollution plastique dans les océans.
– Chaque minute, 17 tonnes de déchets plastiques sont déversées dans les océans, soit totalisant 9 à 12 millions de tonnes par an.
– Le « Manta » convertit les déchets plastiques en énergie avec une empreinte environnementale minimale et permet d'alimenter le bateau en énergie. Il est également doté par des panneaux solaires, des éoliennes, des hydrogénérateurs et des groupes électrogènes, réduisant ainsi la dépendance aux énergies fossiles.
– L'objectif du « Manta » est de collecter et de traiter de 5 000 à 10 000 tonnes de déchets plastiques par an.
– Chaque mission du « Manta » dure jusqu'à trois semaines et est suivie d'une semaine à terre pour décharger les déchets non convertis en énergie.
– Le bateau accueille aussi des équipes scientifiques pour des missions de recherche sur la pollution plastique. Les données recueillies sont mises à disposition en open data pour améliorer la recherche scientifique sur la pollution plastique océanique.

Proposition de résumé :
Le « Manta » est un bateau révolutionnaire développé par le navigateur Yvan Bourgnon pour combattre la pollution plastique océanique. Chaque année, des millions de tonnes de déchets plastiques sont déversées dans les océans, menaçant l'écosystème marin. Le Manta est un catamaran géant de 56,5 mètres qui est capable de transformer les déchets plastiques en énergie, réduisant de fait son empreinte environnementale. Le bateau est également alimenté par des panneaux solaires, des éoliennes, des hydrogénérateurs et des groupes électrogènes afin de limiter son utilisation d'énergies fossiles. Son objectif est de collecter et de traiter de 5 000 à 10 000 tonnes de déchets plastiques par an. Chaque mission dure jusqu'à trois semaines, suivie d'une semaine à terre pour décharger les déchets. Le Manta accueille de plus des équipes scientifiques pour des missions de recherche sur la pollution plastique. Les objectifs de ce projet, financé par des mécènes français et européens, sont la sensibilisation à la pollution océanique, la collecte de données scientifiques et la création d'une flotte de bateaux « Manta » pour supprimer une partie significative de la pollution plastique dans les océans.

Suggestions d'exploitation

• Vous pouvez demander à vos apprenant(e)s de comparer leurs résumés entre eux/elles et de se mettre d'accord sur des modifications. Ensuite, montrez-leur la proposition de réponse.

Activité 11 (page 71)

Avant de commencer

Tout d'abord, demandez aux apprenant(e)s, s'ils/si elles connaissent l'astrophysicien Aurélien Barrau. Si aucun de vos apprenant(e)s ne le connaît et ne peut en faire la présentation, présentez-le brièvement. Voici sa biographie faite par Radio France :
Aurélien Barrau est né le 19 mai 1973 à Neuilly-sur-Seine dans le département des Hauts-de-Seine en France. Après un diplôme d'ingénieur, il poursuit ses études et devient astrophysicien spécialisé dans la physique des astroparticules, particules du milieu interstellaire, et des trous noirs. Il travaille pour le Laboratoire de physique subatomique et de cosmologie (LPSC) au CNRS de Grenoble. Il est également professeur à l'Université Grenoble Alpes (UGA).
Très engagé sur la question écologique, la protection de l'environnement et de la vie animale, et pour le développement durable, Aurélien Barrau est connu du grand public pour avoir lancé un appel dans le journal Le Monde suite à la démission de l'ancien ministre de l'Écologie Nicolas Hulot en août 2018. Cet appel, signé par plus de 200 personnalités, invite les lecteurs à participer à une action « ferme et immédiate » pour lutter contre le réchauffement climatique.
Ensuite, donnez une petite minute à vos apprenant(e)s pour lire les questions ou lisez les questions.
Annoncez que l'enregistrement sonore sera joué 2 fois. Suggérez-leur de prendre le maximum de notes pendant la première écoute de l'enregistrement.

Unité 4 • L'environnement

Réponses
1. Pour Aurélien Barrau, le plus important c'est la protection de la vie sur terre. Pour lui, nous nous focalisons trop sur certains aspects de la catastrophe écologique comme le climat, alors que l'objectif suprême est la protection de la vie. On doit donc revoir notre manière de penser, changer nos objectifs.
2. Aurélien Barrau pense que les politiques n'ont même pas essayé et donc qu'il est normal qu'ils n'aient pas réussi. Il estime que les politiciens ne s'impliquent pas suffisamment pour l'environnement. Ils essaient juste de limiter la pollution du système actuel alors qu'il faudrait en réalité le changer.
3. La vie est vue comme une ressource, par conséquent, elle est exploitée, exterminée.
4. L'invité pense que c'est bien de les faire, mais ces gestes restent insuffisants au regard de l'urgence environnementale. D'après lui, ces gestes sont « anecdotiques par rapport à l'ampleur du problème ».

Suggestions d'exploitation
• Une fois l'activité 11 terminée, lisez la transcription de l'audio avec les apprenant(e)s pour une compréhension fine du document. Expliquez-leur le lexique non compris. Réécoutez le document avec la transcription, puis une dernière fois sans transcription.
• Pour aller plus loin, demandez à vos apprenant(e)s de faire des recherches et de présenter un autre chercheur (et ses idées défendues) qui est également très engagé pour la survie de notre planète.

Activité 12 (page 71)

Proposition de réponse
Arguments en faveur de la prise de parole d'Aurélien Barrau :
1. L'urgence climatique est avant tout un symptôme de problèmes plus profonds liés à la dégradation de l'environnement et à la perte de biodiversité.
2. Le changement climatique est l'un des nombreux facteurs contribuant à l'effondrement planétaire, mais il ne doit pas être considéré comme l'unique problème.
3. La croissance économique est la principale responsable des problèmes environnementaux. Elle est la cause de la destruction de la nature, que ce soit par la déforestation, l'urbanisation ou la pollution, quel que soit le moyen de production d'énergie.
4. Pour cette raison, la réduction des émissions de CO2 est nécessaire, mais elle ne suffit pas si on ne remet pas en question le modèle de développement actuel, axé sur la consommation effrénée des ressources naturelles.
5. Il est essentiel de repenser nos valeurs et nos objectifs en mettant davantage l'accent sur la préservation de la vie et de la nature plutôt que sur la recherche de la croissance économique.

Arguments en désaccord avec l'opinion d'Aurélien Barrau :
1. Agir pour réduire notre impact environnemental est crucial, même si le changement climatique n'est qu'un aspect d'un problème plus vaste. Chaque action compte dans la préservation de la planète.
2. Les politiciens et les citoyens doivent prendre des mesures pour atténuer les effets du changement climatique, même si cela ne résout pas tous les problèmes environnementaux.
3. Pour contribuer à la réduction des émissions de gaz à effet de serre, le tri des déchets, la réduction de la consommation d'énergie et d'autres actions individuelles sont importants.
4. La transition vers des énergies renouvelables et la recherche de technologies plus propres sont des étapes essentielles pour limiter les dégâts environnementaux.
5. Inspirer les citoyens à agir positivement, même dans un contexte global difficile, peut être un moyen d'encourager des changements plus significatifs à l'échelle sociétale.

Exemple de réponse (en faveur de la prise de parole d'Aurélien Barrau) :
« Repenser nos Priorités : l'appel d'Aurélien Barrau »
Aurélien Barrau, éminent astrophysicien et défenseur de l'environnement, a récemment livré un discours percutant, mettant en avant une perspective radicalement différente sur la crise environnementale. Barrau nous rappelle que le changement climatique n'est qu'un symptôme parmi d'autres de la catastrophe en cours, et que notre obsession à « sauver le climat » pourrait nous aveugler face aux problèmes plus profonds.
Aurélien Barrau affirme que les solutions technologiques temporaires pour lutter contre le réchauffement planétaire sont un leurre. Il nous exhorte à repenser nos valeurs et à reconsidérer nos objectifs de croissance économique. Il souligne également que notre modèle de développement actuel repose sur la destruction de la nature et la consommation effrénée de ressources, quel que soit le moyen de production d'énergie.
Ce discours nous pousse à réfléchir à notre responsabilité individuelle et collective dans la crise environnementale. Au-delà du simple tri des déchets ou de la réduction de notre empreinte carbone, nous devons remettre en question notre rapport à la nature et à la vie sur Terre. Il nous encourage à considérer la préservation de la vie comme notre objectif principal, au-delà de la croissance économique.
Bien que l'opinion de Barrau puisse sembler déconcertante, elle est un appel à l'action profonde et réfléchie. Elle invite à une réévaluation de nos choix individuels, de nos politiques, et de notre manière de concevoir la prospérité. L'urgence climatique nécessite que nous repensions, non seulement notre manière d'agir, mais aussi pourquoi nous agissons. Au lieu de simplement chercher à diminuer les externalités négatives, nous devons reconsidérer nos valeurs et nos objectifs pour façonner un avenir plus durable pour la planète et pour la vie qu'elle abrite.

Suggestions d'exploitation
• Demandez à vos apprenant(e)s de mettre leur écrit sur un réseau social ou une application avec laquelle un mur collaboratif peut être mis en place. Les apprenant(e)s soutenant Aurélien Barrau commenteront sous les écrits des camarades se positionnant contre lui, et vice versa afin de créer un débat/échange d'avis.

LEÇON 3 — Et si nous y réfléchissions ? (pages 72-75)

Avant de commencer

La leçon 3 se veut plus psychologique et philosophique. Cette dernière leçon est plus centrée sur l'être humain en tant qu'être, doté d'une pensée et d'une sensibilité.
L'être humain ressent ce qui l'entoure et ce qui peut l'impacter aussi bien positivement que négativement, et il en réagit en conséquence. Les thématiques comme l'écoanxiété, la sobriété, l'écocide ou encore la permaculture seront abordées. Présentez brièvement les points de grammaire, de vocabulaire et d'interactions qui seront traités dans cette leçon 3, à savoir :
– grammaire : la concordance des temps
– vocabulaire : la conscience environnementale
– interactions : se positionner pour un mode de consommation alternatif, rapporter les résultats d'une enquête scientifique
Invitez vos apprenant(e)s à s'interroger sur le titre de la leçon « Et si nous y réfléchissions ? ».
Invitez-les à partager ce que le titre leur évoque. Après un bref tour de table, commencez l'activité 1.

 ## Activité 1 (page 72)

Avant de commencer

Lisez ou faites lire le texte par un(e) apprenant(e). Arrêtez la lecture quand vous désirez poser des questions sur une phrase, une expression ou un mot de vocabulaire. Après la lecture du texte, demandez aux apprenant(e)s de répondre aux questions et procédez à la correction.

Réponses

1. L'écoanxiété se caractérise par une inquiétude quant à l'avenir alors que la solastalgie est l'angoisse liée à la dégradation présente de son environnement. Les personnes sujettes à la solastalgie comparent le passé au présent. Ils sont, d'une certaine manière, nostalgiques de leur environnement passé.
2. L'écoanxiété peut être perçue comme positive, car elle pousse les personnes à agir, à titre individuel, pour l'environnement.
3. L'action des individus en faveur de l'environnement est conséquente. Il a été estimé que 25 % du changement possible était attendu des individus.
4. Le meilleur moyen de lutter contre l'écoanxiété est d'agir pour la protection de l'environnement. L'action environnementale permet en effet aux individus de réduire la dissonance cognitive qu'ils ressentent en mettant en adéquation ce qu'ils pensent et ce qu'ils font. Un autre moyen de faire face à son écoanxiété est de vivre dans le présent, éviter de trop penser au futur afin de mieux profiter des moments et bonheurs présents.

Suggestions d'exploitation

• Pour prolonger l'activité, en classe entière, discutez avec vos apprenant(e)s sur le sujet de l'écoanxiété et de la solastalgie. Demandez-leur s'ils/si elles ont déjà éprouvé un sentiment d'écoanxiété ou de solastalgie. À quel moment ? Pourquoi ? Comment l'ont-ils/elles combattu ?

 ## Activité 2 (page 73)

Avant de commencer

Lisez le sujet de production écrite avec vos apprenant(e)s. Vous pouvez indiquer que le sujet de la sobriété sera développé dans la prochaine activité, l'activité 3, page 71.
Ils n'ont pas besoin de connaître toutes les facettes de cette tendance, mais vous pouvez leur suggérer de faire quelques recherches sur le sujet avant de commencer leur rédaction. Vous pouvez aussi leur faire visionner la vidéo suivante qui définit la sobriété. Elle dure environ une minute : https://www.youtube.com/watch?v=kSIBTU6tniw (La sobriété c'est quoi ? Réponse de Yamina Saheb autrice principale au GIEC).

Proposition de réponse

Sobriété : la solution pour sauver la planète
Alors que la Terre continue de souffrir des conséquences de nos habitudes de surconsommation, il est devenu impératif de réfléchir sérieusement à la notion de sobriété. La surconsommation, l'exploitation non durable des ressources et la production de déchets à un rythme effréné ne sont pas seulement insoutenables, mais également moralement inacceptables. Une solution simple s'offre toutefois à nous : celle de la sobriété. Ce mode de vie nous permettra de pérenniser notre existence sur notre planète. Le constat est alarmant. Regardons autour de nous : les émissions de gaz à effet de serre sont en constante augmentation alors que la biodiversité s'effondre, que les ressources naturelles s'amenuisent et que les océans sont étranglés par la pollution plastique. Notre quête incessante de toujours plus de biens matériels est la principale cause de ces maux. Il ne nous reste plus beaucoup de temps. Nous devons changer nos habitudes de consommation.
Nous devons enfin comprendre que la sobriété n'est pas synonyme de privation. Elle est la garante d'une vie plus équilibrée et plus riche en sens. Vivre avec sobriété, c'est consommer de manière réfléchie, de privilégier la qualité sur la quantité, et de minimiser notre impact sur l'environnement. Concrètement, cela signifie préférer les produits durables tout en réduisant notre dépendance aux énergies fossiles et en soutenant des modes de production respectueux de la planète.
En conclusion, seul ce mode de vie nous permettra de réduire notre empreinte écologique et ainsi de préserver la beauté de notre planète et de garantir un avenir viable pour les générations à venir. C'est seulement de cette façon que nous pourrons assurer notre survie et celle de notre maison, la Terre.

Grammaire (page 73)

Avant de commencer

Invitez vos apprenant(e)s à consulter l'encadré de grammaire « La concordance des temps ». Vous pouvez également le lire ou le faire lire à haute voix en donnant des explications supplémentaires.

Unité 4 • L'environnement

Réponses

1.
a. Dans une publication, le GIEC a soutenu que la température moyenne sur Terre pourrait augmenter de 1,5 degré d'ici 10 ans.
b. Dans cette émission, il a été dit que, récemment, des jeunes souffraient d'écoanxiété.
c. Pendant une conférence, un expert s'est dit certain que nous réussirions à sauver notre planète.

2. Charline Schmerber a dit que l'écoanxiété venait de la manière dont fonctionnait le monde. Elle a déclaré avoir identifié six origines de l'angoisse : le contexte politique, le contexte social, le contexte économique, le contexte environnemental, les menaces systémiques et enfin tout ce qui touche au contexte individuel.
Elle a dit que l'écoanxiété était le terme plus ancien que la solastalgie et que c'était une journaliste américaine qui l'avait utilisé pour la première fois et a expliqué que l'écoanxiété était le fait de s'inquiéter pour le futur. Elle a ajouté que la solastalgie était un terme plus récent et qu'il avait été créé au début des années 2000 par un professeur en développement durable et c'était le fait d'être amené à ressentir une sorte de nostalgie dans un lieu que l'on n'avait pas quitté.
Elle a dit que les personnes qui souffraient d'écoanxiété pouvaient résoudre leur traumatisme si elles décidaient d'agir en changeant leur mode de consommation et en mettant en adéquation ce qu'elles pensaient et ce qu'elles faisaient.
Elle a continué en disant que les personnes qui souffraient d'écoanxiété étaient braquées vers l'avenir alors que le monde n'allait pas mourir pour bientôt. Elle a fini en disant que ces personnes devaient vivre au présent et qu'elles devaient ressentir de la joie au quotidien.

Suggestions d'exploitation

• Pour aller plus loin sur ce point grammatical, consultez la banque de ressources où des exercices complémentaires sont proposés.

Activité 3 (page 73)

Avant de commencer

Commencez par demander à vos apprenant(e)s s'ils/si elles se considèrent comme des consommateurs raisonnables et comment ils/elles limitent leurs achats. Au contraire, pensent-ils/elles que leur consommation est plutôt importante, et qu'ils/elles peuvent difficilement la modifier.
Ensuite, donnez une petite minute à vos apprenant(e)s pour lire les questions ou lisez les questions.
Annoncez que l'enregistrement sonore sera joué 2 fois. Suggérez-leur de prendre le maximum de notes pendant la première écoute de l'enregistrement.

Réponses

1. Selon une enquête, 83 % des Français souhaitent aujourd'hui vivre dans une société où la consommation prend moins de place.
2. Le terme « sobriété » est associé au rapport des êtres humains à l'alcool et désigne également un mode de vie.
3. La sobriété est un mode de vie qui repose sur le moins et le mieux consommer. Le moins consommer est relatif à la notion de besoin. C'est se demander si on a vraiment besoin d'un objet avant de l'acheter. Le mieux consommer, c'est quant à lui une prise de conscience de ce que l'on consomme au regard de nos valeurs. C'est-à-dire, une prise de conscience de la qualité, de l'origine et de toutes autres caractéristiques du produit.
4. Parce que contrairement au minimalisme, la sobriété ne s'applique pas seulement aux objets. La sobriété concerne aussi les usages numériques. De plus, les personnes qui accumulent beaucoup chez eux peuvent être dans la sobriété s'ils sont bricoleurs et réutilisent, quand ils en ont besoin, ce qu'ils ont conservé au lieu de le racheter.
5. Elle se démocratise, de nombreuses personnes, non militantes et n'ayant pas de revendications politiques, sont dans la sobriété, car elles sont conscientes des enjeux environnementaux, de l'impact de notre consommation sur le climat et elles peuvent également être en recherche de sens.
6. La sobriété est une notion environnementale, parce que son objectif ultime est de réduire l'impact sur l'environnement en limitant notamment la consommation de ressources naturelles. C'est aussi une notion sociale, parce que choisir un mode de vie sobre a des répercussions sur nos relations sociales. Cela peut générer des tensions, notamment lors des fêtes qui donnent de nos jours une place centrale à la consommation comme Noël.

Suggestions d'exploitation

• Pour aller plus loin, organisez une table ronde dont le thème serait le suivant : « Dans un monde où l'énergie commence à manquer et où le changement climatique devient préoccupant, la sobriété n'est-elle pas devenue une obligation ? » Donnez 20 à 30 minutes à vos apprenant(e)s pour se préparer, puis lancez le débat.
• Suite à ce débat, vous pouvez demander à vos apprenant(e)s de mettre par écrit leur opinion en prenant soin de contre argumenter certaines idées contraires aux leurs.

Activité 4 (page 73)

Avant de commencer

Commencez par lire simplement le titre du texte. Demandez à vos apprenant(e)s de définir ce qu'est un écocide.
Vous pouvez aussi proposer une explication du mot comme suit : l'écocide est une grave atteinte portée à l'environnement qui est considéré comme un crime et qui peut aboutir à la destruction de ses écosystèmes.
Le mot est formé du mot grec « éco » qui signifie la maison et de « cide » du latin qui signifie tuer.
Après avoir donné ces explications, lisez ou faites lire le texte par un(e) apprenant(e). Arrêtez la lecture quand vous désirez poser des questions sur une phrase, une expression ou un mot de vocabulaire. Après la lecture, demandez aux apprenant(e)s de répondre aux questions et procédez à la correction.

Réponses

1. La reconnaissance d'un crime d'écocide apporterait de réels outils juridiques pour mettre un terme et sanctionner les atteintes graves à l'environnement. Actuellement, ces atteintes ne sont pas reconnues comme des crimes et elles sont même encadrées légalement, ce qui constitue, selon le document, une forme d'encouragement à les perpétrer.
2. Le Vatican s'est officiellement prononcé en faveur de la reconnaissance du crime d'écocide comme cinquième crime contre la paix.
3. Les catastrophes environnementales touchent généralement plusieurs pays à la fois. Il est donc important que les pays concernés aient un positionnement identique vis-à-vis de l'écocide afin de mieux le combattre.
4. La crise écologique est principalement causée par notre vision anthropocentrée du monde, c'est-à-dire centrée sur l'être humain. Cet anthropocentrisme est notamment visible dans les lois. D'après le document, l'humanité devrait adopter une vision écocentrée, en considérant l'écosystème dans sa globalité.

Suggestions d'exploitation

• Pour prolonger l'activité, en classe entière, discutez de la demande des écologistes pour la reconnaissance du crime d'écocide. Invitez-les à donner leur opinion sur les questions suivantes : « Êtes-vous favorable à la reconnaissance du crime d'écocide ? Pourquoi ? Pensez-vous qu'une telle reconnaissance favoriserait grandement la protection de l'environnement ? »

 **Activité 5** (page 74)

Avant de commencer

Assurez-vous dans un premier temps que les apprenant(e)s ont bien compris les enjeux liés à la reconnaissance du crime d'écocide. Faites, en classe, un remue-méninges pour rechercher les arguments en faveur de la reconnaissance du crime d'écocide.
Une fois les principaux arguments trouvés, demandez aux apprenant(e)s de réaliser, de manière individuelle, le plan de leur plaidoyer. Ils/elles devront, pour ce faire, hiérarchiser les idées pour que leur discours soit structuré et compris de tous. Ils/elles devront aussi étayer chaque argument d'explications et d'exemple(s) pertinents. Demandez finalement à chaque apprenant de prononcer son plaidoyer devant la classe.
N'hésitez pas à rappeler aux apprenant(e)s que pour être convaincant(e)s, ils/elles devront :
– Maîtriser le contenu qu'ils ont préparé.
– Établir un contact visuel avec le public.
– Faire des gestes et être expressif.
– Parler à un rythme modéré et varié, en articulant bien.
– Utiliser des techniques de rhétorique comme l'anaphore (répéter un mot ou une phrase au début de plusieurs phrases), les métaphores et les comparaisons.
– Pratiquer la répétition de leurs points clés pour les ancrer.
– Faire appel aux émotions pour convaincre.
Pour les aider dans leur préparation, suggérez-leur de s'entraîner en répétant leur discours plusieurs fois et même de s'enregistrer pour s'évaluer.

Proposition de réponse

– La reconnaissance de l'écocide en tant que crime enverrait un message fort sur l'importance de la protection de l'environnement. Cela dissuaderait les entreprises et les individus de causer des dommages graves à la nature.
– La reconnaissance de l'écocide obligerait les individus et les entreprises à assumer la responsabilité de leurs actes. Elle encouragerait une prise de conscience accrue des conséquences de nos actions sur la planète.
– La reconnaissance de l'écocide comme crime renforcerait la protection de la biodiversité, essentielle à la survie de nombreuses espèces, y compris la nôtre.
– La reconnaissance de l'écocide permettrait de poursuivre en justice ceux qui causent des catastrophes environnementales graves, apportant ainsi une certaine forme de justice aux victimes

Suggestions d'exploitation

• Organisez un vote pour élire l'apprenant(e) qui aura réalisé le plaidoyer le plus convaincant. Les apprenant(e)s ne pourront pas voter pour eux/elles-mêmes.

 Activité 6 (page 74)

Avant de commencer

Commencez par demander à vos apprenant(e)s s'ils/si elles connaissent le concept de permaculture et d'expliquer de quoi il s'agit. Dans le cas contraire, donnez-en une explication ou faites visionner une petite vidéo qui en présente le concept. Voici une vidéo possible : https://www.youtube.com/watch?v=cejlrHBeURc (La permaculture, c'est quoi ?, Graines de savoir).
Ensuite, donnez une petite minute à vos apprenant(e)s pour lire les questions ou lisez les questions.
Annoncez que l'enregistrement sonore sera joué 2 fois. Suggérez-leur de prendre le maximum de notes pendant la première écoute de l'enregistrement.

Réponses

1. La permaculture séduit de nombreuses personnes. Cette pratique agricole s'étend sur tout le continent.
2. Le terrain acheté par Gora N'Diaye était considéré comme incultivable. Ce terrain était l'ancien terrain de football du village. Le sol était très pauvre.
3. Parce qu'il y avait de l'eau dans le sous-sol et donc la possibilité de construire des puits.
4. S'agissant de permaculture, la pratique garantit des récoltes toute l'année grâce à des écosystèmes qui respectent la biodiversité. Ces écosystèmes permettent d'avoir des cultures végétales variées sans recours aux pesticides ni engrais chimiques.
5. Il s'agit d'une lutte naturelle, sans produits chimiques ni pesticides, contre les insectes nuisibles qui peuvent s'attaquer aux cultures. Cette lutte biologique peut notamment être réalisée en associant des plantes qui vont « s'entraider ». L'exemple de la carotte et du poireau est développé dans le document.
6. La ferme Kaydara est aussi une école. L'agro-écologie y est enseignée. 20 jeunes y sont formés chaque année.

Unité 4 • L'environnement

Suggestions d'exploitation

• Une fois l'activité 12 terminée, lisez la transcription de l'audio avec les apprenant(e)s pour une compréhension fine du document. Expliquez-leur le lexique non compris. Réécoutez le document avec la transcription, puis une dernière fois sans transcription.

 ### Activité 7 (page 74)

Avant de commencer

Commencez par inviter les apprenant(e)s à effectuer des recherches pour en apprendre davantage sur les méthodes d'agriculture alternative. Ils/elles peuvent utiliser des ressources en ligne, des articles, des vidéos, ou des livres. Ensuite, en classe entière, faites une liste au tableau des principaux modes d'agriculture alternative. Demandez à chaque apprenant(e) d'en choisir un qu'ils/elles présenteront. Chaque présentation devrait inclure des explications sur le fonctionnement du mode d'agriculture choisi, ses avantages, et ses bénéfices environnementaux. Encouragez les apprenant(e)s à poser des questions et à engager des discussions après chaque présentation.

Proposition de réponse

Exemples d'agriculture alternative :
– Agriculture biologique : Utilisation de méthodes de culture sans produits chimiques ni pesticides, favorisant la durabilité et la santé des sols.
– Permaculture : Approche de conception agricole qui vise à créer des systèmes durables en imitant les écosystèmes naturels.
– Agriculture urbaine : Cultiver des aliments dans les villes, sur les toits, les balcons, ou dans des jardins communautaires pour réduire les besoins de transport des produits alimentaires et utiliser des espaces qui ne l'étaient pas (toits).
– Agriculture agroforestière : Intégration d'arbres, d'arbustes et de cultures agricoles dans un même système pour améliorer la biodiversité et la productivité.
– Agriculture de conservation : Utilisation de techniques visant à réduire l'érosion du sol, améliorer la santé des sols et minimiser la perturbation de l'écosystème.

Suggestions d'exploitation

• Demandez à vos apprenant(e)s de faire la synthèse à l'écrit des méthodes d'agriculture alternative présentées par leurs camarades en environ 300 mots.

 ### Activité 8 (page 74)

Avant de commencer

Lisez la consigne de l'activité avec les apprenant(e)s. Demandez-leur de donner une définition pour chaque mot de la liste de vocabulaire de l'énoncé.

Réponses

Le changement climatique ne laisse pas tout le monde indifférent, il y en a même que ça rend écoanxieux. Ces derniers deviennent quelquefois minimalistes et prônent la sobriété. D'autres sont des précurseurs dans leur domaine en proposant des solutions écologiques comme avec la permaculture. Au lieu de soutenir l'accumulation de richesses, ils s'étiquettent altercroissants.

Suggestions d'exploitation

• Demandez à vos apprenant(e)s de rédiger un paragraphe avec les mots de vocabulaire proposés dans cette activité. Suggérez-leur de s'inspirer du texte de l'activité pour réaliser leur production.

• Pour aller plus loin sur ce point lexical, consultez la banque de ressources où des exercices complémentaires sont proposés.

 ### Activité 9 (page 75)

Avant de commencer

Lisez ou faites lire le texte par un(e) apprenant(e). Arrêtez la lecture quand vous désirez poser des questions sur une phrase, une expression ou un mot de vocabulaire. Après la lecture du texte terminée, demandez aux apprenant(e)s de répondre aux questions et procédez à la correction.

Réponses

1. Charles Darwin avait sous-estimé la rapidité à laquelle les espèces évoluent. Il pensait que l'évolution se déroulait sur des échelles de temps extrêmement longues. Il a cependant été observé que des espèces s'adaptaient aux contraintes environnementales en seulement quelques générations.
2. Un papillon de nuit a changé de couleur en réaction à la pollution atmosphérique, le braconnage a fait perdre leurs défenses à certains éléphants et des poissons ont développé une résistance aux produits chimiques toxiques.
3. Il a été constaté que l'évolution génétique en réponse à la sélection naturelle était responsable d'une augmentation moyenne de 18,5 % par génération de la capacité des individus à survivre et à se reproduire. En d'autres mots, les enfants sont en moyenne 18,5 % « meilleurs » que leurs parents.
4. Probablement dans une moindre mesure. L'adaptation à l'environnement n'est pas le seul élément qui détermine l'évolution. Il y a d'autres mécanismes qui ne sont pas des « réponses » à un changement environnemental. Les capacités d'adaptations aux changements environnementaux ne seront donc pas suffisantes pour compenser l'amplitude de ces changements. De plus, l'évolution peut nuire à une population, car si des êtres vivants sont en concurrence pour une ressource, des tensions verront le jour entre les individus ayant évolué et les autres.

Suggestions d'exploitation

• Pour prolonger l'activité, vous pouvez demander à vos apprenant(e)s s'ils/si elles sont surpris par les résultats de cette étude et pourquoi. Ont-ils/elles lu une étude similaire ? Ou, au contraire, ont-ils/elles connaissance d'une étude contradictoire ?

L'environnement • Unité 4

Activité 10 (page 75)

Avant de commencer

Débutez cette activité en invitant les apprenant(e)s à effectuer des recherches en ligne ou en utilisant des ressources académiques pour trouver une enquête scientifique portant sur un effet de la situation environnementale sur l'être humain. Assurez-vous que les enquêtes choisies sont basées sur des recherches crédibles et récentes.

Lorsque chaque apprenant(e) a choisi une enquête que vous avez validée, demandez un résumé des résultats de l'enquête se concentrant sur les principales conclusions. L'objectif est qu'ils/elles soient en mesure d'expliquer en quoi la situation environnementale étudiée a un impact sur la santé humaine. Chaque apprenant(e) pourra ensuite présenter les résultats de l'enquête qu'il/elle a choisi à ses camarades. Encouragez-les à utiliser des supports visuels pour rendre leurs présentations plus attractives.

Proposition de réponse
Réponse libre

Suggestions d'exploitation

• Après chaque présentation, encouragez les apprenant(e)s à poser des questions et à participer à des discussions sur les implications des résultats de l'enquête. Incitez-les également à partager leurs propres points de vue sur le sujet.

Activité 11 (page 75)

Avant de commencer

Pour commencer, demandez à vos apprenant(e)s s'ils/si elles ont déjà entendu parler de Pierre Rabhi. Si oui, demandez à l'apprenant(e) de le présenter. Faites visionner la vidéo de TV5Monde Info qui le présente dont voici le lien : https://www.youtube.com/watch?v=fZAWk8kjJIg
Après avoir regardé la vidéo, lisez ou faites lire les questions de l'activité. Dites à vos apprenant(e)s qu'ils/elles pourront voir la vidéo 2 fois.

Réponses
1. Pierre Rabhi est en admiration, il trouve l'arbre magnifique, tandis que son ami ne voit dans l'arbre que du bois qu'il pourrait couper pour se chauffer.
2. Un être humain a besoin d'aimer, d'admirer.
3. L'agriculture moderne est pour lui un paradoxe, car les agriculteurs empoisonnent la Terre qui les nourrit.
4. Parce que l'homme souhaite découvrir et habiter d'autres mondes (la lune), alors qu'il ne prend pas soin de son propre monde, la Terre.
5. L'intelligence est le fonctionnement de la nature, le fait de respecter ses mécanismes, sa logique.
6. De changer l'éducation des enfants.

Suggestions d'exploitation

• Une fois l'activité 11 terminée, lisez la transcription de la vidéo avec les apprenant(e)s pour faire une compréhension fine du document. Expliquez-leur le lexique non compris. Revisionnez le document avec la transcription, puis une dernière fois sans transcription.

Activité 12 (page 75)

Proposition de réponse
Citoyens du monde,
Une partie de la solution aux défis environnementaux réside sans nul doute dans les valeurs et la vision que nous choisissons de transmettre à nos enfants. Seule une rénovation de notre système éducatif permettra le changement de paradigme nécessaire. Comme nous le répétait Pierre Rabhi, l'avenir de notre planète, de notre société et de nos enfants dépend étroitement de la manière dont nous formons les générations futures. Pour cette raison, je soutiens avec force son appel à réinventer notre approche de l'éducation.
Notre monde est confronté à des défis immenses, des crises environnementales aux inégalités sociales grandissantes. Il est impératif que l'éducation ne se limite pas à l'acquisition de connaissances académiques, mais qu'elle forme des citoyens conscients, responsables et engagés. Nous devons encourager nos enfants à penser de manière critique, nous devons les aider à développer leur empathie, à axer leur vision sur la durabilité et à se reconnecter à la nature.
Imaginons ensemble des réformes éducatives audacieuses. Au lieu de se borner à mémoriser des faits, nos élèves devraient apprendre à résoudre des problèmes complexes, à innover et à collaborer. L'éducation doit promouvoir des valeurs de respect de l'environnement et d'inclusion sociale. Les élèves devraient être encouragés à explorer leur curiosité, à apprendre de l'expérience et à remettre en question le statu quo.
En outre, il est impératif de sensibiliser les jeunes à l'importance de la durabilité et de l'environnement. Nous devons proposer dans nos écoles des séances de sensibilisation à l'écologie, la préservation de la biodiversité et le développement durable. De cette manière, nous pourrons favoriser la connexion des élèves à la nature et les inciter à devenir des défenseurs actifs de cette planète qui est la leur.
Chers parents, enseignants et décideurs, je vous exhorte d'entendre le message de Monsieur Rabhi. Il faut repenser le système éducatif pour un avenir plus harmonieux, équitable et durable. L'éducation est la clé pour un changement de paradigme. Le moment d'agir est venu ! Ensemble, nous pouvons donner à nos enfants les outils pour réaliser ce dont nous avons été incapables : forger un monde meilleur.
Écologiquement vôtre,

Suggestions d'exploitation

• Demandez aux apprenants de réfléchir à des projets pratiques en classe qui mettent en œuvre les concepts d'éducation axée sur la durabilité. Par exemple, créez un jardin scolaire, organisez des collectes de déchets ou initiez des actions de sensibilisation à la communauté.
• Suivant l'intérêt qu'ont les apprenant(e)s pour cette activité, vous pourrez ensuite leur proposer de mettre en œuvre, au sein d'un établissement d'enseignement, certains projets qu'ils/elles ont proposés.

PROJET — Agissez pour l'environnement (page 76)

Avant de commencer

Lisez tout d'abord le chapeau d'introduction du projet avec vos apprenant(e)s. Pour illustrer le projet attendu, vous pouvez présenter un événement en faveur de l'environnement qui a déjà été réalisé par un établissement scolaire.
Ensuite, lisez chaque étape, l'une après l'autre, en vous assurant de leur bonne compréhension.
Au cours de la réalisation du projet, soyez vigilant à ce que toutes les étapes soient bien effectuées. N'hésitez pas à conseiller et proposer des changements si besoin.

Suggestions d'exploitation

• Demandez à vos apprenant(e)s de créer une page sur un réseau social pour diffuser le projet.
• Si ce projet est réalisé pendant la semaine de la francophonie, l'objectif peut être double : mener une action pour l'environnement et mener une action de promotion de la francophonie. Inscrivez-le sur le site de l'OIF où les actions pour la francophonie sont répertoriées durant cette période, période durant laquelle la langue française est célébrée dans le monde entier.

UNITÉ 5
LES PROGRÈS SCIENTIFIQUES

Présentation et objectifs de l'unité

Dans cette unité, nous explorerons le monde des sciences et des technologies. Nous découvrirons les multiples applications des avancées technologiques dans les domaines de la santé, de l'écologie, de l'agriculture ou encore de l'entreprise. Nous plongerons dans l'inconscient et les mystères du cerveau humain pour en explorer ses limites. Avec l'aide de la science-fiction, nous imaginerons des futurs possibles ou bien irréels où cohabiteraient vie éternelle, transhumanisme et intelligence artificielle. Finalement, nous interrogerons la place de la science dans nos sociétés et ses liens complexes avec l'éthique.

Présentation des contenus

Je découvre...
> Des types de documents : articles d'opinion, textes philosophiques, extrait de bande dessinée, émissions de radio, vidéos, caricature de presse, articles journalistiques, podcasts

> des types d'interactions : Faire des hypothèses sur le futur ; Qualifier de façon précise ; Exprimer des doutes / Se montrer sceptique ; Prendre parti sur une innovation ; Exprimer son opinion argumentée ; Mettre en relief le thème central et les éléments pertinents ; Faire des hypothèses réelles et irréelles (2)
> des points de méthodologie : organiser son discours, qualifier de façon précise ; introduire (définition des termes et ouverture) ; mettre en relief le thème central et les éléments pertinents
> des points de grammaire : les hypothèses avec « si » ; le conditionnel présent (conjugaison)
> du vocabulaire : la santé, la médecine, la vieillesse, le cerveau, les nouvelles technologies, l'histoire, les choix de société, le transhumanisme, l'éthique, les technologies, l'innovation (en agriculture, dans l'entreprise, en médecine), l'intelligence artificielle, l'exploration spatiale, l'inconscient, l'environnement
> des notions de phonétique : le conditionnel présent – prononciation
> un projet : Imaginer le monde de demain

Page d'ouverture (page 79)

Annoncer les objectifs de l'unité et souligner les différentes thématiques qui sont mises en valeur : les progrès scientifiques, l'innovation, l'éthique et les limites de la science, ses mystères...
Avant de visionner la vidéo, inviter les apprenants à répondre brièvement à la question « Et vous ? » pour évoquer leurs sentiments vis-à-vis des dernières avancées scientifiques et mobiliser du vocabulaire utile.
Regarder la vidéo dans laquelle sont abordés trois thèmes polémiques en relation aux progrès scientifiques : la création d'humains « hybrides » à l'aide de la robotique, les avancées de la médecine régénérative par la bio-impression de cellules humaines et la poursuite de la vie éternelle grâce à la manipulation génétique. Demander aux apprenant(e)s d'identifier les mots qu'ils/elles comprennent et ceux qu'ils/elles ne comprennent pas. Puis les faire travailler en binôme pour répondre à la question :
– D'après cette vidéo, va-t-on avoir la vie éternelle grâce à la science ?

LEÇON 1 — La science, entre peur et fascination (pages 80-84)

Avant de commencer

Pour travailler la prosodie, inviter les apprenants à lire le titre de la leçon à voix haute en mettant le ton. Puis demandez-leur de reformuler l'idée du titre.
Vous pouvez répéter ce court exercice à chaque début de leçon pour préparer vos apprenants aux compétences « Lexique » et « Maîtrise du système phonologique » présentes notamment dans l'évaluation de l'examen oral du DALF C1.
Présentez brièvement les points de grammaire, de vocabulaire et d'interactions qui seront traités dans cette leçon 1, à savoir :
– grammaire : les hypothèses avec *si*
– vocabulaire : la santé, la médecine, la vieillesse, le cerveau, les nouvelles technologies, l'histoire, les choix de société, le transhumanisme, l'éthique
– interactions : faire des hypothèses sur le futur, organiser son discours, qualifier de façon précise

Activité 1 (page 80)

Avant de commencer
Observer la photo et le titre du texte. Peut-on dire qu'il s'agit d'un document accrocheur ? Pourquoi ?

Réponses possibles
1. David Sinclair est un généticien, directeur d'un laboratoire à l'université de Harvard. Il appuie sa thèse selon laquelle on peut inverser le vieillissement sur des arguments de type scientifique : l'observation de l'état de santé de certaines personnes dotées d'une exceptionnelle longévité et de patients atteints de diabète ; des expériences scientifiques sur des gènes (les facteurs de Yamanaka). Cependant, David Sinclair reste très vague (ex : « **les** scientifiques ont découvert […] ; « **une** étude montre que […]) et il entoure ses conclusions de précautions oratoires (« il sera **bientôt** possible […] ; « il existe **des** molécules […] **qui semblent** prometteuses »)
2. Pour vivre longtemps et en bonne santé, David Sinclair conseille de faire attention à ce qu'on mange et à la quantité, de suivre un régime de type méditerranéen, de manger moins souvent et de faire de l'exercice physique. Ces conseils sont largement partagés et diffusés à travers le monde occidental, ils ne sont donc pas surprenants.

3. On peut penser que David Sinclair est très influent parce qu'il donne de l'espoir à des millions de personnes qui rêveraient de pouvoir vivre longtemps et en bonne santé. Il est également très médiatisé (la BBC, le magazine Times, CNEWS...).

Prolongement
Demander aux apprenants de relever une expression idiomatique dans le texte et de l'expliquer.

Réponse

Expression idiomatique	Signification	Exemple en contexte	Source
Croire dur comme fer en quelque chose	être absolument certain de quelque chose	« *Inverser le vieillissement, le généticien David Sinclair y croit dur comme fer.* »	Manuel Odyssée C1/C2 – P. 76

Suggestion d'exploitation
Comme rituel de classe, vous pouvez aussi afficher dans la salle de cours le tableau ci-dessus et le laisser à disposition des apprenants pour qu'ils le complètent en autonomie à chaque nouvelle apparition d'une expression idiomatique inconnue.

Grammaire (page 80)

Inviter les apprenants à approfondir à la maison cet encadré grâce à leur manuel de grammaire ou aux pages « Banque de Ressources » dédiées de cet ouvrage. (page 227)

Proposition de réponses
1. Si nous adoptons quelques habitudes simples, nous pourrons vivre plus longtemps en bonne santé.
2. Si les tests sur les médicaments étaient favorables, il serait possible de faire rajeunir nos cellules dans le futur.
3. Si la société croyait qu'il existe des solutions pour lutter contre le vieillissement, nous pourrions le traiter, voire le guérir.
4. Si le vieillissement est considéré comme une maladie, les médecins n'hésiteront plus à prescrire certains types de médicaments « anti-âge ».

Unité 5 • Les progrès scientifiques

Activité 2 (page 81)

Réponse possible

Si le vieillissement était considéré comme une maladie traitable, les personnes âgées auraient la sensation qu'elles sont des victimes. Si leur pays a un système d'assurance sociale, les trentenaires auraient probablement beaucoup de pression car ils feraient partie du groupe d'âge qui doit travailler pour soutenir les fonds de retraite des seniors. S'il était effectivement possible d'inverser le vieillissement, les jeunes deviendraient une minorité toujours plus réduite. Si le gouvernement déclarait que le vieillissement est une maladie, les maisons de retraite changeraient de nom. Elles se transformeraient en unités de soins. Si en plus on pouvait vraiment traiter le vieillissement, les politiques de pension s'affoleraient et beaucoup de nouvelles entreprises privées se créeraient pour faire face au vieillissement de la population.

Activité 3 (page 81)

Avant de commencer

Mobiliser le vocabulaire lié au doute pour « se montrer sceptique ». Faire un rappel des modes à utiliser, notamment celle du subjonctif dans l'expression du doute. Procéder de même pour la demande de précisions.

Prolongement

En binômes, demander aux apprenants de se mettre dans la peau de l'équipe de rédaction du journal « CNEWS » pour répondre aux commentaires des autres apprenants. Avant de faire circuler les écrits, corriger les erreurs (en groupe classe ou vous-même).

Activité 4 (page 81)

Avant de commencer

Demander aux apprenants s'ils connaissent des bandes dessinées francophones. Souligner que le pays le plus célèbre pour sa production de BD est la Belgique. Mais d'autres pays francophones se démarquent également. Par exemple, ZEP, l'auteur de la planche reproduite ici, est suisse. Ses ouvrages se dirigent aussi bien aux enfants (série des « Titeufs ») qu'aux adultes (Ex : Qui nous sommes). Vous pouvez inviter vos apprenants à rechercher d'autres bandes dessinées qui s'adressent à un public adulte et les encourager à en lire. Quelques auteur(e)s : Enki Bilal, Jean Van Hamme, Claire Brétécher, ZEP, Zidrou, Cosey, Florence Cestac, Roger Leloup, René Goscinny.

Proposition de réponses

1. D'après les deux vignettes de la bande dessinée, on peut imaginer que ce monde est très organisé, efficace et esthétique mais aussi aseptisé et un peu fade.
2. Réponse libre

Activité 5 (page 81)

Réponses

1. Le projet (européen) Human Brain sur la numérisation d'un cerveau humain
2. Questionnement philosophique : Qu'est-ce qui fait de nous des humains ?
3. Non, le professeur Magistratti doute qu'un cerveau artificiel puisse nous aider dans nos apprentissages. Selon lui, ce type de cerveau ne permet pas le processus d'apprentissage : « *Cela implique que le cerveau se modifie pour comprendre.* » ; « *L'inscription dans les réseaux neuronaux de l'expérience est essentielle pour l'apprentissage.* »

Activité 6 (page 81)

Proposition de réponses

30 ans après le lancement du Human Brain Project, les plus riches se font installer une interface numérique dans le cerveau. Cela leur permet de vivre dans leur chair des expériences numériques et d'assimiler de nombreuses connaissances en un temps record.

Activité 7 (page 81)

Suggestion d'exploitation

Pour faire participer l'ensemble des apprenants, diviser la classe en plusieurs rôles. Deux apprenants jouent le rôle des modérateurs : ils introduisent et concluent le débat, posent des questions et gèrent le temps de parole des invités. Deux autres apprenants font les scripts : ils ne participent pas à l'oral, mais prennent des notes et font la restitution orale à la fin du débat (ou le lendemain). Le reste de la classe joue le rôle des invités. Ils peuvent s'inventer une spécialité ou parler en nom propre. Pour le bon fonctionnement du débat, il peut être intéressant de les diviser entre ceux qui pensent globalement que la technologie nous « diminue » et ceux qui pensent le contraire.

Activité 8 (page 81)

Suggestion d'exploitation

Cet exercice s'inscrit dans la continuité du débat. Il est donc conseillé de le réaliser soit en classe, soit à la maison mais à la suite de ce dernier. Les apprenants pourront bien sûr reprendre à l'écrit des arguments déjà utilisés à l'oral lors du débat. Ils peuvent également partir sur d'autres pistes qui les intéressent davantage. Vous pouvez les encourager à reprendre l'expression du doute et de l'hypothèse vus dans les exercices précédents.

Activité 9 (page 81)

Proposition de réponses
Première question :
Est-il possible de réaliser la greffe d'un cerveau ?
Non, pas actuellement. On ne sait pas réparer la moelle épinière et ses fonctions.
Deuxième question
Nos neurones sont-ils sous-exploités ?
Non, nous utilisons tous nos neurones mais nous les sollicitons à des moments différents, pas tous à la fois.
Troisième question :
Le cerveau des hommes et celui des femmes ont-ils le même poids ?
Non, pas exactement. Mais le corps des hommes et des femmes non plus ne pèse pas pareil. De plus, il n'y a pas de lien entre le développement du cerveau et le genre ni entre le poids exact du cerveau et l'intelligence.
Quatrième question :
Est-ce une fatalité que notre cerveau vieillisse ?
Oui. Nos neurones subissent un vieillissement à partir de l'âge de 20 ans. D'un autre côté, à tout âge de nouveaux neurones continuent à apparaître et notre cerveau apprend.

Activité 10 (page 81)

Suggestion d'exploitation

Pour répondre à cette question, les apprenants peuvent s'appuyer sur l'entretien radio du dessinateur Zep et du professeur Magistratti et sur la vidéo de l'activité 9. Attention, il leur est demandé de fournir aussi des exemples personnels.

Exemple de réponse

« Le cerveau ne vieillit que si on ne s'en sert pas. » Selon moi, cette affirmation se vérifie quotidiennement, particulièrement quand on fréquente des personnes âgées. En effet, j'ai été frappée plus d'une fois par la vivacité d'esprit de personnes ayant passé la barre des 80 ans. Selon la personnalité et les motivations de chacun, cet âge peut être vu comme l'âge du déclin ou comme l'apogée de la sagesse.
A mon avis cette constatation vient, comme l'explique le professeur Magistratti, de la plasticité de notre cerveau. A n'importe quel âge, il est possible que notre cerveau crée de nouveaux neurones ou, au contraire, que l'absence de stimulations nous fasse perdre des capacités intellectuelles. Tout dépend donc de la nécessité qu'a notre cerveau de répondre à de nouvelles demandes. Et ces demandes, c'est nous qui les créons. A l'instar d'un muscle, notre cerveau a besoin d'exercice pour se maintenir en forme !

Activité 11 (page 82)

Réponses
1. Il s'agit d'un texte argumentatif.
2. D'après l'auteur, on ne peut pas considérer que la science ne recherche que l'accès à de nouvelles connaissances. En effet, les questionnements et les avancées scientifiques influent sur les choix de société. Citation : « *la science entretient des relations étroites avec les aspects sociaux, politiques, économiques du fonctionnement de nos sociétés qui dépassent généralement le seul intérêt scientifique de ses productions : on ne peut ainsi envisager l'activité scientifique en dehors du monde social qui la rend possible.* »
3. Oui, ce débat est ancien. Exemples du texte :
« *De l'éclairage de ville au gaz qui empoisonne la vie des bourgeois, qui sont chargés de l'entretien, à la généralisation de la pratique de l'inoculation puis de la vaccination de masse, qui rencontrèrent de vives oppositions, nombreux sont les épisodes dont l'analyse nous montre que la mise en place d'une technologie n'est jamais gagnée d'avance.* »
4. Quels sont les enjeux des découvertes scientifiques dans le monde actuel ? « *[D]e nos jours, l'activité scientifique associe la compréhension du monde à une volonté d'agir sur les objets qu'elle étudie et d'en maîtriser l'évolution ; [...] la science se doit d'être utile et efficace, rentable même pourrait-on dire.* »
+ Réponse libre

Activité d'expansion

La structure de ce texte peut facilement être utilisé comme modèle positif d'un texte argumenté clair et structuré. L'exercice ci-dessous a pour objectif de comprendre quels sont les « ingrédients » qui font qu'un texte argumenté soit bien structuré afin que les apprenants puissent en produire à leur tour.
1. Relever les articulateurs du discours et les placer dans un tableau. Ex : opposition / égalité / comparaison etc. Puis, s'assurer de bien en comprendre la signification.
2. Relire le texte et identifier les parties : introduction / problématique / partie 1 / partie 2 / partie 3 / conclusion/
3. Associer les reformulations suivantes aux parties identifiées en 2)
• La confiance dans la science a varié selon les époques. L'Histoire nous prouve que, même si la science a été généralement perçue positivement, elle a toujours fait débat.
→ ....
• La science attire, fascine. → ....
• La science fait progresser l'humanité si ce sont les citoyens qui choisissent. → ....
• Aujourd'hui, la science veut et peut agir sur les objets, avec toutes les conséquences politiques, sociales ou éthiques qui en découlent. → ....
• La science n'est pas une quête désintéressée de connaissances. → ....
• Comment pourrait-on définir un progrès scientifique ?
→ ....

Réponses activité d'expansion

1. Exemple de réponse :

opposition	comparaison	but	conséquence	ajout
cependant	voire	pour	puisque	Et
mais			Par conséquent	Bien plus
pourtant				ainsi
				En parallèle
				Du reste

2. Réponses :

La science fait progresser l'humanité

INTRODUCTION

[…] « L'aventure scientifique, c'est fascinant ! Que de progrès techniques, quelle amélioration de notre niveau de vie ! La science, en augmentant les connaissances dont l'homme dispose, accroît sans cesse sa maîtrise sur son environnement, lui permettant d'utiliser son imagination pour améliorer sa condition, pour faciliter son quotidien. » Pourquoi ce discours n'emporte-t-il pas une adhésion unanime et ne convainc-t-il pas toujours ? […]

PROBLEMATIQUE

On se rend vite compte que définir ce qui constitue un progrès pour l'humanité revient à se demander ce qui est souhaitable pour l'homme, voire même à définir ce qui caractérise l'être humain. Vaste et difficile question que de nombreux philosophes se sont efforcés de traiter et à laquelle nous ne prétendrons pas apporter une réponse. […]

PARTIE 1

Si l'on pense que la science est « une quête désintéressée de connaissances », alors rien ne s'oppose a priori à son développement, puisque les savoirs seraient des facteurs d'émancipation, de meilleure compréhension de l'environnement, qui nous permettrait par exemple de mieux nous protéger de ses aléas, ou de s'y adapter en les anticipant.

Cependant, la science entretient des relations étroites avec les aspects sociaux, politiques, économiques du fonctionnement de nos sociétés, qui dépassent généralement le seul intérêt scientifique de ses productions : on ne peut ainsi envisager l'activité scientifique en dehors du monde social qui la rend possible. Pour évaluer les types de progrès sociaux auxquels contribuent les sciences et les techniques, il est par conséquent impossible de considérer exclusivement les connaissances qu'elles produisent.

PARTIE 2

En remontant un peu dans l'histoire, nous comprenons que la confiance dans la science, comme facteur de progrès pour les hommes, fut à certaines périodes confortée, mais à d'autres confrontée à des moments de crises.

Au XVIIe siècle, une partie de la science se développe dans le contexte du mouvement philosophique des Lumières, où elle est considérée comme nécessairement bienfaitrice. La confiance qu'elle inspire alors est absolue, le savoir devant permettre de répondre à toutes les questions qui se posent à l'Homme. Bien plus, les mutations des modes de vie que les connaissances scientifiques entrainent sont considérées comme un bien en soi. Après les résultats de Newton, contemporain des Lumières, et dans les siècles qui suivent, les travaux du mathématicien Laplace, du physicien Maxwell, ou encore plus tard du biologiste Pasteur, pour ne citer qu'eux, répondent à des besoins parfois vitaux : se chauffer, se soigner, éclairer, voyager, communiquer, etc. Ainsi par exemple, à partir du XIXe siècle, la maîtrise de la thermodynamique, associée à la mécanique puis à l'électricité aboutie au développement des locomotives et des systèmes ferroviaires.

Pendant les Trente Glorieuses, des années 1940 à 1970, une foi totale dans le développement technique s'exprime, considéré comme l'application directe de l'activité scientifique et source de progrès industriel, économique et social. On considère alors que les sciences et les techniques résoudront toutes les difficultés. Il s'agit d'une véritable fuite en avant : si les processus techniques posent à leur tour des problèmes, la technique elle-même sera mise à contribution pour les résoudre.

Pourtant, en-dehors – et même au sein – de ces moments particuliers de confiance immodérée, les prodigieux développements des sciences et des techniques et les perturbations de la sphère sociale qui s'exercent à leur suite ne se sont jamais déroulés sans heurts ni contestations. De l'éclairage de ville au gaz qui empoisonne la vie des bourgeois, qui sont chargés de l'entretien, à la généralisation de la pratique de l'inoculation puis de la vaccination de masse, qui rencontrèrent de vives oppositions, nombreux sont les épisodes dont l'analyse nous montre que la mise en place d'une technologie n'est jamais gagnée d'avance. […]

PARTIE 3

Qu'en est-il aujourd'hui ? Depuis deux ou trois décennies, la place de la science dans notre société a changé. Avec la mise en place d'ordres économiques et politiques nouveaux, son lien à l'Etat, ses modes de fonctionnement et de production des savoirs ont subi de nombreuses transformations. Pour n'en citer qu'une, on peut mentionner la possibilité récente d'accorder des droits de propriété sur des recherches fondamentales, comme par exemple sur des séquences d'ADN de la souris. Ainsi, de nos jours, l'activité scientifique associe la compréhension du monde à une volonté d'agir sur les objets qu'elle étudie et d'en maîtriser l'évolution ; c'est même ce qui la caractérise depuis la révolution copernicienne qui est advenue quelque part entre le XVIe et le XVIIIe siècle. Ce pouvoir de transformer le monde est nécessairement associé à des considérations sociales variées : la science se doit d'être utile et efficace, rentable même pourrait-on dire. En parallèle, les sciences et les techniques actuelles ouvrent des perspectives particulièrement difficiles à prévoir ou à encadrer comme c'est le cas des problèmes climatiques, du clonage, des xénogreffes, des nanotechnologies, de la manipulation du vivant, … Du reste, dans certains cas, les directions prises par certaines recherches et utilisations de résultats scientifiques ne s'accordent pas avec les choix que l'ensemble des citoyens souhaiteraient réaliser. Les controverses nées autour des OGM ou des nanotechnologies l'illustrent bien.

CONCLUSION

Ces derniers exemples posent des questions essentielles : comment le développement des connaissances et des productions scientifiques peut-il aujourd'hui s'associer aux vœux de la majorité des citoyens ? Dans la mesure où « la science est dans le social, la science a des comptes à rendre sur ce qu'elle fait qui est toujours déjà un choix politique ». Étant donné les enjeux de ces choix, les scientifiques se doivent de se poser de telles questions. C'est ce qu'entreprend le domaine de la bioéthique, par exemple, en remettant au centre les valeurs humaines. Elle se développe depuis les années 1960, en particulier suite à la Seconde Guerre mondiale et aux dérives que l'on y a connues et s'inscrit dans une demande générale de précaution. Celle-ci est associée au constat lucide et partagé que le progrès matériel, même s'il est souvent libérateur, est insuffisant en soi pour orienter des choix de société. […]

3. Réponses :
• La confiance dans la science a varié selon les époques. L'Histoire nous prouve que, même si la science a été généralement perçue positivement, elle a toujours fait débat. → partie 2
• La science attire, fascine. → introduction
• La science fait progresser l'humanité si ce sont les citoyens qui choisissent. → conclusion
• Aujourd'hui, la science veut et peut agir sur les objets, avec toutes les conséquences politiques, sociales ou éthiques qui en découlent. → partie 3
• La science n'est pas une quête désintéressée de connaissances. → partie 1
• Comment pourrait-on définir un progrès scientifique ? → problématique

Activité 12 (page 83)

Pistes d'exploitation

• **La machine à laver le linge.** Les femmes ne se retrouvent plus à la rivière ou au lavoir. Un type de sociabilité disparaît. Enfermement de certaines femmes à la maison.

• **L'énergie nucléaire en France.** Création de déchets radioactifs dont on ne sait comment se débarrasser. En conséquence création de « cimetières de radioactivité ».

• **Essais nucléaires dans les DOM-TOM.** Sentiment de manipulation et d'injustice pour la population locale. Conflit avec la métropole.

• **Le kleenex ou mouchoir en papier jetable.** Arrêt de commercialisation des mouchoirs en tissus et de leur personnalisation (trousseau). Disparition de la symbolique de l'objet. Création de déchets., Mentalité du « utiliser/jeter ».

Activité 13 (page 83)

Réponses :

1. D'après Edgar Morin, la science, depuis trois siècles, vérifie des hypothèses et fait des découvertes. Exemples de nouveaux savoirs : des connaissances sur notre Soleil, sur l'univers, sur la génétique.
2. À mon avis, Edgar Morin a voulu illustrer avec ces exemples précis l'ampleur des champs de recherche de la science d'un côté (« *la découverte de l'univers, de la vie, de l'homme* ») et l'importance de ses conséquences dans notre actualité de l'autre (« *domestication de l'énergie nucléaire et les débuts de l'ingénierie génétique* »)
3. Malgré ses indiscutables qualités, la science nous pose de nombreux et graves problèmes, en tant que société.
+ Réponse libre

Activité 14 (page 83)

Pistes d'exploitation

L'objectif de cet exercice est de vérifier la compréhension fine du texte et de s'entraîner à la reformulation et à l'introduction de connaissances personnelles dans un texte argumentatif. Pour faciliter l'exercice, le professeur peut le découper en plusieurs étapes.

Étape 1.
En grand groupe, résumez la thèse de l'auteur à l'oral.

Étape 2
En binômes, reformulez les idées principales du texte à l'écrit.

Étape 3
Prendre en compte le contexte d'écriture. Recherchez sur internet les principales découvertes scientifiques des années 1980. En binômes, relevez au moins deux avancées scientifique ou techniques qui n'avaient pas encore vu le jour à cette époque.

Étape 4
En binômes, répondez aux questions suivantes : « D'après vous, quelles idées ou exemples du texte ont changé depuis 1982 ? Pourrait-on par exemple rajouter une découverte scientifique significative ?

Étape 5
En reprenant les reformulations de l'étape 2, rajoutez des exemples d'une ou deux avancée(s) scientifique(s) actuelle(s) et remplacez les 3 adjectifs.

LEÇON 2 — Technologie : liberté ou servitude ? (pages 84-87)

Avant de commencer

Attirer l'attention des apprenants sur le sous-titre de la leçon : « La technologie, un pur outil au service de l'humanité ? ». Et poser les questions suivantes :
– Quel serait le contraire ?
– Quelle relation existe entre le sous-titre de la leçon et le document 1 ?
Exemples de réponse : On peut considérer la technologie comme un outil, mais avec de nombreux « effets secondaires » et non pas un « pur outil au service de ». On peut aussi s'interroger, comme dans la caricature, sur qui est au service de qui.
Présentez brièvement les points de grammaire, de vocabulaire et d'interactions qui seront traités dans cette leçon 2, à savoir :
– grammaire : le conditionnel à l'oral
– vocabulaire : les technologies, l'innovation (en agriculture, dans l'entreprise, en médecine), l'intelligence artificielle, la santé
– interactions : prendre parti sur une innovation, exprimer son opinion
Puis, faire l'activité 1.

 ### Activité 1 (page 84)

Proposition de réponses
1. L'homme semble être un scientifique. Il porte une blouse blanche et tient un petit tournevis dans sa main. Il a une expression neutre. On ne voit pas ses yeux, mais son cerveau, oui. Avec le tournevis, il manipule un écrou situé sur le ventre du robot en face de lui.
Le robot est un androïde. Il a une forme humaine, avec des bras et des jambes. Il n'a pas d'expression car sa tête est un casque avec une visière. Il est bleu. On peut penser qu'il est fait en métal. Il a les bras tendus au-dessus de sa tête et porte une énorme clé double grise avec laquelle il manipule le cerveau de l'humain en face de lui.
La caricature laisse penser que le robot domine parce qu'il est placé au-dessus de l'humain et que son outil est beaucoup plus gros que celui du scientifique. Le cerveau qu'il manipule semble aussi un élément plus important que l'écrou du ventre que tourne le scientifique.
2. Cette caricature renvoie à la peur que les machines puissent dominer l'humanité ou encore au débat selon lequel nous nous faisons manipuler et transformer par la technologie que nous créons.
3. Les scientifiques maîtrisent-ils vraiment les technologies qu'ils créent ?
OUI : dans la théorie, tout est encadré, maîtrisé et analysé. Les humains ont une longue expérience.
NON : dans la pratique, il est impossible de prévoir toutes les conséquences d'une invention technologique. De plus, elles peuvent sortir des laboratoires ou être détournées et les scientifiques perdent alors le contrôle.

 ### Activité 2 (page 84)

Avant de commencer

Attirer l'attention des apprenants sur la source du document. De qui émane cet article ? (réponse : presse spécialisée)

Proposition de réponses :
1. D'après le document, le continent africain a récemment fait un bond en avant en matière d'innovation parce qu'il a compris que l'innovation devait répondre localement à ses problématiques propres. Les avancées technologiques sont désormais par et pour les Africains. La crise sanitaire due au COVID-19 a accéléré cette prise de conscience et son efficacité en incitant les différents acteurs à coopérer et échanger de l'information.
2. Les principaux freins au développement technologique de l'Afrique sont son morcèlement et sa difficulté à collaborer. Ses principaux atouts sont la jeunesse de sa population et le fait qu'il y existe de la technologie de pointe.

 ### Activité 3 (page 85)

Avant de commencer

Attirer l'attention des apprenants sur le mot « Opinion » et sur la source et le nom de l'auteur. Qui est Carl Standertsjold ? Quel rôle occupe-t-il dans son entreprise et en quoi cela influence-t-il sur ce qu'il écrit ? (réponse : il est responsable marketing chez Sony Europe. Il connaît donc une entreprise moderne et grande. En publiant des articles dans la presse, on peut penser qu'il contribue à donner une bonne image de son entreprise).

Réponses :
1. Le thème central de l'article est : « les nouvelles technologies dans l'entreprise ». Thèse : La technologie est un atout pour les entreprises car elle permet aux employés de bénéficier des outils dont ils ont besoin et leur libère du temps.
2. Les nouvelles technologies permettent un gain de temps, d'efficacité et une meilleure communication. Citation : « *En accélérant la prise de décision, en améliorant la communication entre les employés et en optimisant le temps de travail par l'élimination d'un certain nombre de tâches, les nouvelles technologies ont libéré le potentiel des employés !* » Tous ces apports ont une conséquence bénéfique : celle de permettre aux employés de se consacrer à l'amélioration de leur entreprise. Citation : « *Grâce aux gains de productivité, aux espaces de travail qui favorisent le bien-être et à une meilleure collaboration, les employés peuvent se consacrer à de nouvelles tâches au sein de leur entreprise et l'aider ainsi à renforcer sa compétitivité et son attractivité.* »
3. Le DSI (Directeur des Services Informatiques) a pour rôle d'encadrer le département informatique, accompagner et rassurer les employés dans les périodes de transition, de répondre aux besoins des jeunes, de fournir des outils

innovants pour valoriser l'entreprise et d'attirer de nouveaux talents.
4. Selon moi, ce modèle fonctionne dans les grandes entreprises de services, avec un nombre important de salariés et des capacités d'investissement. Ce n'est pas un modèle qui pourrait s'appliquer à des PME ou PMI plus modestes.

Activité 4 (page 85)

Suggestions de réalisation

Dans cette activité, il s'agit de rédiger un courriel professionnel, en utilisant un langage formel et avec un nombre de mots restreint (maximum une page recto-verso). Il est conseillé de revoir les interactions utiles (donner son opinion, nuancer, conseiller/mettre en garde) et le vocabulaire de l'entreprise. Insister sur la relecture et l'auto-correction permet également de progresser au niveau de la grammaire et de la syntaxe. Selon le temps disponible, on peut ainsi demander aux apprenants de récrire une deuxième fois leur production après la relecture du professeur pour intégrer les corrections apportées.

Activité 5 (page 85)

Suggestions d'exploitation

Ce jeu de rôle peut se réaliser en autonomie. Après s'être réparti les rôles, les apprenants prennent 5 minutes pour annoter leurs idées puis font l'exercice en binôme. Le professeur passe entre les binômes pour aider à l'expression et prendre des notes pour une correction *a posteriori*.

Activité 6 (page 86)

Avant de commencer

Cette vidéo aborde le thème de l'agriculture. Avant de commencer, mobiliser le vocabulaire utile à la compréhension de la vidéo avec un court échange. Vous pouvez pour cela utiliser le titre du document. *Exemples* : D'après vous, l'agriculture a-t-elle beaucoup changé ces dernières décennies ? Pour vous, comment est « l'agriculture du présent » ?

Réponses :
1. Au début de la vidéo, le locuteur évoque deux révolutions industrielles du 19ᵉ siècle : l'apparition de la machine à vapeur et l'utilisation des engrais chimiques.
2. Le double défi de l'agriculture actuelle est de nourrir une population mondiale toujours plus nombreuse d'un côté et de limiter son impact négatif sur l'environnement de l'autre.
3. Les 5 évolutions futures de l'agriculture sont, d'après la vidéo : l'agriculture 4.0 ; les innovations techniques ; L'innovation alimentaire ; Les fermes verticales urbaines ; Les usages connexes à l'agriculture. **Exemple de réponse :** *Je pense que l'agriculture 4.0 est déjà une réalité. Elle a donc 100% de probabilité de réalisation. En revanche, je doute de son efficacité et de sa pertinence. Si tous les agriculteurs utilisaient toutes ces technologies de pointe pour cultiver nos aliments, l'agriculture consommerait une quantité impressionnante de ressources technologiques et il faudrait être riche pour s'y consacrer. Or, les agriculteurs, surtout dans les pays en développement – mais pas seulement-, n'ont majoritairement pas de capital.*

Grammaire (page 86)

Réponses
Verbes au conditionnel :
Il regardait / il **regarderait**
Nous **pourrions** / nous pouvions
Elles aimaient / elles **aimeraient**
Tu entendais / tu **entendrais**
J'expliquais / j'**expliquerais**
Vous changiez / vous **changeriez**

Activité 7 (page 86)

Pistes de réponse :
Quelques exemples passés où le contexte culturel et historique a été décisif :
La concurrence entre nations avec la « course aux étoiles » entre l'Union Soviétique et les Etats-Unis → ingénierie spatiale
– le colonialisme qui opposait les grands règnes d'Europe → développement des outils de navigation
– la concurrence entre les religions protestantes et catholiques → développement de l'imprimerie
– la survie et l'adaptation à des changements climatiques → domestication du feu, puis invention de l'agriculture et de l'élevage ; de nos jours → contraintes environnementales avec « l'agriculture du futur » ; constructions antisismiques

Activité 8 (page 86)

Avant de commencer

Attirer l'attention des apprenants sur le sous-titre de la leçon. Que signifie l'expression « à double tranchant » ? (Réponse : métaphore d'un couteau qui coupe des deux côtés et peut ainsi blesser la personne qui veut l'utiliser). Définition de linternaute.fr : « *Atout que l'on peut utiliser contre les autres, mais qui peut à tout moment se retourner contre soi.* ». Rajouter cette expression idiomatique dans le tableau de classe des expressions.

Réponses :
1. À l'époque de ce sondage, on peut penser que l'intelligence artificielle était une nouveauté dans le contexte médical belge. En effet, le sondage a pour objectif de vérifier l'approbation des patients avant d'introduire différents dispositifs utilisant l'I.A. Justification : « *Interrogés sur leur volonté d'adopter ou de rejeter quatre outils basés sur l'intelligence artificielle, [...]* »
2. Risques : remplacement inapproprié de l'intelligence humaine ; risques de piratage ; « *mauvais usage des données de santé par des tiers* » / Avantages : Améliorer

le suivi et la réactivité des soins ; réduire le fardeau de leur traitement ; faciliter le travail des soignants.
3. Réponse libre
4. La majorité des répondants souhaite que les médecins humains exercent un contrôle sur les machines et continuent à assumer la partie de la relation humaine des traitements médicaux.
5. Réponse libre

Activité 9 (page 87)

Avant de commencer
– Faites des hypothèses en grand groupe sur la signification de la médecine « prédictive ». Quel nom ou verbe appartient à la même famille que « prédictive » ? Dans quels contextes les utilisent-on ?
(Exemples de réponses : prédire ; prédiction => météo, astrologie).
– Quelle est la signification de « mieux vaut prévenir que guérir » ? Reformuler. (Réponses possibles : *il vaut mieux anticiper plutôt que s'occuper des conséquences / C'est une meilleure idée de prévenir plutôt que de soigner, etc.*). Demander aux apprenants s'ils connaissent d'autres dictons en français.
– Mobiliser le vocabulaire de la médecine en grand groupe avec une pluie d'idées chronométrée, par exemple de 1 minute. Pour plus de dynamisme et une participation globale de la classe, vous pouvez faire le jeu de la « patate chaude » Le professeur écrit les suggestions ou tableau. Il complète le vocabulaire après une 1ᵉ écoute de l'émission radio (maladies, pathologies, prise de sang, effets secondaires, analyses etc.). Puis on procède à une seconde écoute. Enfin, le professeur invite les apprenants à répondre aux questions de l'activité.

Réponses :
1. Le principal objectif de la médecine prédictive est de prévoir les éventuels problèmes de santé d'un patient pour les traiter le plus tôt possible ou les éviter. Citation : « *[Elle] vise à identifier des facteurs de risque d'une pathologie pour mettre en place ce qu'on appelle des stratégies de dépistage ou de prévention.* »
2. Non, d'après le Docteur Pujoul, le bilan de santé prédictif ne fait pas l'unanimité chez les patients, ni chez les médecins.
3. Les inconvénients, pour les patients, c'est que certains pourraient mal gérer la situation. Chez les médecins, la plupart préfère rester uniquement sur les antécédents familiaux ou les maladies rares. En effet, ils ont l'appui de la loi et ces deux domaines sont moins délicats que celui du bilan de santé prédictif où savoir ne suffit pas : il faut aussi prendre – ou non – la décision de transmettre des informations, qui, par ailleurs ne sont pas sûres à 100%.
4. Le problème que pose l'intervention de l'IA dans la collecte de données de santé à grande échelle est celui de **qui** les collecte et de **comment** il va les utiliser. En effet, avoir accès à des données de santé peut donner lieu à de la discrimination. Tous les pays n'ont pas le même problème. Ainsi, en France il existe des lois pour protéger contre les discriminations à l'embauche, notamment, alors qu'aux Etats-Unis ce n'est pas le cas.

Activité 10 (page 87)

Suggestions d'exploitation :
Cette activité peut s'utiliser comme un entraînement pour réaliser un plan dialectique (OUI/NON). Pour cela, on peut la diviser en plusieurs étapes. Tout d'abord, « choisir son camp » : pour ou contre la médecine prédictive ? Pourquoi ? Cette étape peut se réaliser en autonomie. Pour s'aider, l'apprenant peut utiliser le tableau suivant. Il n'est pas nécessaire de remplir toutes les cases de la seconde colonne. En revanche, il faut toutes les remplir dans la dernière colonne pour avoir un vrai plan dialectique. Les arguments et les exemples de la partie qui correspond à l'opinion de l'apprenant doivent bien sûr avoir plus de force que ceux du camp « adverse ».

Pour ou contre ?		Pour ou contre sa généralisation ?	
POUR	→	POUR	→
CONTRE	→	CONTRE	→
EXCEPTIONS	→	EXCEPTIONS	→
EXEMPLE CONCRET POUR	→	EXEMPLE CONCRET POUR	→
EXEMPLE CONCRET CONTRE	→	EXEMPLE CONCRET CONTRE	→

Activité 11 (page 87)

Suggestion d'exploitation
L'utilisation des données chiffrées et d'éléments tirés de la leçon est un entraînement à ce qui est demandé dans l'examen du DALF C1. Les apprenants qui souhaitent préparer l'examen peuvent être invités à prendre connaissance de l'ensemble de la grille de notation, en fin de manuel, pour bien comprendre ce qu'on attend d'eux à l'examen.
Réponse libre

Les progrès scientifiques • Unité 5

LEÇON 3 — Les mystères de la science (pages 88-91)

Avant de commencer

Présentez brièvement les points de grammaire, de vocabulaire et d'interactions qui seront traités dans cette leçon 3, à savoir :
– vocabulaire : l'exploration spatiale, l'inconscient, le changement de climat
– interactions : mettre en relief le thème central et les éléments pertinents, faire des hypothèses réelles et irréelles (2), l'introduction : définition des termes et ouverture

Dans cette leçon nous nous intéresserons aux territoires encore inexplorés par la science, comme les trous noirs, les mystères des abysses ou le fonctionnement de la conscience humaine. Nous interrogerons également les limites de la connaissance et de l'efficacité scientifique, notamment en rapport avec la préservation de notre planète. A la fin de cette leçon, les apprenants seront en mesure de mettre en relief des éléments pertinents et d'approfondir l'expression de l'hypothèse réelle et irréelle.

« Découvertes » scientifiques ; « révolutions » industrielle ou verte, « inventions » sont autant de concepts liés à la science qui mettent en évidence que notre savoir a ses limites. Attirer l'attention des apprenants sur le sous-titre de la leçon : « Les mondes inexplorés » et leur demander d'en trouver des exemples. On mobilisera ainsi à la fois du vocabulaire utile et la curiosité des apprenants pour commencer la leçon d'un bon pied.

 Activité 1 (page 88)

Avant de commencer

Demander aux apprenants de choisir 3 adjectifs chacun qu'ils associent au mot « univers ». Marquer au tableau les adjectifs qui reviennent le plus souvent. Puis faire une première lecture du texte et enrichir la liste pour gagner en vocabulaire et en précision.

Réponses

1. D'après les scientifiques, notre univers a une forme plate et a la particularité d'être en constante expansion.
2. Selon le texte, l'univers est composé à hauteur de 5% de matière observable et connue, de 27% de matière sombre et de 68% d'énergie sombre. On le pense parce qu'on n'a pas d'autres explications cohérentes disponibles pour expliquer le fonctionnement de notre univers.
3. Ce qu'on appelle une « zone habitable » correspond à une zone qui soit à une distance parfaite par rapport à la taille d'un soleil, ni trop près ni trop loin. Elles suscitent l'intérêt car ce sont des zones considérées comme propices à la vie.
4. D'après l'article, on peut parler de « subjectivité » de la science humaine car tout ce qu'on connaît de la science se base sur des observations terrestres. Or, rien ne prouve que les lois de la physique par exemple soient les mêmes sur la Terre que sur les autres planètes. Donc, d'autres formes de vie aussi pourraient exister mais nous l'ignorons parce que nous nous centrons sur notre expérience proprement terrienne.

 Activité 2 (page 88)

Pistes de réponses

Les trous noirs ; la matière sombre ; l'origine de l'univers ; les origines de la vie sur Terre ; les météorites ; l'infini ; les univers parallèles ; la création et la mort des étoiles ; les planètes gazeuses ; l'existence d'une vie extra-terrestre etc.

 Activité 3 (page 88)

Suggestions d'exploitation

L'objectif de cet exercice est de travailler l'expression de l'hypothèse et de s'approprier le vocabulaire vu dans le document. Pour ce faire, vous pouvez inviter les apprenants à travailler en petits groupes et/ou simplement à reformuler l'hypothèse prise en exemple si l'inspiration n'est pas au rendez-vous. Bien sûr, vous pouvez également ouvrir à des hypothèses sur des thèmes proches. Pour travailler le subjonctif, encourager les apprenants à faire des phrases négatives ou à les commencer par l'expression du doute.

Exemples : *Il n'est pas inimaginable que les formes de vie extraterrestre n'aient ni branchies, ni poumons et qu'elles respirent du méthane, par exemple.*

Je doute que les formes de vie présentes dans d'autres galaxies soient comparables aux êtres vivants que nous connaissons sur Terre.

 Activité 4 (page 89)

Réponses

1. Mots-clefs : Noir, obscurité, sombre. Le locuteur insiste sur ces mots en les accentuant à l'oral et en ménageant des silences.
2. Dans l'imaginaire, les concepts les plus généralement associés aux trous noirs sont l'enfer, la destruction, la fin du monde, le néant, la peur...
3. Le second invité est enthousiasmé parce que la forme d'un trou noir observée réellement tout récemment correspond à une prévision des années 1970. Ses étudiants ne partagent pas son enthousiasme parce qu'ils ont du mal à comprendre la nuance entre une théorie non confirmée et une théorie confirmée par des observations réelles.
4. D'après Vincent Bontemps le trou noir n'est pas visible directement, il l'est uniquement à travers les « *interactions avec d'autres longueurs d'ondes* ». Il entretient des relations complexes avec la lumière car la lumière ne l'éclaire pas, ne le rend pas visible, mais il nous sert à « *[voir] au-delà de lui des images déformées mais agrandies de ce qui se trouve derrière lui [...]* »
5. Idées fausses sur les trous noirs :
– Les trous noirs sont très froids → « *Donc on pense que le trou noir est éventuellement froid, voilà. Ou chaud. Mais en fait autour c'est très très chaud [...]* »
– Les trous noirs sont de couleur noire → « *[en] fait le lien avec la couleur noire est rompu parce que... il n'a pas de couleur, il est a-visible [...]* »

Unité 5 • Les progrès scientifiques

– Les trous noirs aspirent tout autour d'eux → « [...] *le trou noir, on s'imagine que c'est un siphon qui aspire tout autour de lui. Mais en fait, il interagit classiquement à travers la gravité et donc tant que vous ne rentrez pas, vous ne passez pas trop près d'un trou noir, vous n'êtes pas plus attiré que si vous passiez près d'une étoile très massive [...]* »

Activité 5 (page 89)

Proposition de réponse :
D'après les dernières observations scientifiques, un trou noir est un objet céleste très dense, qui présente la forme d'un anneau en 3 dimensions. L'une de ses caractéristiques est qu'il a un champ de gravitation tellement intense que les rayons lumineux ne peuvent pas l'atteindre : il les courbe sur eux-mêmes.

Activité 6 (page 89)

Avant de commencer
Attirer l'attention des apprenants sur l'illustration qui accompagne le texte afin de mobiliser du vocabulaire lié au milieu marin. Que voient-ils ? A quoi pourrait servir la capsule jaune, selon eux ? Que connaissez-vous des fonds marins ? De quelle manière l'avez-vous appris ? (Réponses libres). Ecrire le vocabulaire utile au tableau puis le compléter après la lecture (ex : synonymes de « abysses »). Puis faites l'activité 6.
Pour les apprenants intéressés par le thème, vous pouvez leur recommander *Le Grand Bleu*, de Luc Besson, 1988, un grand classique du cinéma français, avec la musique d'Eric Serra. Ce très beau film raconte l'attrait des profondeurs de Jacques, le protagoniste, et fascine avec des images magnifiques de ce monde encore mal connu.

Réponses :
1. Non, on ne peut pas dire que l'on connaisse bien les fonds marins. Très peu de personnes ont plongé dans l'endroit le plus profond du globe (la fosse des Mariannes). Et les connaissances que nous avons des fonds marins sont superficielles. Ils sont cartographiés, mais à une échelle qui n'en permet pas une connaissance approfondie. Le paradoxe souligné par l'auteure est que nous connaissons mieux l'espace que les océans : « *Ainsi, paradoxalement, nous avons une idée moins précise de ce à quoi ressemblent les profondeurs océaniques que certaines planètes situées à des millions de kilomètres, comme Mars, Vénus et Mercure !* »
2. L'exploration scientifique des fonds marins se trouve encore à une phase de commencement. En effet, les profondeurs océaniques ont des caractéristiques qui les rendent difficiles d'accès : les ondes radio sont déviées, le milieu marin est corrosif, sa géographie est instable et de plus, dans les abysses il règne une pression 1 000 fois supérieure à celle de l'atmosphère.

Activité 7 (page 89)

Pistes de réponse
Je trouve ça dommage qu'on ne parle pas plus de... / qu'on s'intéresse si peu à / qu'il y ait si peu de ressources pour la recherche sur... + *Si la science s'était plus intéressée à ...*
Je regrette que le/la ... n'intéresse personne. + *Si la science s'était plus intéressée à ...*
Je trouve ça lamentable que la recherche sur ... soit oubliée. + *Si la science s'était plus intéressée à ...*

Exemple de réponse
Je trouve ça dommage qu'il y ait si peu de ressources pour la recherche sur les systèmes forestiers. **Si la science s'était plus intéressée à** la communication entre les différents êtres qui composent une forêt, on **aurait créé** davantage de parcs naturels protégés.

Activité 8 (page 89)

Avant de commencer
Attirer l'attention des apprenants sur le sous-titre « Frontières et Limites » et sur l'illustration. De quoi va-t-on parler dans cette seconde partie de leçon, d'après eux ? (Réponses possibles : *des rêves, des limites de la connaissance scientifique, du brouillage des frontières entre disciplines etc.*)

Réponses
1. Dans les rêves lucides, le rêveur a conscience de se trouver dans un rêve et il est capable d'en contrôler l'action. Il se différencie ainsi des autres types de rêves où le rêveur est passif et ne fait que subir l'action.
2. Les rêves lucides intéressent certains chercheurs qui y voient une « clé pour comprendre la conscience humaine ».
3. L'étude des rêves lucides a abouti à l'observation d'une plus grande activité dans les régions fronto-pariétales du cerveau. Les chercheurs ont donc émis l'hypothèse que « *La clé de la conscience se trouverait donc dans cette région du cerveau qui est aussi [...] considérée comme le siège de l'intelligence.* » Il est difficile de se prononcer sur si ce constat est concluant ou non. En effet, l'article mentionne uniquement des chercheurs privés et des expériences menées en dehors des grands programmes officiels.

Activité 9 (page 90)

Avant de commencer
Demander aux apprenants s'ils comprennent les mots « inné » et « acquis ». Peut-on dire que ces concepts s'opposent ? Réaliser cet exercice de reformulation à l'oral.

Proposition de réponses
1. On compare le cerveau à un ordinateur, d'une part, parce que la structure est assez semblable et, d'autre part, pour faciliter la compréhension de son fonctionnement grâce à une métaphore.
2. Les « raisons évidentes » évoquées par le professeur Changeux sont, à mon sens, très diverses et variées. L'une des polémiques principales pourrait être – si l'on

considère la part de l'innée prépondérante – que nous sommes « programmés » dès notre naissance et donc que nous n'avons pas un réel contrôle sur notre vie. Si, au contraire, on considère que l'acquis est prépondérant, tous les problèmes que nous rencontrons au cours de notre vie dépendraient de notre environnement, donc de la société, ce qui amène à une responsabilité sociale accrue.

Pour aller plus loin

Demander aux apprenants ce qu'ils pensent de la polémique évoquée dans le texte (et la proposition de réponse) de l'activité 9. Organiser un débat en classe.

 Activité 10 (page 90)

Avant de commencer

Attirer l'attention des apprenants sur l'illustration et le titre du texte. Que voient-ils ? Quel lien voient-ils entre ces deux éléments ? (Réponses : *on voit un arbre dans un champ. L'illustration est coupée en deux parties. A gauche, l'arbre est vert et le champ recouvert d'herbe verte elle aussi. Le ciel bleu est traversé par un ou deux nuages blancs. A droite, l'arbre a perdu toutes ses feuilles et la terre du champ s'est craquelée comme dans un désert. L'horizon est rouge et menaçant. / Le lien qu'on peut réaliser entre ces deux éléments est que le diagnostic de santé de la planète est peu encourageant et que l'illustration de droite est un reflet d'un futur possible.*)
Remarque : comme toujours, cette activité d'introduction sert à contextualiser le document et aussi à mobiliser du vocabulaire utile. Le professeur peut donc en profiter pour marquer au tableau des expressions et mots-clés pour anticiper la compréhension du texte, qu'il complétera après l'activité 10.

Réponses :
1. Ce sont des scientifiques de l'ONU qui émettent ce diagnostic. Le but est de faire un bilan de « l'état de santé » de la planète et aussi de presser les gouvernements à agir pour préserver l'environnement.
2. Les variations de la température au niveau climatique affectent les épisodes de fortes précipitations et l'intensité des sécheresses. Il s'agit notamment de la survenue des canicules, des tempêtes, des sécheresses et des inondations.
3. D'après le texte, les facteurs d'aggravation du dérèglement climatique qui dépendent des humains sont les émissions de gaz à effet de serre et – indirectement – la dégradation de la biodiversité. Citation 1 : « *Même si les États tiennent leurs engagements de réduction d'émissions, ce sera au moins +3° C d'ici la fin du siècle [...]* ». Citation 2 : « *Pratiques agricoles, exploitation forestière, pollution... Selon les experts biodiversité de l'ONU (IPBES), 75 % de l'environnement terrestre et 66 % de l'environnement marin sont dégradés.* »
4. Retrouvez dans ce document les faits qui relèvent du diagnostic et ceux qui relèvent de l'hypothèse :

DIAGNOSTIC	HYPOTHESE
Record de chaleur	Réduction des émissions
Multiplication des phénomènes extrêmes	Intensité sécheresses
+1,5%/an en moyenne d'émissions de CO2	Ralentissement des émissions de CO2
Record de concentration des gaz à effet de serre	
Hausse du niveau des mers	+ d'1 milliard d'habitants vivront sur les zones côtières d'ici 2050
rétrécissement des 2 calottes glaciaires et de la banquise Arctique	Disparition de glaciers de montagne
	Etat durable d'étuve
	Atteinte d'un point de bascule dans la fonte du permafrost et libération d'une grande quantité de gaz à effet de serre
un million d'espèces animales et végétales sont en danger	Disparition dans les prochaines décennies

Comment les différenciez-vous ?
Pour différencier les hypothèses et les diagnostics, on peut s'appuyer sur les dates (futures ou présentes) et sur les modes (conditionnel ou présent de l'indicatif).

 Activité 11 (page 91)

Suggestion d'exploitation

Pour réaliser cet exercice, les apprenants sont invités à prendre le document 8 comme modèle. Les interactions et points de grammaire ciblés sont notamment d'émettre des hypothèses et de différencier les usages du futur simple et du conditionnel présent.

 Activité 12 (page 91)

Avant de commencer

S'intéresser au titre : « La géoingénierie, c'est comme un voile idéologique jeté sur notre société ». Demander aux apprenants de décomposer le mot « géoingénierie » en deux parties. Quelles sont leurs significations ? (Réponse : géo / ingénierie → Geo de « terre » ; Ingénierie de « Discipline d'applications scientifiques »). Puis leur demander d'imaginer qu'on leur jette un voile (ou un tissu) sur le visage. Que se passerait-il ? (Réponse : vous ne verrez plus rien). Demandez-leur enfin de comprendre le titre dans son ensemble et de l'expliquer au groupe classe. Certains connaissent-ils une expression idiomatique voisine ? (se voiler la face) Ici, quelle est la nuance ? (Ce n'est pas la société qui a la volonté de ne rien voir). Compléter le tableau des expressions idiomatiques de la classe avec cette nouvelle acquisition.

Unité 5 • Les progrès scientifiques

Réponses

1. Le philosophe Frédéric Neyrat ne croit pas en l'efficacité de la géoingénierie. Citation : *Selon [F. Neyrat], le recours à la géoingénierie ne fera qu'entretenir le désastre.* » Il affirme au contraire que c'est une façon de se voiler la face et d'oublier le vrai problème. Citation : « *Beaucoup d'entreprises, de décideurs, poussent en direction de la géoingénierie pour ne pas affronter les causes du changement climatique.* » C'est donc un réel danger puisqu'elle épargne aux décideurs l'effort d'agir pour la préservation de l'environnement.

2. Selon le philosophe, le problème dans notre relation à la nature c'est qu'elle n'a pas changé depuis 4 siècles. Nous la considérons toujours comme un objet à maîtriser et à dominer au lieu de la voir comme un sujet avec qui collaborer.

3. D'après l'article les « sociétés à risques » sont des sociétés où les individus acceptent qu'aucune technologie ne pourra jamais être parfaite mais où, en plus, ils croient que la technologie peut assumer, intégrer, résoudre en quelque sorte, le risque qu'elle comporte. Frédéric Neyrat y voit un « piège » car c'est un type de fuite en avant. On sait que la solution qu'on propose n'est pas parfaite, qu'elle est risquée, mais on la choisit quand même, à cause de cette « foi » en la technologie qui nous empêche, qui nous dispense d'aller chercher les solutions ailleurs.

Activité 13 (page 91)

Exemple de réponse

Les OGM (organismes génétiquement modifiés) sont plus résistants à certaines maladies et parasites mais ils sont stériles. Contrairement à des plantes non modifiées, ils ne peuvent pas s'adapter progressivement aux changements environnementaux et dépendent entièrement des interventions humaines. Pour moi, cet exemple démontre que ce ne sont pas les technologies qui ont la capacité de « réparer » leurs problèmes futurs intrinsèques mais bien la nature.

PROJET — Imaginez le monde de demain (page 92)

Les apprenants vont préparer une intervention orale dynamique sur leur vision du futur et la place de la science dans ce monde de demain.

Avant de commencer

Faites observer l'illustration. Demander aux apprenants de décrire et d'interpréter. Pourquoi a-t-on choisi ce type d'illustration pour accompagner le projet, d'après eux ? Il s'agit d'une illustration de type surréaliste. On y voit une tête de femme remplie d'engrenages, hérissée de bâtiments et incrustée d'un miroir rond reflétant le ciel qui surgit des eaux. Cette illustration invite à faire courir son imagination et aussi à s'interroger sur le rapport futur entre les hommes et les machines.

Pour illustrer le concept de TEDx, vous pouvez citer ou encore mieux, projeter certains films connus où des scènes de TEDx apparaissent. C'est le cas par exemple de « The Circle, de James Ponsoldt, 2017. Mais aussi puiser dans le très grand nombre de TED talks francophones.

Quelques exemples de Ted Talk francophones sur YouTube

Karim Noui, physicien (sur l'univers) ; Sébastien Lefebvre (affronter ses peurs) ; Elisabeth GRIMAUD (programmer son cerveau) ; Pierre Rahbi, philosophe (sur les modèle de société); Gilles Atayi (changer le monde), Sophie Técher (chercheuse à la Réunion) ; Thomas Wiesel (l'humour) ; Bruno Moutou (le voyage) ; Damien Suleiman (« cultiver » de l'ADN à 16 ans)

UNITÉ 6
L'ÉCONOMIE ET LE TRAVAIL : POUR LE MEILLEUR OU POUR LE PIRE ?

Présentation et objectifs de l'unité

En nous basant sur la prémisse que les séries télé et les romans traduisent les tendances et les obsessions actuelles et en devenir, nous souhaitons faire réfléchir à l'imbrication du travail et de l'économie dans une réalité post-Covid fortement marquée par des questionnements sur le futur du travail. Grâce à des informations tangibles, des témoignages et des données chiffrées, les apprenant(e)s interagissent sur des enjeux touchant à l'évolution du travail, à la reconversion professionnelle, à la retraite précoce, au travail hybride, aux mouvements économiques alternatifs et aux institutions. Les activités permettent non seulement de procéder à une (auto) réflexion sur le rapport au travail et son évolution, mais également d'analyser les mouvements économiques alternatifs et leurs impacts dans le monde professionnel. Les individus-apprenants sont amenés à dénoncer des incohérences systémiques et à débattre de l'amalgame travail-économie, pour le meilleur ou pour le pire. À la fin de cette unité, le projet permet de réaliser un rêve dans le métavers, en concrétisant des préoccupations entrepreneuriales ou sociales, avec une vision futuriste.

Présentation des contenus

Je découvre…

> **des types d'interactions :** décrire l'évolution des conditions de travail, présenter des témoignages en intégrant des citations, analyser un mouvement économique, une situation, un marché, présenter/promouvoir son entreprise, dénoncer une situation, débattre, étudier et restituer des données chiffrées

> **des points de grammaire :** les expressions pour introduire des citations, le but, les figures de style pour dénoncer, l'opposition et la concession

> **du vocabulaire :** l'évolution du monde du travail, la reconversion professionnelle, la retraite précoce, le travail hybride, les mouvements économiques alternatifs (économie circulaire, de seconde main, sociale, virtuelle), les expressions pour dénoncer et restituer des données chiffrées

> **un projet :** réaliser son rêve dans le métavers – créer une vidéo visant à lancer une campagne de financement participatif pour présenter un concept de startup ou d'organisation novatrice dans le métavers

Page d'ouverture (page 93)

Annoncez les objectifs de l'unité en soulignant les différentes thématiques : l'évolution du monde du travail, les mouvements économiques alternatifs et les institutions. Expliquez que l'approche de l'unité est de partir d'un état des lieux des enjeux liés au travail et à l'économie de l'après Covid pour se projeter dans un avenir à saveur futuriste.
Avant de visionner la vidéo, demandez aux apprenants s'ils regardent des séries en français ou dans d'autres langues et quel genre. Puis demandez-leur s'ils ont regardé des séries touchant au monde du travail en français ou dans d'autres langues et s'ils ont entendu parler de la série *Severance*.
Présentez ensuite les deux questions de compréhension sur la page d'ouverture. Écoutez la chronique.
Placez les apprenants en équipe et demandez-leur de comparer leurs réponses. Partagez les réponses.
Si vous avez le temps, visionnez la bande annonce de la série https://www.youtube.com/watch?v=5ZPbkfoeK5c et posez quelques questions :
– Comment pouvez-vous expliquer l'intérêt de cette entreprise pour la dissociation ?
– Si vous travailliez dans cette entreprise, est-ce que vous envisageriez la dissociation ?
– D'après vous, qu'est-ce que les empoyé(e)s font « exactement ici » ?

Enfin, faites discuter les apprenants des questions « Selon vous... ».

Réponses
– Il s'agit d'une intervention chirurgicale permettant d'isoler les souvenirs de la vie professionnelle de ceux de la vie privée.
– C'est l'entreprise Lumon Industry qui propose cette solution.
– Grâce à cette solution, l'employeur peut compter sur des employés productifs au travail sans qu'ils soient affectés par leur vie personnelle.
– La transformation s'opère au moment où les employés prennent l'ascenseur. Ils oublient alors tout de leur vie privée grâce à un implant introduit dans leur cerveau.

Activité complémentaire : Mon travail a-t-il encore du sens ? https://www.ledevoir.com/opinion/idees/717966/emplois-mon-travail-a-t-il-encore-du-sens?
Donnez cet article à lire en autonomie. Proposez aux étudiant(e)s de partager leurs réflexions et commentaires sur une plateforme collaborative telle que Padlet créée à cet effet. Une fois les commentaires partagés, la classe aura l'opportunité de les parcourir, de réagir et d'échanger autour des différents points de vue exprimés.

LEÇON 1 — L'évolution du monde du travail (pages 94-97)

Avant de commencer

La leçon aborde plusieurs thématiques, notamment l'évolution de notre rapport au travail, les nouveaux états des lieux (reconversion professionnelle, retraite précoce et travail hybride) pour offrir une perspective sur l'avenir du travail.
Nous nous attardons sur les transformations du monde du travail post-Covid, la recherche de sens, les défis et répercussions des nouveaux modèles prônés par les employé(e)s et les entreprises, pour enfin découvrir la vision de l'avenir du travail à travers 3 clés présentées par Laetitia Vitaud, autrice et conférencière sur le futur du travail.
Présentez brièvement les points de grammaire, de vocabulaire et d'interactions qui seront traités dans cette leçon 1, à savoir :
– grammaire : les expressions pour introduire des citations
– vocabulaire : l'évolution du monde du travail, la reconversion professionnelle, la retraite précoce, l'hybride
– interactions : décrire l'évolution des conditions de travail, présenter des témoignages en intégrant des citations

Activité 1 (page 94)

Avant de commencer

En préambule, proposez un sondage de type Kahoot ou MS Forms sur l'ambition à vos étudiant(e)s.
1. Quelle est la valeur professionnelle la plus importante pour vous ?
l'éthique – l'engagement – la progression dans la hiérarchie – l'impact

2. Je suis prêt(e) à sacrifier ma vie personnelle pour ma carrière. Vrai – Faux
3. Quels sont les engagements qui vous touchent le plus ?
la protection de l'environnement – la lutte contre les inégalités et les discriminations – le développement économique durable – l'autonomisation des femmes et l'égalité des genres

Réponses
1. Culture du présentéisme, structure trop hiérarchique, horaires figés, absence de souplesse, management toxique, harcèlement.
2. La recherche de sens au travail, le rejet des entreprises non vertueuses, préférence de postes moins rémunérés mais porteurs de sens, préservation de l'environnement et lutte contre les inégalités et les discriminations, multiplication des collectifs d'employés, l'organisation même du travail est remise en question, mettre fin aux anciens modèles d'organisation trop rigides, etc.
3. Entreprise libérée qui propose une prise de décision collective, entreprise au management innovant, avec des salariés organisés en équipes pluridisciplinaires fonctionnant en « mode projet ».
4. Contribue à influencer les entreprises de l'intérieur, vise à introduire des changements pour promouvoir des pratiques plus éthiques, responsables et respectueuses de l'environnement, remettre en question les politiques existantes, proposer des initiatives durables.... Pour freiner les grandes entreprises, il faut dénoncer publiquement les pratiques nocives des sociétés ou démissionner.

Unité 6 • L'économie et le travail : pour le meilleur ou pour le pire ?

5. Les gens cherchent désormais du sens dans leur travail, plutôt que de simplement grimper dans la hiérarchie professionnelle.

Activité complémentaire

Allez sur le site internet : https://www.glassdoor.fr/R%C3%A9compense/Meilleurs-Employeurs-France-LST_KQ0,27.htm Commencez une recherche, il faut se connecter avec Google ou créer un compte.
1. Recherche : Explorez le site Glassdoor. Sélectionnez une entreprise dans la liste des meilleurs employeurs français. Identifiez les conditions de travail et les valeurs qui sont mentionnées dans les avis. 2. Discussion. Mettez en commun le fruit de vos recherches. Quelles sont les conditions de travail et les valeurs qui vous attirent ? Pourquoi ?

Activité 2 (page 95)

Réponses :
1. Prendre sa retraite à 30 ans est une aspiration qui peut sembler séduisante pour certains, mais elle peut ne pas être une option viable pour la plupart des gens en raison de diverses contraintes financières, professionnelles et personnelles.
2. Un mode de vie où l'on prend sa retraite très jeune peut avoir un impact sur les relations sociales, car cela peut créer un fossé entre ceux qui travaillent encore et ceux qui ont choisi de prendre leur retraite anticipée. De plus, le manque de structure quotidienne et de stimulation professionnelle peut affecter la santé mentale de quelqu'un, entraînant parfois un sentiment d'isolement.
3. Certains craignent que cette tendance ne dévalorise le travail en promouvant une culture axée sur la gratification immédiate au détriment de la discipline et de l'engagement à long terme. Une retraite précoce pourrait altérer la perception du travail en tant que source de sens et de contribution sociale, remettant en question l'idée de réussite personnelle et de développement professionnel
4. Les attentes par rapport au travail peuvent évoluer en fonction des aspirations personnelles, des valeurs et des expériences de vie. Certains peuvent chercher un équilibre entre vie professionnelle et personnelle, tandis que d'autres peuvent privilégier la poursuite de passions ou de projets personnels plutôt que de se concentrer exclusivement sur leur carrière professionnelle.

Activité 3 (page 95)

D'abord, invitez les étudiant(e)s à définir l'échec et la réussite professionnelle.
Voici quelques propositions d'idées clés pour le débat :
« Contrairement aux idées reçues, une reconversion "ratée" n'est pas forcément synonyme d'échec. »
– L'argument principal pourrait être que le succès d'une reconversion ne devrait pas être mesuré uniquement en termes de résultats tangibles tels que le salaire ou le statut, mais aussi en fonction du développement professionnel, de la satisfaction professionnelle et de l'épanouissement personnel.

– Une reconversion peut être considérée comme une opportunité d'apprentissage et de croissance même si elle ne mène pas nécessairement à un succès immédiat.
– L'échec peut être une étape nécessaire vers le succès ultérieur, car il permet d'apprendre des erreurs et de s'améliorer.
– Il est important de prendre en compte les facteurs externes qui peuvent influencer le résultat d'une reconversion, tels que le contexte économique, les opportunités sur le marché du travail, les événements imprévus, etc.
Les contre-arguments : C'est une perte de temps et de ressources, elle peut avoir un impact négatif sur la confiance en soi et l'estime de soi de l'individu concerné, conséquences financières importantes, impact sur la carrière (l'échec peut être perçu comme signe de manque d'adaptabilité ou de compétences insuffisantes), pressions sociales et familiales surtout si l'individu se sent jugé ou critiqué par son entourage, etc.

Activité 4 (page 95)

Avant de commencer

Avant de plonger dans le thème de la reconversion, faites un brainstorming sur ce que ce concept évoque chez vos étudiant(e)s.
Posez des questions de réflexion autour de ce concept : Quand le terme « reconversion » a-t-il gagné autant de visibilité dans les médias ? Dans quels contextes socio-économiques ce terme a-t-il été le plus fréquemment évoqué ? Connaissez-vous des individus ayant vécu une reconversion professionnelle ? Aviez-vous déjà envisagé de vous reconvertir professionnellement ? Quels facteurs ont pu vous freiner ou, au contraire, vous encourager dans votre démarche de reconversion ?

Réponses :
1. Le désenchantement vis-à-vis de sa carrière d'architecte, qu'elle a trouvée rébarbative et peu créative. Sa passion pour le vin. Son envie d'allier travail et passion.
2. Elle parle de ses expériences avec des expressions contrastées. Pour qualifier ses expériences positives, elle utilise des termes tels que « idyllique », « paradis » pour décrire son travail en tant que sommelière dans une cave prestigieuse. En revanche, elle qualifie ses expériences négatives avec des termes comme « sombre comportement », « mésaventure » et elle se dit « émue » en évoquant sa démission forcée. Par ailleurs, « Partir par la petite porte » signifie sortir d'une situation ou d'un emploi de manière discrète, souvent sans reconnaissance ou cérémonie, et généralement dans des circonstances défavorables. « L'envers du décor » fait référence aux aspects cachés ou moins visibles d'une situation, en l'occurrence, les pratiques peu éthiques ou les difficultés rencontrées dans l'industrie du vin.
3. Isabelle a appris à mieux écouter sa voix intérieure et à suivre ses convictions. Elle a réalisé qu'elle était plus attirée par le journalisme et qu'elle voulait dénoncer les mauvaises pratiques et valoriser les bonnes initiatives dans l'industrie du vin. Cette expérience l'a rendue plus déterminée à trouver sa place au sein de la presse spécialisée.

Activité complémentaire

Pour exploitation de l'article entier : https://www.welcometothejungle.com/fr/articles/reconversion-ratee-carriere-rebondir?utm_content=bufferc1f3c&utm_medium=social&utm_source=facebook&utm_campaign=buffer&fbclid=IwAR0yjaSb7DMN0A1142EdITH35WZHMxzeRDyHSR53D1AI2lsFkLY7SBcjEus

Lisez les témoignages de reconversion professionnelle. Qu'est-ce qui a poussé ces personnes à se reconvertir ? Comment parlent-elles de leurs expériences ? Quelles expressions utilisent-elles ? Qu'est-ce qu'elles ont appris sur elles-mêmes ? Quelles expériences vous touchent ? Pourquoi ?

Activité 5 (page 96)

Idées pour la rédaction :

Lisez avec les étudiant(e)s les consignes. Arrêtez-vous sur les mots clés de la composition. Faites un brainstorming afin de les aider à évoquer les motivations, les états des lieux et les actions à entreprendre.

Vous souhaitez créer un collectif pour sensibiliser votre entourage et agir concrètement pour **défendre** vos valeurs. Rédigez un texte dans lequel vous expliquez les motivations qui vous ont poussé(e) à créer ce collectif (état des lieux), les valeurs et les engagements que vous souhaitez défendre (l'évolution), ainsi que les actions que vous comptez mettre en place pour les concrétiser. Votre texte devra être argumenté et convaincant.

Quelques idées :

On peut sensibiliser son entourage en organisant des conférences, des ateliers et des campagnes de sensibilisation, des actions de volontariat, des évènements culturels et artistiques pour promouvoir le vivre-ensemble, etc.

Décrire ses motivations : Pensez aux défis sociétaux, écologiques et politiques qui nous entourent.

Les valeurs et les engagements : l'équité salariale, la justice sociale, le respect de l'environnement, la solidarité, etc.

Activité 6 (page 96)

Avant de commencer

Êtes-vous fait pour le 100% télétravail ? Faites le test ! https://www.welcometothejungle.com/fr/collections/guides-salaries/teletravail-guide-ultime/articles/test-teletravail-profi

Visionnez ensuite la vidéo en préparation pour la discussion en classe.

Vidéo Débat : le télétravail rend-il fou ? https://www.welcometothejungle.com/fr/collections/guides-salaries/digital-nomade-full-remote-avenir-travail/articles/teletravail-doit-il-etre-la-norme-pour-ou-contre

Réponses

1. La plupart des télétravailleurs déclarent ; d'après une étude menée ; de Japon affiche ; pour Sébastien Lechevalier ; dans une chronique parue dans le journal, le chercheur révèle ; plus de la moitié déclarent.

2. La plupart des télétravailleurs affirment ; selon une étude ; le Japon présente ; d'après Sébastien Lechevalier ; le chercheur annonce ; plus de la moitié attestent.

3. Pour répondre à cette question, invitez les étudiant(e)s à consulter des organismes gouvernementaux, des instituts de recherche ou des rapports d'entreprises spécialisées dans les ressources humaines pour obtenir des analyses sur les nouvelles pratiques associées au télétravail dans leur pays.

Activité 7 (page 96)

Cette activité pourrait être préparée à l'avance, individuellement. En classe, les étudiants échangent et comparent leurs résultats.

Activité 8 (page 97)

Proposition de réponse :

Le travail hybride transforme la manière dont les individus interagissent avec leur travail, offrant davantage de flexibilité, d'autonomie et de responsabilité. Il incite également les organisations à revoir leurs pratiques de gestion et à adopter des approches plus ouvertes et collaboratives pour répondre aux besoins changeants de leurs employés.

Activité 9 (page 97)

Réponses

– C'est la fiction de la séparation entre la vie privée et la vie professionnelle qui n'existe pas parce que le sujet travail et le sujet famille sont inséparables.

– Le travail hybride ne rythme pas avec conciliation travail-famille parce qu'il n'est pas possible de travailler avec des enfants en bas âge à la maison ou de s'investir avec des corvées domestiques.

– 4 changements qui influencent les travailleurs :
(1) le télétravail est possible, on l'a vécu pendant la Covid ;
(2) puisque le télétravail existe, les personnes ont un certain pouvoir de négociation pour obtenir de meilleurs conditions de travail ; (3) le télétravail ne permet pas de mieux concilier travail-famille ; toutefois, il a permis de retrouver l'importance de la famille pour certaines professions, pas de retour en arrière possible ; (4) il n'y a pas la convivialité au bureau qu'on espérait en retournant au travail.

– Pour illustrer l'idée qu'on croyait que le retour au travail permettrait de retrouver les repères d'avant (vie sociale, échanges, convivialité) avant la Covid alors que le télétravail a été forcé. Ce n'est pas ce qui s'est passé car cela a changé la façon dont les individus voient leur retour au travail et se comportent.

Activité 10 (page 97)

Activité complémentaire

Divisez la classe en groupes. Attribuez une clé de lecture (la fiction, l'observation des sciences humaines, la diversité de points de vue) à chaque groupe. Chaque groupe discute et débat sur sa clé de lecture en partageant des exemples, des prévisions ou des expériences liées à cette clé. Dans un

deuxième temps, chaque groupe crée une situation fictive illustrant leur clé de lecture. À la fin, chaque groupe présente sa situation fictive, détaillant comment cette clé de lecture pourrait impacter l'avenir du travail.
Exemples :
fiction : Choisir une œuvre de science-fiction et la projeter dans un environnement de travail futur.
observation des sciences humaines : Observer les tendances sociales actuelles, puis expliquer comment elles façonneront l'avenir du travail.
diversité de points de vue : Imaginer l'impact de la diversité des perspectives, l'inclusion de tous les groupes de la société sur la construction de l'avenir du travail.

Activité 11 (page 97)

Faire réfléchir aux angles que les étudiant(e)s souhaitent explorer lors des interviews. Choisir parmi les thèmes proposés. En fonction de ses angles, élaborer une série de questions ouvertes et fermées à l'aide d'un support comme le questionnaire de MS-Forms pour analyser les résultats et les tendances.
Proposer de contacter des personnes de leur réseau et de planifier des entretiens avec elles.
Le partage des résultats et des interprétations pourrait se faire sous forme de présentation orale.

LEÇON 2 — Les mouvements économiques alternatifs (pages 98-101)

Avant de commencer

Cette leçon a pour but d'explorer et de comprendre les divers mouvements économiques alternatifs, tels que l'économie circulaire, l'économie de seconde main, l'économie sociale et l'économie virtuelle. Elle vise à analyser les caractéristiques de ces mouvements, leur impact sur les marchés traditionnels et comment ils modifient les interactions économiques et les projets d'entrepreneuriat.
Présentez brièvement les points de grammaire, de vocabulaire et d'interactions qui seront traités dans cette leçon 2, à savoir :
– grammaire : le but
– vocabulaire : les mouvements économiques alternatifs : l'économie circulaire, de seconde main, sociale, virtuelle
– interactions : analyser un mouvement économique/une situation/un marché, présenter/promouvoir son entreprise

Activité 1 (page 98)

Réponses

1. L'économie circulaire cherche à limiter la consommation de ressources non renouvelables et la création de déchets. Ses objectifs principaux sont d'éviter le gaspillage en favorisant la réutilisation, le recyclage et la réparation des objets.
2. Elle cherche à minimiser la consommation d'énergie générée par les transports en rapprochant les processus de réutilisation, de réparation et de recyclage des objets du consommateur.
3. vendre des vêtements d'occasion est une forme de réutilisation, mais cela ne couvre pas entièrement les principes de l'économie circulaire qui vise à réduire le gaspillage à toutes les étapes, incluant la production, la réparation et le recyclage des vêtements, pas seulement la vente d'articles d'occasion.

Activité 2 (page 98)

Réponses

1. Permet de systématiser le marché de la seconde main. Offre la possibilité de réaliser des économies et aux vendeurs, un moyen d'optimiser leurs biens inutilisés.
2. Les acheteurs bénéficient de la possibilité de trouver des produits à moindre coût, tandis que les vendeurs ont une manière d'optimiser leurs biens inutilisés, libérant ainsi du pouvoir d'achat immobilisé.
3. La prise de conscience en faveur de la transition écologique a transformé les comportements d'achat.
4. Réduit le gaspillage en offrant aux produits un cycle de vie plus long.
5. Cette phrase met en avant une opposition entre deux approches économiques. Elle suggère que le concept de seconde main n'est pas en lien avec une gestion des ressources basée sur la rareté.
6. Exemple de réponse: Les avantages incluent une consommation plus responsable, la réduction des déchets et une plus grande accessibilité économique. Les limites peuvent résider dans la qualité des produits et la concurrence avec les modèles économiques existants.
7. La seconde main se rapproche davantage des principes de l'économie circulaire en prolongeant la durée de vie des objets, favorisant la réutilisation et le recyclage, tout en évitant le gaspillage. Cela s'oppose à une approche linéaire de fabrication, d'utilisation et d'élimination des produits.

Activité 3 (page 99)

Exemple de réponses

Le terme «malthusien» fait référence à l'économiste britannique Thomas Malthus. Sa théorie soutient que la croissance démographique est plus rapide et plus grande que les ressources disponibles. Donc, il prônait la restriction démographique (exemple de gestion). Sa vision a été qualifiée de pessimiste (https://www.pourleco.com/la-galerie-des-economistes/malthus). Alors que la vision de l'économie circulaire gère la rareté des ressources différemment en minimisant l'exploitation des ressources, donnant une vie plus longue aux objets et en limitant les déchets.

Activité 4 (page 99)

Exemples de questions
– Que pensez-vous de la consommation de seconde main ?
– Avez-vous déjà acheté des produits d'occasion ? Pourquoi ou pourquoi pas ?
– Quels sont les obstacles ou les préjugés associés à l'achat de produits d'occasion ?
– Quels conseils donneriez-vous à quelqu'un qui souhaite commencer à acheter ou à vendre des produits de seconde main ?
– Quelles plateformes en ligne connaissez-vous ou recommanderiez-vous pour l'achat ou la vente de produits de seconde main ? Pourquoi ?

Activité 5 (page 99)

Suggestions d'exploitation
Les étudiant(e)s sont divisé(e)s en groupes. Chaque groupe présente ses recherches sur un aspect spécifique du commerce de seconde main. Par exemple, un groupe se concentrera sur les impacts économiques pour les gouvernements, un autre sur les impacts pour les entreprises et un autre sur les impacts pour les individus.
Chaque groupe expose ses arguments en soulignant les aspects positifs et négatifs. Les autres groupes peuvent poser des questions pour approfondir la discussion. Faire une synthèse des idées partagées et des positions exprimées lors du débat.

Activité 6 (page 99)

Réponses
1. Ces entreprises sont dirigées par des conseils d'administration composés à 50,5 % de femmes.
2. Cette économie vise à rendre le système plus équitable et soutenable sur le plan social et écologique en privilégiant la collaboration et la réflexion pour y parvenir.
3. Le principe du double salaire repose sur la paye reçue pour son travail et les retombées de son travail pour la société.
4. Occuper une place : investir une place, s'approprier la place ; Prendre la barre d'une entreprise : tenir la barre de, prendre la direction de, diriger ; Bonifier les conditions : améliorer les conditions. Avoir une véritable incidence : avoir un impact réel sur ; Investir le marché : occuper le marché

Activité 7 (page 100)

Faire un brainstorming sur les impacts positifs de l'économie sociale :
– Évoquer les impacts positifs tels que : les contributions de l'économie sociale à la création d'emplois durables en privilégiant la qualité des conditions de travail, à la réduction des inégalités en favorisant une distribution plus équitable de richesse et à la promotion de l'inclusion sociale.
– Donnez des exemples concrets : citez des exemples d'entreprises sociales et de coopératives.

Activité 8 (page 100)

Réponses
– Umòja est une marque qui vise à valoriser l'artisanat textile traditionnel tout en utilisant un maximum de matières naturelles.
– Il s'agit de paires de chaussures fabriquées avec des matériaux naturels produits au Burkina Faso.
– Cette offre comble des besoins pour une mode responsable. Ces produits se démarquent parce qu'ils sont fabriqués à partir de matières naturelles dans un cycle de production équitable. Le mode de financement évite la production d'énormes quantités de stock, ce qui est caractéristique de l'industrie de la mode.
– Les client(e)s peuvent se les procurer par le biais d'un financement participatif sur Ulule.
– Cette entreprise s'inscrit dans une démarche d'économie circulaire qui vise à limiter la consommation de ressources non renouvelables et la création de déchets. L'Éco-conception est au cœur d'Umòja (100 % de matières naturelles, pas de plastique, produit compostable, traçabilité, production locale).

Activité 9 (page 100)

Exemple de promotion :
Découvrez Umoja, une entreprise visionnaire qui révolutionne l'industrie de la chaussure avec ses modèles 100% végétaux. Consciente de l'impact environnemental de la mode, Umoja vise à offrir une alternative durable et responsable. En choisissant des matériaux écologiques et en optant pour des méthodes de production respectueuses de l'environnement, l'entreprise cherche à redéfinir les normes de l'industrie. Umoja ambitionne de créer une communauté de consommateurs engagés, aspirant à un style de vie conscient et respectueux de la planète. Rejoignez le mouvement et faites un pas vers un avenir plus durable avec Umoja.

Activité 10 (page 100)

Avant de commencer
Annoncez aux étudiant(e)s qu'ils vont réaliser une analyse de marché.
Avant de la réaliser, divisez-les en équipe et demandez-leur de réfléchir aux raisons pour lesquelles cette étape est essentielle avant de se lancer en affaires.

Exemples de réponses
Vérifier la cohérence entre un projet (lancement d'un nouveau produit par exemple) et les besoins des client(e)s selon les tendances économiques du domaine et du moment.

Mettre en accord l'offre et la demande.
Se démarquer de ses concurrent(e)s.
Optimiser au maximum les profits.

Partagez avec eux deux infographies : https://microdesk.fr/realiser-une-etude-de-marche/ et https://www.legalplace.fr/guides/etude-de-marche-creation-entreprise/. Les étudiant(e)s discutent de l'infographie la mieux réussie et justifient leur choix.

Suggestion d'exploitation

En équipe, demandez-leur de consulter le site d'Umòja à la recherche d'informations : https://umoja-shoes.com/pages/notre-histoire

Exemples de questions pour guider leur recherche :

– Quelle est l'origine du nom de cette marque ? Quelle est la raison d'être de cette entreprise ? Quelles sont ses valeurs ? D'après eux,...
– Qui sont leurs client(e)s potentiel(le)s ? Quelles sont leurs préoccupations ?
– Quels facteurs peuvent avoir un impact positif ou négatif sur la réussite de l'entreprise (contexte économique, considérations écologiques et sociales, défis technologiques et techniques, etc.) ?
– Quels sont les concurrent(e)s potentiel(le)s dans ce marché ?
– Quelles sont les forces et faiblesses d'Umòja dans le contexte économique actuel ? Et dans votre pays ?

Activité complémentaire

Sondez les étudiant(e)s à l'aide d'une application de type Kahoot ou Slido, posez-leur plusieurs questions pour pousser la réflexion :
1. De toutes ces valeurs, quelles sont les 3 qui ont le plus d'importance pour vous en tant que consommateur/consommatrice ?
transparence – durabilité – justice sociale – écologie – valorisation des savoirs ancestraux – traçabilité des produits – coût – disponibilité – origine locale
2. En tant que consommateur/consommatrice, aimeriez-vous contribuer au financement participatif pour pré-commander des baskets ? Oui – Non
3. En tant qu'entrepreneur(e), souhaitez-vous investir dans cette entreprise ? Oui – Non

Les marqueurs de but et d'intention

Une fois le sondage terminé et les résultats connus, formez de nouveaux groupes. Les étudiant(e)s discutent en équipe et interprètent les résultats.

Activité 11 (page 100)

Voici quelques idées à exploiter :
Le métavers
– offre de nouvelles formes d'emploi et de collaboration ;
– contribue à la croissance des industries technologiques ;
– permet de vivre des expériences uniques ;
– suscite l'exploration de nouveaux modèles économiques et de sources de revenus, etc.

Activité 12 (page 101)

Exemples de réponses

1. Le métavers est un univers virtuel en 3D où les gens peuvent interagir, créer et partager du contenu.
2. Le but principal de la création d'un métavers d'entreprise est de favoriser la collaboration, la productivité et l'innovation.
3. Les avantages potentiels pour une entreprise qui utilise le métavers sont une meilleure collaboration à distance, une communication plus immersive et une réduction des coûts liés aux déplacements.
4. Le métavers pourrait transformer la façon dont nous vivons, travaillons et consommons en favorisant l'inclusivité grâce à des interactions virtuelles, en offrant des opportunités égales d'accès aux ressources et en encourageant des pratiques durables grâce à des simulations environnementales.

Activité complémentaire

Placez les étudiant(e)s en groupes de 3.
Consignes : Réfléchissez aux stratégies que les entreprises pourraient adopter afin de profiter du métavers. Utilisez les marqueurs de but et d'intention.
Exemple : *Les entreprises peuvent utiliser le métavers **afin d'offrir des expériences immersives à leurs client(e)s.***

Locutions suivies du subjonctif	Expressions suivies de l'infinitif	Expressions suivies d'un article + un nom	Verbes + infinitif
pour que	*pour*	*avec l'espoir de*	ambitionner de
afin que	*afin de*	*avec l'idée de*	aspirer à
de peur que (ne)	*de manière à*	*avec l'arrière-pensée de*	chercher à
de crainte que (ne)	*en vue de*	*dans l'espoir de*	viser à
de façon (à ce) que	*en sorte de*		
de manière (à ce) que	*dans le but de*		**Verbes + nom**
de sorte que	*dans l'intention de*		*Poursuivre*
	dans la perspective de		*Tendre à/vers*
	dans le dessein de		
	à dessein de		
	dans le souci de		

Activité 13 (page 101)

Exemples de réponses
1. Les entreprises qui ne veulent pas se faire distancer / être en dernier ont intérêt à suivre la tendance.
2. Le géant du conseil Accenture a quant à lui très tôt compris la capacité d'attrait/ les possibilités du métavers en créant le Énième étage.
3. Martine Lapointe, de l'équipe de Montréal, a elle-même participé/ collaboré à l'expérience.

Activité 14 (page 101)

Suggestion d'exploitation
Expliquez aux étudiant(e)s qu'ils vont créer une infographie sur le potentiel économique du métavers, ses défis et ses retombées. Présentez-leur une infographie pour illustrer les attentes. Exemple : https://blog.mbadmb.com/infographie-le-metaverse/

En équipe, demandez-leur de réfléchir aux angles de leurs recherches leur permettant de récupérer des données pertinentes pour créer une infographie thématique sur le métavers. Puis les étudiant(e)s font une recherche documentaire sur le potentiel de cet univers, ses défis et ses retombées économiques. Dans leur équipe, ils mettent en commun le fruit de leurs recherches puis choisissent les informations pertinentes. Ensuite, ils créent leur infographie à l'aide d'un outil de création graphique en ligne gratuit tel que Canva et lui donnent un titre. Enfin, ils présentent leur infographie à la classe. Pour ce faire, ils réutilisent les expressions pour caractériser/analyser un mouvement économique et ses impacts.

LEÇON 3 — Le rejet du système et des institutions (pages 102-105)

Avant de commencer
Dans cette leçon, nous proposons une incursion au cœur du système et des institutions afin de mettre en relief les problèmes qu'elles provoquent ou tentent d'endiguer. Une approche double est adoptée pour faire (ré)agir les apprenant(e)s par rapport aux impacts des institutions éducatives et politiques sur le monde professionnel et les conditions de vie et de travail des individus. Dans un premier temps, le système éducatif est mis de l'avant, illustré par l'institution AgroParisTech, permettant ainsi de dénoncer les injustices qu'elle prétend résoudre par le biais de sa formation. Dans un second temps, c'est l'Union européenne, un système politique aux institutions politico-économiques regroupant 27 membres, qui donne matière à débattre des enjeux du salaire minimum européen.

Présentez brièvement les points de grammaire, de vocabulaire et d'interactions qui seront traités dans cette leçon 3, à savoir :
– grammaire : les figures de style pour dénoncer, l'opposition et la concession (bien que, quoique, avoir beau, quitte à)
– vocabulaire : les expressions pour dénoncer et restituer des données chiffrées
– interactions : dénoncer une situation, débattre, étudier et restituer des données chiffrées

Activité 1 (page 102)

Réponses
1. Le paradoxe d'une formation d'ingénieur agronome qui pousse à participer aux ravages sociaux et écologiques au lieu de contribuer à les régler. Lors de la cérémonie de remise de diplômes de l'école AgroParisTech, grande école d'ingénieur agronome. Ils font référence au système capitaliste.
2. (1) trafiquer en labo des plantes pour des multinationales qui renforcent l'asservissement des agricultrices et des agriculteurs, (2) concevoir des plats préparés et ensuite des chimiothérapies pour soigner les maladies causées, (3) inventer des labels « bonne conscience » pour permettre aux cadres de se croire héroïques en mangeant mieux que les autres, (4) compter des grenouilles et des papillons pour que les bétonneurs puissent les faire disparaître légalement.
3. À la fin du discours, les applaudissements ont montré que le public était déconcerté. Après la cérémonie, il y a eu des critiques. Certaines reprochaient aux étudiant(e)s qu'appeler à tourner le dos à ces métiers et à ces écoles, c'était facile à dire après avoir obtenu leur diplôme.

Activité 2 (page 102)

Réponses
1. Les figures de style identifiées dans le texte :
– (1) énumération : **trafiquer** en labo des plantes pour des multinationales qui renforcent l'asservissement des agricultrices et des agriculteurs, **concevoir** des plats préparés et ensuite des chimiothérapies pour soigner les maladies causées, **inventer** des labels « bonne conscience » pour permettre aux cadres de se croire héroïques en mangeant mieux que les autres [...] ou encore **compter** des grenouilles et des papillons pour que les bétonneurs puissent les faire disparaître légalement. ;
– (2) question rhétorique : **Quelle vie voulons-nous ? Un patron cynique ? Un emprunt sur 30 ans pour un pavillon ? Et puis un burn out à 40 ans ?** ;
– (3) répétition : **n'attendons pas** que nos mômes nous demandent des sous pour faire du shopping dans le métavers parce que nous aurons manqué de temps pour les faire rêver à autre chose, **n'attendons pas** d'être incapables d'autre chose qu'une pseudo-reconversion dans le même taf, mais repeint en vert. **N'attendons pas** le douzième rapport du GIEC qui montrera que les États et les multinationales n'ont jamais rien fait d'autre que renvoyer les problèmes et qui placera ses espoirs dans les soulèvements et les révoltes populaires.

2. Le ton est ironique avec une pointe de cynisme.
3. Les mots et expressions faisant une analogie avec la lutte et la révolte : ravages sociaux et écologiques ; mène une guerre au vivant ; renforcent l'asservissement, se débarrasse de l'ordre social dominant ; refusons de servir ce système ; ne plus dépendre du monopole ; luttent activement contre ; une écologie populaire, décoloniale et féministe ; désertons ; les soulèvements et les révoltes populaires.

Activité 3 (pages 103)

Réponses
1. Un discours « excessif et radical ». Il emploie aussi les adjectifs « fataliste », « agressif » et « injuste » pour qualifier ce discours.
2. Pas toujours. Par exemple à la question « Alors qu'est-ce que l'école a raté pour qu'en 2022, elle reçoive un discours aussi critique ? », il répond par une autre question pour éviter de répondre : « Je commencerai par répondre par une question : est-ce qu'on aurait pu réussir à convaincre durant la formation ces 8 étudiants ? »
3. Il explique qu'un comité d'analyse prospective consacré aux agricultures a été mis sur pied pour faire évoluer les formations.
4. Exemples :
– « Injuste, en quoi ?
Nous sommes conscients qu'on peut toujours faire mieux mais je tiens à dire que nous n'avons pas attendu cette remise de diplômes pour travailler **sur la transition agroécologique, sur la réduction des pollutions agricoles et des émissions de gaz à effet de serre, sur la place des protéines végétales dans l'alimentation humaine, sur la diminution des aliments transformés, sur le développement de circuits de distribution plus courts…»** *(énumération)*
– « Quitte à travailler avec des agro-industriels qui participent à la catastrophe écologique en cours ? Les entreprises de toute taille et de toute nature qui se situent en amont ou en aval des exploitations agricoles sont des acteurs qui ont un large impact sur l'agriculture. Si nous pouvons aider ces entreprises à développer des solutions permettant d'avoir un impact positif, par exemple de réduire voire supprimer l'usage de pesticides, d'accompagner l'agriculteur dans de meilleures conditions, **pourquoi ne le ferions-nous pas ?** » *(question rhétorique)*
– « Ces dernières années, il a beaucoup été question d'intégrer l'urgence écologique dans les programmes du supérieur. Concrètement, qu'est-ce qui a changé à AgroParisTech ?
Par exemple, nos spécialités de 3e année ont, dans une très large proportion, intégré ces sujets. **Est-ce suffisant ?** *(question rhétorique)* Nous devons en débattre. En tout cas, je n'exclus pas que nos étudiants nous demandent d'en faire plus.»
– **« Ne soyez pas fatalistes. Ne vous mettez pas en retrait** *(répétition)*. **Oui, c'est compliqué, oui, c'est difficile, oui, on va encore rencontrer des échecs,** *(répétition)* **mais restez positifs, sans tomber bien sûr dans un optimisme béat. Les connaissances, les sciences, l'innovation et les nouveaux usages,** *(énumération)* **on n'a jamais trouvé d'autres solutions pour avancer.»**
– Toucher du doigt : comprendre, appréhender

Activité 4 (page 104)

Exemple de réponse :
Les paroles de ces étudiant(e)s résonnent comme un cri de désespoir face à l'inertie coupable de cette institution, une institution qui, loin de guider ses étudiant(e)s vers un avenir durable, les pousse à participer activement à la destruction de notre environnement. Leur accusation est aussi cinglante que légitime. Il est affligeant que vous n'en soyez pas conscient. Bravo Monsieur ! Détournez-vous le regard de votre propre responsabilité dans la formation de futurs acteurs de la catastrophe écologique en cours ? Poser la question, c'est y répondre !
Parler de la nécessité de travailler avec les agro-industriels, principaux architectes de cette catastrophe, revient à cautionner leurs pratiques destructrices. Cette complaisance envers ceux qui détruisent notre planète est une trahison envers les générations futures.
En outre, encourager les étudiant(e)s à ne pas «bifurquer» revient à leur demander de fermer les yeux sur les ravages qu'ils contribuent à perpétrer. Cette résignation est un aveu d'échec, un abandon du devoir de l'institution, que vous dirigez s'il faut le rappeler, de les préparer à affronter les défis de demain.
Il est temps que vous preniez vos responsabilités envers la transition écologique. Il est temps de défier les puissants. Il est grand temps de placer la préservation de notre planète au cœur de votre mission éducative, Monsieur.

Activité 5 (page 104)

Réponses
1. Cet accord concerne les salaires minimums au sein de l'Union européenne.
2. Le compromis porte sur une série de règles communes pour garantir un niveau de vie décent des travailleurs sans qu'elles soient les mêmes dans toute l'Union européenne. Pour les 21 pays qui ont déjà un salaire minimum, des règles contraignantes visant à l'augmenter sont prévues. Toutefois, il ne s'agit pas d'un seuil minimum européen uniforme. Par ailleurs, les 6 pays qui n'ont pas de salaire minimum ne sont pas tenus de l'introduire.
3. La Suède et le Danemark s'opposent à ces propositions, car dans ces pays, ce sont les syndicats qui gèrent les salaires, et non pas le pouvoir politique.
4. Prendre en compte leurs propres conditions socio-économiques, le pouvoir d'achat, les niveaux nationaux de productivité et de développement à long terme. Lutter contre le dumping social et encourager une convergence « vers le haut » des niveaux de rémunération.

Activité complémentaire

En équipe, faites observer les structures grammaticales des connecteurs pour exprimer l'opposition et la concession.

Puis posez les questions suivantes :
1. Quelles sont les structures suivies de l'infinitif ou du subjonctif ?
2. Quelles sont les deux expressions quasi synonymes ?

Réponses
1. Infinitif : avoir beau, quitte à ; subjonctif : quoique, bien que
2. quoique et bien que

Activité 6 (page 105)

Réponses
a. Les partenaires sociaux danois et suédois sont contre le projet de directive européenne sur les salaires minimums et menacent l'Union européenne d'une action en justice.
b. « S'ils sont favorables à l'agenda social de l'Europe, les partenaires sociaux danois et suédois menacent l'Union d'une action en justice si le projet de directive européenne sur les salaires minimums est maintenu. »
c. Les arguments :
1. Soutien unanime de l'ensemble de la classe politique.
2. Modèle économique social scandinave menacé.
3. Affaiblissement du modèle de négociation paritaire.
4. Intervention accrue de l'État dans la régulation des salaires.
d. Jeter un pavé dans la mare : (faire) une révélation ou une déclaration qui fait scandale, qui dérange les habitudes, choque…

Activité 7 (page 105)

Suggestion d'exploitation
Si vous faites visionner le débat en classe, choisissez le segment 0:52-10:39. Puis faites visionner la suite du débat à la maison.

Réponses
Les points de convergence : Ils sont d'accord sur le fait que le salaire minimum européen ne puisse pas être identique pour tous les pays européens, ni que ce soit un chiffre fixe. Ils sont également d'accord pour que le salaire minimum européen permette de vivre dignement et de lutter contre la pauvreté au travail. Ils parlent de convergence sociale vers le haut en tirant le salaire minimum vers le haut.
Les points de divergence : Ils ne sont pas d'accord sur le seuil minimum des salaires médians. De plus, Leïla Chaibi regrette que les directives ne fassent pas partie des propositions d'articles, ce qui signifie que ces propositions ne sont pas contraignantes. Les États européens n'ont pas l'obligation d'arriver à un salaire minimum représentant 60 % du salaire médian.

Activité 8 (page 105)

Suggestions d'exploitation
Avant d'organiser le débat sur le thème *le salaire minimum européen représente-t-il une avancée sociale ?*, les étudiant(e)s sont divisé(e)s en groupes. Chaque groupe étant responsable de la recherche sur un pays européen spécifique. Dirigez-les entre autres vers le site du Parlement européen pour recueillir des informations sur la position de leur pays par rapport aux nouvelles règles sur le salaire minimum :
https://www.europarl.europa.eu/news/fr/headlines/society/20210628STO07263/salaire-minimum-equitable-agir-pour-des-conditions-de-vie-decentes-dans-l-ue
Les étudiant(e)s mettent ensuite en commun le fruit de leurs recherches et s'entendent sur la position de ce pays face à ces nouvelles règles. Encouragez-les à explorer des statistiques, des données économiques, des témoignages de travailleurs, etc.
Le débat est organisé entre deux équipes de 2 étudiant(e)s, soit deux pays. Chaque groupe exposant ses arguments en soulignant les aspects positifs et négatifs.

À la fin du débat, les autres groupes peuvent poser des questions pour approfondir la discussion.

Activité 9 (page 105)

Exemple de réponse :
Il a beau être souvent contesté pour son impact sur l'économie, le salaire minimum demeure un pilier essentiel de la protection des travailleuses et des travailleurs, de la réduction des inégalités et de la garantie d'une vie décente pour toutes et tous. En Europe, la diversité des politiques en matière de salaire minimum illustre à la fois les défis et les opportunités associées à cet instrument crucial.
Dans les pays où le salaire minimum est plus élevé, comme le Luxembourg et la France, les travailleuses et les travailleurs bénéficient de conditions de vie plus décentes et d'une meilleure protection sociale. Ces pays affichent généralement des niveaux d'inégalités moins prononcés, contribuant ainsi à une plus grande cohésion sociale. Par exemple, en France, où le salaire minimum est supérieur à la moyenne européenne, les taux de pauvreté sont inférieurs à ceux des pays où le salaire minimum est moins élevé.
Si l'assurance d'un salaire minimum peut encourager une plus grande égalité et réduire la pauvreté, l'augmentation du salaire minimum peut également stimuler la demande intérieure, favorisant ainsi la croissance économique.
Des études citées, dont celles du Britannique John Maynard Keynes, ont montré que pour chaque montant supplémentaire versé aux employé(e)s sous forme de salaire minimum, une part importante est réinjectée dans l'économie locale, stimulant ainsi la consommation et créant des emplois. Bref, « plus de salaire = plus de consommation = plus de chiffre d'affaires ». C'est loin d'être négligeable !
Malgré ses avantages, le salaire minimum doit faire face à des défis persistants, notamment en ce qui concerne son application effective et son respect par les entreprises. Des politiques de surveillance renforcées, combinées à des sanctions dissuasives, sont nécessaires pour garantir le respect des lois sur le salaire minimum.
En conclusion, quoi que certain(e)s contestent son efficacité, le salaire minimum demeure un outil vital pour

la protection des travailleuses et des travailleurs et la réduction des inégalités. Avec les ajustements appropriés et une mise en œuvre équilibrée, il peut jouer un rôle crucial dans la promotion d'une économie plus juste et plus inclusive en Europe et au-delà. Cela dit, ne soyons pas naïfs, une vigilance continue s'impose !

PROJET — Réalisez votre rêve dans le métavers (page 106)

Les étudiant)e(s vont créer une vidéo pour lancer une campagne de financement participatif dans le but de convaincre des contributeurs/investisseurs de financer leur start up ou organisation dans le métavers.

Avant de commencer

Demandez aux étudiant(e)s d'échanger sur le concept de financement participatif puis de faire une recherche sur ce concept. Faites un retour en classe pour que les étudiant(e)s puissent partager le fruit de leurs recherches.
Pour valider la compréhension du concept, faites visionner la vidéo de la plateforme de financement participatif La Ruche : https://www.youtube.com/watch?v=TGQdyMeaoNE
Ou optez pour un nuage de mots qui illustre le concept à l'aide de mots clés.
Exemples de mots : processus – Internet – fonds – réaliser un projet – contributeurs – plateforme – financement – collaborer – campagne – investisseur – représentatif – marché – budget
À titre indicatif, le financement participatif est un processus qui permet de recueillir de petites sommes auprès d'un grand nombre de personnes en dehors des circuits financiers institutionnels et par le biais d'Internet. L'objectif est de collecter des fonds suffisants pour réaliser un projet donné.
Le financement participatif peut prendre la forme de dons, d'une prévente de produits ou de services ou d'un investissement en capital.
Visionnez en plénière la vidéo *Sandbox va aider les entrepreneurs qui se lancent dans les métavers* dans le but d'illustrer le potentiel du métavers. https://www.beaboss.fr/Thematique/chef-entreprise-TV-1307/scale-up-2311/Sandbox-aider-entrepreneurs-qui-lancent-Metaverse-368986.htm

ÉTAPE 1 : Trouver une idée (en groupe, en classe)

Créez des équipes de trois. Faites un remue-méninges pour faire émerger les intérêts et les préoccupations des membres de chaque équipe. Pour guider les étudiant(e)s, référez-vous à la liste des questions qui se trouvent au point 1. Proposez le lien ci-dessous aux étudiant(e)s en manque d'idées :
Comment trouver une bonne idée de startup ? https://www.legalstart.fr/fiches-pratiques/startup/idee-startup/

ÉTAPE 2 : Évaluer le marché (en autonomie, puis en groupe en classe)

Avant de lancer cette étape, référez les étudiant(e)s aux activités 8 et 10 de la leçon 2 (p. 100) afin de revoir comment analyser un marché.

ÉTAPE 3 : Développer le plan du projet (en groupe en classe)

Inspirez-vous des descriptifs des projets à partir des sites suivants :
Ulule : https://fr.ulule.com/discover/
La Ruche : https://laruchequebec.com/fr/explorer-projets
Yoyomolo : https://www.yoyomolo.com/pages/explore.aspx

ÉTAPE 4 : Réaliser une vidéo mettant en avant votre projet (en groupe en classe ; puis hors classe)

Les étudiant(e)s rédigent le script de leur vidéo. Puis ils se répartissent les rôles. Ensuite ils tournent la vidéo à l'extérieur de la classe. Insistez sur le réemploi des points linguistiques vus tout au long de l'unité 6. (Ex. : les expressions de but, les figures de style, le vocabulaire de l'économie virtuelle, les expressions pour restituer des données chiffrées, etc.).

ÉTAPE 5 : Lancer la campagne de sociofinancement (en groupe en classe)

Chaque groupe s'assurera à force de défendre son projet de récolter le plus de votes possible pour sa campagne. Utilisez une application de votes (Ex. : SurveyMonkey, Doodle, etc.) où les projets de la classe sont listés. Les étudiant(e)s votent pour les trois projets ayant le plus de potentiel. Partagez les résultats en plénière.

ENTRAÎNEMENT AU DALF C1 (pages 107-112)

Compréhension de l'oral (page 107)

1. c. ... d'un nouveau média en ligne sur le jeu vidéo
2. L'industrie du jeu vidéo est le premier marché culturel en France. Il est extrêmement dynamique et manie des milliards d'euros chaque année. De plus, cette industrie n'a pas souffert de la même manière que les autres lors de la pandémie du Covid.
3. Le projet d'Héloïse Linossier et Kevin Cicurel ne sera pas un site internet classique et se basera sur un modèle économique différent. Il s'agira d'un média décentralisé, hébergé sur différentes plateformes comme Youtube ou Twitch. Il sera aussi accessible directement dans la boîte mail des usagers, à travers une Newsletter. De cette manière, ce ne sont pas les publicités qui apporteront l'argent nécessaire à son fonctionnement.
4. Kevin Cicurel pense que les difficultés à subsister du journalisme jeu vidéo ont mené à des dérives. Il estime que, régulièrement, les contenus sont plus faits pour capter l'attention et générer des clics et des vues que pour

informer de façon « indépendante, éthique et rigoureuse ».
Il n'exclut pas non plus que certains contenus aient été rédigés pour faire plaisir aux éditeurs jeu vidéo.
5. b. Aux influenceurs
6. D'après Héloïse Linossier, le fait d'avoir ce type de média décentralisé et d'être financé par son public va leur donner une grande liberté dans les choix des formats. Ils vont choisir le support qui convient le mieux à leur sujet sans être bloqués par des décideurs et par le coût. En effet, les contenus – qu'ils soient vidéo, live, écrits etc. – seront hébergés à différents endroits, selon les besoins.
7. b. Le don volontaire
8. Les porteurs de projet ont déjà obtenu 133 000 euros grâce à une campagne de financement participatif. Cet argent servira à payer principalement les charges fixes (loyer, salaires, plateau). Parmi les prochaines étapes, les porteurs de projet veulent aller chercher de nouveaux journalistes. Et, en septembre, ce sera le lancement du nouveau média.

Compréhension des écrits (page 108)

1. c. ironique
2. a. Avec franchise.
3. L'humilité, l'écoute et le sens du collectif.
4. Vrai. Justification : Car, dans les faits, c'est loin d'être le cas. En effet, la journaliste explique que les personnes promues dans la plupart des entreprises sont celles qui ont su se mettre en avant, occuper le terrain politique et parler plus fort que les autres. Elle ajoute même que c'est l'ego et l'arrogance qui permettent de faire grimper dans la hiérarchie.
5. On explique que c'est dû au comportement des femmes qui font preuve de trop de timidité et ne savent pas s'affirmer.
6. c. critique cette explication.
7. b. les contradictions des promotions.
8. Le terme désigne le fait que l'autorité soit envisagée du point de vue des stéréotypes de genre où plus spécifiquement, les qualités de l'autorité et des managers seraient masculines. D'après le texte, c'est ce fossé qui empêche les femmes d'être prises au sérieux dans le monde des managers.
9. b. une des conséquences de l'éducation des garçons.
10. Les comportements observés en entreprise ne sont pas déterminés par des caractéristiques génétiques liées au genre masculin ou féminin. En d'autres termes, les différences de comportement que l'on peut remarquer entre hommes et femmes dans un environnement professionnel ne sont pas innées ou biologiquement prédéterminées, mais plutôt le résultat de facteurs sociaux, culturels, et individuels. Ainsi, certaines compétences ou attitudes ne sont intrinsèquement ni masculines ni féminines. En ce qui concerne les comportements en entreprise, ce qui compte, c'est l'éducation, l'environnement de travail et les choix personnels.

Production écrite (pages 109-111)

• Épreuve N°1 – Synthèse

Les textes proposés ont pour thème commun le « quiet quitting », une tendance du monde du travail, où les employés limitent leur engagement au strict minimum. Les documents expliquent les raisons pour lesquelles les employés le pratiquent, et plus globalement, ils interrogent la notion même de travail.
Retrouver un équilibre entre vie professionnelle et vie personnelle, montrer son désaccord sur l'inégale répartition des profits, répondre à la surcharge de travail, remettre en cause le modèle actuel, se défendre du manque de sens dans son travail et du manque de reconnaissance, sont autant de facteurs qui poussent les employés à pratiquer le quiet quitting au travail.
Les employeurs commencent à s'inquiéter du phénomène qui n'est, en réalité, qu'une manière de travailler en n'effectuant que les tâches prévues contractuellement aux horaires établis. Dans ce contexte, le quiet quitting peut être la manifestation de l'excès de tâches « illégitimes » dans le fonctionnement des entreprises privées et des institutions. Dans les premières, le surtravail est gage de valorisation alors que le bon fonctionnement des dernières reposes, en partie, sur son existence.
Si le phénomène n'est pas nouveau, il est pourtant difficile d'anticiper ses conséquences. Il permettra peut-être une prise de conscience et la reconnaissance de la place du surtravail dans les entreprises et les institutions.
(213 mots)

• Épreuve N°2 – Essai argumenté

À Genève, le 2 février 2024
Objet : Consultation sur les démissions silencieuses
Madame la directrice des Ressources Humaines,
Je suis reconnaissant au département des ressources humaines d'avoir initié une réflexion sur les démissions silencieuses au sein de notre entreprise. En tant que membre engagé de notre équipe, je saisis cette opportunité pour partager mes réflexions et suggestions sur ce sujet crucial.
Bien plus qu'une simple démission, les démissions silencieuses représentent un signal d'alarme indiquant que quelque chose ne va pas dans notre environnement de travail. Souvent motivées par un manque de reconnaissance, de valorisation, ou des conditions de travail insatisfaisantes, ces démissions reflètent un déséquilibre entre les attentes des employés et la réalité de leur expérience professionnelle.
C'est pourquoi, il est impératif de reconnaître la contribution précieuse apportée par chaque membre du personnel à la réussite de notre entreprise. Valoriser le travail des employés et employées ne passent pas seulement par des récompenses matérielles ou avantages financiers. Cela signifie également offrir des opportunités de développement professionnel et créer un environnement où chacun se sent entendu et respecté.
J'estime que, pour prévenir les démissions silencieuses,

nous devons instaurer une culture d'écoute et de reconnaissance au sein de nos équipes. Ainsi, nous pourrions proposer des espaces de dialogues avec la hiérarchie, une fois par mois. De plus, il serait intéressant de mettre en place une boîte à idées pour inviter les employés à suggérer des améliorations. Ensuite, le personnel, dans son ensemble, pourrait décider de l'idée à mettre en place. Adopter ce type d'outils favoriserait non seulement le bien-être et l'épanouissement professionnel de chacun, mais renforcerait aussi la cohésion de nos équipes.

Fermement convaincu que ce type d'initiative peut aider à la prévention des démissions silencieuses, je reste à votre disposition pour tout complément d'informations. Dans l'attente d'une réponse de votre part, je vous prie d'agréer, Madame la directrice, mes salutations distinguées.
Paul Berger

Production orale (pages 111-112)

Exemple de production

Bonjour. Pour cette épreuve de Production Orale, j'ai choisi le sujet « Vivre en ville met-il notre santé mentale en danger ». Je vais donc commencer par exposer mon opinion sur le sujet.

Aujourd'hui, nous sommes 8 milliards d'humains sur Terre. Et la population mondiale n'arrête pas de progresser. Nous vivons dans un monde toujours plus urbain, avec de plus en plus de mégalopoles de plusieurs millions d'habitants. C'est un changement important qui concerne toute la planète et pose un certain nombre de problèmes, notamment celui de la santé mentale des habitants. Peut-on vivre bien quand on habite dans une grande ville ? Quelle influence la pollution – ou plutôt **les** sortes de pollution (atmosphérique, mais aussi sonore ou lumineuse) - ont-elles sur notre mental ? La qualité de vie augmente-t-elle forcément en-dehors des grandes agglomérations ? Existe-t-il des solutions pour que la vie en ville soit meilleure pour notre équilibre psychique ? Nous tenterons de répondre à toutes ces questions en explorant tout d'abord les caractéristiques de la vie en ville et ses possibles conséquences négatives sur notre santé mentale. Puis, nous comparerons ces données à d'autres réalités, notamment celle de la vie à la campagne. Finalement, nous interrogerons les avantages et les inconvénients de ces différents contextes pour la santé mentale, pour en tirer des pistes de solutions.

L'environnement urbain est, pour beaucoup, synonyme de stress. Les stimuli de toutes sortes y sont constants : affiches publicitaires, feu de circulation, bruits de trafic, odeurs de boulangerie ou de canalisations, frôlements ou bousculades dans les transports en commun... Nos cinq sens sont sollicités en permanence, sans aucun repos. De plus, le rythme des journées est bien souvent effréné. Il faut courir entre les horaires de la garderie, du travail, du métro... pour finalement avoir trop peu d'heures de sommeil dû au temps de transport, notamment. Or, le stress, on le sait, n'est pas favorable à un bon équilibre psychique.

Par ailleurs, en ville, la pollution de l'air est plus importante qu'à la campagne. Il y a plus de nuisances sonores, plus de circulation, plus de rejets atmosphériques des usines et industries. Et tout y est plus concentré. Sur certaines villes situées dans des « cuvettes » géologiques, comme Strasbourg ou Clermont-Ferrand, par exemple, il n'est pas rare de voir un ciel complètement bouché par la pollution. Les fumées ne se dispersent pas et la qualité de l'air en souffre. Or, il semblerait que la pollution soit un facteur aggravant des troubles mentaux. Dans le second document, les auteurs citent des études qui mettent en évidence l'influence de la pollution atmosphérique sur l'augmentation de risques de schizophrénie ou de troubles autistiques. Ainsi, entre campagne et ville, le chiffre de schizophrènes double. De même, il semblerait que les pics du nombre de suicides correspondent aux pics de pollution.

D'après cette source, il serait donc évident que vivre en ville serait un aggravant des troubles mentaux. Néanmoins, on peut se poser la question inverse : vivre à la campagne est-il bon pour la santé mentale ? A mon sens, la réponse affirmative n'est pas tellement évidente. Certes, la pollution est moindre à la campagne. On peut estimer que le cadre de vie y est beaucoup plus favorable à un bon équilibre psychique. L'alimentation y est généralement plus saine et de meilleure qualité. Mais, d'un autre côté, la ruralité est souvent synonyme d'isolement. Le manque de transports et de communication, la distance entre les propriétés, les éventuelles rigueurs du climat rendent le lien social fragile. C'est pourtant l'un de nos principaux besoins pour un bon équilibre psychique. Comme le rappelle le document 1, le sentiment de communauté, les solidarités, les liens affectifs sont indispensables à un bon mental. De plus, à la campagne, les opportunités d'emploi sont souvent réduites. Cette situation peut elle aussi créer de nombreuses situations de stress, qui peuvent être liées au chômage et à la précarité économique, notamment, ou encore à des situations d'endettement. Et le stress, qu'on le vive en ville ou à la campagne, a la même incidence négative sur notre équilibre psychique.

Par ailleurs, en Europe les campagnes vieillissent toujours plus. Il y a de moins en moins de vie dans les villages. Les jeunes partent, les enfants sont de moins en moins nombreux. Les écoles ferment. Les activités culturelles sont rares ou se réduisent à aller prendre un verre au bar du village, ce qui favorise l'alcoolisme et, avec lui, les risques de maladies mentales. Il y est difficile de faire de nouvelles rencontres. L'appauvrissement du lien social peut, à mon avis, mener aussi à des troubles mentaux.

En conclusion, aussi bien le cadre rural que le cadre urbain présentent des facteurs de risque pour le développement de maladies mentales. Le bon état psychique des individus est peut-être à rechercher dans un équilibre entre les deux mondes. Plus de vert en ville, plus de liens à la campagne. L'urbanisme et le développement rural peuvent trouver ici des batailles à mener qui amèneraient des solutions sur mesure, en fonction des manques et des besoins de chaque réalité, comme le propose notamment le document 1.

L'économie et le travail : pour le meilleur ou pour le pire ? • Unité 6

UNITÉ 7 — LA JUSTICE ET LE DROIT

Présentation et objectifs de l'unité

Dans cette unité, nous aborderons le thème de la justice à travers des angles de vues et des thèmes variés. Nous interrogerons l'équité des systèmes judiciaires puis nous décortiquerons la fabrique des lois pour terminer par questionner les systèmes de sanctions et leurs alternatives. Pour cela, nous voyagerons à travers le temps et l'espace : nous revisiterons des procès qui ont marqué l'histoire, nous relèverons les nouveaux défis que pose la réglementation du cyberespace à travers les continents, nous imaginerons le futur d'une justice intégrale et réparatrice. Au niveau linguistique, nous approfondirons notre vocabulaire du droit, des sanctions, des métiers de la justice et des nouvelles technologies. Les plaidoiries des avocats nous aideront à consolider notre maîtrise de l'argumentation et de la structure de discours bien organisés, sans oublier notre capacité à nous exprimer et à convaincre notre public. La concession, le doute, les synonymes – au programme de cette unité – contribueront également à améliorer notre force de persuasion et notre aisance en langue française.

Présentation des contenus

Je découvre...

> **des types de documents :** plaidoirie, caricature de presse, lecture de fable, reportage vidéo, définition d'encyclopédie, articles juridiques, Une de journal, émissions radio, affiche de film, podcast

> **des types d'interactions :** dénoncer une inégalité, exprimer une concession, s'indigner, comprendre une situation conflictuelle ; accuser quelqu'un d'un crime, exprimer ses doutes, soutenir une réforme, comprendre un article juridique ; analyser le plan d'une plaidoirie, débattre sur une réforme

> **des points de grammaire :** la concession, les synonymes

> **du vocabulaire :** le droit international, privé, environnemental, les métiers de la justice, le lexique du procès, la réglementation du cyberespace, les projets de loi, le clivage vie privée/vie publique, la prison, les sanctions, les devoirs

> **un projet :** organiser et tenir un jugement

Page d'ouverture (page 113)

Annoncer les objectifs de l'unité et souligner les différentes thématiques abordées : la justice, le droit, le rôle de la justice dans l'Histoire, les procès, les sanctions. Avant de visionner la vidéo, demander aux apprenants de lire l'encadré de la photo et de répondre aux questions en binômes. Ensuite, en grand groupe, sonder la classe sur sa définition de l'injustice. Ex : *Qu'est-ce que l'injustice pour vous ?*
Visionner la vidéo dans laquelle un ministre de la Justice français (ou Garde des sceaux) défend la suppression de la peine de mort. Cette réforme s'enracine dans un contexte de transformation sociale importante en France. Pour replacer l'évènement dans son contexte historique, demander aux apprenants de rechercher une frise chronologique des différents évènements marquants pour la société française des années 1950-80 (Mots-clés : « pedagogie ac aix marseille histoire france revolution ve republique » ou « kartable.fr société française 1950 1980 »)
Après le visionnage, répondre aux éventuelles questions de vocabulaire des apprenants puis les faire travailler en binôme pour répondre aux questions de la vidéo.

LEÇON 1 — La justice est-elle universelle ? (Pages 114-117)

Avant de commencer

Les thématiques abordées dans cette leçon sont l'impartialité de la justice et la figure des médiateurs. Ce sera l'occasion de questionner le concept de citoyen et d'interroger l'universalité des représentations de la justice, au niveau de la différence entre cultures mais aussi entre individus.
Interroger les apprenants sur le sous-titre de la leçon : « *Une justice à deux vitesses ?* ». Comment le comprennent-ils ? Leur expliquer qu'il s'agit d'une expression qui renvoie à un traitement différencié des cas. Il comporte l'idée d'un favoritisme ou traitement inégal.
Rajouter cette expression idiomatique au « Cahier des Expressions » de la classe.

Activité 1 (page 114)

Suggestions d'exploitation

Afin d'encourager l'écoute des apprenants entre eux et de capter les subtilités de la caricature, on peut donner comme consigne de participer par courtes interventions d'une seule phrase. Vous pouvez pour cela utiliser un « bâton de parole » que les participants feront tourner dans la classe. Celui qui a le bâton a la parole. Mais il n'a pas le droit de le garder longtemps. L'objet du bâton décoré est symbolique, vous pouvez utiliser n'importe quel objet pour jouer ce rôle.
(Référence : ac-dijon bâton de parole)

Réponses

Sur cette caricature de presse, on voit la Justice (la femme) conduite de la main par un magistrat (l'homme). La Justice porte la balance et l'épée qui sont ses attributs traditionnels dans la main droite. Son autre main est tenue par l'avocat. Elle est pieds nus et porte une robe blanche simple.
On comprend qu'elle est aveugle grâce à son attitude mais aussi à cause des éléments propres aux personnes malvoyantes : les lunettes noires et le brassard à trois points. Le magistrat, lui, est bien habillé : chaussures de cuir, pantalon droit, robe et perruque de magistrat. Par ses vêtements, on peut penser qu'il s'agit d'un juge. Il porte un livre dans sa main droite (la Loi ?) et affiche un air satisfait : le menton haut, le regard assuré, on dirait qu'il surveille la femme du coin de l'œil. La Justice, elle, n'a pas vraiment d'expression, à l'exception des joues colorées. Certains détails font penser que les personnages marchent vite : la chevelure flottante de la femme, ses joues colorées et les cordons de l'habit de magistrat flottant au vent. Selon moi, cette caricature met en avant la vulnérabilité de la Justice. Le dessinateur présente sa cécité comme un handicap et non comme un avantage (celui de juger tout le monde pareil, sans s'occuper des apparences). Il donne un avertissement : si personne ne protège la Justice, les plus puissants la manipuleront.
Proposition pour complétez librement le titre : **La Justice est aveugle mais *pas invulnérable*.**

Activité 2 (page 114)

Avant de commencer

La lecture qui suit est celle d'une fable de La Fontaine. Avant l'écoute, commencer par présenter cet auteur à vos apprenants. Peut-être certains (ou vous-même) sauront-ils réciter l'une de ses fables. On peut notamment préciser que Jean de la Fontaine, auteur du XVIIe siècle, utilisait l'humour et les animaux pour critiquer les travers de la société française et notamment de la cour du roi. Ses fables sont connues de tous les écoliers français et ont un caractère universel et atemporel qui en font des grands classiques de la littérature française. Pour aller plus loin, TV5 Monde propose des ressources : https://enseigner.tv5monde.com/fiches-pedagogiques-fle/les-fables-de-la-fontaine
Dans le lien Youtube proposé, c'est une comédienne de la Comédie Française, une des plus grandes institutions théâtrales de Paris qui en fait la lecture.

Proposition de réponses

1. Le problème des animaux de la fable est une épidémie de peste.
2. C'est le lion qui rassemble les animaux. Il propose de désigner un coupable expiatoire.
3. Le critère utilisé pour désigner le plus coupable des animaux est celui de son insignifiance. Comme il n'est pas riche et ne possède pas de titre de noblesse, il n'est pas dangereux. On peut donc le sacrifier.
4. D'après moi, le lion représente le roi. Le Renard, le Tigre et l'Ours sont certainement des nobles de la cour. L'Âne fait

108 Unité 7 • La justice et le droit

partie des « petites gens », il exerce une profession humble. C'est peut-être un artisan ou un paysan. Les mâtins (chiens) représentent probablement des soldats. Le Loup fait partie du clergé, peut-être un évêque ou un cardinal.

Activité 3 (page 114)

Proposition de réponse

C'est votre position sociale qui déterminera si la justice vous jugera innocent ou coupable.

Activité 4 (page 114)

Proposition de réponse

Le point commun entre ces deux documents est le thème de l'impartialité de la justice. Dans le premier document, le magistrat manipule l'égérie de la Justice. Dans le second, les animaux les plus puissants de la fable sont à la fois maîtres et juges.
+ réponse libre.

Suggestion d'exploitation

Dans le débat à organiser en classe, on peut notamment aborder les thèmes suivants :
Liens entre Justice et Droit ?
La séparation des pouvoirs
Comment garantir l'équité de la justice ?

Activité 5 (page 114)

Réponses

1. L'association suisse Id-eau basée à Lausanne souhaite que le Rhône obtienne une personnalité juridique. Le but est de protéger le fleuve et son débit.
2. Dans la vidéo, il n'est pas fait mention de démarches similaires en Europe, ni de leur absence. En revanche, en Equateur une rivière a obtenu un statut juridique et a gagné contre un projet autoroutier. Par ailleurs, on sait qu'aucune loi française ne prévoit des droits de prévention pour les fleuves. Le fait que l'association Id-eau cherche à donner un statut juridique au Rhône fait penser que la démarche est une nouveauté, donc peu habituelle en France.

Activité 6 (page 115)

Suggestion d'exploitation

Pour faire participer l'ensemble des apprenants, diviser la classe en plusieurs rôles. Deux apprenants jouent le rôle des modérateurs : ils introduisent et concluent le débat, posent des questions et gèrent le temps de parole des invités. Deux autres apprenants font les scripts : ils ne participent pas à l'oral, mais prennent des notes et font la restitution orale à la fin du débat (ou le lendemain). Le reste de la classe joue le rôle des invités. Ils peuvent s'inventer une spécialité ou parler en nom propre. Pour le bon fonctionnement du débat, il peut être intéressant de les diviser entre ceux qui pensent globalement que le concept de citoyen est très bien comme il est et ceux qui pensent le contraire.

Activité 7 (page 115)

Avant de commencer

Exemple d'interprétation du tableau. Sens de lecture : de haut en bas, et de gauche à droite.
Devant la loi…
– les hommes et les femmes n'ont pas les mêmes droits.
– les personnes handicapées et les personnes valides n'ont pas les mêmes droits.
– les enfants et les adultes n'ont pas les mêmes droits.
– les animaux et les humains n'ont pas les mêmes droits.
– les personnes à la peau claire et les personnes à la peau foncée n'ont pas les mêmes droits. (OU Les Blancs et les Noirs n'ont pas les mêmes droits)
– les classes populaires et les catégories aisées n'ont pas les mêmes droits. (OU les paysans et les hommes d'affaires n'ont pas les mêmes droits. / OU Les pauvres et les riches n'ont pas les mêmes droits.)

Suggestion d'exploitation

Dans cet exercice, les apprenants sont invités à rédiger une lettre d'accusation. Pour cela, ils devront tout d'abord choisir l'injustice qu'ils souhaitent dénoncer. Le tableau est là pour les aider. Si l'inspiration n'est pas au rendez-vous, organiser en amont une brève discussion en binôme (5/10 minutes maximum) sur le tableau : « Pour toi/vous, laquelle de ces injustices existe / est la plus choquante ? ». Puis les apprenants rédigent un document de 180 mots minimum.

Activité 8 (page 115)

Avant de commencer

Attirer l'attention des apprenants sur le sous-titre de la leçon et sur l'illustration du premier document. Que se passerait-il si l'homme s'en allait ? *(Réponse : les éléphants s'affronteraient).* Selon eux, que pourraient représenter les personnages de cette illustration, dans le contexte de la leçon ? *(Réponse : des adversaires qui veulent se battre et, au milieu, un pacificateur qui pourrait représenter, dans le cadre de cette leçon, un acteur de la justice).*

L'expression « Entre-deux » a ici un double sens. En lien avec l'illustration, elle renvoie à un affrontement entre deux adversaires. Mais elle a aussi le sens de « ni ceci, ni cela », d'une position intermédiaire. Plus loin dans la leçon, cette signification renvoie notamment au document 10.

Proposition de réponses

1. Les caractéristiques d'un Ombudsman sont les suivantes :
Il est indépendant des institutions judiciaires du pays.
L'appeler ne coûte rien aux citoyens. C'est un défenseur ou médiateur qui privilégie l'interprétation des textes de loi face à leur application stricte. Il n'a pas le pouvoir de voter la loi.
2. Cette institution a été créée pour défendre les droits des citoyens.

Activité 9 (page 115)

Suggestion d'exploitation

L'objectif de cet exercice est d'enrichir les connaissances de vos apprenants sur la francophonie et de les faire travailler sur des documents authentiques et des actualités, en autonomie. Mots-clés : plainte à Ombudsman ; Défenseur du Peuple ; Appel au défenseur du peuple ; Médiateur ombudsman

Année	Pays	Description du cas judiciaire	Catégorie	Issue
2023	Maroc	Protection des lanceurs d'alerte, transparence des services publics, lutte contre la corruption	Liberté d'expression	En cours

Activité 10 (page 116-117)

Avant de commencer

Dans un but de contextualisation, attirer l'attention des apprenants sur la source du document : SciencesPo. (NB. L'école supérieure française SciencesPo est un institut d'études politiques de renom). Cet article provient de son magazine, Cogito. C'est un article de presse spécialisée, destiné à des étudiants. L'auteure est professeure agrégée en droit privé et enseigne à Science-Po Paris. On peut en déduire qu'il contient du lexique spécialisé ou « jargon professionnel » et qu'il a un but didactique.

Placer les apprenants en binôme et leur demander de lire dans un premier temps uniquement les questions en gras et d'en souligner les mots-clés. Cette étape préliminaire les aidera à ne pas se perdre dans la longueur du document.

Réponses :
Q1 (philosophie du) **droit international privé**
Q2 **caractère exclusif / extranéité**
Q3 **décentrement / autres disciplines**
Q4 **sur le plan pratique / nouvelle approche**

Proposition de réponses

1. D'après le texte, dans un contexte national le droit « crée » ou « fait » les objets sociaux. Il n'est pas extérieur ou indépendant à des concepts comme la propriété privée ou la famille. Au contraire : il les constitue (→ *rôle constitutif*). Au niveau international, il en va de même. Le droit international privé fait partie des outils nécessaires à la définition d'objets sociaux. Par exemple la communauté nationale ou le concept juridique de personne.

2. Dans le cas d'un conflit (privé) entre des acteurs de différents pays, le droit international privé permet de déterminer « *devant les juridictions de quel pays ils doivent porter leur demande et en vertu du droit de quel pays celle-ci sera jugée.* »

3. L'auteure critique l'actuelle distinction entre les sphères publique et privée et la croyance en la neutralité du droit, qu'elle estime tous les deux « *hérités de la pensée juridique du XIXe siècle* ». Elle leur reproche leur manque de souplesse et de créativité face aux réalités modernes et dans leur confrontation à des cultures différentes.

4. « *Actuellement, par exemple, différentes institutions de droit de la famille venant du monde musulman sont exclues à des degrés différents devant les juridictions occidentales, car elles ne rentrent pas dans ses catégories. Par exemple, un kafala n'est pas une adoption, de même, le choix de porter le voile n'est pas un élément du statut personnel d'une femme.* »

5. Les autres sciences humaines et sociales apportent un décentrement par rapport à une approche uniquement juridique. Elles amènent également un nouveau regard, plus critique, remettant en cause la neutralité supposée du droit international privé.

6. Premièrement, il s'agirait de proposer un modèle de raisonnement juridique collaboratif et réflexif capable de résister aux pressions générées par les conditions socio-politiques actuelles. Dans une seconde étape il faudrait convaincre les législateurs, juges etc. afin de, finalement, l'appliquer aux différents cas juridiques cités dans le texte.

Grammaire – La concession (page 117)

Avant de commencer

Inviter les apprenants à lire l'encadré et s'assurer qu'ils ont bien compris le concept de concession. Puis répondre aux questions.

Proposition de réponses

1. « **Cependant, paradoxalement, alors que cette discipline contient […]** » Le paragraphe souligné comporte 3 marqueurs d'opposition et de concession. L'auteure les a choisis pour souligner et pour insister sur ce qu'elle considère comme un paradoxe. On peut également y voir le cœur de son argumentation (le droit privé aurait tout ce dont il a besoin pour réagir de façon adéquate aux changements. Or, il ne le fait pas.). Avec ces trois marqueurs, elle attire l'attention du lecteur.

2. Le fait de remplacer les marqueurs de concession du texte par des synonymes a comme effet de rendre le document plus ou moins formel en fonction des synonymes choisis.

Comment le droit international privé révèle notre rapport à l'Autre

[…] plusieurs systèmes différents.
Cependant → **pourtant** ; **néanmoins**, paradoxalement, alors que → **malgré que** ; **en dépit que** cette discipline contient les ressources à la fois conceptuelles et pratiques en vue de réagir à de nouvelles formes de normativité, ou à des figures inédites de concurrence ou de collision de rationalités venant de différentes sphères sociales, son épistémologie semble enracinée dans la pensée juridique du XIXe siècle et inapte à saisir les phénomènes très contemporains.

Cette dernière est encore structurée par la distinction entre les sphères publique et privée et elle est imprégnée du mantra de la neutralité du droit. Par ailleurs, <u>alors même que</u> → **malgré que ; en dépit que** la fonction du droit international privé est de réguler la réception des normes étrangères et que les sociétés occidentales sont désormais multiculturelles, elle montre peu de créativité en ce qui concerne l'accueil de l'altérité.
[…]
Un point central de votre ouvrage est de remettre en cause le caractère exclusif du droit international privé. Qu'est-ce qui jusqu'à présent a justifié ce caractère que vous désignez comme étant un refus de l'extranéité ? En quoi ce caractère se manifeste-t-il ?
[…] À cet égard, le droit a toujours délimité sa propre frontière vis-à-vis de la sphère publique (qu'il s'agisse de politique interne ou de géopolitique) à travers des doctrines constitutionnelles (au sens large) telles que la séparation des pouvoirs, l'immunité souveraine, la non-justiciabilité des actes de l'État (ou privilège de la Couronne), etc. <u>Or,</u> → **mais ; pourtant ; cependant** ces doctrines reposent sur une délimitation entre les sphères publique et privée qui tend aujourd'hui à être complètement dépassée. Elles servent <u>néanmoins</u> → **toutefois ; pourtant ; cependant** aux juridictions étatiques à refuser de reconnaître, par exemple, les actions de ressortissants étrangers civils pour des dommages causés par des troupes occupantes, celles des victimes de violation de droits de l'homme par des multinationales hors du territoire, etc. […]
Afin de procéder à ce que vous appelez un décentrement de l'analyse du droit international privé, vous avez recours à d'autres disciplines des sciences humaines et sociales : philosophie, politique, voire esthétique. Quels sont les apports à votre démarche ?
Horatia Muir-Watt : Précisément, ce décentrement est nécessaire parce que, supposé distancié ou neutre par rapport aux enjeux de fond, le droit international privé a bénéficié d'une certaine immunité par rapport aux théories critiques qui ont atteint d'autres branches du droit à partir des disciplines sociales et humaines. L'analyse du droit international privé n'est affectée ni par les analyses contestataires du discours juridique lui-même (féministe, post-colonial, etc.), ni par la géographie critique dans son utilisation de la frontière, de la territorialité ou de la distribution spatiale des lois. <u>Or,</u> → *ici, « or » souligne l'apparition un élément nouveau mais n'est pas une concession, ni une opposition. On ne peut donc pas le remplacer par un marqueur de concession synonyme* aujourd'hui, il est frappant de constater que le vocabulaire du droit international privé est très présent dans le débat politique (souveraineté, identité, territorialité, nationalité…). Dans ces contextes, il contribue à accréditer l'idée d'une certaine neutralité de concepts qui comporte tout aussi évidemment des soubassements politiques et éthiques très spécifiques et certainement pas univoques. […]

3. Marqueurs de concession pour un texte formel : en dépit de ; néanmoins, toutefois, bien que, or. Et pour une lettre amicale : mais ; pourtant ; cependant ; malgré.

 Activité 11 (page 117)

Pistes de réponses
Lois qui ont débouché sur des changements sociaux :
– En France, les lois Jules Ferry (1881-82) qui rendent l'école primaire obligatoire, gratuite et laïque.
– En Tunisie, le Code du statut personnel (13 août 1956). Cette réforme transforme légalement la condition de la femme.
– Au Québec, La Révolution Tranquille (années 1960). Il s'agit d'une série de réformes rapides et importantes qui ont eu pour effet de modernise l'Etat québécois.

Lois ou réformes qui ont eu lieu après des changements sociaux :
– En France, les lois sur la famille des années 1960-70
– les lois sur le droit des artistes face au streaming dans les années 1990

Lois à venir :
– lois sur la régulation du cyberespace
– lois sur la bioéthique

LEÇON 2 — Quand le droit s'en mêle (Pages 118-121)

Dans cette leçon, nous voyagerons dans le passé, le présent et le futur du droit, notamment à travers un procès célèbre. Nous questionnerons également les délicats équilibres entre droit et politique, lois et confiance, vie privée et vie publique. À l'issue de la leçon, les apprenants seront en mesure de comprendre et d'utiliser un ample lexique relatif au tribunal et aux réglementations. Ils pourront également accuser quelqu'un d'un crime, soutenir une réforme et exprimer leurs doutes dans le contexte juridique.

Avant de commencer
Attirer l'attention des apprenants sur le sous-titre de la leçon « Quand le droit s'en mêle ». Cette phrase contient une expression et un jeu de mots. Peuvent-ils les découvrir ?

(Réponse : l'expression est « se mêler de quelque chose » signifie s'immiscer, se mettre dans quelque chose d'étranger à soi. Ex : « Ne te mêle pas de mes affaires ! » ou « Il est médecin, et il se mêle d'astronomie. ». Le jeu de de mots est : « Quand le droit s'en mêle → quand le droit s'emmêle – de s'emmêler, s'embrouiller, s'enchevêtrer, se mélanger sans ordre Ex : Avec le vent, j'ai les cheveux tout emmêlés !)

 Activité 1 (page 118)

1. Pour comprendre l'importance de cette affaire judiciaire très médiatisée pour la société française, de très nombreux documents existent. Par exemple, une vidéo de 3 min, de BFM TV disponible sur YouTube : https://www.youtube.

com/watch?v=DCMuFsexmok. De même, vous pouvez lire le roman *An Officer and a Spy* de Robert Harris (2013), traduit en français par le court titre de : *D*. Ou encore, son adaptation au cinéma : le long-métrage *J'Accuse* (2019) de Roman Polanski et Robert Harris. Le capitaine Dreyfus y est incarné par l'acteur Jean Dujardin.

2. Le document iconographique reproduit ici représente l'une des étapes de ce long processus judiciaire : la révision du procès en 1899, cinq ans après la première condamnation de l'officier. On y voit une scène de tribunal. L'accusé, en uniforme militaire, est debout et tête nue face à la cour de justice. La salle est pleine. On n'y voit que des hommes en costumes sombres et à l'attitude grave ou concentrée. L'accusé semble faire sa déclaration après avoir prêté serment. En face de lui se trouvent des militaires, certainement des gradés. A sa droite, un rang de magistrats. Au premier plan, sur la gauche de l'accusé, un homme en costume civil écrit. On peut penser qu'il s'agit d'un script ou d'un greffier, ainsi que son compagnon de gauche. En contrebas, au centre, deux hommes en tuniques longues, noires elles aussi, pourraient être les avocats. Finalement, au premier plan, à droite de l'homme qui écrit, se trouve un nouveau rang d'officiers. Ils arborent des médailles d'honneur. Sur le même rang, plus au fond, un militaire à l'attitude plus humble se détache des autres. On peut penser qu'il s'agit d'une personne impliquée dans l'affaire, comme, peut-être, l'officiel Esterhazy.

3. Les couleurs dominantes sont le noir, le blanc et le rouge. L'impression générale dégagée par la composition du tableau est celle de la solennité. Les positions sont rigides, les vêtements très formels, les expressions, graves. On peut penser que le dessinateur a voulu souligner toute la portée historique de cette révision de procès, peut-être à un moment où son issue était encore incertaine.

Activité 2 (page 118)

Avant de commencer

Le document constitue l'une des étapes de l'Affaire Dreyfus. Il s'agit de la reproduction de la lettre ouverte originale publiée par l'écrivain Émile Zola dans le journal *L'Aurore*.

Proposition de réponses

1. Émile Zola conteste l'acquittement d'Esterhazy par un conseil de guerre.
2. Il adresse sa lettre à M. Félix Faure parce que c'est le Président de la République. Il est donc le premier magistrat de France mais aussi celui qui a permis à l'injustice qu'il dénonce d'exister.
3. Les accusations de l'écrivain portent sur de nombreux militaires qui ont eu des liens avec l'acquittement d'Estherazy et la condamnation de Dreyfus : le lieutenant-colonel du Paty de Clam, le général Mercier, le général Billot, les bureaux de la guerre (qui appartiennent à l'État-Major militaire), le premier et le second conseil de guerre (tribunaux militaires).
4. Parmi les conséquences probables de la lettre ouverte d'Emile Zola, il y a notamment son propre procès pour diffamation, mais aussi une mobilisation de l'opinion publique et des démarches politiques de la part du Président Félix Faure.

Activité 3 (page 119)

Suggestions d'exploitation

Les personnalités choisies peuvent être des figures contemporaines ou des personnages historiques, n'importe où dans le monde. Le cas judiciaire doit être suffisamment connu pour avoir débouché sur une « affaire » de justice, c'est-à-dire un cas qui va plus loin qu'un simple jugement individuel car il acquiert une dimension collective, avec des conséquences sur tout ou partie de la société.

Activité 4 (page 119)

Suggestions d'exploitation

Tout d'abord, inviter les apprenants à se remémorer l'injustice choisie lors de l'activité 7 de la leçon 1, unité 7. Puis, demander de répondre individuellement aux questions suivantes :
• Quelle inégalité je souhaite dénoncer ?
• Selon moi, qui a le pouvoir de faire connaître ou de changer la situation ?
• D'après moi, qui sont les responsables de cette injustice ?
• Sont-ils coupables ?
• De quoi exactement ?
• Comment terminer ma lettre pour avoir le plus d'impact possible ?

Les apprenants rédigent ensuite leur texte, d'une longueur minimale de 180 mots.

Activité 5 (page 119)

Avant de commencer

La question originale de l'enquête IFOP d'où proviennent ces graphiques est la suivante : « *Estimez-vous qu'en France, à l'heure actuelle, la Justice fonctionne globalement très bien, assez bien, assez mal ou très mal ?* ». Vous pouvez avoir accès à l'ensemble de l'enquête sur : https://legiteam.fr/IMG/pdf/sondage_ifop_barreaudeparis_24012022-2.pdf

Proposition de réponses

1. D'après les chiffres du premier graphique, le fonctionnement de la Justice n'inspire pas confiance aux Français. Depuis 60 ans, le pourcentage de Français ayant confiance dans le fonctionnement de la Justice est minoritaire. On observe cependant certaines améliorations ponctuelles. Le second graphique ne parle pas de la confiance des Français en la Justice mais de son accessibilité en fonction de leurs revenus. Ce second graphique met en évidence que la majorité des Français n'a jamais été freiné par le manque de moyens pour faire appel à la Justice (75%). Cependant, si l'on observe les 25% restants, ce sont bien les catégories sociales les plus pauvres qui ont le plus renoncé à faire appel à la Justice.
2. Les Français sont fâchés avec la justice. D'après un sondage IFOP du barreau de Paris, seuls 31% des personnes interrogées faisaient confiance à l'institution judiciaire en 2021. Et cette brouille n'est pas nouvelle : depuis 1966, le pourcentage de Français ayant confiance dans le fonctionnement de la Justice n'a jamais dépassé les 41%.

Pendant ce temps, les deux tiers des sondés estimaient que la Justice fonctionnait mal. En 2011 et 2013, ce nombre s'élève même aux ¾ des personnes interrogées.

Activité 6 (page 119)

Suggestion d'exploitation
Pour faire participer l'ensemble des apprenants, diviser la classe en plusieurs rôles. Deux apprenants jouent le rôle des modérateurs : ils introduisent et concluent le débat, posent des questions, gèrent le temps de parole des invités et modèrent le ton des échanges. Deux autres apprenants font les scripts : ils ne participent pas à l'oral, mais prennent des notes et font la restitution orale à la fin du débat (ou le lendemain). Le reste de la classe joue le rôle des invités. Ils peuvent s'inventer une spécialité ou parler en nom propre. Pour le bon fonctionnement du débat, il peut être intéressant de les diviser entre ceux qui pensent globalement qu'on peut faire confiance en la justice et ceux qui pensent le contraire. Si une claire majorité des apprenants doute de la justice, on peut encore les diviser en fonction de la nature de leurs doutes (équité, bon fonctionnement, manque de moyens, délais de jugements, qualité ou formation des magistrats, etc.) et les encourager à proposer des réformes de l'institution. Le débat portera alors davantage sur les priorités à mettre en œuvre pour améliorer le système judiciaire.

Activité 7 (page 120)

Proposition de réponses
1. D'après Denis Baranger, l'opinion publique ressent régulièrement un désir de nouvelles lois mais, face à leur application, c'est de la déception qui est habituellement éprouvée. Parce que les lois ne suffisent pas à changer la réalité, elles ne sont pas à la hauteur des espérances. Généralement, l'acceptation d'une loi par l'opinion publique se base sur les critères du respect ou de l'amélioration de la sécurité, de la dignité ou des droits de la personne humaine, et aussi sur ses bienfaits pour la croissance économique et pour le bien-être.
2. Pour être fabriquées, les lois passent par deux étapes. D'abord, la loi naît d'une expression de la volonté générale : c'est celle qu'on appelle la loi politique. Ensuite, cette loi devient un texte technique, destiné à être appliqué. C'est celle qu'on appelle la loi des légistes ou la loi des juridictions.
3. Dû à ces deux étapes, les lois sont soumises au paradoxe de leur application et de leur interprétation. En effet, une belle idée mal traduite dans les faits n'est plus une belle idée. De même, une loi dont la société a un besoin urgent mais qui n'est appliquée que des années, voire des décennies plus tard, n'est plus une loi émanant de la volonté générale. A mon avis, c'est pourquoi Denis Baranger parle de « neutralisation ».

 Activité 8 (page 120)

Avant de commencer
Attirer l'attention des apprenants sur le sous-titre de la leçon : « le droit du cyberespace » et procéder à une pluie d'idées pour contextualiser et mobiliser du vocabulaire. Ex : A quels mots ou concepts pensez-vous quand je vous dis « droit du cyberespace » ? *Ex : pirates informatiques / hackers, globalisation, dangers d'internet, droit à l'oubli numérique etc.*

Proposition de réponses
Dans le contexte de la réglementation du cyberespace, certaines difficultés spécifiques pourraient être : le caractère international du cyberespace et l'absence d'accords juridiques internationaux ; les délais d'application des lois dans un environnement numérique quasiment instantané ; l'instabilité des contenus ; la rapidité des avancées technologiques, etc.

Activité 9 (page 120)

Proposition de réponses
1. Pierre Trudel copréside un comité d'experts consultatifs sur le thème de la haine en ligne. Sa mission est de fournir des réponses aux questions que se pose le ministère du Patrimoine pour l'instauration d'un cadre législatif et réglementaire pour lutter contre les contenus préjudiciables sur internet.
2. D'après Pierre Trudel, l'encadrement de la liberté d'expression est délicat parce que « *[...] ce qui est perçu comme une limite acceptable pour les uns ne l'est pas forcément pour les autres.* »
3. Avec le développement de la communication en ligne, la justice se confronte à la rapidité de diffusion de l'environnement numérique qui, de plus, est mondial.

Activité 10 (page 121)

Suggestion d'exploitation
Ce débat peut être l'occasion de travailler en groupes plus restreints que l'ensemble du groupe-classe. Pour cela, écrivez les différents thèmes retenus au tableau et demander aux apprenants de créer des sous-groupes. Laisser un premier temps de réflexion individuel de 5 minutes environ pour que chaque apprenant ait le temps de penser à des arguments et exemples illustrant sa position personnelle. Puis, chaque groupe débattra en autonomie sur le thème choisi, en respectant toujours le temps de parole, les règles de la courtoisie et un délai maximum, qui peut être fixé à 20 minutes. Finalement, le porte-parole de chaque groupe rendra compte à l'oral ou à l'écrit du résumé de chaque discussion.

Activité 11 (page 121)

Avant de commencer
Pour contextualiser le document et approfondir leurs connaissances du monde francophone, demander premièrement aux apprenants de faire des recherches sur Haïti. Situé dans les

La justice et le droit • Unité 7 113

Caraïbes, au large de l'Amérique, ce petit État partage l'île d'Haïti avec la République Dominicaine. On y parle majoritairement créole mais le français y est aussi langue officielle. La devise nationale est identique à celle de la France : *Liberté, égalité, fraternité*. Pour en savoir plus sur Haïti, vous pouvez notamment consulter les fiches pédagogiques de TV5 monde « Lettres d'Haïti » pour découvrir cet État à travers les grands noms de sa littérature : https://enseigner.tv5monde.com/fiches-pedagogiques-fle/lettres-dhaiti. Vous pouvez également en apprendre plus sur la francophonie en Haïti à travers le site : https://francophoniedesameriques.com/zone-franco/la-francophonie-des-ameriques/antilles/haiti
Puis attirer l'attention des apprenants sur la source du document : en quelle langue est le nom du journal, d'après eux ? *(Réponse : en créole haïtien)*. Que signifie-t-il en français *(réponse : réseau nord-ouest)*.

Proposition de réponses
1. Ces dernières années, les réseaux sociaux ont « [...] élargi la capacité du citoyen à exprimer ses positions sur les initiatives de l'État et de critiquer les élus. » Ils ont ainsi « [...] joué un rôle prépondérant dans le dénouement de la situation socio-politique en Haïti. »
2. D'après l'auteur, le fait que la Constitution haïtienne ait été écrite à une époque où internet n'existait pas sert d'argument à certains pour dire que la liberté d'expression qui y est défendue ne s'applique pas au cyberespace.
3. L'auteur Pierre-Louis Jameson contredit cet argument en citant des lois internationales qui défendent la liberté d'expression : deux résolutions du Conseil des Droits de l'Homme de l'ONU et les articles 19 de la Déclaration universelle des Droits de l'Homme et du Pacte international relatif aux droits civils et politiques. Il cite notamment le contenu suivant : « *les mêmes droits dont les personnes disposent hors ligne doivent être aussi protégés en ligne, en particulier la liberté d'expression [...]* » A mon avis, les arguments du juriste sont tout à fait convaincants et mettent en lumière une nécessité d'actualiser certaines lois fondamentales.
4. Il s'agit de cas particuliers parce que, bien que les individus en général aient droit à la vie privée sur internet, les comptes officiels de personnalités publiques ne peuvent pas être considérées comme d'usage privé, d'après l'auteur.

 Activité 12 (page 121)

Suggestion d'exploitation

Dans cet exercice, les apprenants sont invités à rédiger une lettre formelle pour proposer une réforme. Pour cela, ils utiliseront un registre formel et des arguments clairs et directs. Il peut être bénéfique de faire travailler les apprenants en binômes pour faciliter les idées et encourager les relectures entre eux. Le texte aura une longueur de 180 mots minimum. Pour encourager les apprenants, lire les lettres des différents binômes en groupe-classe à la fin de l'exercice et leur attribuer des prix sur différents critères (ex : la lettre la plus convaincante, la mieux rédigée, la plus originale, la plus formelle, etc.)

LEÇON 3 — Rôle éducatif de la justice (Pages 122-125)

Avant de commencer
Dans cette leçon, nous aborderons le thème des punitions et de la prison, mais aussi celui de la justice restaurative et des sanctions alternatives. Nous analyserons le plan d'une plaidoirie et découvrirons les ressorts sur lesquels il s'appuie. A l'issue de cette leçon, les apprenants seront en mesure de distinguer les différents types d'arguments, de débattre sur une réforme et manipuleront les synonymes avec plus d'aisance.

 Activité 1 (page 122)

Avant de commencer
Revenir à la vidéo de la page d'ouverture de l'unité « *Le discours de Badinter contre la peine de mort* ». Visionner à nouveau le document et répondre aux questions.

Proposition de réponses
1. Le Garde des Sceaux Robert Badinter tient son discours devant l'Assemblée nationale, c'est-à-dire devant les députés. L'Assemblée nationale française est l'organe législatif de l'Etat, avec le Sénat. Ils sont chargés de faire les lois. L'enjeu est donc l'adoption d'une nouvelle loi.
2. Cette proposition de loi est présentée comme historique parce que cela faisait environ 75 ans que le thème n'avait pas été porté devant les députés. Également parce que la dernière fois, en 1908, le débat entre Jean Jaurès et Maurice Barrès avait fait de grands remous dans la société française.

Activité 2 (page 122)

Proposition de réponses
1. Type d'arguments utilisés : arguments d'autorité, d'expérience, logique, de valeur (morale). Robert Badinter n'utilise aucun argument *ad hominen* car il attaque la logique du raisonnement de ses adversaires, mais non leur personne.

RB : – J'ai l'honneur au nom du Gouvernement de la République, de demander à l'Assemblée nationale l'abolition de la peine de mort en France.
J : – Bonsoir. Il était trois heures et demie cet après-midi quand le garde des sceaux, Robert Badinter, a donc prononcé cette phrase qui rejoindra sans doute les grands moments, les grands débats des élus du peuple. Qu'on soit pour ou contre la peine de mort, il est certain que ce 17 septembre 1981 marquera une date. Voilà près de

trois quart de siècle que les députés ne s'étaient saisis d'un projet de loi portant sur l'abolition de la peine de mort. C'était le fameux débat de 1908, entre Jaurès et Barrès. Entre temps nombreux furent ceux à batailler pour supprimer la guillotine en France, à gauche et à droite et face à une opinion hostile, François Mitterrand pendant la campagne, il y a 6 mois, avait répété son hostilité à la peine capitale. Et c'est d'ailleurs l'un des plus farouches avocats de l'abolitionnisme qu'il a placé au ministère de la Justice et qui se retrouvait donc cet après-midi devant les députés.

R.B. – Je dis simplement en rappelant la phrase de Jaurès, → **argument d'autorité** puisqu'à l'évidence, en vous, sa parole n'est pas éteinte : « <u>La peine de mort est contraire à ce que l'humanité depuis 2.000 ans a pensé de plus haut et rêvé de plus noble, elle est contraire à l'esprit à la fois à l'esprit du christianisme et à l'esprit de la révolution</u> »
→ **argument de valeur**

Et nous savons bien que certains vous diront qu'en votant l'abolition vous méconnaîtriez la démocratie parce que vous méconnaîtriez l'opinion publique. Il n'en est rien. <u>Le pays a élu une majorité de gauche dans le programme de laquelle figurait cette disposition ; ce faisant, le pays, en connaissance de cause, savait qu'il approuvait un programme législatif dans lequel se trouvait inscrite, au premier rang des obligations morales, l'abolition de la peine de mort. A cet instant, lorsque vous la voterez, c'est ce pacte solennel, celui qui lie l'élu au pays, celui qui fait que le premier devoir de l'élu est le respect de l'engagement pris avec ceux qui l'ont choisi, c'est cette démarche-là, de respect du suffrage universel et de la démocratie qui sera la vôtre.</u> [...] → **argument logique**

J : – Robert Badinter a ensuite écarté l'idée d'un référendum. Se référant d'ailleurs au Général de Gaulle qui était hostile en la matière. Et puis il a réfuté l'argument le plus utilisé par les partisans de la peine de mort, à savoir : la peur peut dissuader les criminels.

RB : – ...<u>il n'a jamais, jamais été établi une corrélation quelconque entre la présence ou l'absence de la peine de mort dans une législation pénale et la courbe de la criminalité sanglante.</u> → **argument d'expérience** Seul pour la peine de mort on invente l'idée que la peur de la mort retient l'homme dans ses passions extrêmes. Ce n'est pas exact.

<u>Et, puisque vous avez prononcé tout à l'heure le nom de deux condamnés à mort et de deux exécutés, je vous dirai pourquoi, plus qu'aucun autre, je sais qu'il n'y a pas dans la peine de mort de valeur dissuasive : sachez bien que, dans la foule qui, à Troyes, criait au passage de Buffet et de Bontems, autour du Palais de Justice : « A mort Buffet ! A mort Bontems ! » se trouvait un jeune homme qui s'appelait Patrick Henry. Croyez-moi, à ma stupéfaction, quand je l'ai appris, j'ai compris ce que ce jour-là pouvait signifier la valeur dissuasive de la peine de mort !</u> (Applaudissements sur les bancs des socialistes et des communistes.) → **argument d'expérience**

J : – Le garde des sceaux a demandé qu'il n'y ait pas d'amendements à son texte, pas de restriction par exemple, pas de peines de substitution. Et puis il s'est adressé à ceux qui trouvent que, décidemment, dans le genre de cas de conscience, on a trop souvent tendance à oublier les victimes.

RB : – La mort et la souffrance des victimes, ce terrible malheur, la mort et la souffrance des victimes, pour le partisan de la peine de mort, appelle comme une contrepartie nécessaire, impérative, une autre mort et une autre souffrance. A défaut, disait un ministre de la Justice récent, l'angoisse et la passion nées dans la société par le crime ne seraient pas apaisées. Cela s'appelle, je crois, le sacrifice expiatoire. [...] Ceux qui veulent une justice qui tue, ceux-là sont animés par une double conviction : la première est qu'il existe des hommes totalement coupables, c'est-à-dire des hommes totalement responsables de leurs actes, et la deuxième c'est qu'il peut y avoir une justice sûre de son infaillibilité au point de dire que celui-là peut vivre et que celui-là doit mourir. <u>Eh bien, arrivé à cet âge de ma vie, l'une et l'autre affirmations me paraissent également erronées.</u> → **argument d'expérience**
Aussi terribles, aussi odieux que soient leurs actes, il n'est point d'hommes en cette terre dont la culpabilité soit totale et dont il faille pour toujours désespérer totalement. <u>Et quant à la justice, aussi prudente soit-elle, aussi mesurés et angoissés que soient les femmes et les hommes qui jugent, rien ne peut changer que cette justice soit humaine, et par conséquent faillible.</u> [...] → **argument logique**

2. Exemples de procédés oratoires utilisés : phrases exclamatives, figures d'insistance, rythme, accentuation des mots, modulation de la voix, phrases emphatiques, questions oratoires, choix des adjectifs, choix des connecteurs logiques, accent d'insistance, syntaxe de la phrase, figures d'amplification etc. Personnellement, je suis particulièrement sensible à la modulation de la voix, au choix des adjectifs et aux types et à la variété des arguments utilisés.

 **Activité 3** (page 122)

Avant de commencer

Attirer l'attention des apprenants sur le titre de la leçon : « Sanction ou châtiment, la peine doit-elle faire souffrir ? ». Peuvent-ils découvrir des connotations ou des double-sens dans les mots du titre ? *(Réponse : Le châtiment est une peine sévère qui est faite pour être crainte. On utilise notamment ce synonyme de sanction dans le contexte religieux ou en référence à un traitement violent appliqué au corps → le châtiment corporel (fessée, martinet). Le mot « peine » possède un double sens. C'est un synonyme de sanction mais aussi un synonyme de chagrin, de souffrance morale. Dans la phrase « Sanction ou châtiment, la peine doit-elle faire souffrir ? », la peine renvoie ainsi à la fois à une souffrance physique, morale, voire religieuse.)*

Proposition de réponses

1. Les peines théoriques sans privation de liberté imaginées par les sociétés sont : le travail d'intérêt général, les amendes, les sanctions-réparation.

2. Les alternatives réelles à la prison citées par Olivier Cahn sont : l'enfermement en hôpital psychiatrique, la peine de

mort et la déportation à vie. Olivier Cahn pense que ces alternatives sont pires que la privation de liberté et posent de sérieux problèmes philosophiques.

3. D'après l'invité, les types de sanctions ont changé après la Révolution française parce que les valeurs de la société avaient changé. En effet, Olivier Cahn soutient que « *Une société inflige toujours comme sanction la valeur négative de la valeur qu'elle privilégie.* »

4. Karim Mokhtari partage partiellement l'opinion d'Olivier Cahn. En effet, il ne nie pas la nécessité d'avoir des prisons ni celle de punir l'individu, mais il pense que la prison devrait aussi servir à le réparer. Il croit également que punir n'est pas la même chose que se venger. Or, il trouve que les prisons sont un lieu de la vengeance sociale et qu'il est nécessaire de réformer la philosophie qui se trouve derrière.

 Activité 4 (page 123)

Exemples de définitions (le Robert https://dictionnaire.lerobert.com/definition/)

• Peine (nom féminin) : Sanction appliquée à titre de punition ou de réparation pour une action jugée répréhensible.
• Infraction (nom féminin) : Violation d'une loi sanctionnée par le droit.
• Délit (nom masculin) : Fait prohibé ou dont la loi prévoit la sanction par une peine. OU Infraction punie de peines correctionnelles.
• Crime (nom masculin) : Infraction grave, que les lois punissent d'une peine afflictive ou infamante OU Assassinat, meurtre, homicide.
• Amende (nom féminin) : Peine pécuniaire prononcée en matière civile, pénale, ou fiscale.

 Activité 5 (page 123)

Suggestion d'exploitation

Dans cet exercice, les apprenants doivent rédiger un texte argumentatif pour présenter leur opinion sur le thème de la prison comme vengeance sociale. Dans leur document apparaîtra les rôles dévolus à la prison dans leur pays, selon leur point de vue, ainsi que des exemples. Idéalement, laisser un temps de recherche à la maison pour ainsi inclure des données chiffrées qui illustrent leurs arguments et étendent leurs connaissances sur le sujet, tout en les préparant à l'épreuve écrite du DALF. Le texte aura une longueur d'environ 250 mots. Pour familiariser vos apprenants aux critères de correction du DALF, vous pouvez appliquer la grille d'évaluation de l'épreuve d'essai argumenté pour évaluer les copies. Vous la trouverez en page 2 sur le pdf de France-education : https://www.france-education-international.fr/document/grille-pe-c1

 Activité 6 (page 123)

Avant de commencer

Pour contextualiser le document et approfondir leurs connaissances du monde francophone, demander aux apprenants de faire des recherches sur l'île Maurice. Située au large de l'Afrique, c'est une île volcanique aux paysages paradisiaques qui compte de nombreuses espèces endémiques. Elle s'est beaucoup développée depuis son indépendance et attire de nombreux investisseurs, ce qui fait d'elle l'un des États les plus riches d'Afrique. Ancienne colonie anglaise, son gouvernement s'est rapproché de la France après l'indépendance. Sa population est multiculturelle et les langues qu'on y parle, en plus de l'anglais et du français, y sont nombreuses. Pour en savoir plus, vous pouvez visiter le site officiel du gouvernement de la république de Maurice : https://govmu.org/FR/Pages/default.aspx ou celui de l'office de tourisme : https://mymauritius.travel/fr

Proposition de réponses

1. Le ton de l'article est critique, et, par moments, ironique/caustique (« [...] *Seuls les Seychellois sont plus répressifs. Et de loin [ce] sont les « champions du monde » de l'incarcération, devant les États-Unis.* »). En résumé, la thèse de l'auteur est qu'on emprisonne trop à Maurice.

2. Les stéréotypes sur la prison à l'île Maurice contredits par les chiffres sont :
– que les détenus sont en majorité des grands criminels ou des prédateurs sexuels
– Qu'on enferme surtout pour des affaires de drogue

3. D'après le texte, le « profil type » d'un détenu mauricien est un jeune homme, dont l'âge est compris entre 22 et 35 ans, enfermé pour des délits du quotidien comme le vol et les coups et blessures.

Les synonymes (page 123)

1. Synonymes et expressions équivalentes :
Emprisonnement → entrer en prison, la détention, l'incarcération, derrière des barreaux, mettre au trou
Détenus → personnes incarcérées, les « enfermés », les prisonniers, la population carcérale
Peine → la détention, peines inférieures à trois mois, peines de moins d'un an, condamnés (→ condamnation)

2. Réponse libre

 Activité 7 (page 124)

Avant de commencer

Rechercher la bande-annonce du film « Je verrai toujours vos visages » de Jeanne Berry et visionnez-la. A votre avis, s'agit-il d'une fiction ou d'un documentaire ? *(Réponse : il s'agit d'un film de fiction. Les critiques s'accordent néanmoins à souligner le naturel et la très belle performance des acteurs)*

Proposition de réponses

1. Les auteurs d'infractions pénales et les victimes peuvent être concernées par un processus de justice restaurative.

2. Non, la justice restaurative n'est pas obligatoire. : « [...] *La justice restaurative est une démarche volontaire, [...]* »

3. On peut comprendre le titre comme une prise de conscience de la part de l'auteur de l'infraction. Dire « *je verrai toujours vos visages* » est une autre façon de dire qu'on se rappellera toujours ce que l'on a fait et à qui. Dans l'affiche de film, cette impression est donnée par la disposition en cercle des différentes personnes, qui, de cette manière, se voient toutes en face.

4. La justice restaurative a pour objectif d'instaurer un dialogue respectueux entre les parties dans le but d'aider à la reconstruction de la victime, à la responsabilisation de l'auteur de l'infraction et à sa réintégration dans la société.

 Activité 8 (page 124)

Avant de commencer
Le docteur Denis Mukwege a reçu en 2018 le Prix Nobel de la Paix. Il est médecin gynécologue, chirurgien, pasteur évangélique, militant des droits de l'Homme et candidat dérouté à l'élection présidentielle de 2023. Rechercher sa biographie sur internet. Quel est son plus grand combat ? *(Réponse : Son plus grand combat est celui qu'il mène en faveur des femmes victimes de violences sexuelles)*

Proposition de réponses
1. Les particularités de l'approche du chirurgien Denis Mukwege par rapport aux soins des victimes d'agressions sexuelles est qu'il considère que réparer les corps ne suffit pas pour réparer les femmes. Il estime également dans son rôle de mener « *une lutte contre l'impunité et pour la justice, pour de nouvelles formes de justice qu'il appelle holistiques* ».
2. Face à la difficulté des femmes à revenir dans leur village après les actes médicaux, la clinique du Dr Mukwege a mis en place progressivement une prise en charge psychologique, puis socio-économique et, finalement, judiciaire.

 Activité 9 (page 124)

Suggestion d'exploitation
Dans cet exercice, les apprenants sont amenés à travailler sur la synthèse de documents, qui fait partie des deux épreuves de production écrite du DALF. Il s'agit ici d'un simple entraînement, mais vous pouvez le mener à terme si vos apprenants souhaitent se présenter à l'examen en rajoutant la consigne suivante : « Vous faites une synthèse des documents proposés. *Pour cela, vous dégagez les idées et les informations essentielles qu'ils contiennent, vous les regroupez et les classez en fonction du thème commun à tous ces documents, et vous les présentez avec vos propres mots, sous forme d'un nouveau texte suivi et cohérent.* »

 Activité 10 (page 124)

Suggestion d'exploitation
Dans cet exercice, les apprenants sont invités à rédiger un texte argumentatif où ils exposeront leur opinion personnelle. Dans une première étape, demandez-leur de prendre position sur la question du recours automatique à la justice restaurative. Y sont-ils favorables ou défavorables ? Pour y répondre, invitez-les à dresser d'abord une liste de délits et d'imaginer pour chacun l'action possible de la justice restaurative. Puis, faites de même avec des « types » d'auteurs de délits (jeunes, âgés, hommes/ femmes, première condamnation / récidivistes etc.) et de victimes. D'après eux, la justice restaurative pourrait-elle avoir un effet positif pour ces personnes ? Finalement, invitez-les à rédiger un plan, puis leur essai argumenté, de 250 mots environ.

 Activité 11 (page 125)

Avant de commencer
Pour situer l'article dans son contexte, demander aux apprenants de situer le pays d'origine de l'article *(Réponse : le Canada)*. Ils peuvent notamment s'aider de la source (*La presse* est un journal québécois) ou de l'allusion au gouvernement de Justin Trudeau (Président du Canada en exercice en 2022).

Proposition de réponses
1. Le ton de cet article est critique et, par moments, son registre est informel. Son auteur est pour l'abolition des peines automatiques, tout comme le gouvernement. Mais il critique les raisons officiellement données pour leur suppression.
2. L'application des peines automatiques se basent sur des lignes directrices « fixes ».
3. Selon l'auteur, les inconvénients des peines minimales c'est qu'elles elles ne s'adaptent pas au cas par cas : « *C'est le problème de ces peines : elles imposent une solution toute faite là où le sur-mesure est nécessaire* »
4. En conclusion, l'auteur amène la « rectification » suivante : Oui, il faut abolir les peines automatiques mais non, la raison de cette suppression ne devrait pas être celle de lutter contre la sur-représentation carcérale des minorités. La raison de cette suppression devrait être la justice.

 Activité 12 (page 125)

Suggestion d'exploitation
Dans cet exercice, les apprenants sont invités à préparer une plaidoirie, en binôme. Il s'agit d'une intervention orale très bien préparée et organisée. Lors de la prise de parole, les apprenants peuvent choisir de s'exprimer tous les deux à tour de rôle ou bien de se partager les rôles de l'orateur et celui du souffleur ! Le plan de l'intervention orale doit être suffisamment étoffé pour être une plaidoirie et assez clair et structuré pour permettre la réalisation de l'activité suivante (activité 13). Il est donc important que les apprenants aient eu un large temps de préparation, si possible sur plusieurs séances, pour pouvoir travailler en binôme.

 Activité 13 (page 125)

Suggestion d'exploitation
Afin de retrouver les types d'arguments utilisés, inviter les apprenants à se référer au début de cette leçon, à la page 120. À la fin de l'intervention, les « spectateurs » et les « intervenants » peuvent se retrouver pour échanger sur le plan et sur la perception de celui-ci, dans un but de critique positive.

PROJET — Organisez et tenez un jugement (page 126)

Avant de commencer

Pour placer les apprenants dans l'atmosphère, proposer un visionnage d'une scène vidéo de procès issue d'une série policière ou d'un film connu.

Conseils de mise en place

• Activité 1

Il est important que les apprenant se sentent à l'aise. Pour cela, ne pas forcer mais encourager les apprenants à avoir confiance en eux. Si le rôle tiré au sort déplaît fortement à l'apprenant, on peut lui donner la possibilité de réaliser un échange de rôle avec un collègue volontaire. On peut également multiplier le rôle (c'est alors un binôme qui interprètera un seul acteur).

• Activité 2

La technique des petits papiers est un déclencheur d'histoire et permet à tout le monde de participer. Mais vous pouvez aussi procéder d'une autre façon, par exemple en rejouant la scène d'un procès célèbre (ex : mise en scène du procès de Jeanne d'Arc) ou en investissant les personnages d'une série policière. Le but est simplement de trouver un chef d'accusation consensuel, et, autant que possible, inspirant.

• Activité 3

Cette étape est importante mais ne doit pas s'éterniser. Donner un temps raisonnable (exemple : 15/20 minutes). Si vous observez des apprenants en mal d'inspiration, regroupez-les en binômes pour s'entraider.

• Activité 4

L'interprétation de la scène est un jeu de rôle. Dans ce sens, elle doit être une mise en scène où le côté linguistique est évidemment présent (si les participants parlent mal, personne ne les comprendra) mais la correction de la langue pourra être temporairement secondaire. En effet, de trop nombreuses interventions du professeur pour corriger la langue ferait perdre le fil aux participants et les sortiraient de leurs personnages. Prendre des notes est un bon moyen de différer des corrections sans pour autant les oublier.

• Activité 5

La communication en langue étrangère met en jeu du langage verbal et non verbal. Cette étape est une occasion de revenir sur ces deux types de communication pour améliorer les compétences et encourager les apprenants en valorisant leur performance d'acteurs, en français.

UNITÉ 8 — L'HISTOIRE

Présentation et objectifs de l'unité

L'unité 8 traitera d'histoire sous différents angles : le récit et les témoignages, l'analyse et le patrimoine, la réparation et la mémoire historique, et permettra de consolider les connaissances des apprenant(e)s dans ce domaine.

Grâce aux activités proposées, les apprenant(e)s pourront progresser en compréhension écrite et orale tout en développant leur aisance dans leur prise de parole et dans les productions écrites.

Chaque leçon traitera en profondeur d'un aspect de l'histoire, que ce soit par la description d'événements ou par leur analyse.

Dans la première leçon, on retracera les différentes périodes historiques, à travers la narration d'événements passés et les portraits et témoignages de ceux qui les accompagnent.

La deuxième leçon portera sur le sujet du patrimoine, avec la découverte de monuments et d'objets ayant construit l'histoire, ainsi que sur l'analyse d'événements passés à partir de données tangibles.

Enfin, la dernière leçon, la leçon 3, abordera l'histoire de manière plus générale avec la comparaison de différentes périodes et les notions de réparation historique et de mémoire historique.

Présentation des contenus

Je découvre…

> **des types de documents :** des vidéos authentiques, des émissions de radio, des reportages, des témoignages, des articles, des interviews, un extrait d'essai, un croquis, une frise…

> **des types d'interactions :** témoigner et se souvenir, analyser et commenter un fait, et faire des relations entre des événements et des éléments du passé.

> **des points de grammaire :** le présent de narration, l'expression de la nuance et la comparaison

> **du vocabulaire :** la description et le récit d'événements passés, le patrimoine architectural, la réparation historique et la mémoire historique

> **un projet :** Faire un récit fictionnel d'un événement historique

Page d'ouverture (page 127)

Avant de commencer

Exposez les objectifs de l'unité et les différentes thématiques qui y sont présentées. Tout au long de l'unité, on parle d'histoire, mais sous différents angles : le récit et les témoignages, l'analyse, le patrimoine, la réparation et la mémoire historique. Ensuite, regardez la photo en groupe-classe et demandez aux apprenant(e)s : Qui sont les personnes présentes ? Où sont-elles ? Que font-elles ?
Laissez-les réfléchir, puis faites lire le premier encadré de la page d'ouverture en vous assurant de sa bonne compréhension. Laissez-leur le temps de préparer leur réponse, en les regroupant par petits groupes.

Propositions de réponse :
Je pense qu'ils véhiculent un message historique.
Ils permettent de renouer avec le passé pour mieux comprendre le présent et mieux appréhender le futur.

Dans un second temps, visionnez la vidéo sur le mur de Berlin. Demandez aux apprenant(e)s de quel événement historique il s'agit, quand il s'est déroulé et ce qu'il représente.

Propositions de réponse :
Il s'agit de la chute du mur de Berlin, qui représente la fin symbolique de la division entre l'Est et l'Ouest et la réunification de l'Allemagne, survenue le 9 novembre 1989.

LEÇON 1 — Narrer (pages 128-131)

Avant de commencer

Présentez de manière succincte les points qui seront abordés dans cette leçon, à savoir
– grammaire : Le présent de narration
– vocabulaire : Descriptions et récits / raconter des événements passés
– interactions : Témoigner/Se souvenir

Avant de commencer

Demandez aux apprenant(e)s s'ils comprennent le sous-titre de cette unité. Si besoin, faites définir le terme « autopsie » par un(e) apprenant(e). Vous pouvez leur demander dans quel autre contexte le mot peut être utilisé (enquête policière par exemple).
Demandez-leur ce qu'ils pensent trouver dans cette unité.

Activité 1 (page 128)

Laissez les apprenant(e)s regarder la frise et lire les questions, puis laissez-leur le temps de préparer leurs réponses.

Réponses
1. Les périodes évoquées sont le : Paléolithique inférieur (-2 Ma / -300000), le Paléolithique moyen (-300000 / -40000), le Paléolithique supérieur (-40000 / -9600), le Mésolithique (-9600 / -6000), le néolithique (-6000 / -2300), l'Âge du Bronze (-2300 / -800), l'Âge du Fer (-800 / -50), l'Antiquité (-50 / 500), le Moyen Âge (500 / 1500), l'Époque moderne (1500 / 1789) et l'Époque contemporaine (de 1789 à aujourd'hui).
2. Réponse libre, le but étant de bien repérer les différentes périodes et de faire référence à des faits historiques concrets.
3. Réponse libre, l'objectif ici est de faire réfléchir à la manière dont l'histoire est transmise (l'école, la famille, les films, les séries, les livres).

Suggestions d'exploitation

Faites travailler les apprenant(e)s en binômes et demandez-leur ce qui marque le début et la fin d'une période (laissez-leur faire les recherches nécessaires pour qu'ils répondent à la question). Par exemple, le Moyen-âge commence avec la chute de l'empire romain et se termine avec la découverte de l'Amérique par C. Colomb.
Pour approfondir ce sujet, consultez la banque de ressource page 233, exercice 3 où un audio revient sur ce thème et propose une vision nuancée.

Activité 2 (page 128)

Avant de commencer

Lisez le titre de l'exercice, puis demandez aux apprenant(e)s s'ils ont des connaissances sur la Seconde Guerre Mondiale. Faites une synthèse des informations qu'ils connaissent et apportez des précisions si nécessaire.
Faites regarder la vidéo en classe (deux fois si nécessaire), laissez les apprenant(e)s répondre aux questions puis comparer leurs réponses entre eux avant de corriger en groupe-classe.

Réponses
1. On parle de la guerre la plus meurtrière parce qu'il y a eu cinquante millions de personnes tuées, des militaires et des civils.
2. Elle trouve ses racines dans la première guerre mondiale et ses conséquences comme la répartition des territoires. Elle est aussi due à l'appauvrissement de la population allemande.
3. Selon Adolph Hitler, les principaux responsables du chômage et de la pauvreté en Allemagne sont les vainqueurs de la Première Guerre Mondiale ainsi que les Juifs.
4. Les priorités d'Adolph Hitler sont d'augmenter le territoire de l'Allemagne et d'effacer le souvenir de la défaite de la première guerre mondiale.
5. Le conflit devient mondial parce que l'Allemagne crée des alliances avec des pays autoritaires comme l'Italie et le Japon. De plus, elle envahit la Pologne, ce qui provoque une réaction de la France et du Royaume-Uni. Commence alors l'escalade, et le jeu des alliances donnera une dimension mondiale au conflit.

Activité 3 (page 128)

Avant de commencer

Lisez ou faites-lire la consigne. Dans un premier temps, demandez aux apprenant(e)s les conflits qu'ils connaissent (ceux qui concernent leur pays ou les pays voisins ou ceux qu'ils ont étudiés), puis laissez-les réfléchir en petits groupes pour que leurs idées puissent émerger. Commencez le débat en veillant à bien répartir le temps de parole et synthétisez au tableau les meilleurs arguments.

Propositions de réponse

Un conflit ne trouve pas nécessairement son origine dans des faits passés. Parfois, des conflits peuvent être déclenchés par des problèmes actuels, des différences idéologiques, des intérêts divergents ou des tensions sociopolitiques. Néanmoins, souvent ce sont de vieilles rancunes qui se réveillent qui amènent le conflit, comme expliqué dans la vidéo précédente.
Exemples de conflit qui trouvent leurs origines dans le passé :
– Conflit israélo-palestinien : Les tensions remontent au début du 20ᵉ siècle et font suite à la partition de la Palestine en 1947, et la création d'Israël en 1948. Depuis lors, des guerres et des affrontements ont éclaté avec les Palestiniens qui revendiquent cette terre pour un État indépendant.
– Conflit indo-pakistanais : L'origine du conflit réside également dans la partition de l'Inde britannique, en 1947 qui a amené le déplacement de millions de personnes et a entraîné le déchaînement de violences sectaires. Depuis lors, les deux pays ont été impliqués dans plusieurs guerres et conflits frontaliers, notamment au Cachemire, une région revendiquée par les deux parties.
– Conflit rwandais : Les tensions entre les groupes ethniques Hutu et Tutsi remontent à l'époque coloniale, lorsque les autorités coloniales belges ont favorisé les Tutsis. Après l'indépendance, les rivalités entre les deux groupes ethniques ont persisté, conduisant finalement au génocide de 1994, au cours duquel environ 800 000 Tutsis et Hutus modérés ont été tués.

Suggestions d'exploitation

Pour élargir le débat, vous pouvez poser cette question : En quoi la bonne connaissance des racines des guerres peut-elle faire avancer les choses ?

Activité 4 (page 128)

Avant de commencer

Expliquez aux apprenant(e)s que nous allons parler des tirailleurs et plus largement de l'histoire militaire et coloniale française. Demandez-leur d'expliquer le terme « tirailleur » et, si besoin, expliquez qu'il s'agissait de soldats de certaines troupes d'infanterie coloniale, encadrées par des Français. Revenez sur le terme « colonial » et amenez les apprenant(e)s à définir le terme « colonies », puis à l'aide d'une carte montrez succinctement les différentes colonies ayant appartenues à la France jusqu'au xxᵉ siècle.

Écoutez l'audio en entier une première fois en groupe-classe puis à l'oral, laissez les apprenant(e)s résumer les idées principales de l'audio.
Lisez ou faites lire les questions puis faites réécouter l'audio une deuxième fois à partir de 3'54. Donnez du temps aux apprenant(e)s pour qu'ils puissent répondre aux questions et comparer leurs réponses en binôme avant de corriger en groupe-classe.

Réponses

1. *Tirailleurs* est le titre d'un film.
2. Les tirailleurs sénégalais sont des militaires, membres de l'armée coloniale, un corps de l'armée française qui a été actif pendant presqu'un siècle, de 1857 à 1960. Les tirailleurs ne viennent pas tous du Sénégal, ils regroupent les troupes d'infanterie qui viennent de l'Afrique subsaharienne.
Au départ, ils n'étaient que 500 mais au fil du temps leur nombre a grandi. Ils ont été recrutés par la violence mais petit à petit, les Français négociaient avec les chefs de clan ou organisaient des tirages au sort pour leur recrutement, car la méthode violente était contre-productive. La 1ᵉʳᵉ Guerre Mondiale est le premier conflit européen auquel ils participent ; ils étaient 200 000. Ils étaient très mal considérés par l'armée française qui les jugeait stupides, incapables de manipuler les armes nécessitant un savoir-faire. On leur parlait comme à des imbéciles, sans conjuguer les verbes.
Les Français leur ont promis la nationalité mais finalement, soit ils ne l'ont pas obtenue soit très tardivement. Le président F. Hollande leur a concédé une pension et aujourd'hui, ils peuvent percevoir cette pension même s'ils ne résident pas en France pendant 6 mois.
3. Elle pense que leur manière de procéder est très violente, car elle dit « moins violent physiquement on va dire, en tout cas », elle juge que leur situation est presque pire que de la « *chair à canon* ». La « *chair à canon* » désignent les soldats presque sacrifiés, ceux que l'armée était disposée à sacrifier pendant un engagement armé, malgré des probabilités restreintes de victoires.
4. Pour les mettre en lumière eux et leur histoire et permettre ainsi de réparer les mémoires.
5. Parce que, selon lui, ils aideront des gens à se construire comme lui, ça l'a aidé.

Activité 5 (page 129)

Avant de commencer

Faites lire le titre du document à voix haute puis demandez aux apprenant(e)s ce qu'ils pensent découvrir dans le texte. Faites lire le document, puis laissez les apprenant(e)s répondre aux questions, puis comparer leur réponse en binôme avant de corriger en groupe-classe.

Réponses :

1. a. la Seconde Guerre Mondiale.
b. Ils sont présentés comme des héros, de véritables combattants. Dans ces textes, il s'agit du point de vue des ancêtres des tirailleurs et non pas du point de vue français. Ici, on décrit le tirailleur par ses actions non par les relations qu'ils entretenaient avec la France.

L'histoire • Unité 8

2. Ils sont tous présentés comme de véritables héros, courageux et exemplaires. Ce sont des hommes qui luttent pour leurs idéaux, en dépit du danger.

3. Pour cette question, les apprenant(e)s peuvent préparer leur présentation à la maison et la présenter en classe. Ici il s'agit de vérifier la capacité des apprenant(e)s à résumer des faits en réutilisant le vocabulaire sans toutefois paraphraser tout le texte.

Grammaire – Le présent de narration (page 129)

Avant de commencer
Faites relire les textes aux apprenant(e)s puis demandez-leur de répondre aux 3 questions.

Réponses
1. Le présent.
2. Les faits relatés sont passés on s'attend donc à l'utilisation des temps du passé comme le passé simple, le passé composé et l'imparfait.
3. Cela apporte de la vie au récit.

Lisez ou faites lire l'encadré pour corriger les réponses.

Suggestions d'exploitation
Pour bien montrer le contraste et la vivacité apporté par le présent de l'indicatif, vous pouvez leur faire conjuguer un des textes au passé simple et proposer une lecture à voix haute des deux versions pour qu'ils remarquent les différences.
Pour approfondir ce point de grammaire, consultez la page XX où des exercices complémentaires sont proposés.

 Activité 6 (page 129)

Propositions de réponse
Originaire d'un petit village ravagé par les conflits, Marko grandit dans un contexte où la violence et l'horreur semblent inévitables. Témoin des atrocités qui sévissent autour de lui, dès son plus jeune âge, il décide de se dresser contre l'injustice pour protéger les plus vulnérables. Doté d'une détermination inébranlable, Marko attire rapidement l'admiration de ses compagnons d'armes. Sur le champ de bataille, il fait preuve d'une agilité et d'une intelligence hors du commun. Tel un éclair, il fonce au-devant du danger pour secourir ses frères d'armes, toujours prêt à sacrifier sa vie pour sauver les autres.
Malgré les innombrables épreuves qui se dressent devant lui, Marko reste un roc, insensible à la peur, guidé par sa volonté de restaurer la paix et la fraternité dans une nation déchirée. Cependant, lors d'une bataille acharnée, Marko est fait prisonnier par l'ennemi. Loin de s'apitoyer, sa détermination redouble. Même derrière les barreaux, il inspire ses compagnons de captivité, leur insufflant courage et espoir pour tenir bon face aux épreuves infligées par leurs geôliers. Dans l'obscurité des cellules, il devient le pilier sur lequel tous s'appuient pour survivre. Néanmoins, malgré sa force de caractère

et sa résilience, le destin s'acharne sur Marko. Lors d'une tentative audacieuse pour s'évader, une balle ennemie met brutalement fin à son périple héroïque. Il tombe, tel un soldat tombé au champ d'honneur, laissant derrière lui un vide immense dans le cœur de ses frères d'armes.
Sa mort ne sera jamais vaine, car Marko restera à jamais gravé dans les mémoires comme un véritable héros de la guerre.

 Activité 7 (page 130)

Avant de commencer
Expliquez aux apprenant(e)s que nous allons parler de la Seconde Guerre Mondiale. Faites-leur expliquer brièvement le conflit (vous pouvez revenir à la vidéo de l'exercice 2 si besoin). Demandez-leur s'ils connaissent la signification du mot « rafle », et s'ils ont déjà entendu parler de la rafle du Vel d'Hiv. Laissez-leur proposer, par groupe, une définition (du mot « rafle » pour ensuite corriger (traduire si besoin) en classe.
Il s'agit d'une opération policière exécutée à l'improviste dans un lieu suspect, en vue d'appréhender les personnes qui s'y trouvent et de vérifier leur identité. (Source : Larousse.fr)
Vous pouvez également ajouter que le Vel d'Hiv (vélodrome d'hiver de Paris) est un ancien stade parisien construit en 1909 et détruit en 1959.
Visionnez la vidéo une fois, laissez aux apprenant(e)s le temps de répondre aux questions en binôme, avant de corriger en groupe-classe.

Réponses
1. La rafle du Vel d'Hiv a eu lieu les 16 et 17 juillet 1942. Il s'agit d'une grande opération où des Juifs ont été arrêt**és** à Paris avant d'être regroup**és** sur le stade du Vel d'Hiv pour ensuite **être** déportés en train dans des camps de concentration.
2. Parce que cette fois-là, ils arrêtaient tous les membres de la famille (hommes, femmes et enfants) alors que jusqu'à présent ils s'étaient limités à n'arrêter que des hommes et des jeunes hommes.
3. Parce que sa mère supplie les policiers et pour la jeune fille, elle s'humilie alors que c'était une femme forte et digne.
4. Ce matin-là, des policiers sont entrés dans les maisons des Juifs. Ils ont arrêté toutes les personnes présentes dans la maison. Les familles ne comprenaient pas ce qui se passait ou plutôt elles avaient peur de comprendre. En effet, toutes les personnes arrêtées ont été conduite au Vel d'Hiv pour être réparties dans des trains qui les mèneraient aux camps de concentration.

Suggestions d'exploitation
Si cette activité a suscité de l'intérêt, vous pouvez demander aux élèves d'expliquer ce qu'est un camp de concentration et de faire les recherches appropriées pour qu'ils échangent sur le sujet.

Activité 8 (page 130)

Avant de commencer

S'assurer que les apprenant(e)s aient bien compris ce qui s'est passé lors de la rafle du Vel d'Hiv. Si besoin, refaites visionner la vidéo et arrêtez-vous sur les passages où il est question des policiers. Annette Muller indique que les policiers, alors que sa mère les suppliait, la repoussaient avec le pied et lui disaient qu'il ne fallait pas leur compliquer la tâche, ni perdre du temps. Demandez aux apprenant(e)s ce qui, à leur avis, conduisait les policiers à agir vite : la honte, le déni, la colère, la méchanceté, etc., puis laissez-les réfléchir et partagez en classe leurs idées.

Un policier peut éprouver de la honte à parler de cet épisode et peut-être minimiser ses actions. Il peut dire que les ordres venaient d'en haut et qu'il ne pouvait pas désobéir. Il peut aussi parler de ses camarades : le malaise de certains, la détermination des autres.

Propositions de réponse :

Je me souviens encore de cette journée tragique, un épisode sombre de notre histoire qui hante mes pensées depuis des décennies. C'était le 16 juillet 1942, une date qui restera gravée à jamais dans ma mémoire. En tant que policier, je me suis retrouvé malgré moi au cœur d'une opération que je ne pouvais approuver, mais qui m'était imposée par les ordres venus d'en haut. Dès l'aube, les camarades policiers et moi-même avions reçu pour mission de rassembler de force les familles juives du Vel d'Hiv, un quartier de Paris avant leur déportation vers des camps de concentration. Je me souviens que les rues se vidaient, que les gens criaient et les enfants pleuraient. Leurs regards hagards me fixaient paraissant supplier ma clémence. J'essayais de ne pas les regarder, de rester méthodique et de ne pas penser, seulement les arrêter et les conduire au point de rassemblement. J'étais dans un état second, je fonctionnais comme une machine en neutralisant mes émotions.

Activité 9 (page 130)

Avant de commencer

Expliquez aux apprenant(e)s que nous allons lire un texte qui décrit un des voyages dans les trains où étaient amenés les Juifs après leurs arrestations (c'est dans ce type de train qu'étaient envoyées les personnes arrêtées lors de la rafle du Vel d'Hiv). Indiquez aussi que nous allons évoquer la Résistance. S'ils ne savent pas de quoi il s'agit, demandez-leur de proposer une définition avant de leur expliquer (ce sont des personnes qui luttaient contre les Allemands et le régime de Vichy, c'est-à-dire contre le gouvernement français qui avait renoncé à faire la guerre et était devenu allié de l'Allemagne). Faites lire le texte puis laissez aux apprenant(e)s le temps de répondre aux questions, puis de comparer leurs réponses en binôme, avant de corriger en groupe-classe.

Réponses

1. Le train qui amenait ses occupants vers des camps de travail, a été attaqué par la Résistance et certains, dont Simon Gronowski, ont pu s'échapper.

2. Il évoque ses émotions mais aussi les sensations qu'il ressentait. Ainsi, il évoque plusieurs sens, comme l'ouïe : « dans un grand bruit métallique », « j'entendais des pas le long des wagons, des cris, des coups de feu » ; la vue : « On ne voyait rien », le toucher « « je sens l'air frais »

3. Il se retrouve à Limbourg, parce que sa mère l'a aidé à sauter du train. Il court à travers bois et champs avant de trouver un gendarme qui va l'aider et l'amener à Bruxelles.

4. Suite à cet événement, un sentiment de crainte accompagne toujours Simon.

 Activité 10 (page 131)

Avant de commencer

Dites aux élèves que nous allons parler d'un événement majeur qui a marqué l'histoire contemporaine. Faites lire le titre du texte et demandez aux élèves de quel événement il s'agit, à leur avis.

(vous pouvez leur rappeler que c'est l'événement présenté dans la vidéo qui ouvre cette unité.)

Laissez aux apprenant(e)s le temps de lire le texte et de répondre aux questions, puis de comparer leurs réponses en binôme, avant de corriger en groupe-classe.

Réponses

1. Il s'agit de la chute du mur de Berlin, mur qui divisait l'Allemagne en deux parties suite aux accords passés après la Seconde Guerre Mondiale.

2. Leur empressement s'explique par l'importance et la promptitude de l'événement.

3. L'excitation, la joie, la fierté, mais aussi le désir d'être connecté à un événement majeur.

4. Un événement devient historique lorsqu'il entraîne des transformations majeures. On peut être acteur direct, comme Annette Muller et Simon Gronowski ou les tirailleurs sénégalais, mais on peut assister à cet événement comme spectateur comme les Belges décrits dans cet article.

 Activité 11 (page 131)

Avant de commencer

Cette activité est un prolongement de l'activité précédente. Elle peut se faire en classe ou à la maison.

Proposition de réponse

La veille de la prestation de serment du prince Albert, le sixième roi des Belges, j'ai pris le train pour être à Bruxelles et pouvoir voir le nouveau roi.
Une foule est déjà présente quand j'arrive devant le Palais de la Nation. Mes yeux parcourent la foule qui se presse autour de moi, tous émus, impatients et fiers de participer à cette journée mémorable. Je ressens l'effervescence dans l'air, une atmosphère empreinte d'histoire et de tradition. Les musiciens entament une symphonie grandiose, faisant vibrer mon cœur au rythme des tambours. Le prince Albert s'avance alors, revêtu d'un manteau pourpre somptueux. Sa démarche est assurée, son regard déterminé. Je suis ébloui par la prestance de celui qui va désormais gouverner le

royaume. Autour de moi, des murmures se font entendre et des cris étouffés commencent à éclater. À la joie de célébrer ce nouveau roi, se mêle la tristesse des circonstances qui l'ont amené sur le trône, à savoir le décès de son frère. La cérémonie commence, mêlant avec habileté traditions ancestrales et touches de modernité. L'émotion est palpable. Chaque geste, chaque parole est empreinte de sens et de profondeur. Je suis comme envoûté par ce rituel millénaire qui se déroule sous mes yeux. Le moment tant attendu arrive enfin : le roi Albert est couronné. Un silence solennel s'installe, et je ressens un frisson parcourir mon corps. C'est un instant qui restera à jamais gravé dans ma mémoire. En tant que témoin privilégié de ce couronnement, je réalise l'importance de ce moment historique. La Belgique ouvre un nouveau chapitre de son histoire, et j'en suis le témoin ému.

Suggestions d'exploitation

En classe, les apprenant(e)s peuvent revenir sur les événements historiques auxquels ils ont participé et les sentiments qui les accompagnaient. Ils peuvent aussi dire à quels événements ils auraient aimé participer et pourquoi.

LEÇON 2   Analyser (pages 132-135)

Avant de commencer

Présentez de manière succincte les points qui seront abordés dans cette leçon, à savoir
– Grammaire : Nuancer son discours
– Vocabulaire : Parler du patrimoine (architecture)
– Interactions : Analyser et commenter un fait

Activité 1 (page 132)

Avant de commencer

Indiquez aux apprenant(e)s que dans cette première partie nous allons découvrir l'histoire au travers de l'architecture. Demandez-leur s'ils connaissent des monuments ou des villes où histoire et architecture s'entremêlent. Laissez-les réfléchir entre eux, faire des recherches si nécessaire et affichez au tableau des photos ou représentations des lieux qu'ils évoquent. Vous pouvez également leur proposer de décrire ces lieux.

Écouter l'audio une première fois en groupe-classe puis laissez les apprenant(e)s résumer les idées principales. Faites lire les questions, puis écoutez l'audio une deuxième fois. Donnez du temps aux apprenant(e)s pour répondre aux questions puis comparer leur réponse en binôme avant de corriger en groupe-classe.

Réponses

1. Parce qu'on retrouve, un peu partout en France des vieux monuments.
2. une abbaye, une église romane, une forteresse, un château de la renaissance et une citadelle.
3. Elle veut dire qu'il y a une responsabilité, même tacite, qui nous oblige à conserver et donc, protéger, restaurer et réhabiliter cet héritage.
4. Comment la France a protégé cet héritage jusqu'à présent et quelles sont les actions mises en place pour continuer de le protéger ?
5. D'une part pour ses constructions, anciennement faites en pierre puis en béton, mais aussi pour la richesse de ses sols et de ses carrières.

Suggestions d'exploitation

Vous pouvez demander aux apprenant(e)s si le pays dans lequel ils vivent est également un vieux pays en leur indiquant de l'illustrer par des exemples concrets.

Activité 2 (page 132)

Avant de commencer

Faites réfléchir les apprenant(e)s à la notion de globalisation et ses conséquences. Ensuite, vous pouvez également afficher les images du gratte-ciel de Londres, le 30 St Mary Axe ainsi que de la Torre Glòries, de Barcelone, qui sont deux monuments qui se ressemblent beaucoup mais qui appartiennent à deux cultures différentes.

Animez le débat en intervenant le moins possible, puis faites des groupes pour que chacun présente un monument représentatif de la globalisation de l'architecture.

Activité 3 (pages 132-133)

Avant de commencer

Indiquez aux apprenant(e)s qu'ils vont lire un texte sur les châteaux et des lieux historiques français et affichez les images de chacun d'entre eux.
Faites lire le texte puis répondez, en classe, aux deux premières questions.

Réponses

1. Elle a été construite dans le but de défendre Paris.
2. Il s'agit d'une architecture défensive et la forteresse du Louvre en est l'exemple le plus représentatif.

3. Avant de répondre à cette question, faites relever aux apprenant(e)s le vocabulaire relatif aux châteaux.

Réponses

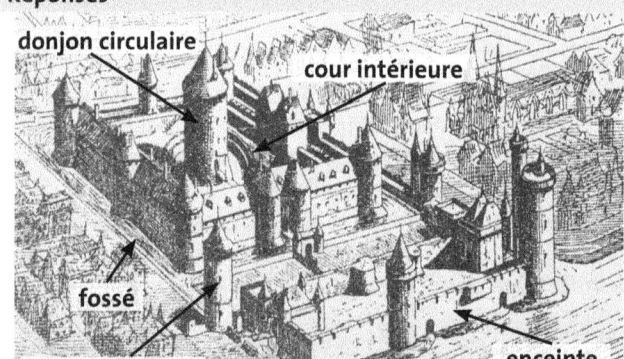

124   Unité 8 • L'histoire

Pour les trois dernières questions, faites relire les passages relatifs à la Forteresse de Chinon et au château de Versailles puis laissez aux apprenant(e)s le temps de répondre aux questions et de comparer leurs réponses en groupe avant de corriger en groupe-classe.

Réponses
4. Elle est située au Nord-Ouest de la France. Il s'agit d'un ensemble composé de trois enceintes distinctes dont les premiers éléments remontent au Xème siècle et qui a longtemps eu la réputation d'être imprenable. Elle a accueilli plusieurs rois français et est intimement liée à l'histoire de Jeanne d'Arc puisque c'est le point de départ de sa croisade.
5. Parce qu'il voulait s'éloigner de Paris qu'il jugeait trop dangereux.
6. Parce qu'ils ont été construits dans le but de défendre le pays ou le pouvoir et qu'ils ont évolué au fil des siècles pour s'adapter au pays. Un lieu historique est un lieu qui dure dans le temps et qui témoigne du passé et de l'histoire d'une région, d'un pays, voire de l'humanité tout entière. Il est, en général, préservé et protégé en raison de son importance patrimoniale. Un monument historique peut revêtir différentes formes, allant des bâtiments tels que des châteaux, églises, cathédrales, palais, aux sites archéologiques, en passant par des sculptures, des monuments commémoratifs, des ponts, des maisons anciennes, des jardins, des forts, des murailles et bien d'autres encore.

Activité 4 (page 133)

Laissez les apprenant(e)s effectuer les recherches nécessaires, individuellement ou en groupe puis laissez-leur exposer leurs idées devant la classe. L'un des objectifs de cet exercice est d'étudier le vocabulaire du patrimoine et de l'architecture, demandez donc aux apprenant(e)s d'être particulièrement précis. Pour une écoute active, vous pouvez demander aux apprenant(e)s qui écoutent de poser chacun une question à la suite de l'exposé.

Suggestions d'exploitation

Vous pouvez recueillir tout le vocabulaire concernant l'architecture et le patrimoine utilisé dans les exposés et faire réaliser aux apprenant(e)s une carte mentale avec ces mots.

Activité 5 (page 134)

Avant de commencer

Indiquez aux apprenant(e)s qu'ils vont voir une vidéo sur un objet ancien, datant du Paléolithique. Demandez-leur de restituer le paléolithique (en s'aidant de la frise au début de l'unité si nécessaire).
Lisez ou faites lire les questions, puis regardez la vidéo une première fois. Laissez les apprenant(e)s répondre individuellement aux questions. Regardez-la une deuxième fois puis laissez-leur compléter leurs réponses en binôme avant de corriger.

Réponses
1. On en a retrouvé des Pyrénées à la Sibérie, elles ont existé durant toute la période paléolithique, et sur une période de 30000 ans.
2. Ce sont de petites statuettes en pierre, en ivoire, en terre cuite ou en bois d'animal qui représente le corps féminin. On ne sait presque rien à leur sujet. On sait que ce n'est pas la représentation de la femme préhistorique, ni de l'idéal. On ne sait pas s'il s'agissait d'amulettes, d'éléments de parure ou de représentations de la fertilité. On ne sait pas non plus si elles avaient un caractère sacré ou si ce n'était que des jouets ou des objets de décoration ?
3. Elle a été découverte en 1922, dans une grotte en Haute-Garonne.
4. Elle a 29000 ans. Le modèle exposé n'est pas l'original car elle a été partiellement brisée lors de sa découverte, on a donc dû créer une réplique à partir des restes. Elle mesure 15 centimètres et date du Gravettien. Elle est caractéristique des vénus de l'époque (seins et fesses hypertrophiés, sans visage, respect de la symétrie,).
5. Les différences sont esthétiques au niveau des formes : dans les deux premières, les rondeurs sont exagérées, alors que dans la vénus impudique le corps est schématisé et plus abstrait. Elle est mince, n'a pas de poitrine, des cuisses filiformes, ni bras ni tête. Toutes les 3 ont des fesses proéminentes. La vénus impudique a aussi un sexe proéminent, ce qui lui a donné son nom.
6. Propositions de réponse
Ces statuettes sont la preuve que l'art existait déjà au paléolithique, on peut également penser que les femmes y jouaient un rôle essentiel. Les civilisations qui les fabriquaient avaient des occupations qui allaient plus loin que celles liées à la survie puisqu'elles prenaient le temps de façonner des objets qui, très certainement, avaient des représentations particulières. Je pense qu'elle représentait la féminité et la fertilité.

Activité 6 (page 134)

Avant de commencer

Demandez aux apprenant(e)s d'effectuer des recherches sur l'objet dont ils veulent parler, et de trouver une photo pour le présenter à la classe. Si cela semble pertinent, cette activité peut se faire en groupe.

Propositions de réponse :

L'objet que j'ai choisi est une ancienne amphore romaine, retrouvée lors d'une fouille archéologique sur un site près de la ville de Pompéi, en Italie. Pompéi, célèbre pour avoir été ensevelie sous les cendres lors de l'éruption du Vésuve en 79, offre des trésors archéologiques uniques et révélateurs de la vie romaine de l'époque. Lors des fouilles, cette amphore a été découverte dans les ruines d'une maison appartenant vraisemblablement à un marchand ou à un propriétaire de vignoble. Datant du Ier siècle de notre ère, elle est un témoignage tangible du commerce florissant et de la culture du vin dans l'Empire romain. L'amphore est en argile, avec une forme élancée caractéristique du style romain. Elle est ornée de motifs géométriques et de détails minutieux, indiquant la finesse des artisans de l'époque. Les traces d'usure sur les anses suggèrent qu'elle a été souvent manipulée, probablement pour le transport du vin entre les régions viticoles et les marchés. Ce précieux objet révèle plusieurs aspects de la période dont il est issu. Tout d'abord, il témoigne de l'importance du commerce du vin dans l'Empire romain. Le vin était une boisson courante et appréciée à cette époque, et les amphores étaient les principaux contenants utilisés pour son stockage et son transport à travers les vastes territoires de l'Empire. De plus, l'amphore reflète les compétences artistiques et techniques des artisans romains. La décoration soignée et les motifs géométriques sont la preuve de leur maîtrise de l'art de la poterie. Bien plus qu'un simple objet ancien, cette amphore raconte une époque ainsi qu'elle permet de nous plonger dans l'histoire romaine et de comprendre la vie et les activités commerciales d'une époque lointaine, figée dans l'argile de ce fragile et précieux vestige du passé.

 Activité 7 (pages 134-135)

Avant de commencer

Demandez aux apprenant(e)s de regarder la photo qui illustre le texte et demandez-leur de la situer.
Il s'agit d'une peinture de John Vanderlyn qui illustre le débarquement de Christophe Colomb en Amérique (12 octobre 1492). Lisez ou faites lire les questions, puis, faites lire le texte et laissez le temps aux apprenant(e)s d'échanger entre eux avant de répondre aux questions en classe.

Réponses

1. C'était une époque où les empires cherchaient de nouvelles routes commerciales. De plus, la navigation s'était considérablement améliorée grâce notamment aux découvertes de l'astrolabe et de la caravelle.
2. Parce que ce n'est pas lui qui a découvert le continent, il était déjà habité et de plus avait déjà été exploré.
3. Il s'agit d'une période où les historiens et les penseurs cherchent à établir une approche plus méthodique et scientifique de l'étude du passé et à interpréter les événements historiques d'une manière plus significative, le plus souvent servant leurs intérêts. L'analyse des causes et des conséquences des événements ainsi que l'examen des motivations de leurs acteurs permettent de tirer des conclusions et de justifier des actes.
4. Elle pense que le voyage de l'explorateur a été majoré d'une part parce qu'il était génois, plus spécifiquement parce qu'il n'était pas britannique. En effet, à cette époque (au 18ème siècle), alors que les États-Unis se lançaient dans une quête d'indépendance, ils voulaient cacher l'existence des explorateurs britanniques. De plus, ce récit répondait à la situation de prédominance du Royaume-Uni et relayait leur sentiment de victimes.
5. Ça veut dire qu'on ne tient en compte que le point de vue européen sans se soucier des autres, ici les populations autochtones présentes sur le territoire.
6. On parle d'américanocentrisme lorsqu'on se focalise sur le seul point de vue étasunien, d'occidentocentrisme, lorsqu'on se centre sur l'occident, de sinocentrisme, lorsqu'on se concentre sur le point de vue juif, etc. Ces visions peuvent se manifester dans notre lecture de l'histoire mais aussi dans les clichés que nous attribuons à certains peuples ou nationalités.

Grammaire – Nuancer son propos (page 135)

Avant de commencer

1. Faites relire le texte aux apprenant(e)s avant de noter leurs réponses au tableau.

Réponses

Conjonction de subordination : or
Adverbes : bien, vraisemblablement, largement
Locutions verbales : on est loin de

2. Lisez l'encadré et demandez aux élèves de proposer des exemples pour chaque expression ou adverbes proposés. Faites-leur faire l'exercice puis comparer leurs réponses avant de corriger en groupe-classe. Parfois, plusieurs réponses sont possibles.

Réponses

1. Je ne crois pas que ça se soit passé comme ça.
2. Il est important de souligner cet aspect du problème.
3. On peut quand même mettre en doute cette version.
4. Ils se sont largement inspirés de nos angoisses contemporaines.
5. Mais ce n'est vraisemblablement pas ce qu'il s'est passé.

Suggestions d'exploitation

Demandez aux apprenant(e)s de donner plus d'exemples. Faites les exercices de la banque de ressources (p.XXX)

 Activité 8 (page 135)

Avant de commencer

Regardez l'illustration proposée et faites devinez aux étudiants ce dont il s'agit. (illustration des invasions barbares). Demandez-leur de situer ces événements sur la frise chronologique (entre l'Antiquité et le Moyen-Âge) et de vous dire ce qu'ils en savent.
Demandez aux apprenant(e)s de lire les questions puis, passez le documentaire une première fois en entier, puis une deuxième fois les 6 premières minutes puis de 13'20 à 14'40. Laissez-les répondre aux questions en binôme puis corrigez en groupe-classe.

Réponses

1. L'intention du document est de décentrer le récit des invasions barbares, et de remettre en cause la version selon laquelle ce sont les Barbares qui ont envahi Rome. En effet, il ne s'agit ni d'une invasion car les belligérants étaient des personnes qui étaient installées à Rome (elles y avaient immigré), ni de Barbares car c'étaient des personnes intégrées qui participaient à la vie romaine.
2. Tout d'abord parce qu'ils ne parlent pas d'invasion mais de migrations. C'est parce qu'ils n'ont pas cette

Unité 8 • L'histoire

vision eurocentrée de l'histoire, étant eux-mêmes les descendants des peuples dits barbares.

3. Il s'agit d'une révolte de soldats intégrés à l'Empire.

4. Le fait qu'elle ne soit pas exacte et qu'elle réveille de vieilles craintes comme celles de l'envahisseur venu de l'extérieur qui pille et détruit tout et celles de la fin d'un Empire, d'un peuple, remplacé par un autre. En ce sens, elle est la base des théories racistes actuelles comme celles du grand remplacement et du choc des civilisations.

5. Laissez les apprenant(e)s réfléchir en groupe sur le sujet puis proposez un débat en groupe-classe pour confronter leurs idées.

LEÇON 3 — S'approprier (pages 136-139)

Avant de commencer

Présentez de manière succincte les points qui seront abordés dans cette leçon, à savoir
- Grammaire : Faire des relations entre des événements/éléments du passé.
- Vocabulaire : réparation et mémoire historique
- Interactions : Comparer et commenter différentes périodes

Activité 1 (page 136)

Avant de commencer

Projetez l'illustration puis demandez aux apprenant(e)s s'ils savent de quoi il s'agit. Faites-leur expliquer la chasse aux sorcières en groupe-classe après qu'ils ont effectué des recherches si besoin.

Réponses

1. Les chasses aux sorcières ont eu lieu entre les XVe et XVIIIe siècles en Europe et en Amérique du Nord. De nombreuses personnes, principalement des femmes, ont été persécutées, emprisonnées, torturées et exécutées sous l'accusation d'être des sorcières. Il s'agissait de femmes considérées comme marginales dans la société : les veuves, les femmes âgées, les guérisseuses, les femmes indépendantes, etc. Les motifs d'accusation variaient, mais incluaient souvent la pratique de la magie noire, la responsabilité dans l'apparition de maladies ou de malheurs, ou la collaboration avec le diable. Les procès des sorcières étaient souvent expéditifs et biaisés. Les accusées étaient soumises à la torture pour obtenir des aveux, qui étaient souvent fabriqués et utilisés comme preuves contre elles. Les méthodes d'exécution comprenaient le bûcher, la pendaison et d'autres formes brutales de mise à mort. On estime que des dizaines de milliers de personnes, principalement des femmes, ont été exécutées lors des chasses aux sorcières.

Faites lire le texte en groupe-classe puis laissez les apprenant(e)s réfléchir aux réponses en binôme avant de corriger en groupe-classe.

2. Parce qu'il s'agit d'une période sombre qui nous rappelle la cruauté des hommes.

 Activité 9 (page 135)

Avant de commencer

Laissez les étudiants réfléchir en groupe à la définition d'autocentrisme et partagez leur réponse pour trouver une définition en classe.

Laissez ensuite chaque groupe réfléchir sur la question avant d'animer le débat en groupe-classe.

3. Proposition de réponse.
Oui, car pour ne pas répéter les erreurs du passé, il faut s'y confronter.

4. Le bouc émissaire est un individu, un groupe, une organisation, etc., accusée à tort d'être responsable d'un problème réel ou supposé réel. Le bouc émissaire, endosse alors symboliquement la « faute » et permet à la société ou aux hommes politiques, d'éviter de poser les bonnes questions et de rechercher les vraies responsabilités. Le bouc émissaire joue involontairement son rôle de victime expiatoire. Et cela marche d'autant mieux qu'il était déjà perçu négativement et stigmatisé. On peut citer l'exemple des immigrés jugés responsables de prendre le travail des natifs et natives.

Activité 2 (page 136)

Avant de commencer

Laissez les apprenant(e)s réfléchir en groupe avant d'animer le débat en groupe classe.

Propositions de réponse :

La montée du nationalisme et du fascisme que l'on vit actuellement peut nous faire penser à la période qui précède la Seconde Guerre mondiale. Les similitudes sont :
Le nationalisme exacerbé,
la désinformation et propagande,
la montée des régimes autoritaires en Europe,
le nationalisme économique.

Activité 3 (pages 136-137)

Avant de commencer

Avant la lecture, regardez l'illustration et demandez aux apprenant(e)s ce que ça leur évoque. Demandez-leur s'ils connaissent d'autres exemples d'œuvres d'art africain.
Après avoir lu les 3 premières questions, faites-leur lire le texte puis répondez aux questions en groupe-classe.

Réponses

1. La quasi-totalité du patrimoine matériel africain ancien se trouve en Europe dans des musées, et seule une infime

L'histoire • Unité 8

partie est montrée. Il s'agit de pièces de natures très différentes : des butins de guerre : des objets de pouvoirs (trônes, couronnes, armes d'apparat), mais aussi des pièces rapportées par des expéditions scientifiques, comme les objets servant aux rituels.
2. Il s'agit de réajuster un déséquilibre mais au-delà de la réparation comptable ils permettent aux peuples de se réapproprier l'histoire de leur pays et sa chronologie.
3. Comme un processus visant la justice sociale et patrimoniale, l'égalité et la lutte contre le racisme et dans le même temps la redécouverte d'une histoire et du passé.

4. Faites des groupes (qui effectueront des recherches si nécessaire) qui détailleront en groupe-classe leur réponse.

Propositions de réponse :
En Afrique du Sud, le processus de la Commission de la vérité et de la réconciliation (CVR) a eu lieu après la fin de l'apartheid. Elle a été créée en 1995 par le gouvernement sud-africain dirigé par Nelson Mandela dans le but de faire face aux abus des droits de l'homme commis pendant l'apartheid et de construire un chemin vers la réconciliation nationale. Elle permettait aux victimes de l'apartheid de raconter leurs histoires et d'obtenir réparation, tout en offrant aux auteurs d'abus la possibilité de demander une amnistie s'ils acceptaient de témoigner de manière complète et véridique.

Activité 4 (page 137)

Avant de commencer

Faites faire l'exercice individuellement puis les apprenant(e)s **vérifient** leur réponse en groupe avant de corriger en groupe-classe.

Réponses
L'Allemagne va restituer au Nigeria des bronzes de l'ancien royaume du Bénin, **pillés** durant l'époque coloniale. La restitution de ces **pièces**, acquises lors de pillages **perpétrés** par une expédition coloniale britannique, s'inscrit dans une **logique** de **réparation**. En effet, les œuvres d'art, véritables **butins** de guerre, racontent l'histoire de la violence coloniale et permettent de **renouer** avec le passé et de se **réapproprier** l'histoire d'un pays et sa chronologie.

Activité 5 (page 137)

Avant de commencer

Laissez les apprenant(e)s réfléchir en groupe avant d'animer le débat en groupe-classe.

Proposition de réponse :
Ces actions sont nécessaires lorsqu'il y a eu une injustice historique, car elles visent à corriger les torts du passé et à rétablir une certaine forme de justice.
On les considère nécessaires car elles permettent la reconnaissance de l'injustice, la restauration des droits et de la dignité, la réduction des inégalités persistantes, et la réconciliation nationale.

Les différentes formes qu'elles peuvent prendre :
Les compensations financières,
le rétablissement des droits,
la restitution d'objets culturels,
les investissements dans les communautés,
les réformes institutionnelles.

Activité 6 (page 137)

Avant de commencer

Avant d'écouter l'audio, montrez la photo de Marguerite Yourcenar, puis demandez aux étudiants s'ils savent de qui il s'agit.
C'est une femme de lettre française du XXème siècle. Romancière, nouvelliste, autobiographe, poétesse, traductrice, essayiste et critique littéraire, c'est la première femme qui est entrée à l'Académie Française.
Faites écouter l'audio 2 fois si nécessaire puis répondez aux questions en groupe-classe.

Réponses
1. *Mémoires d'Hadrien* de Marguerite Yourcenar.
2. Hadrien était un empereur romain durant l'Antiquité, au IIème siècle.
3. Non car malgré l'effort de documentation, elle s'appuie sur certains documents dont les sources ne sont pas fiables et sur d'autres qui sont inventés. De plus, elle s'éloigne de la rigueur historique et mêle la fiction à la réalité historique en imaginant les émotions et sentiments d'Hadrien.
4. Susciter de la curiosité pour apprendre l'histoire.
5. Réponse libre.

Activité 7 (page 138)

Mettez les apprenant(e)s en groupe pour qu'ils échangent sur les œuvres de ce type, écrivez leurs propositions au tableau puis laissez-les rédiger individuellement (cet exercice peut être donné en devoir)

Proposition de réponse
«The Crown» est une série télévisée dramatique qui suit le règne de la reine Elizabeth II du Royaume-Uni, du début de son règne en 1952 jusqu'à nos jours. La série explore les événements historiques clés, les intrigues politiques, et les relations familiales au sein de la famille royale britannique. Elle est fidèle à l'histoire dans la mesure où elle se base sur des faits réels, en utilisant des archives historiques et des recherches approfondies. Cependant, certaines scènes et dialogues sont imaginaires. En effet, d'une manière générale, le contexte émotionnel reste peu ou pas documenté dans les archives historiques. De plus, pour susciter l'intérêt du public, il est déterminant de créer un récit captivant et émouvant, c'est pourquoi certains événements sont dramatisés et certains personnages caricaturés. De la même manière, les conversations privées sont basées sur des suppositions et des déductions, et les relations personnelles parfois exagérées ou romancées pour accroître l'intérêt du public.

Activité 8 (page 138)

Avant de commencer

Dites aux apprenant(e)s que vous allez parler de mémoire collective, et notez au tableau tous les mots qu'ils leur viennent à l'esprit. Faites lire la définition proposée puis laissez-les réfléchir en groupe à la première question. Partagez, ensuite, leurs réponses en groupe-classe.

Réponses

1. Propositions de réponse :
La mémoire collective fait référence à la mémoire partagée, transmise et préservée à l'échelle d'un groupe social ou d'une communauté plutôt qu'au niveau individuel. À ce titre, il s'agit d'une construction sociale qui n'est pas figée mais au contraire qui évolue au fil du temps. C'est un concept issu de la sociologie, de l'anthropologie et de la psychologie sociale. Elle se compose des connaissances, des croyances, des traditions, des valeurs, des récits historiques et des expériences partagées qui sont transmises de génération en génération et qui contribuent à façonner l'identité et la cohésion du groupe ainsi qu'à préserver les aspects essentiels de la culture d'un groupe, tels que les coutumes, les rituels, les langues, les mythes, les événements historiques importants, etc.

2. Réponses libres

Activité 9 (page 138)

Pour les trois premières questions, faites travailler les apprenant(e)s individuellement et regroupez les idées en groupe-classe.
Pour la question 4 formez des groupes qui présenteront oralement leur lieu de mémoire.

Activité 10 (page 138)

Avant de commencer

Avant d'écouter l'audio, regardez la vidéo qui présente le site du mémorial de Rivesaltes : *Un lieu d'histoire pour le présent* – https://www.memorialcamprivesaltes.eu/decouvrir-le-memorial ou https://www.youtube.com/watch?v=QHQp RFpxCLU&t=56s – et laissez les apprenant(e)s partager leurs sentiments après le visionnage. Indiquez-leur qu'ils vont écouter un audio qui parle de ce lieu. Après qu'ils ont lu les questions, passez l'audio deux fois, puis laissez les apprenant(e)s répondre en binômes avant de corriger en groupe-classe.

Réponses

1. Le journaliste présente un lieu d'histoire : le mémorial de Rivesaltes, situé au Sud de la France, à la frontière espagnole à Salses-le-Château. Durant le xxe siècle, le site a servi de camp d'internement où vivaient dans des conditions effroyables ceux qu'on avait appelés « indésirables » : des Espagnols fuyant la dictature de Franco et la guerre civile, des Juifs persécutés par le régime de Vichy, des Tsiganes, des étrangers apatrides, des militants du FLN, des Harkis, des Guinéens, au total 60 000 personnes.

Il s'agissait d'une caserne, composée d'une multitude de baraquements aujourd'hui en ruines. Sous ce champ de ruines, l'architecte Rudy Ricciotti a conçu le mémorial du camp de Rivesaltes, qui résume aujourd'hui les traumatismes du xxe siècle : la guerre d'Espagne, la Seconde Guerre Mondiale, les guerres de décolonisation.

2. Il s'agit d'une expérience sensorielle car le site est en pleine nature et aux côtés des vieux baraquements consolidés, la nature continue de se développer. À cela s'ajoute le vent, élément très perturbant à l'époque et toujours présent, froid et glacial l'hiver et chaud l'été.

3. Non, car au départ, la commande indiquait qu'il fallait raser les ruines des baraquements. Lui, il a décidé de tout conserver et de construire le site en-dessous.

4. Son choix de bâtir sous terre s'explique par sa volonté d'enfouir la mémoire pour qu'elle ne ressorte pas.

5. Normalement ces lieux sont visités dans une démarche réflexive mais certains sont devenus très à la mode, et on retrouve des photos de selfies sur les lieux de mémoires ou des comportements inappropriés peu compatibles avec la réflexion et le recul.

Activité 11 (page 138)

Avant de commencer

Mettez les apprenant(e)s en groupe pour qu'ils réfléchissent aux œuvres de ce type, écrivez leurs propositions au tableau puis laissez-les rédiger individuellement. (cet exercice peut être donné en devoir)

Proposition de réponse

La visite du Mémorial de Vimy a été une expérience émouvante et enrichissante. Niché sur la crête de Vimy, en France, ce site historique commémore la bataille de Vimy pendant la Première Guerre mondiale et rend hommage aux milliers de soldats canadiens qui ont sacrifié leur vie. Dès mon arrivée, l'immensité du mémorial m'a frappée, avec ses majestueuses arches et ses sculptures imposantes. En parcourant les tranchées reconstituées, j'ai été plongée dans le quotidien difficile des soldats qui ont combattu ici. Les expositions renforcent l'aspect tangible de l'histoire, en évoquant des images d'un passé douloureux. Mes émotions ont oscillé entre le chagrin face à l'ampleur des pertes humaines et l'admiration pour le courage et la bravoure dont on fait preuve les soldats canadiens. La préservation de sites comme le Mémorial de Vimy est essentielle pour plusieurs raisons. Tout d'abord, ils servent de rappel vivant de notre histoire commune, nous invitant à réfléchir sur les conséquences dévastatrices des conflits armés et des divisions entre les peuples. De plus, ils nous enseignent la nécessité de chercher des solutions pacifiques aux différends et de promouvoir la tolérance et le dialogue. En outre, ces sites jouent un rôle éducatif crucial, en permettant aux générations futures de se familiariser avec leur héritage et de mieux comprendre les sacrifices consentis par ceux qui nous ont précédés. Ils sont des témoins de notre évolution en tant que société et nous rappellent l'importance de préserver la paix et la stabilité. Cependant, il est primordial de conserver l'authenticité et l'intégrité de ces sites. Ils ne doivent pas être exploités à des fins commerciales ou politiques, mais plutôt préservés avec respect. La mémoire collective ne doit pas être altérée pour servir des intérêts particuliers.

Activité 12 (page 139)

Avant de commencer

Faites lire le texte puis laissez les apprenant(e)s réfléchir aux réponses en binôme avant de corriger en groupe-classe.

Réponses

1. L'histoire est académique et s'appuie sur les traces du passé et la mémoire est plus intuitive et s'appuie sur des récits, elle est portée par le groupe. La première est transmise tandis que l'autre est acquise.
2. Par les livres, les films, les musées et l'école.
3. Non, il est le garant de la mémoire collective.
4. Réponses libres
5. Pour introduire cette question, vous pouvez revenir sur la vidéo des Invasions Barbares où on nous disait qu'à l'école on apprenait que la chute de l'empire romain avait eu lieu en 476. Il s'agit de la mémoire transmise. Or, on peut remettre en cause cette date et dire que l'empire s'est étiolé petit à petit grâce aux connaissances que nous pouvons acquérir sur ce sujet.

Grammaire – La comparaison (page 139)

Avant de commencer

Faites lire l'encadré et relire le texte pour que les apprenant(e)s trouvent les comparaisons du texte. Faites-les travailler en groupe.

Réponses

– plus : plus épidermique, plus immédiat,
– plus.... que : plus par l'expérience vécue que transmise
– comme : comme jour de commémoration ; comme un enjeu
– d'autant plus... que : d'autant plus revendicatrice qu'elle constitue le fondement
– en comparaison avec : en comparaison avec la mémoire acquise.

2. Faites faire l'exercice en binôme puis corrigez en groupe-classe.

Réponses

a. La mémoire acquise est d'**autant plus** sujette à questionnement **qu**'elle n'est pas corroborée par les historiens et historiennes.
b. La mémoire collective est **plus que** la somme accumulée des représentations mémorielles individuelles.
c. Les récits historiques demandent presqu'**autant de** recherches historiques **que** celles réalisées par des historiens et historiennes.
d. Les réparations historiques sont **comme** des rééquilibrages qui permettent au peuple de se réapproprier leur histoire.
e. Le travail des historiens est rigide **en comparaison** avec celui des écrivains et écrivaines.

Suggestions d'exploitation

Pour aller plus loin sur ce point de grammaire, consultez la page 233 où des exercices complémentaires sont proposés.

Activité 13 (page 139)

Avant de commencer

Reprenez avec les apprenant(e)s ce que les activités précédentes vous ont permis de connaître de la mémoire collective. Vous pouvez prendre des notes au tableau en forme de carte mentale pour reprendre les points les plus importants. Laissez-vous guider par les apprenant(e)s et ne noter au tableau que leurs idées, que vous aurez précisées si besoin. Laissez-leur quelques minutes en groupe pour détailler leurs arguments puis animer le débat en groupe-classe.

Propositions de réponses :

La citation suggère une distinction fondamentale entre la mémoire collective et l'histoire en tant que discipline académique. En ce sens, elle souligne le contraste entre la subjectivité de la mémoire et l'objectivité recherchée dans la construction de l'histoire.
La mémoire est le reflet des expériences vécues par un groupe social ou une communauté. Elle est façonnée par les émotions, les valeurs et les récits transmis de génération en génération. Cependant, la mémoire est souvent sélective et peut être influencée par des biais, des préjugés ou des intérêts particuliers. Cela peut entraîner des interprétations divergentes de l'histoire et des conflits entre différentes mémoires, ce qui peut diviser les sociétés. En revanche, l'histoire cherche à établir une reconstruction factuelle et impartiale du passé. Elle repose sur des preuves, des documents et une méthode critique. En tant que discipline académique, l'histoire vise à rassembler et à unifier les différentes mémoires en établissant des faits vérifiables et en analysant les événements de manière rigoureuse. Elle peut aider à éclairer les zones d'ombre et à surmonter les divisions causées par les mémoires subjectives.
Toutefois, il est important de reconnaître que l'histoire n'est pas exempte de subjectivité, car les historiens peuvent également être influencés par leurs perspectives culturelles et idéologiques. De plus, elle est souvent écrite par les vainqueurs, ce qui constitue un biais supplémentaire. Malgré cela, l'histoire demeure un moyen essentiel de construire des ponts entre les différentes mémoires en fournissant une compréhension globale et nuancée du passé.

PROJET — Faire un récit fictionnel d'un événement historique (page 140)

Les apprenant(e)s vont écrire et présenter un récit fictionnel à partir d'un événement historique.

Avant de commencer

Vous pouvez présenter plus amplement le projet en reprenant les exemples de récits fictifs étudiés au cours de l'unité, aussi bien ceux du livre que ceux proposées dans les productions des apprenant(e)s.

Pour chacun, en groupe-classe, repérez qui est le protagoniste et qui est le narrateur, quels sont leurs sentiments, ce qu'ils ressentent et déterminez les différentes parties du récit (la situation initiale, l'élément modificateur, les différentes péripéties et la situation finale).

Avant de continuer les étapes du projet, divisez la classe en groupes de quatre apprenant(e)s. Lisez avec l'ensemble de la classe les étapes à suivre pour réaliser le projet. Assurez-vous qu'elles soient bien comprises de tous et de toutes.

Suggestions d'exploitation

On pourra, si l'environnement de travail le permet, inscrire ce projet dans un concours d'écriture qui mettra en compétition plusieurs classes.

UNITÉ 9 — LES ARTS VIVANTS

Présentation et objectifs de l'unité

Cette unité a pour objectif de travailler sur les arts vivants dans toute leur complexité au travers de trois axes développés dans chacune des leçons de l'unité :
– Leçon 1 : L'art pour se livrer
– Leçon 2 : L'art pour dénoncer
– Leçon 3 : L'art pour se détendre

Nous interrogerons la place de l'art dans la société en observant, dans un premier temps, comment l'art est un vecteur de présentation de l'intime et comment il peut être utilisé pour se guérir, pour aller mieux dans la société actuelle. Ensuite, dans la leçon 2, nous questionnerons l'art dans son rapport à l'intelligence articielle et notamment la place des NFT dans l'économie mondiale. Dans cette même leçon, nous aborderons également la question de l'éthique dans l'art à travers la question animale puis de la place de la femme dans l'art contemporain. La dernière leçon présentera l'art comme un moyen de se détendre et de se divertir à travers une réflexion sur le théâtre de rue, sur l'art urbain ainsi que le théâtre à domicile.

La répartition de l'unité est donc la suivante :
Leçon 1 : L'art comme thérapie
L'art comme catharsis
Leçon 2 : L'art et l'IA (au début de leçon)
L'art et l'éthique (avant l'exercice 5)
Leçon 3 : À vous de jouer (avant l'exercice 1)
Une analyse pas comme les autres (avant l'exercice 2)

Chaque leçon permettra de travailler les quatre compétences du CECRL ainsi que d'acquérir du vocabulaire et d'approfondir des points de grammaire spécifiques aux niveaux C1.

Présentation des contenus

Je découvre…

> **des types de documents :** émission de radio, vidéo de présentation d'artiste, articles de presse, clip, peinture, photo, pièce de théâtre

> **des types d'interactions :** exprimer un point de vue critique, décrire un fait de société, s'indigner, argumenter une prise de position/prendre position, interpréter une pièce de théâtre, analyser un extrait de théâtre, donner son opinion sur les spectacles de rue, comparer des mises en scène

> **des points de grammaire :** les pronoms relatifs neutres,

> **du vocabulaire :** la catharsis dans l'art, l'écriture d'un article de presse, la nature de la créativité, l'intelligence artificielle, l'art urbain, le théâtre à domicile

> **un projet :** écrire une pièce de théâtre

Page d'ouverture (page 143)

La vidéo est une vidéo de présentation d'une historienne de l'art, Margaux Brugvin, travaillant principalement à la mise en valeur des femmes dans l'histoire de l'art.
1. Regardez la vidéo et demandez de prendre des notes sur la présentation.
2. Faites des groupes afin de proposer aux étudiants d'échanger autour de cette vidéo et de la place des femmes dans l'histoire de l'art. Proposez-leur de nommer 5 femmes artistes de leur pays.
3. Créez un espace de discussion autour des questions proposées dans l'encart. Ces questions peuvent être travaillées à l'écrit ou à l'oral.

LEÇON 1 — L'art pour se livrer (Pages 144-147)

 Activité 1 (page 144)

Suggestions d'exploitation

Faites observer la photo à vos étudiants et faites les réfléchir en groupe ou individuellement aux questions suivants :
– Comment sont perçus les artistes dans votre pays ? Ont-ils un statut particulier ? A-t-on une image positive ou négative de leur métier ?
– Selon vous, comment est ce que le fait de créer de l'art pourrait être une forme de thérapie?
Cet exercice peut être fait à l'oral ou à l'écrit.

 Activité 2 (page 144)

L'art-thérapie consiste à utiliser le processus créatif à des fins thérapeutiques.
En groupe ou en individuel, réfléchissez aux avantages et aux inconvénients de cette pratique pour traiter des patients en faisant remplir un tableau comme celui-ci :

Avantages de l'art-thérapie	Inconvénients de l'art-thérapie
–	–
–	–
–	–

Puis créez un espace de discussion collective autour de ces questions : Pensez-vous que cela soit efficace ? accessible à tous ?
L'exercice peut aussi pratiquer à l'écrit.

 Activité 3 (page 144)

Suggestion d'exploitation

Regardez une fois la vidéo : Entretien avec Jean-Philippe Davodeau, Temps mort.
Quel est le sujet de la vidéo ?
C'est une vidéo de présentation d'une pièce de Jean-Philippe Davodeau qui s'intitule Temps mort.
Regardez la vidéo une deuxième fois et répondez aux questions.

Réponses
1. Elle est basée sur un documentaire de 32 minutes « Cet été-là » visible sur un web média qui s'appelle Kub.
2. Le point de départ est le cancer de sa mère.
3. C'est un moyen pour gérer son angoisse face à un dernier été tous ensemble.
4. Le spectacle se base sur cinq portraits qui viennent dire leurs espoirs, leurs joies, leurs doutes en fonction qu'ils sont un amoureux, une petite fille, une maman, l'artiste lui-même ou sa mère.
5. Parce qu'on sait que la matière n'est pas trichée (expliquez le sens ici « réelle et non pas créée »)
6. Que cela faisait du bien d'ouvrir la parole sur ce sujet, sur la mort, sur la maladie et de partager un moment d'une heure ensemble pour parler de cette intimité autour de ce sujet.
7. L'exemple crée l'universalité, par l'exemple, on donne des messages ou des idées qui montrent qu'on n'est pas seul face aux épreuves.

 Activité 4 (page 144)

Cet exercice a pour but de travailler l'écriture créative sur un sujet personnel. Le travail doit être partagé en deux parties. La première doit être une argumentation autour de l'art comme possible thérapie (l'étudiant peut être en accord ou désaccord avec ce propos) et la seconde partie doit être illustrée d'un exemple renforçant l'idée choisie et développée dans la première partie.
On incitera l'étudiant à produire une petite introduction à son texte ainsi qu'une phrase finale sous forme de formule de politesse.

 Activité 5 (page 145)

Suggestion d'exploitation

Lisez le titre de l'audio et les questions suivantes attentivement, puis écoutez le document et répondez à la question.

1. Quel est le sujet principal de l'audio ?
C'est une critique de la pièce de théâtre intitulée « Seuls » de Wajdi Mouawad.
Écoutez le document audio une deuxième fois et répondez aux questions suivantes :
2. Quel est le propos de la pièce de théâtre « *Seuls* », *de Wajdi Mouawad* selon le présentateur ?
C'est l'histoire d'un étudiant qui a du mal à finir sa thèse.
3. Qui est Jean-Philippe Deniau ?
C'est le chef du service enquête et justice de la rédaction de France Inter.

Unité 9 • Les arts vivants

4. Est ce que la pièce parle vraiment de solitude comme son nom indique ?
Ce n'est pas du tout une pièce sur la solitude, c'est un spectacle complet, c'est un ovni théâtral.

5. Que veut dire Jean-Philippe Deniau quand il dit « Wajdi Mouawad jongle avec les styles. » ?
La pièce est à la fois une réflexion philosophique, une réflexion sur ce que l'on est, c'est un récit autobiographique, un retour sur soi.

6. Expliquez pourquoi le nom de la pièce, « Seuls » peut-être perçu comme ironique ?
Wadji Mouawad est seul sur scène mais il dialogue avec beaucoup de personnages qui font qu'il n'est pas seul. D'ailleurs, la pièce s'appelle « Seuls » avec un S. C'est peuplé de personnages et on a l'impression de les avoir vu sur scène.

7. Avec qui est ce que Wajdi (le créateur de la pièce) dialogue sur scène?
Il dialogue avec son père, sa sœur, son directeur de thèse.

8. Quel est le synopsis, selon Jean-Philippe Deniau, de cette pièce ?
C'est l'histoire d'un étudiant libanais vivant à Montréal et écrivant une thèse qu'il n'arrive pas à conclure. Il n'arrive pas à rencontrer la personne dont sa thèse fait l'objet, il n'arrive pas à dialoguer avec son père.

9. Avec quoi Wajdi Mouawad joue-t-il sur scène ?
Il joue avec les mots, les lumières et les accessoires qui finissent par l'emprisonner.

10. Quelle est la spécificité du décor dans cette pièce ?
Le décor est, au départ, minimaliste mais il se déploie sur le comédien pour finir sur une explosion de lumière et de couleurs.

11. Où est le nœud du problème pour le personnage principal de la pièce selon Jean-Philippe Deniau ?
Le nœud vient du personnage principal qui a un problème d'existence profond.

12. Est ce que la pièce fait-elle réfléchir ? Pourquoi ou pourquoi pas ?
On s'imprègne de cette vie torturée et on recherche dans nos propres vies ce qui ne va pas. Elle fait réfléchir et on y repense longtemps.

13. Quelle est la particularité de Wajdi Mouawad ?
C'est un auteur et un comédien exceptionnel.

14. Quelle est la seule critique négative de Jean-Philippe Deniau sur la pièce ?
Wajdi Mouawad en fait un petit peu trop à la fin avec une scène trop longue, autocentrée où on se demande si, comme son personnage, il n'arrive pas non plus à finir sa thèse mais c'est bouleversant.

Activité 6 (page 145)

En groupe, faites des recherches sur la catharsis dans l'art. Selon Le Larousse, la catharsis est : 1. Pour Aristote, **effet de « purification » produit sur les spectateurs par une représentation dramatique**. 2. Toute méthode thérapeutique qui vise à obtenir une situation de crise émotionnelle telle que cette manifestation critique provoque une solution du problème que la crise met en scène.

Faites travailler les étudiants sur ce thème soit à l'oral soit à l'écrit et soulevez les questions suivantes : Est-ce intéressant pour le public ? Si oui, pourquoi ? Ou, au contraire, est-ce que cela n'a pas de sens ?
Faites chercher des exemples dans leur vie personnelle ou dans des pratiques artistiques (peinture, cinéma, musique, danse...).

Activité 7 (page 145)

Pour cet exercice, utilisez la base d'outils indiquée dans le tableau pour accompagner les étudiants vers l'écriture d'une texte argumentatif autour de la catharsis dans l'art.
Le travail préalable peut se faire en groupe ou en individuel, en classe ou en devoir personnel.

Proposition de réponses
Titre : La Catharsis comme Puissant Remède Émotionnel
Chapeau : Dans le monde de l'art, la catharsis joue un rôle crucial. Mais qu'est-ce que la catharsis, et comment fonctionne-t-elle dans le domaine artistique ? Découvrons comment l'art peut servir de véhicule pour le soulagement émotionnel et la transformation intérieure.
Corps de l'article : Dans l'art, la catharsis offre une voie pour explorer et libérer des émotions profondes, souvent refoulées. Que ce soit à travers la musique, la peinture, le théâtre ou la littérature, l'artiste offre au spectateur ou à l'auditeur une occasion de se connecter à son propre monde intérieur.
La peinture, par exemple, peut évoquer des sentiments de tristesse, de joie, de nostalgie ou de colère. En contemplant une œuvre d'art, le spectateur peut se retrouver confronté à ses propres émotions, déclenchant ainsi un processus de catharsis. De même, la musique peut transporter l'auditeur à travers un voyage émotionnel, lui permettant de traiter des sentiments enfouis ou de trouver du réconfort dans des moments de douleur.
Le théâtre est un autre moyen puissant par lequel la catharsis est réalisée. Les personnages et les histoires présentés sur scène reflètent souvent les luttes et les triomphes de la condition humaine. En s'identifiant aux personnages et en suivant leur parcours, le public peut expérimenter une libération émotionnelle et une prise de conscience personnelle.
L'art littéraire offre également une plateforme pour explorer des thèmes universels et pour exprimer des émotions profondes. À travers les mots d'un écrivain, le lecteur peut trouver un écho de ses propres expériences et émotions, ouvrant ainsi la voie à la catharsis.
Citations : Selon le célèbre dramaturge grec Sophocle, « L'art est une médiation de la nature humaine. » Cette déclaration souligne le pouvoir de l'art à refléter et à transformer notre compréhension de nous-mêmes et du monde qui nous entoure.
Un autre exemple notable est celui du peintre expressionniste Edvard Munch, qui a déclaré : « J'ai ressenti la douleur d'un cri passant à travers l'univers. » Ces paroles témoignent de la capacité de l'art à communiquer des émotions intenses et à susciter une réponse émotionnelle chez le spectateur.

Conclusion : En conclusion, la catharsis dans l'art offre une voie pour explorer, exprimer et transcender nos émotions les plus profondes. Que ce soit à travers la peinture, la musique, le théâtre ou la littérature, l'artiste et le spectateur sont invités à un voyage émotionnel riche en significations et en découvertes. En embrassant cette expérience cathartique, nous pouvons trouver du soulagement, de la compréhension et peut-être même la transformation de soi.

Public cible : Cet article s'adresse aux amateurs d'art, aux étudiants en art, ainsi qu'au grand public intéressé par les aspects émotionnels et philosophiques de la création artistique. Il vise à informer et à inspirer une réflexion plus profonde sur le pouvoir de l'art à travers le prisme de la catharsis.

Activité 8 (pages 146-147)

Suggestion d'exploitation

Les étudiants lisent le texte une première fois et soulignent les mots inconnus.

Puis faites une lecture commune et tentez de trouvez les définitions et les explications pour les parties non comprises. Expliquez si le groupe ne trouve pas l'explication.

Dans un second temps, les étudiants travaillent sur les questions en individuel.

Avant le retour collectif, les étudiants vérifient leurs réponses auprès de leurs camarades puis corrigez tous ensemble à l'aide des réponses ci-dessous.

1. **Quels sont les thèmes principaux abordés dans le texte « Par la mer » d'Anaïs Allais Benbouali ?**
Les thèmes principaux abordés dans le texte « Par la mer » d'Anaïs Allais Benbouali incluent la création artistique, la réconciliation entre différentes époques et cultures, l'exploration de soi et des autres, ainsi que la notion d'absolu.

2. **Comment Anaïs Allais aborde-t-elle la notion de dialogue entre les différentes rives de la Méditerranée, entre hier et aujourd'hui ?**
Elle aborde la notion de dialogue entre les rives de la Méditerranée en utilisant sa propre biographie comme matière première pour sa fiction théâtrale. Elle crée des liens entre le passé et le présent, entre différentes cultures et réalités, afin de rétablir un dialogue souvent rendu impossible.

3. **Comment Anaïs Allais utilise-t-elle sa propre biographie pour alimenter sa fiction théâtrale ?**
Elle utilise sa propre biographie en collectant des éléments de son histoire personnelle, de sa famille et de ses expériences pour les confronter à la fiction d'autrui. Elle laisse l'écriture se révéler au plateau, créant ainsi une forme de théâtre autobiographique.

4. **Quels sont les éléments qui relient les trois femmes décrites dans le texte ?**
Les trois femmes décrites dans le texte sont reliées par leur désir d'écrire un nouveau chapitre de leur vie. Elles pourraient être la fille ou la mère les unes des autres, et elles tentent toutes de retrouver leur propre récit tout en se confrontant aux flots de la vie.

5. **Comment le concept de « trois sources d'eau » est-il utilisé dans le texte, et en quoi est-il métaphorique ?**
Cela est utilisé comme une métaphore pour décrire le risque de débordement lorsque ces trois éléments se rencontrent. La première source d'eau provient du nord, la deuxième du ciel, et la troisième est la marée haute. Cela symbolise l'accumulation de différentes influences et forces qui peuvent conduire à des moments de transformation ou de débordement.

6. **Comment l'autrice Anaïs Allais explore-t-elle la notion d'absolu et de quête dans son écriture, selon le passage présenté par Charlotte Farcet ?**
Elle aborde la notion d'absolu et de quête en explorant la dualité entre l'enfant aspirant à un absolu, à la clarté, et le personnage confronté à l'opacité et au doute. Son écriture naît du deuil impossible de cet absolu, de la reconnaissance de la fragilité humaine et des pertes.

7. **En quoi le texte suggère-t-il que l'écriture d'Anaïs Allais est influencée par le hasard et les rencontres fortuites ?**
Il suggère que le hasard joue un rôle important dans le travail d'Anaïs Allais. Ses rencontres fortuites, les chemins de sous-bois qu'elle emprunte, ainsi que les rencontres inattendues influencent son travail créatif.

8. **Comment Anaïs Allais utilise-t-elle la collecte et la révélation de traces du passé pour créer son écriture, comme le décrit Charlotte Farcet ?**
Elle collecte des éléments du passé, comme la terre, le sable, les cendres, pour les rapporter à la lumière à travers son écriture. Elle ne cherche pas à imposer une forme, mais à laisser la matière se révéler d'elle-même.

9. **Quelle est la signification du terme « Kintsugi » mentionné dans le texte, et comment cela s'applique-t-il à l'approche d'Anaïs Allais dans son travail ?**
Le terme « Kintsugi » mentionné dans le texte fait référence à l'art japonais de réparer des céramiques brisées en soulignant les fêlures avec de la poudre d'or. Le travail d'Anaïs Allais va plus loin en rassemblant des morceaux du passé et du présent pour créer une nouvelle œuvre qui honore les cicatrices et les blessures de l'histoire.

10. **Comment Anaïs Allais crée-t-elle un équilibre entre le passé et le présent dans son travail artistique, comme indiqué dans le texte ?**
Anaïs Allais crée un équilibre entre le passé et le présent en collectant des éléments de l'histoire passée et en intégrant des rencontres et des découvertes contemporaines dans son travail artistique. Elle rassemble les fils d'une histoire pour les renouer, tout en reconnaissant la volatilité de tout ce qui existe.

Activité 9 (page 147)

Pour cet exercice, le travail peut se faire en individuel ou en collectif tout comme il peut se faire en classe ou en travail personnel. Il est également possible de proposer une phase de réflexion à l'écrit puis de passer à l'oral ou de tout faire à l'oral. Proposez aux étudiants de suivre les différentes étapes, de réfléchir aux différents aspects sous forme de notes puis passez à la phase d'écriture et / ou de présentation.

Étape 1 : thème et genre	
Étape 2 : personnages	
Étape 3 : structure de la pièce	
Étape 4 : présentation et répartition de la parole	

LEÇON 2 — Un art pour dénoncer (Pages 148-151)

Activité 1 (page 148-149)

Les étudiants lisent le texte une première fois et soulignent les mots inconnus.
Puis faites une lecture commune et tentez de trouvez les définitions et les explications pour les parties non comprises. Expliquez si le groupe ne trouve pas l'explication.
Dans un second temps, les étudiants travaillent sur les questions en individuel.
Avant le retour collectif, les étudiants vérifient leurs réponses auprès de leurs camarades puis corrigez tous ensemble à l'aide des réponses ci-dessous.

1. Quelles sont les deux intelligences artificielles mentionnées dans le texte et quelles sont leurs compétences spécifiques ?
Les deux intelligences artificielles mentionnées sont ChatGPT3 et AlphaCode. ChatGPT3 est capable de tenir une conversation quasi humaine et de générer des textes bien articulés dans plusieurs langues naturelles. AlphaCode démontre sa supériorité dans des concours de codage informatique en ligne, capable d'écrire des programmes et de surpasser les programmeurs humains.

2. Quels sont les domaines d'activité déjà affectés par l'intelligence artificielle ? Donnez quelques exemples.
Tous les secteurs d'activité sont affectés, de la santé à la justice en passant par la défense. Exemples mentionnés : l'éducation, la programmation informatique, la création artistique, l'histoire de l'art.

3. Quelles sont les capacités des ordinateurs en ce qui concerne la création artistique, selon ChatGPT3 ?
Les ordinateurs peuvent composer de la musique, peindre des tableaux, écrire des romans ou des poèmes, recréer des voix d'autrefois, dialoguer avec les morts en utilisant une combinaison de styles appris.

4. Comment l'IA a-t-elle influencé le monde de l'art en termes de création artistique et de perception par le public ? Donnez des exemples.
Des artistes utilisent des outils numériques pour créer des œuvres, et les œuvres d'artistes robots intéressent les collectionneurs. Exemples mentionnés : le portrait Edmond de Belamy, le Théâtre d'opéra spatial.

5. Quelle est la réaction de l'artiste Jason Allen face à la victoire de son œuvre créée avec l'IA dans un concours d'art aux États-Unis ?
Il a résumé l'implication de cette victoire en déclarant : « L'Art est mort. C'est fini. L'IA a gagné. Les humains ont perdu. »

6. Comment l'intelligence artificielle est-elle utilisée au musée Dali de Floride, et quel est le nom de l'IA responsable de la création d'œuvres numériques interactives ?
Un programme baptisé DALL-E, en l'honneur du peintre surréaliste, crée de grandes tapisseries interactives numériques illustrant les rêves décrits par les visiteurs.

7. Quel rôle joue l'intelligence artificielle dans le domaine cinématographique ?
Elle sera présente au premier festival organisé à New York qui présentera et récompensera des films d'une à dix minutes tournés par l'intelligence artificielle.

8. Comment les artistes utilisent-ils l'IA dans le domaine de l'histoire de l'art ? Donnez des exemples.
Une société suisse a développé le programme Art Recognition pour faciliter l'authentification de toiles ou de dessins d'artistes, permettant même d'authentifier des tableaux avec une probabilité spécifique.

9. Quelles sont les réactions divergentes dans les milieux culturels et artistiques concernant l'art généré par l'IA ? Comment ChatGPT3 résume-t-il ces réactions ?
Les réactions vont des perspectives positives sur l'exploration de nouvelles formes artistiques aux critiques soulignant des questions sur la nature de l'art et de la créativité. ChatGPT3 résume cela en disant que l'art généré par l'IA soulève des questions sur la nature de l'art et de la créativité, ainsi que sur la place de l'homme dans le processus de création artistique.

10. Quel argument l'auteur et critique littéraire Walter Kirn avance-t-il concernant l'art généré par l'IA ?
Il affirme qu'il n'existe pas d'art de l'intelligence artificielle et que simplement appuyer sur quelques boutons ne constitue pas de l'art.

11. Comment le programme Lensa AI suscite-t-il des réactions parmi les portraitistes, et quel est son impact sur les réseaux sociaux ?
Lensa AI permet de générer des portraits à l'infini, ce qui peut irriter certains portraitistes. Il est devenu l'application la plus populaire sur les réseaux sociaux.

12. Quel débat juridique est évoqué à la fin du texte, et quel est le point de vue d'un tribunal australien à ce sujet ?

Le débat concerne les droits d'auteur pour les œuvres générées par l'IA. Un tribunal australien a soutenu que les droits d'auteur s'appliquent aux œuvres, mais pas aux styles.

13. En quoi l'utilisation de l'intelligence artificielle dans la création artistique pose-t-elle des questions sur la nature de l'art et la créativité, selon ChatGPT3 ?

L'art généré par l'IA soulève des questions sur la nature de l'art et de la créativité, ainsi que sur la place de l'homme dans le processus de création artistique.

14. Quelle décision du Bureau du droit d'auteur des États-Unis est mentionnée à la fin du texte et en quoi est-elle pertinente pour le débat entourant l'IA et les droits d'auteur ?

Le Bureau du droit d'auteur des États-Unis examine une demande de révision d'une décision accordant des droits d'auteur pour une bande dessinée créée par l'IA, soulevant ainsi des questions sur l'application des droits d'auteur aux œuvres générées par l'IA.

Activité 2 (page 149)

Demandez à vos étudiants de faire des recherches sur la place de l'intelligence artificielle dans l'art contemporain. Ces recherches peuvent être faites en activité préparatoire ou en classe en groupe.

Les étudiants doivent ensuite choisir une œuvre créée par IA et expliquez en quoi cette œuvre est innovante dans le monde de l'art.

Cet exercice peut être fait en groupe, en individuel, à l'oral comme à l'écrit.

Activité 3 (page 149)

Lisez les questions avec les étudiants et vérifiez que le vocabulaire est compris.

Faites une première écoute et laissez les étudiants partager leurs réponses et échangez.

Faites une deuxième écoute, partagez les réponses puis faites un retour collectif à partir des réponses ci-dessous :

1. Quel impact les titres de propriété virtuels d'œuvres d'art ont-ils sur la relation entre les artistes et les collectionneurs ? Comment les maisons de vente envisagent-elles ce phénomène ?

Les titres de propriété virtuels d'œuvres d'art transforment le lien entre artistes et collectionneurs. Les maisons de vente perçoivent ces titres comme une opportunité d'atteindre de nouveaux acheteurs. Le directeur général de Sotheby's pour l'Europe, le Moyen-Orient et l'Afrique, Sebastian Fahey, considère que les NFT constituent l'innovation la plus influente dans le monde de l'art des dix dernières années. Les maisons de vente reconnaissent le potentiel de ce phénomène pour élargir leur clientèle.

2. Expliquez ce que signifie l'acronyme « NFT » et en quoi consiste un « token non-fongible ». Quelle est la différence entre un token fongible, comme le bitcoin, et un NFT ?

« NFT » signifie « Non-Fungible Token ». Un NFT est une représentation d'objets et de relations, pouvant être des relations de propriété, d'identité, de droits d'accès, d'usage ou de vote. Contrairement aux tokens fongibles comme le bitcoin, les NFT ne sont pas interchangeables. Un bitcoin est un token fongible, tandis qu'un NFT est non-fongible, ce qui signifie qu'il est unique et ne peut pas être remplacé par un autre.

3. Quand et comment le concept des NFT a-t-il émergé ? Mentionnez au moins deux étapes clés de son développement.

Le concept des NFT a émergé avec l'idée précurseuse de Hal Finney, un cryptographe, en 1993. En 2012, l'idée d'associer des informations à des droits de propriété, similaire aux bitcoins, commence à prendre forme. Les premiers NFT apparaissent sur la blockchain de Bitcoin en 2015, puis sur celle d'Ethereum. En 2017, les Cryptokitties, un jeu d'images de chatons à collectionner, constituent la première application à succès des NFT.

4. Utilisez l'exemple du designer Beeple pour expliquer comment les NFT sont utilisés dans la pratique. Quel événement marquant est associé à la vente de la collection de Beeple, et quel impact financier cela a-t-il eu sur les NFT liés à ses œuvres ?

Le designer Beeple a vendu une collection d'images numériques pour 69,3 millions de dollars en mars 2021 via la maison de vente Christie's. L'acheteur a tokenisé ces œuvres, les liant à des actifs financiers et les mettant en vente, comme des actions d'une entreprise. Suite à la vente, la valeur des NFT de Beeple a augmenté de plus de 40%.

5. Selon Aude Launay, en quoi les NFT ont-ils le pouvoir de transformer l'économie des créateurs et même l'économie dans son ensemble ? Quelle distinction importante l'auteure souligne-t-elle concernant l'achat d'un NFT par rapport à l'achat d'une œuvre d'art ?

Aude Launay souligne que les NFT ont le pouvoir de transformer l'économie des créateurs et même l'économie en général. Elle mentionne la démocratisation de la marchandisation et de la financiarisation de l'art comme un aspect intéressant des NFT. L'auteure souligne également une distinction cruciale : lors de l'achat d'un NFT, on acquiert seulement le NFT lui-même, pas l'œuvre d'art associée. La propriété intellectuelle de l'œuvre n'est pas automatiquement cédée avec la vente du NFT, sauf accord spécifique.

Activité 4 (page 149)

Argumentez (à l'écrit ou à l'oral) pour donner votre avis sur le thème suivant : l'intelligence artificielle, les NFT et les crypto-monnaies vont-ils révolutionner le monde de l'art ?

Activité 5 (pages 150-151)

Avant de commencer

Les étudiants lisent le texte une première fois et soulignent les mots inconnus.

Puis faites une lecture commune et tentez de trouvez les définitions et les explications pour les parties non comprises. Expliquez si le groupe ne trouve pas l'explication.

Dans un second temps, les étudiants travaillent sur les questions en individuel.

Avant le retour collectif, les étudiants vérifient leurs réponses auprès de leurs camarades puis corrigez tous ensemble à l'aide des réponses ci-dessous.

1. Arguments en faveur de l'exposition :
• L'œuvre est une allégorie de toutes les violences, y compris celles infligées aux animaux.
• Le contexte de fabrication du film est évoqué, incluant le Printemps arabe, l'exil forcé de l'artiste, les enlèvements de jeunes filles, et la violence animale.
• La vidéo a été réalisée au Maroc avec une équipe de techniciens créateurs d'effets spéciaux, assurant qu'il n'y a pas eu maltraitance animale.
• L'utilisation de produits courants pour créer des effets de flammes sans danger, ayant été préalablement utilisés sur l'artiste lui-même.

Commentaire :
L'auteur du texte exprime son désaccord en soulignant qu'il s'agit au mieux d'une banale monstration et au pire d'une apologie, ne voyant pas d'art dans la représentation de la souffrance animale.

2. Arguments en défaveur de l'exposition :
• La souffrance animale est considérée comme brutale, bête et méchante, sans présence d'art, distance, poésie, métaphore.
• Le témoignage visuel des poulets brûlant vifs sur des écrans géants est critiqué comme une démonstration de souffrance insoutenable.
• Les explications sur l'utilisation de produits sans danger pour créer les effets de flammes sont remises en question, soulignant que les poulets ne portent pas de tenue ignifugée.
• Des doutes sont émis quant à la véracité des déclarations concernant l'absence de maltraitance animale pendant le tournage.
• Le réalisateur avait déjà créé un scandale par le passé en filmant des animaux exécutés à coups de masse.

Commentaire :
L'auteur du texte exprime sa préoccupation quant à la souffrance réelle des animaux, remettant en question la véracité des explications fournies par l'artiste et le musée. Il souligne également que la réaction publique serait différente si les animaux en question étaient des chiens ou des chats.

 Activité 6 (page 151)

Suggestion d'exploitation

Regardez une première fois le clip d'Angèle « Oui ou non » sans le son.
A votre avis, de quoi parle la chanson ?
La chanson parle des produits de consommation et de la place des femmes dans la publicité.
Quel est votre avis sur le clip ?
Les étudiants échangent leurs points de vue sur la vidéo. Il est possible d'essayer de lister les produits aperçus dans la vidéo et d'analyser de quelle façon Angèle les a détourné.

Maintenant, regardez la vidéo avec le son.
D'après vous, quel est le sujet principal et le message de la vidéo ? Qu'en pensez-vous ?

La chanson « Oui ou non » d'Angèle parle d'une fille qui entretient une relation compliquée avec quelqu'un qui n'est pas totalement engagé envers elle. Dans le premier couplet, elle parle de comment sa journée est passée rapidement et comment elle n'est pas sortie ni préparée pour la journée. Elle exprime sa frustration de ne pas avoir de moyen de recharger la batterie de son téléphone, ce qui l'empêche de publier des histoires dédiées à la personne qui l'intéresse.

Dans le pré-refrain, la fille veut savoir comment l'autre personne se sent à son égard quand elle sourit trop. Elle a l'impression que plus elle sourit, plus cela montre le manque d'intérêt de la personne envers elle.

Dans le refrain, la fille demande à l'autre personne de prendre une décision entre « oui » ou « non » car elle en a assez d'être baladée. Elle sait que hier, l'autre personne la voulait, et demain, la personne la décevra à nouveau. Elle a l'impression qu'elle doit oublier la relation complètement, mais elle ne peut pas car elle s'accroche à l'espoir que les choses pourraient s'améliorer.

Dans le deuxième couplet, elle réfléchit au passé quand les choses étaient bien entre eux. Cependant, l'autre personne ne veut qu'une brève romance et ne veut pas s'engager. La fille sait que cela ne mènera pas à une relation à long terme, ce qui entraînera déception et chagrin.

Dans le pont, la fille se demande pourquoi l'approbation de l'autre personne signifie autant pour elle, même quand d'autres l'admirent et la valorisent. Elle se demande aussi pourquoi elle continue de croire les mensonges que l'autre personne lui dit sur son apparence quand, au fond d'elle, elle sait qu'ils sont faux.

À la fin, le refrain se répète et la fille doit décider si elle continue de s'accrocher à la relation ou si elle s'en va, sachant que l'autre personne ne peut pas lui donner l'engagement qu'elle recherche.

Pensez-vous que la chanteuse réussit à faire passer son message ? Pourquoi ?
Les étudiants échangent sur la chanson, son message et peuvent donner leur point de vue personnel ou racontez des situations vécues.

Activité 7 (page 151)

Choisissez l'un des sujets et argumentez (à l'écrit ou à l'oral) pour donner votre avis :
– La femme est devenue un outil de marketing pour vendre des produits.
– L'art est une façon détournée pour faire une critique sociale.
– La publicité présente une vision fictive de la société dans laquelle nous vivons.

Les étudiants échangent autour de ces questions. Il est possible de travailler un seul sujet ou tous les sujets et de le faire en groupe ou en individuel. L'objectif est de réfléchir à un sujet de société et de donner son avis en cherchant des exemples précis pour étayer son propos.
C'est un exercice d'écriture ou de parole libre.

Activité 8 (page 151)

Avant de commencer

Observez l'image.

Qu'est-ce que l'artiste Barbara Daniels souhaite dénoncer avec ce dessin ?

Barbara Daniels veut critiquer le manque de considération des animaux et leur mauvais traitement. Elle a dessiné des situations de maltraitance animale mais elle a remplacé les animaux par des humains.

Qu'en pensez-vous ? Pensez-vous que l'art puisse permettre de dénoncer des causes de ce type ? Avez-vous des exemples ?

Les étudiants donnent leur avis en essayant d'expliquer leur point de vue en donnant des exemples personnels ou des références.

En reprenant le travail de l'artiste, imaginez d'autres images pour dénoncer la place des animaux dans notre société.

En groupe ou en individuel, laissez les étudiants réfléchir à une proposition artistique en lien avec la question et la présentez aux autres en expliquant leur choix. L'objectif n'est évidemment pas esthétique mais bien de réfléchir à ce sujet tout en se projetant dans la peau d'un artiste.

Activité 9 (page 151)

Suggestion d'exploitation

Voici quelques consignes supplémentaires à donner.
Attention :

• vous devez rédiger un texte unique en suivant un ordre qui vous est propre, et non mettre deux résumés bout à bout ;

• vous ne devez pas introduire d'autres idées ou informations que celles qui se trouvent dans les documents, ni faire de commentaires personnels ;

• vous pouvez bien entendu réutiliser les « mots-clefs » des documents, mais non des phrases ou des passages entiers.

La synthèse des documents est un travail de texte de niveau avancé. Entre autres, rédiger une synthèse est demandé dans le cadre d'examen du DALF C1. Pour réussir la synthèse, une analyse profonde des textes originaux est essentielle.

Le but

C'est contracter un texte T1 – ou bien plusieurs documents – en un texte T2 en mettant en relief l'idée rincipale exprimée et rendant compte des autres idées. Il s'agit de rendre compte des pensées de l'auteur tout en restant objectif. Contrairement au résumé, vous n'êtes pas obligés de respecter l'ordre du texte. Imaginez que vous présentez un texte à une personne qui n'a pas le temps de le lire. Vous rendez compte du contenu, mais sans exprimer votre opinion !

Les documents déclencheurs

Le ou les documents déclencheurs sont généralement tirés de la presse écrite. Le plus souvent il s'agit des articles argumentatifs ou informatifs, mais aussi des dessins, caricatures, tableaux ou graphiques peuvent être proposés. Normalement les documents ont une longueur totale comprise de 800 à 1200 mots pendant qu'il faut seulement une synthèse d'environ 250 mots.

Attention !

– La synthèse est un texte unique et propre – il ne faut pas faire un collage des résumés ou des compte rendus

– Il s'agit d'un exercice de reformulation – il ne faut pas copier ni citer les textes originaux

– Il ne s'agit pas de donner son opinion ou ajouter des informations ou idées propres

– Une synthèse comprend un titre, une courte introduction et parfois (dépendant la consigne) une conclusion

Étapes d'élaboration

1. Découvrir les documents : compréhension du sens global
• De quel type de texte s'agit-il ? (journalistique, narratif...)
• Observer la structure : le titre, le sous-titre, le nombre de paragraphes
• Repérer le plan, l'articulation et le ton des textes
• Quels sont les thèmes abordés ? Quelle est l'opinion de l'auteur ?

2. Repérage des éléments et élaboration d'un plan
• Identifier le thème général, les idées essentielles, les idées secondaires et les mots clés. Mettre les textes en relation : noter les différences et les points communs entre chaque texte.
• Réunir les idées sous le thème général, élaborer un classement des éléments selon leur importance et établir un plan.
• C'est utile de mettre ce schéma sur papier en nominalisant les idées essentielles et secondaires : plus tard chaque idée essentielle correspondra à un paragraphe.

3. Rédiger et Relire
• Présenter les documents et leurs caractéristiques
• Présenter le thème commun aux textes
• Donner un titre, rédiger une introduction
• Contrôler la cohérence du texte
• Vérifier le style, la syntaxe, le lexique, l'orthographe

À savoir

• Le nombre de mots et donné dans la consigne, souvent entre 200 et 250 mots

• On accorde une marge de 10 %. Soit, pour un compte-rendu de 100 mots, on acceptera des textes de 90 ou 110 mots

• Un sigle compte pour un mot (par exemple, TGV = 1 mot)

• Un nombre écrit en chiffres compte pour un mot (par exemple, 1999 =1 mot, 100.000 = 1 mot). Un mot est une suite de lettres séparée par deux blancs (une bouteille = 2 mots), une apostrophe (l'individu = 2 mots)

LEÇON 3 — L'art pour se détendre (Pages 152-155)

Activité 1 (pages 152-153)

Divisez cette activité en quatre sous-activités.
1. La première lecture devrait se faire de manière individuelle, même en amont du cours. Vous pouvez demander aux étudiants de répondre à la question « de quoi parle l'histoire? » en leur demandant de répondre en une ou deux phrases maximum.
2. La deuxième lecture est faite pour comprendre le vocabulaire qu'ils ne connaissent pas, les implications culturelles des références telles que :
« Raphaëlle étudie dans la même **université** qu'Hervé, à **Paris Diderot**. Elle mène **une thèse sur l'idéologie individualiste chez Marx**. Morton, lui, est **en école de commerce**. Il a déjà **redoublé 2 fois.** »
ou
« Comme toutes ces années passées **ensemble au collège, puis au lycée**, à Saint-Omer, dans leur **Pas-de-Calais** natal… »
Lors de la deuxième lecture vous pouvez également construire des éléments des personnages de ces références, mais aussi à partir de leurs paroles dans le texte. Demandez aux étudiants de trouver des images en ligne de personnes qu'ils imaginent pour les trois rôles, comme si c'était à eux de faire le casting pour la pièce. Demandez-leur pourquoi ils choisissent cette personne pour le rôle et amenez-les à soutenir leurs choix avec les éléments textuels de la pièce.
3. Travaillez la prononciation de chaque énoncé en petit groupe pour rassurer les étudiants avant qu'ils présentent leurs représentations.
4. Vous pouvez faire jouer les étudiants pour les filmer, pour d'autres groupes de la même classe, pour d'autres classes de votre institution, ou pour d'autres publics susceptible d'apprécier !

Grammaire – les pronoms relatifs composés – *ce qui, ce que, et ce dont* (page 153)

Voici quelques propositions supplémentaires que vous pouvez proposer à vos étudiants pour expliquer les pronoms relatifs composés :
1. « Ce qui » : Ce pronom remplace un sujet indéfini dans la phrase principale. Il introduit une clause relative sans antécédent explicite, se référant à une idée ou une situation mentionnée dans la phrase principale.
Exemple : « Il a perdu son emploi, ce qui l'a profondément affecté. »
2. « Ce que » : Ce pronom remplace un objet direct dans la phrase principale. Il est utilisé lorsque l'antécédent est une chose ou une idée concrète.
Exemple : « J'aime ce que tu as fait avec la décoration. »
3. « Ce dont » : Ce pronom remplace un objet indirect introduit par la préposition « de » dans la phrase principale. Il est employé lorsque l'antécédent nécessite l'utilisation de la préposition « de ».
Exemple : « Il parle du livre dont nous avons discuté hier. »
En résumé, « ce qui » se réfère à une idée ou une situation, « ce que » remplace un objet direct, et « ce dont » est utilisé pour un objet indirect introduit par la préposition « de ». Ces pronoms relatifs composés facilitent la construction de phrases complexes en évitant la répétition d'éléments dans la phrase principale et la clause relative.

Réponses

Après tout **ce qui** vient de lui arriver, Denis se repose.
Louise a écrit tout **ce dont** elle se souvenait. (se souvenir *de* qqch)
Ce que j'aime chez Céline, c'est sa générosité. (aimer qqch)
Ces gens ont beaucoup d'amis, **ce qui** rend leur vie agréable.
Fabien ne comprend pas **ce que** nous faisons. (comprendre qqch)

Activité 2 (page 153)

Vous pouvez présenter les différents types d'analyse avec ces explications de base :
1. **Analyse des personnages** : Cette analyse se concentre sur les traits de caractère, les motivations et les évolutions des personnages d'une œuvre littéraire, mettant en lumière comment ces éléments contribuent à la compréhension globale de l'intrigue et des thèmes.
2. **Analyse des éléments de l'histoire** : En se penchant sur la structure narrative, les conflits, les retournements de situation et les points culminants, cette analyse examine comment les éléments de l'histoire sont construits pour susciter l'intérêt du lecteur et soutenir les thèmes sous-jacents.
3. **Analyse des interactions** : Cette analyse explore les relations entre les personnages, les tensions, les alliances et les conflits, soulignant comment ces interactions contribuent à développer l'intrigue et à mettre en lumière des aspects plus profonds de la condition humaine.
4. **Analyse des dialogues** : En se penchant sur les échanges verbaux entre les personnages, cette analyse cherche à révéler les nuances du langage, les intentions cachées, et comment les dialogues contribuent à la caractérisation, à la progression narrative et à l'expression des thèmes.
5. **Analyse des thèmes abordés** : Cette analyse explore les idées centrales et récurrentes qui sous-tendent l'œuvre, mettant en évidence comment les thèmes sont développés à travers les personnages, l'intrigue et les éléments stylistiques, et comment ils résonnent avec des préoccupations plus larges de la société.
Vous pouvez demander aux étudiants de choisir un de ces types d'analyses, et de le travailler en groupe pour ensuite la présenter au reste de la classe.

Activité 3 (page 153)

Cet exercice pourrait se faire de manière individuelle ou en groupe pour une rédaction collaborative. Il pourrait suivre l'exercice 2 ci-dessus mais il pourrait également se faire de manière totalement individuelle après votre explication des types d'analyse et comment les faire. Ceci pourrait faire l'objet d'un texte travaillé et puis retravaillé, ou bien un texte où les étudiants essaient simplement de résumer l'analyse qu'ils ont faite en groupe en cours. Dans tous les cas, profitez de l'occasion pour les encourager à mettre en pratique les compétences grammaticales travaillées lors de cette leçon, les pronoms relatifs composés.

Activité 4 (page 154)

Pour cette activité, inciter les étudiants de parler de leur vécu, leur réaction et leurs émotions en lien avec un spectacle de rue.

Activité 5 (page 154)

Pour cette activité, inciter les étudiants de parler de leur vécu, leur réaction et leurs émotions en lien avec un spectacle de rue.

Activité 6 (pages 154-155)

Pour cette activité vous pouvez encourager une lecture seule ou une lecture collaborative.

Réponses
1. Le théâtre à domicile est une représentation théâtrale jouée chez un particulier. Il devient de plus en plus populaire en raison de la recherche d'expériences éphémères et intimes par le public, accentuée par la culture du partage en ligne et les restrictions liées à la pandémie de Covid.
2. Le théâtre à domicile se développe depuis environ 10 ans, avec une augmentation significative des demandes notée depuis 2015. Les mesures de distanciation sociale liées à la pandémie ont accéléré cette tendance.
3. Le théâtre à domicile peut inclure des pièces jouées, des pièces musicales, des performances dansées, des seul-en-scène humoristiques, voire une combinaison de ces formes.
4. Les artistes s'adaptent en utilisant l'éclairage du logement, en exploitant les accessoires disponibles sur place, et en ajustant leurs performances à des espaces souvent restreints.
5. Le théâtre à domicile offre une expérience plus intime et personnalisée, le public étant dans un environnement familier, favorisant une réceptivité immédiate et des interactions directes avec les artistes.
6. Le théâtre à domicile permet une plus grande créativité en s'adaptant à différents environnements, favorisant l'interaction avec le public et offrant une expérience artistique unique à chaque représentation.
7. Les défis logistiques incluent l'adaptation à des espaces réduits et le manque de moyens techniques. Les hôtes font face à ces défis en fournissant les sièges nécessaires et quelques éléments matériels, tout en laissant les artistes prendre possession des lieux avant la représentation.
8. La proximité permet aux artistes d'interagir rapidement avec le public sans gêne, favorisant une expérience plus immersive et personnalisée.
9. Le théâtre à domicile offre une expérience plus accessible dès le début du spectacle, favorisant l'implication du public et permettant des échanges après la représentation, dans un cadre moins formel que le théâtre traditionnel.

Activité 7 (page 155)

Pour cette activité vous pouvez pousser la réflexion encore plus loin en demandant les étudiants de trouver des exemples de graffiti ou de tags dans la ville, de prendre une photo de ce qu'ils trouvent et d'analyser l'exemple selon les critères qu'ils avaient établies de ce que c'est « l'art » lors de l'activité en classe

Activité 8 (page 155)

Pour cette activité vous pouvez vous référer à l'activité 7 de la leçon 1, et vous servir des « OUTILS POUR L'ÉCRITURE D'UN ARTICLE DE PRESSE » également trouvés à la leçon 1. Vous pouvez aussi leur demander de prendre une position qui n'est pas la leur et écrire de ce point de vue.

PROJET (page 156)

Pour cette activité vous pouvez demander aux étudiants de discuter de leurs séries télévisées préférées, en parlant de ce qui leur plait et comment ils pourraient transformer les éléments qu'ils apprécient le plus en pièce de théâtre.

Avant de commencer la rédaction, il serait souhaitable d'aborder les éléments clés d'une pièce de théâtre en détail et puis de voir s'ils peuvent reconnaitre chaque élément clé quand ils regardent une autre pièce de théâtre ou même leur série préférée.

ENTRAÎNEMENT AU DALF C1 (pages 157-160)

Production écrite

• **ÉPREUVE N° 1 : Synthèse des documents (200 à 240 mots)**

Étape 1 : Planification (de 40 à 50 minutes)
– Prenez des notes avec vos propres mots, de préférence sur un brouillon. Cela privilégie la prise de distance et la reformulation des idées.
– Répartissez vos notes en tableau.
– Gardez en tête que vous devez produire un nouveau texte.

1. Faites une lecture globale des documents (explorez les titres, les sources, les dates de parution rapprochées ou pas …)
2. Faites une lecture rapide pour répondre aux questions suivantes :
a. Quel est le problème posé par ces deux documents ?
Les documents soulignent les défis et les implications de l'intelligence artificielle (IA) sur le marché du travail, notamment en ce qui concerne l'automatisation des tâches et ses conséquences sur l'emploi et les inégalités économiques.
b. Quelles sont les sources ? (articles de presse, les faits rapportés se situent-ils dans la même période ?)
c. Quelles sont les circonstances de publication ? (Y-a-t-il une occasion particulière derrière cette publication ? Cela aiderait à comprendre l'intention générale du texte.)
L'avènement de Chatgpt sur le marché.
d. Quelles sont les intentions ? (Déterminer le type de texte. argumentatif : dénoncer ; informatif : rapporter des faits, analytique : proposer des solutions, etc.)
Les deux documents semblent être de nature informative et analytique, visant à sensibiliser le lectorat aux défis posés par l'IA sur le marché du travail et à encourager une réflexion sur les implications socio-économiques de cette technologie.
e. Quelle problématique choisir ?
L'impact de l'intelligence artificielle sur le marché du travail : défis et perspectives.
3. Relevez les idées essentielles (idée importante qui apporte une nouvelle information généralement située en début de paragraphe.).

Document 1	Document 2
L'IA peut être bénéfique et préjudiciable.	Les machines empiètent sur les tâches humaines.
L'IA améliore la productivité et l'innovation.	Développement de la robotique sociale.
Risques d'accroissement des inégalités.	Croissance de l'industrie robotique.
Émergence de nouveaux métiers mais incertains.	Risques d'émancipation des machines.
Bilan net incertain des effets de l'IA.	Réflexion sur l'évolution du marché du travail et des compétences.

4. Comparez les idées des documents et déterminez si elles se répètent, se complètent, se nuancent ou s'opposent.
a. Les documents se complètent en explorant différentes dimensions de l'impact de l'IA sur le marché du travail, mettant en avant à la fois les opportunités et les défis associés à cette évolution technologique.
5. Préparez votre plan détaillé (problèmes, causes, solutions).
a. Introduction : Contextualisation de l'impact croissant de l'IA sur le marché du travail.
b. Problèmes : Automatisation des tâches, risques pour l'emploi et inégalités.
c. Causes : avancées de l'IA, développement de la robotique sociale.
d. Solutions : Adaptation des compétences, politiques publiques favorisant l'inclusion sociale.
e. Conclusion : Appel à une approche équilibrée pour maximiser les avantages de l'IA tout en atténuant ses effets néfastes sur le marché du travail.
Attention ! Une synthèse ne contient aucune idée personnelle.

Étape 2 : Rédaction du texte (30 à 40 minutes)
La synthèse doit contenir :
– une courte introduction (présentation du thème et problématique) ;
– un développement en deux ou trois parties équilibrées. Attention, pas de phrases avec la première personne du singulier et du pluriel pour rester objectif. Favorisez la 3ᵉ personne et les structures impersonnelles.

Étape 3 : Révisez le texte (5 à 10 minutes)
– Vérifiez le nombre de mots
– Révisez la ponctuation, l'orthographe et la grammaire.

• **ÉPREUVE N° 2 : Essai argumenté (250 mots minimum)**

Étape 1 : Planification (20 à 25 minutes)
• Analysez le sujet (bien comprendre la simulation pour mieux développer son contexte).
– Quel est le problème ?
Le développement rapide de l'IA peut entraîner des perturbations majeures sur le marché du travail, avec des conséquences potentiellement importantes pour les travailleurs, les entreprises et la société dans son ensemble.
– À qui s'adresser ?
Ce type de texte s'adresse à un public intéressé par les avancées technologiques, les questions socio-économiques et les défis du monde du travail.
– Quel type de texte ?
Il s'agit d'un essai argumentatif, destiné à présenter et à défendre un point de vue sur un sujet controversé. L'essai articulera des arguments logiques et des preuves pour convaincre le lecteur de la validité de la thèse présentée.
– Dans quel but ?
L'objectif principal de cet essai est d'analyser de manière approfondie les effets de l'IA sur le marché du travail, d'identifier les

défis posés par cette évolution et de proposer des pistes de réflexion sur la manière de relever ces défis. Il vise également à sensibiliser le public aux enjeux socio-économiques liés à l'IA et à encourager une réflexion critique sur son utilisation dans le domaine de l'emploi.

• Cherchez des arguments et des exemples pour les illustrer.
Automatisation des tâches : L'IA permet l'automatisation de nombreuses tâches répétitives et routinières, ce qui peut entraîner la disparition d'emplois traditionnels dans certains secteurs.
Création de nouveaux emplois : En parallèle, l'IA crée de nouveaux domaines d'activité et de nouveaux métiers, notamment dans le développement et la maintenance des technologies de l'IA, ce qui peut compenser les pertes d'emplois dans d'autres secteurs.
Amélioration de la productivité : L'IA peut augmenter l'efficacité et la productivité des entreprises en optimisant les processus de production, ce qui peut stimuler la croissance économique et favoriser la création d'emplois.
Besoin de compétences nouvelles : L'IA exige des compétences spécialisées et une formation continue pour les travailleurs afin de s'adapter aux nouvelles technologies et de rester employables dans un marché du travail en constante évolution.
Réduction des inégalités : L'IA peut contribuer à réduire les inégalités en offrant des opportunités d'emploi et d'entrepreneuriat à des populations auparavant marginalisées, notamment grâce à la flexibilité du travail à distance et aux plateformes en ligne.
Défis pour les travailleurs peu qualifiés : Les travailleurs peu qualifiés ou dont les emplois sont facilement automatisables peuvent être particulièrement vulnérables aux perturbations causées par l'IA, ce qui soulève des préoccupations en matière de chômage et d'exclusion sociale.
Nouvelles formes d'organisation du travail : L'IA transforme les modèles d'organisation du travail, favorisant par exemple le travail indépendant, le partage des compétences et l'économie des plateformes, ce qui nécessite une réglementation adaptée pour protéger les droits des travailleurs.
Impact sur la qualité de vie au travail : L'IA peut améliorer la qualité de vie au travail en automatisant les tâches monotones et en permettant aux travailleurs de se concentrer sur des activités plus créatives et enrichissantes.

• Préparer un plan détaillé
– introduction
– développement
– conclusion

Étape 2 : Rédaction de l'essai (25 à 30 minutes)

Étape 3 : Révision (5 à 10 minutes)

 Production orale

• **PARTIE N° 1 :** Exposé

Présentez une réflexion ordonnée sur le thème : *Une approche féministe de l'économie peut-elle dessiner le futur du travail ?* à partir des documents présentés (8-10 minutes). Ces articles sont destinés à soutenir une démarche documentaire que vous êtes libre d'enrichir à partir d'informations préalablement connues et d'expériences personnelles.

Structure attendue de l'exposé :
1. Introduction
– Amener le sujet
– Formuler la problématique
– Annoncer le plan (Tout d'abord, je présenterai... Ensuite, j'aborderai... Enfin je mentionnerai...)
2. Développement de plusieurs idées
– Présenter clairement et de façon structurée les idées en les expliquant (J'entends par là que... En d'autres termes...), les précisant (Plus exactement... Cela revient à dire que...) et les illustrant (Supposons que... C'est comme si...)
– Citer si nécessaire des phrases des articles de référence (D'ailleurs, à ce propos, l'autrice mentionne que... Je cite que...)
3. Conclusion
– Répondre clairement à la problématique
– Récapituler le contenu essentiel du développement (En définitive, nous avons vu que... Par ailleurs, j'ai montré que...)

Vous pourriez développer les idées suivantes :
1. La charge invisible des femmes et l'impact du télétravail
1.1. Illustration de la charge disproportionnée assumée par les femmes, notamment durant la pandémie
1.2. Effet du télétravail sur la productivité académique des femmes par rapport aux hommes
1.3. Nécessité de reconnaître et d'adapter les conditions de travail pour tenir compte des responsabilités personnelles, familiales et de carrière

2. La dévalorisation du travail féminin dans les secteurs à « faible » productivité
2.1. Exploration des secteurs où les femmes sont majoritaires et la perception de leur productivité
2.2. La productivité comme outil de dévalorisation du travail féminin dans le soin, l'éducation, et les services
2.3. Appel à revaloriser ces secteurs et reconnaître leur importance économique et sociale pour toute société préoccupée par la cohésion sociale, le sens de communauté et l'inclusion

3. Propositions pour une redéfinition de la productivité
3.1. Intégration des contributions invisibles et non rémunérées dans la mesure de la productivité
3.2. Reconnaissance de l'impact des activités sur le lien social et l'environnement
3.3. Vers une vision collective de la productivité qui valorise le soin, l'entretien et la maintenance

4. L'approche féministe comme réponse aux défis écologiques et sociaux
4.1. L'urgence écologique comme conséquence de la productivité centrée sur l'exploitation
4.2. La nécessité d'une productivité inclusive qui prend en compte les liens humains et avec l'environnement
4.3. Le potentiel d'une telle approche pour améliorer le bien-être de tous, au-delà des questions de genre

• **PARTIE N° 2 :** Entretien avec le jury

Réagissez aux contre-arguments et commentaires des membres du jury. Ces échanges prennent la forme d'un débat au cours duquel vous défendez une position personnelle tout en montrant votre capacité à nuancer vos propos (15-20 minutes).

Au cours des échanges, vous devez vous préparer à :
– Réagir aux contre-arguments que les membres pourraient avancer
– *Ex. : Jury : Ne croyez-vous pas que … ? Vous : C'est bien possible, mais… Quand bien même on… C'est la tendance actuelle. Toutefois il…*

– Nuancer vos propos
– *Ex. : Jury : Ne seriez-vous pas trop catégorique dans vos propos concernant… ? Vous : Certes, on peut… Mon but n'est pas de … Ce n'est pas exactement ce que je…*

– Faire preuve d'aisance en relançant l'entretien
– *Ex. : Vous : Peut-être est-il possible aussi de… Il serait même bon de… Il faudrait sans doute ajouter que…*

UNITÉ 10 — LA LITTÉRATURE

Présentation et objectifs de l'unité

L'unité 10 est une unité consacrée à la littérature. Une littérature qui implique un lecteur, qui le sensibilise à des causes aussi importantes que peuvent l'être les femmes, l'écologie, ou encore l'immigration, l'exil. Elle présente également de nouvelles formes de littérature : d'Apollinaire avec ses *Calligrammes* qui ont causé à l'époque une véritable révolution intellectuelle à la littérature participative et collaborative, en passant par les livres numériques, notre rapport à la littérature a énormément évolué. Les documents proposés permettent d'interroger notre rapport à la littérature, ses fonctions et découvrir ses nouvelles formes.

Grâce aux activités proposées, les apprenants connaîtront plus d'auteurs francophones, tous plus engagés les uns que les autres sur des questions qui nous touchent tous, ils/elles enrichiront leur style d'écriture, et développeront leurs connaissances linguistiques en ce qui concerne le rythme des phrases, le recours aux figures de rhétorique, ainsi qu'en ce qui concerne les rimes, les assonances et les allitérations en poésie.

Chaque leçon permettra de (re)découvrir des auteurs, des poètes et de susciter la réflexion sur des questions aussi importantes que la protection de l'environnement, la préservation d'une identité en situation d'exil, la défense des droits des femmes.

Dans la première leçon, nous verrons la différence entre le discours politique et littéraire, la notion de littérature engagée et comment elle participe, elle manifeste pour s'ériger contre des décisions qui peuvent être néfastes pour l'environnement, ou comment elle dénonce des abus contre les femmes.

La deuxième leçon montrera une littérature francophone, littérature décrivant des différences culturelles certaines mais aussi et surtout une littérature engagée et réflexive sur les grandes questions de l'immigration, de l'exil et de l'identité.

Dans la troisième leçon, nous aborderons les nouvelles formes de littérature, qui laissent plus de place aux lecteurs, ainsi que des formes oralisées de littérature : poésie chantée ou slam.

Présentation des contenus

Je découvre...

> **des types de documents :** des vidéos authentiques, des entrevues, des articles authentiques, des extraits de chansons, de romans, des podcasts.

> **des types d'interactions :** échanger des opinions sur la littérature et ses fonctions, s'exprimer et échanger avec autrui sur des questions d'immigration et d'exil, ainsi que sur la notion d'identité, débattre sur l'évolution de la littérature.

> **des points de grammaire :** le rythme, surtout en poésie : assonances, allitérations, anaphores, rimes ; l'oralité du récit : formes interrogatives, déictiques, pronoms démonstratifs ; des figures de rhétorique.

> **du vocabulaire :** des expressions idiomatiques, du lexique varié et riche pour caractériser et décrire, anglicismes et néologismes.

> **un projet :** organiser un café littéraire.

Page d'ouverture (page 161)

Sans annoncer les thématiques de l'unité 10, demandez aux apprenants de regarder l'image et le titre de l'unité et demandez-leur de décrire ce qu'ils voient et d'expliquer le lien entre le titre de l'unité (la littérature) et l'image. Proposez-leur d'échanger en petits groupes sur la littérature, sur ce qu'ils aiment lire ou pas.

Dans un deuxième temps, faites lire l'encadré ainsi que les questions et échangez en grand groupe sur les liens entre la littérature et la défense de causes. Echangez les points de vue et guidez les apprenants pour dégager de ces points de vue des types de littérature, de romans : évasion, fantastique, romantique, engagée, historique, biographique… Echangez aussi sur les types de livres lus par le public : BD, romans, nouvelles, récits autobiographiques, historiques…

Dans un troisième temps, faites visionner seulement le début de la vidéo (jusque 3'10) sur l'engagement littéraire et invitez les apprenants à prendre des notes. Echangez en grand groupe sur leur prise de notes. Invitez les apprenants à présenter les œuvres, les auteurs mentionnés dans la vidéo ainsi que les causes défendues. Proposez ensemble une définition de la littérature engagée.

Finalement, présentez brièvement les thématiques de l'unité 10 : une littérature engagée et impliquée, défendant des causes comme celle des femmes ou de l'écologie, mais aussi présentant les questions d'identité, d'immigration et d'exil, ainsi que les nouvelles formes de littérature.

LEÇON 1 (Pages 162-165)

Avant de commencer

La leçon 1 aborde la notion de littérature engagée et impliquée, qui milite pour la défense de causes et qui soulève des réflexions.
Présentez brièvement les points de grammaire, de vocabulaire et d'interactions qui sont traités dans cette leçon 1, à savoir :
– Grammaire : des figures de rhétorique, surtout le zeugme et la prétérition.
– Vocabulaire : des expressions idiomatiques.
– Interactions : exprimer son opinion sur la littérature et ses fonctions.
Ensuite, demandez aux apprenants ce qu'évoquent pour eux/elles les notions de littérature engagée et lecture réflexive.

 Activité 1 (page 162)

Avant de commencer

Demandez aux apprenants d'identifier de quel écrivain le texte va parler (voir l'image et le titre). Demandez-leur de présenter Annie Ernaux et de faire une recherche rapide s'ils/elles ne la connaissent pas.

> **Annie Ernaux**
> Ecrivaine française issue d'une famille de classe sociale moyenne. Vite confrontée à des classes sociales plus aisées à l'école, elle éprouve la honte de sa famille et de ses origines, ce qui se retrouve dans son œuvre.
> Elle a remporté plusieurs prix mais le dernier en date est le Prix Nobel de littérature en 2022.

Demandez-leur de lire le texte ainsi que les questions et d'y répondre de manière individuelle. Procédez à une correction collective.

> **Réponses**
> 1. La langue du politique est soumise à un ici et maintenant, elle s'adresse à un public pour convaincre, séduire et agir.
> La langue du littéraire s'adresse plus à l'émotion, à la sensibilité et s'inscrit dans une sorte d'atemporalité.

Elle ne doit pas être effective dans l'ici et maintenant, ni être convaincante, *elle n'est pas soumise à la tyrannie du présent ni du résultat.*
Les 2 langues ont des objectifs différents.
2. Réponse libre. Mais on peut penser à des titres comme *l'Affaire Calas* de Voltaire, *le dernier jour d'un condamné* de Victor Hugo… Invitez les apprenants à expliciter pourquoi ils ont choisi de présenter telle ou telle œuvre, mais surtout pourquoi elle est engagée, sur quoi et en quoi elle a éventuellement contribué à un changement social, historique.

 Activité 2 (page 162)

Avant de commencer

Demandez aux apprenants d'observer la photo et de la décrire : il y a une femme qui porte un tchadri (on ne voit pas son visage, elle est entièrement couverte) avec un enfant.
Faites lire le texte et demandez quelle est la relation entre le texte et la photo.
Faites lire les questions de l'activité ou donnez un petit moment aux apprenants pour lire les questions, par petits groupes. Y répondre par petits groupes.
Procédez à une correction collective.

> **Réponses**
> 1. Zunaira dénonce le port du tchadri qui annihile toute forme de personnalité, de caractéristique physique, d'individualisme, d'identité.
> 2. Le tchadri représente pour elle un accoutrement humiliant, qui gomme ses différences et son identité, qui la cache comme si elle était un affront pour la société, bien trop laid pour avoir envie de le regarder.
> 3. Zunaira dans la maison : Femme de 32 ans, magistrate licenciée, sans voile et qui fait attention à son apparence
> Zunaira dans la rue : femme sans visage, une *opprobre* que l'on doit cacher.

La dépersonnification est manifestée par cette phrase :
je ne suis ni un être humain ni une bête, juste un affront ou une opprobre... et se poursuit quand Zunaira parle *d'ombre, de froufrou....* Tout se passe comme si avec le tchadri, l'essence même de l'individu, de l'être humain disparaissait. Il ne reste que des fantômes qui errent dans les rues.
4. *faire du chichi.*
5. L'extrait contient plusieurs énumérations :
– *je suis moi, Zunaira, épouse de Mohsen Ramat, trente-deux ans, magistrat licencié par l'obscurantisme, sans procès et sans indemnités...*
Cette énumération permet à Zunaira de se présenter, un peu comme une mini carte d'identité. Elle permet aussi d'apprendre qu'elle a été licenciée de son travail à cause de l'obscurantisme, un système contre l'éducation et la culture.
– *Ne me demande pas de renoncer à mon prénom, à mes traits, à la couleur de mes yeux et à la forme de mes lèvres...*
– *ne me demande pas d'être moins qu'une ombre, un froufrou anonyme lâché dans une galerie hostile.*
Ces dernières énumérations permettent d'insister sur l'anonymat total imposé aux femmes à travers le port du tchadri. Elles perdent leur identité, ne sont plus qu'un morceau de tissu qui se déplace dans un environnement menaçant.
6. Zunaira parle de *promenade à travers la misère et la désolation,* puis *d'une galerie hostile.* A travers ces métaphores, les rues sont présentées comme des lieux où règnent la pauvreté, des endroits déserts, tristes où on ne se sent pas bienvenus.

Activité 3 (page 163)

Activité de production orale à réaliser en petits groupes de 3 à 5 personnes et qui permet de rebondir sur les comparaisons entre la langue du politique et du littéraire du texte 1 ainsi que sur la littérature engagée du texte 2. Procédez à un échange collectif ensuite pour noter les différentes fonctions de la littérature.

Activité 4 (page 163)

Avant de commencer

Faites comparer l'image avec le titre « Aux jours sombres, les amis inconnus ». Invitez les apprenants à émettre des hypothèses sur ce que peuvent être des *jours sombres* ainsi que *les amis inconnus*. Afin de les guider dans la comparaison avec l'image, il est possible de demander si la culture, les spectacles peuvent permettre de s'évader, d'oublier des situations, ne serait-ce qu'un moment.
Faites lire les questions et émettre des hypothèses sur le contenu de la vidéo.
Faites visionner la vidéo et comparer leurs réponses en petits groupes. Faites visionner une deuxième fois pour répondre aux questions du point b. Faites travailler, comparer les réponses en petits groupes et procédez à une correction collective qui permettra de montrer les effets de la prétérition et la banalisation de la mort, de l'action de tuer.

Réponses

Réponses du point a
1. Dieudonné est un auteur, metteur en scène, acteur né à Brazzaville.
2. Pendant la guerre du Congo, il était dans des forêts, il marchait dans des forêts marécageuses depuis des mois et un jour, il a pris la route pour sortir de la guerre et quand il sort d'une forêt vers 3h du matin, il y a une barricade des Cobras qui sont en train de tirer. Les personnes qui allaient devant sont mortes et Dieudonné, avec le groupe de derrière, est capturé. On leur dit qu'on les tuera plus tard, qu'ils dorment pour le moment.
3. Les Cobras sont une milice privée.
4. Ils jouent aux cartes, boivent du café, ouvrent des conserves, mangent. Ils désignent une personne, chargent et tuent. Puis ils continuent leurs activités. Ils parlent aussi de leur femme et de leurs enfants.
5. Un cobra est payé au nombre de cartouches, il doit les économiser. Si le sélecteur est ouvert, il doit tuer.
6. Il y avait un homme qui le regardait beaucoup et quand il l'a appelé, il lui a posé une question : *tu me connais* ? Quand il pointe pour tirer et que le sélecteur est ouvert, le comédien lui répond *oui*. L'homme connaît ses spectacles, et parce qu'il est comédien, il le libère.
7. Au marché, une femme le gifle et lui demande d'aller au théâtre, de reprendre les spectacles pour oublier la guerre.

Réponses du point b
1. Dieudonné dit au public qu'il lui épargne les détails mais il les mentionne. Il s'agit d'une prétérition : *J'ai vécu la guerre du Congo, emprisonné dans la forêt, 2 ans torturé, capturé, bombardé, zigouillé, machette, frappé...*
Lexique de la vie quotidienne : Ils jouent aux cartes, boivent du café, ouvrent des conserves, mangent. Ils parlent de leur mère, de leur femme, de leurs enfants. Ils parlent de l'école, des cours de dessin des enfants.
Action de tuer : Le chef de la bande dit *toi*. Il charge, il tire. Ce type est en train de tuer des gens.
2. L'homme qui tire, tue, n'a pas de cornes, n'est pas un diable. Le fait de mentionner leurs discussions, leurs actions de la vie quotidienne participe à l'humanisation des Cobras. Ce sont des êtres humains qui tuent, pas des monstres. Tout cela montre que pour les soldats, la mort, l'action de tuer est banalisée.

Activité 5 (page 163)

Avant de commencer

Lisez ensemble la consigne de la production écrite et faites élaborer les critères d'une évaluation qualitative.
Faites travailler cette liste de points à respecter lors de la rédaction en petits groupes et mettez en commun en grand groupe.
<u>Exemple de liste :</u>
– La production écrite est un témoignage
– Elle fait l'apologie de la culture
– Il y a au moins 3 arguments différents
– Chaque argument a des exemples précis, concrets, personnels et relatifs au développement de l'être humain

La littérature • Unité 10

– Il y a une progression : introduction, argumentation progressive, conclusion
– Il y a des connecteurs qui permettent de comprendre la progression du texte
– Le lexique est varié, riche et adapté à la situation
– Les structures grammaticales sont variées, correctes et pertinentes (utilisation de phrases complexes)

Après la réalisation du témoignage écrit

Grâce à la liste de critères, faites vérifier par binômes les productions écrites (co-évaluation). L'enseignant passe dans les groupes pour résoudre des doutes, faire des commentaires.

Activité 6 (page 164)

Avant de commencer

Faites décrire l'image et analyser le paratexte pour dire de quel type de document il s'agit. Invitez les apprenants à émettre des hypothèses sur le climat, et à faire des recherches sur le titre du roman ainsi que sur son auteur.

> Gabrielle Filteau-Chiba est traductrice et autrice québécoise. Ses romans sont consacrés à la défense de la nature. En 2013, elle a décidé de quitter Montréal pour vivre plus proche de la nature. Elle a acheté un bout de terrain près de la rivière du Kamouraska avec un petit chalet, elle y a vécu un petit moment sans eau courante et sans électricité. Maintenant elle a amélioré son lieu de vie.
> *Sauvagines* : nom collectif donné aux carnassiers à fourrure et à leurs peaux commercialisées.

Faites lire les questions, le texte et répondre aux questions de manière individuelle. Procédez à une pré-correction en petits groupes puis à une correction collective.

Réponses
1. le jeu du chat et de la souris est quand des personnes se cachent (les souris) pour une raison ou une autre d'autres personnes qui peuvent vérifier leurs activités, les chasser... (des chats). Dans ce contexte, les souris sont les chasseurs qui évitent les agents de protection de la faune qui peuvent les sanctionner pour ne pas respecter les quotas de chasse.
2. Elle est agente de protection de la faune.
3. *mentir gros comme le bras.*
4. elle pensait connaître beaucoup de forêts et de parcs, apprendre, que son travail serait valorisant mais en fait, elle est déçue parce qu'elle ne sent pas qu'elle protège vraiment les animaux, se limitant à des contrôles sur des personnes qui mentent.
5. *un pion du gouvernement sur un échiquier trop grand*. Une personne que le gouvernement place pour accomplir des actions en faveur de l'écologie, dans ce cas protéger la faune, mais en fait ce n'est qu'un pion dans le sens où elle n'est qu'un élément dans une situation qui représente beaucoup plus de choses à faire que ce qu'elle peut faire.
6. Les phrases utilisées pour décrire les chasseurs sont : *des gens qui se pavanent saouls en quatre-roues ensanglantés de panaches, une once d'orgueil de vainqueur sorti vivant du bois dans le regard. Ils ont tué. Ils ont aimé ça ; un collectionneur bedonnant ; un chasseur obèse en salopette camouflage et casquette orange fluo.*

Ce sont des personnes qui boivent beaucoup, avec un gros ventre, une salopette de couleur neutre et une casquette orange fluo, et qui aiment beaucoup chasser, tuer des animaux. Ils sont fiers quand ils ont réussi.
7. *ils ont soif de recommencer et d'une bonne Bud* : il y a une rupture dans la syntaxe car « *recommencer* » et « *une bonne Bud* » sont tous les 2 compléments du verbe « *avoir soif* », liés par la conjonction de coordination « *et* » ; ils devraient être de la même catégorie grammaticale alors que le premier est un verbe et le deuxième un substantif. On insiste ici sur les 2 activités principales de ces hommes : chasser et boire de la bière. Le zeugme est aussi permis par la métaphore avec le verbe *avoir soif* : *avoir soif de recommencer* signifie *avoir très envie de recommencer*. Nous pourrions lire : *ils ont très envie de recommencer et de boire une bonne Bud*. La rupture de la syntaxe interpelle le lecteur qui a une vision directe du chasseur; un zeugme qui, dans 'économie de langage faite laisse voir l'image du chasseur de manière immédiate.
8. Elle est très en colère parce que le gouvernement ne limitera plus le nombre de pièges pour chasser les lynx.
9. Pour s'exclamer et montrer qu'elle est en colère, la narratrice utilise le mot *tabarnaque*.
J'ai mon voyage signifie *j'en ai assez*.
10. La narratrice dénonce des décisions prises par le gouvernement sans avoir de chiffres exacts. Elle dénonce le fait qu'il n'existe pas d'inventaire faunique pour être sûrs qu'il y a suffisamment de félins pour supprimer les quotas de pièges.
11. Les phrases interrogatives de la fin du texte permettent d'interpeller le lecteur sur la cause défendue : la protection de la faune et de la nature. La succession de ces questions attire l'attention sur les conséquences d'une telle décision (cela pourrait aussi arriver à l'ours polaire) ainsi que sur l'absence du gouvernement, l'incompétence et/ou l'indifférence face à la crise climatique.

Activité 7 (page 165)

Avant de commencer

Faites découvrir l'image ainsi que la citation. Faites expliquer la citation.
Faites lire les questions et émettre des hypothèses sur le contenu de l'émission.
Faites écouter l'enregistrement une seule fois.
Invitez les apprenants à prendre des notes.
Procédez à une correction en petits groupes, avant de procéder à une correction collective.

Réponses
1. *Encabanée, Sauvagines* et *Bivouac*.
2. Elle est partie il y a 10 ans au Kamouraska. Elle y a vécu pendant 8 ans. Elle ne supportait pas la vie en ville à cause de la pollution, du bruit et du rythme trop rapide.
3. Dans la région du Kamouraska, on trouve des conifères, la forêt boréale, avec des épinées blanches, des orignaux.
4. Parce que c'est une œuvre, un acte au service de la nature.
5. Un projet de construction d'un oléoduc alors qu'elle vivait dans un vrai corridor faunique. Il fallait protéger la rivière.

6. Un groupe d'hommes, d'enfants, de femmes, s'installe dans la forêt pour empêcher la construction d'un oléoduc qui causerait la coupe de milliers d'arbres, la fin d'un écosystème (faune et flore).
7. Elle faisait partie d'un groupe de militants sidérés par la nouvelle de l'oléoduc. Elle a décidé d'écrire pour militer, lutter contre la construction de l'oléoduc, sensibiliser les gens aussi. Avec ses droits d'auteur, elle protège une forêt.
8. Des oiseaux, des insectes comme des maringouins, des petites mouches, des brûlots.
9. Le terme est nouveau, c'est une inquiétude pour son habitat.
Il ne faut pas s'installer dans cette inquiétude et être passif. Quand on se rallie à une cause, qu'on donne son temps et son énergie, on a l'impression de faire le bien. L'écriture permet d'agir et de donner des stratégies, des pistes de solution.

Activité 8 (page 165)

Avant de commencer

Faites regarder et décrire l'image. Invitez les apprenants à mettre en relation avec le titre pour savoir de quel lieu il s'agit. Avec la lecture des questions, invitez les apprenants à émettre des hypothèses sur le contenu du document. Conseillez aux apprenants de prendre des notes pour pouvoir répondre aux questions.
Faites écouter une première fois l'enregistrement. Faites comparer les réponses par groupes de 3. Confirmez les réponses avec la deuxième écoute. Procédez à une correction collective.

Réponses

1. A l'occasion de la deuxième édition du Salon du livre Africain qui se tient à Paris au moment de l'enregistrement et auquel est invitée Davina Ittoo.
2. Elle vit et écrit à l'île Maurice où elle est maître de conférences. Elle a reçu le prix Jean Fanchette pour l'une de ses nouvelles. Lauréate du prix Indianocéanie 2019, pour son premier roman « Misère ». Elle a publié un nouveau livre, *Lorsque les cerfs-volants se mettront à crier* aux éditions Projectile. Elle est née en Ile Maurice (Océan Indien et continent africain) et a vécu en France.
3. Elle a aussi une culture asiatique parce que ses arrière grands-parents viennent de l'Inde. Des influences multiculturelles, africaines, françaises et indiennes, hindouistes : dans ce croisement de cultures, parfois, on se perd un peu. Davina trouvait tout intéressant, elle se cherchait. C'est une découverte de soi qui grandit sans cesse. On se sent autre, et en même temps tous les autres, puis étranger à soi-même et avec le temps on trouve un équilibre. Après 12 ans à Paris, elle revient dans son île et se retrouve dans ce croisement de cultures, tout se met en place.
4. Simone de Beauvoir, Hélène Cixous, Julia Kristeva
5. Dès l'enfance, elle a gardé quelque part en elle l'histoire de ses arrière-grand-mères, de sa grand-mère à l'île Maurice et de ses voisines. Il s'agit de choses qu'elle a vues pendant son enfance. Elle a beaucoup voyagé et quand elle revient à l'île Maurice, elle souhaite écrire sur le sort de ces femmes, pour leur donner la parole, les aider.
6. la pré Indépendance, les années 50-60.
7. Elle est forcée à se marier même si elle a refusé auprès de son futur mari et auprès de son père. Mais elle n'est pas écoutée. Elle subit des violences, des viols.
Dans la mentalité collective masculine, la femme n'a pas de choix, elle est destinée à se marier, à procréer. Un divorce n'est absolument pas envisageable car fortement condamné par la société.
8. La France est un pays de grèves alors que dans l'île Maurice, il n'y a pas de grève, pas de révolution nationale. Tout est enseveli sous un voile, comme si on avait peur. On sait ce qui se passe, tout le monde sait, tout le monde voit mais on ne dit rien. Les violences faites aux femmes méritent d'être dénoncées mais cela ne se fait pas encore.

Activité 9 (page 165)

Faites préparer en petits groupes la table ronde : la fonction des participants, des invités ; les arguments à mentionner pour défendre la liberté d'expression et les questions à poser. Mettez en commun en grand groupe les personnages qui devraient participer, tirer au sort qui sera qui. Donnez quelques minutes pour que les participants à la table ronde préparent leur intervention. Présentez la table ronde.
Une idée des fonctions des personnages qui pourraient être prévus : 3 journalistes, une ou deux féministes, un ou une sociologue, un ou une professeur de philosophie, un ou une écrivain(e).

LEÇON 2 — Une littérature de la francophonie (Pages 166-169)

Avant de commencer

La leçon 2 « une littérature de la francophonie », traite, à travers des œuvres francophones, des thèmes de l'exil et de l'immigration. Elle nous permet de voyager sur différents continents : les Chagos, la Réunion, le Canada, la Tunisie, le Maroc, et surtout soulève des réflexions essentielles sur ce qui nous constitue comme individu, sur notre identité. Dans un monde chaque fois plus globalisé, le fait d'être déraciné pour différentes raisons peut être une condition partagée par beaucoup mais elle pose des questions essentielles sur la construction de l'individu dans une interculturalité.

Présentez brièvement les points de grammaire, de vocabulaire et d'interactions qui sont traités dans cette leçon 2, à savoir :
– Grammaire : présent de narration, oralité du récit
– Vocabulaire : description et caractérisation
– Interactions : échanger sur les questions d'identité et d'immigration

Ensuite, demandez aux apprenants s'ils/si elles connaissent des œuvres littéraires traitant des thèmes de l'exil et de l'immigration. Invitez-les aussi à partager leurs expériences s'ils/elles ont déjà vécu à l'étranger, et à réfléchir sur les difficultés que cela peut représenter.

Activité 1 (page 166)

Avant de commencer

Proposez de faire une mini-recherche sur Philippe Claudel : Ecrivain et réalisateur français. Maître de conférences en littérature et anthropologie culturelle, il a été aussi professeur en prison et pour des adolescents handicapés. Auteur d'environ 40 livres. Quelques thèmes qu'il traite sont liés à l'univers carcéral et aux questions migratoires.
Faites lire les questions puis le texte. Corrigez les réponses en petits groupes puis de manière collective.

> **Réponses**
> 1. Le personnage principal est un vieil homme qui se trouve dans le port d'un pays étranger. Il a un enfant contre lui et des centaines de personnes sont dans la même situation que lui. Tous sont tristes et silencieux. Il fait très froid et il vient très probablement d'un pays où le climat est plus chaud.
> 2. Nous comprenons avec ces indices que très probablement, le récit va raconter un exil, l'exil d'un peuple qui est parti de chez lui sans que l'on sache pour le moment pourquoi.
> 3. Il s'agit d'une scène triste et de déchirement. Monsieur Linh ne veut pas quitter le bateau parce que c'est ce qui le rattache encore à sa terre. Les personnes sont déshumanisées car comparées à des statues aux visages tristes. Mais cette comparaison manifeste aussi l'immobilité dans laquelle ils se trouvent.
> 4. Il s'agit d'un présent à valeur atemporelle, historique. C'est le présent du récit qui permet au lecteur de se sentir plus proche du personnage, comme s'il partageait le même temps d'énonciation.
> 5. Le texte mentionne une chanson, une chanson que Mr Linh chante pour lui et l'enfant, pour écouter sa voix, sa langue et sa mélodie. Ainsi, d'une certaine manière, il reste proche de son pays.
> 6. La succession de phrases simples dans le récit permet de suivre le personnage pas à pas. Comme pour le présent, le lecteur accompagne Mr Linh dans sa mélancolie, son besoin de se raccrocher à ses racines, et dans le contexte triste où il se trouve.

Activité 2 (page 166)

Incitez les apprenants à échanger au sujet des situations d'exil, d'immigration dans leur pays. Faites-les échanger en petits groupes et invitez-les à faire des recherches si nécessaire. Pour parler des écrivains qui parlent de l'exil, faites échanger les apprenants à ce sujet. Invitez-les à raconter les histoires d'exil qu'ils connaissent, à présenter des ouvrages littéraires qui traitent ces questions.

Activité 3 (page 166)

Avant de commencer

Faites décrire l'image, et émettre des hypothèses sur le lieu mentionné dans le texte.
Faites lire les questions. Demandez aux apprenants s'ils/elles savent ce que sont les Chagos : invitez-les à présenter brièvement les Chagos.

> **Les Chagos**
> L'archipel des Chagos *est un ensemble de cinquante-cinq îles situées dans le centre de l'océan Indien, au sud des Maldives et à l'est des Seychelles. Réparti en sept atolls, il constitue* un sanctuaire naturel majeur. *Il était peuplé de Chagossiens du XVIIIe siècle jusqu'au début des années 1970. L'archipel fait partie du territoire britannique de l'océan Indien (BIOT), un territoire britannique d'outre-mer. Depuis le début des années 1970 il est dans son intégralité une réserve naturelle et un site Ramsar dans la partie orientale de Diego Garcia. Sur les 55 îles de l'archipel, 54 sont inhabitées. Seule l'île de Diego Garcia reste occupée sur sa partie occidentale dévolu à une base militaire américaine et quelques travailleurs sous contrat. L'archipel est revendiqué par Maurice.*
> Présentation extraite de https://www.techno-science.net/glossaire-definition/Archipel-des-Chagos.html
>
> Le texte se passe sur l'atoll Diego Garcia.

Faites lire le texte, et répondre aux questions.
Invitez les apprenants à s'aider du tableau grammatical de la page 164 pour répondre à la dernière question.
Procédez à une correction groupale.

> **Réponses**
> 1. La famille de la narratrice est arrivée aux Chagos, comme esclaves nègres, puis lors de l'abolition de l'esclavage, la famille est restée sur l'archipel.
> 2. Aux Chagos, les habitants vivent de ce que peut leur offrir l'île : la pêche, les noix de coco. Ils mangent simplement : du riz, des légumes. Tout le monde travaille, sans nécessité de contrat. Même chose pour les maisons, pas de formalités lourdes, il suffit de choisir un terrain et d'informer l'administrateur de la construction. Ils sont très religieux et honorent leurs morts. Pour voir le médecin, ils doivent aller à l'île Maurice.
> 3. Quand on est en situation d'exil, on perd *nos biens, matériels et immatériels, nos emplois, notre tranquillité d'esprit, notre dignité, notre culture et notre identité*. Les répétitions du mot *perdre* ainsi que l'amplification dans l'énumération insistent sur le fait que l'exil fait **TOUT** perdre, jusqu'à ce qui nous définit, *notre identité*.
> 4. Le récit est à l'imparfait de description. Les phrases sont courtes et se suivent, courtes et simples, comme la vie aux Chagos. Les formes oralisées que l'on trouve dans cet extrait sont :
> – la reprise par le pronom démonstratif *ça* ou *ce* : *Maurice, ça allait pour de courts séjours… ça explique pourquoi on a tant souffert après… Ce n'était pas une vie économique… on a perdu tout ça* ;
> – l'utilisation du pronom indéfini « on »
> – la question *Pourquoi faire ?*
> Ces formes oralisées permettent au lecteur de se sentir

Unité 10 • La littérature

happé par le récit, un peu comme si on s'adressait à lui. La question permet de l'interpeler et les reprises par un pronom démonstratif qui en général s'utilise plus à l'oral, tout comme le pronom « on » créent une espèce de connivence avec le lecteur, un certain degré de familiarité. Très vite, le lecteur se sent concerné par l'histoire que raconte la narratrice Marie.

Activité 4 (page 167)

Avant de commencer

Faites lire les questions et demandez quel est le titre du roman dont on va parler, de quoi il traite et quels pays sont mentionnés dans le podcast.
Faites écouter une fois l'enregistrement. Invitez les apprenants à prendre des notes. Commencez à corriger par petits groupes.
Faites écouter une deuxième fois l'enregistrement
Procédez à une correction collective.

Réponses
1. *Fille de Tunis* raconte la vie de la grand-mère de Olivia Elkaim, l'écrivaine du roman. La vie de sa grand-mère en Tunisie et son exil à Marseille, la vie de trois générations, d'origine tunisienne, italienne et corse.
2. Arlette est une fugueuse. Elle a 12 ans. Elle fugue toutes les nuits, elle échappe à ses parents. Un jour, son père l'attache à un figuier et il s'en va mais il se tue en moto. Elle apprend la mort de son père, attachée à l'arbre. Elle se marie très jeune, à un italien plus vieux qu'elle de 10 ans. Elle a 3 enfants. Elle quitte Tunis à cause de la situation économique et politique.
3. Arlette a vraiment envie de connaître la France, le pays des droits de l'Homme.
4. Quand elle arrive à Marseille, la réalité est différente à celle qu'elle espérait ; c'est une fonctionnaire chez EDF, elle a moins d'argent et elle se trouve confrontée à des voyous. On la retrouve attachée à une chaise.
5. Ce qui rend un peu difficile la lecture, ce sont les allers-retours entre la Tunisie, Marseille, les époques (les années 60 et 2000). Il y a beaucoup de personnages.
6. L'exil peut être défini ainsi : On est dans un endroit mais on voudrait être ailleurs. Les grands-parents étaient partis de Tunis, ils en avaient la nostalgie mais ne pouvaient pas y retourner.
Jackie, ami de sa grand-mère lui parle ainsi de l'exil : *l'exil c'est très grave Olivia. Ça percute les individus, nous, toi, sur plusieurs générations, ça fait mal, ça perdure ... On ne choisit pas de partir, ça nous tombe dessus. On réagit comme on peut, on se laisse aller.*
7. Certains exilés sombrent dans les addictions. Il y a un fantasme chez les exilés de refaire leur vie. Mais c'est impossible parce qu'ils ont laissé derrière eux quelque chose d'irrécupérable. Arlette court après son passé, elle va sombrer dans l'alcool et dans les jeux hippiques. Olivia a voulu peindre ici cette nostalgie et cette impossibilité de retrouver son pays natal.

 Activité 5 (page 168)

Avant de commencer

Faites décrire l'image, puis faites émettre des hypothèses sur le contenu du roman par rapport au titre « un soleil en exil ». Invitez les apprenants à faire des recherches sur Michel Debré et sur les immigrations des enfants réunionnais en France dans les années 60 et 70.
Pour vous aider : https://www.lhistoire.fr/1963-1982-le-transfert-des-enfants-r%C3%A9unionnais.
Echangez en grand groupe au sujet de ces mouvements migratoires.
Faites lire le texte puis les questions.
Faites répondre aux questions. Procédez à une correction en petits groupes, puis à une correction collective.

Réponses
1. Le néologisme *débienfaiteur* fait référence au fait que le personnage s'érige en bienfaiteur, par rapport au discours public et au fait qu'il promet une vie meilleure en France, mais la réalité est bien différente et les bienfaits mentionnés n'existent pas, le bienfaiteur est en fait le contraire d'un bienfaiteur : un dé-bienfaiteur.
2. La misère dans l'île et le bonheur en France, dans la terre d'exil.
3. *La machine à exiler broyait tout sur son passage, y compris ses propres engagements*. Le fait de personnifier l'exil ou plutôt le système qui a fait partir les enfants, cette machine, décrit tout le processus encore plus menaçant et destructeur. La machine à exiler détruit et ne respecte pas les engagements qu'elle avait.
4. Les exilés réunionnais se retrouvent dans ces départements : la Lozère, le Cantal, le Tarn ou la Corrèze.
5. Les exilés ne sont pas heureux car pas libres et exploités par les paysans : *Après des années à errer de ferme en ferme, de cauchemar en cauchemar, les expatriés avaient rayé le mot bonheur de leur vocabulaire.*
6. Se faire des cheveux
7. Bien travailler (faire en sorte que les patrons soient satisfaits), se marier, avoir des enfants.
8. *À entendre des propos aussi inconvenants, on ne serait pas surpris si je me mettais à pleurer, à rugir, à tempêter. Mais je n'ai ni pleuré, ni rugi, ni tempêté.* Il y a une amplification dans ces termes : *pleurer, rugir, tempêter. Tempêter* étant l'expression la plus intense de la désespération, de la frustration, du découragement. Le fait de répéter cette amplification insiste sur le contraste entre une attitude attendue et l'absence de cette réaction. La narratrice, malgré son bouillonnement intérieur, décide de ne pas manifester ses émotions, sachant que cela lui porterait préjudice.
9. L'interrogation à la fin de l'extrait permet d'impliquer le lecteur : *la grandeur devait-elle mépriser les offenses faites aux petits dans ce pays du désenchantement où l'on venait quérir des domestiques au foyer de l'enfance ?* tout en renforçant l'idée du désenchantement (déconstruction d'une idée sur la France terre d'accueil, dé-bienfaiteur), et l'opposition entre la grandeur d'âme manifestée, argumentée, la terre de bonheur promise et le fait que les enfants deviennent des domestiques.

Activité 6 (page 168)

Il s'agit de participer à une table ronde. Faites analyser la consigne.
Faites organiser la table ronde par groupes de 6. Par groupes, faites définir et attribuer les rôles de chacun.

Liste facultative de personnages : représentant de l'ONU, un député français, 2 personnes issues de l'immigration (exil forcé), 1 personne expatriée par choix professionnel, un défenseur de l'association « Pour des familles unies », un modérateur du débat, un journaliste.
Une fois les rôles attribués, faites réfléchir aux arguments à utiliser, aux questions à poser.
Suivant le nombre d'apprenants, faites faire la table ronde par petits groupes ou en grand groupe.

Activité 7 (page 169)

Avant de commencer

Faites identifier le sous-titre *Identités francophones* et demandez pourquoi c'est au pluriel. Peut-on avoir plusieurs identités ? Comment ? Comment se construit-on dans une croisière d'identités ?
Demandez de faire une recherche sur Nancy Huston.

> Ecrivaine franco-canadienne. Née au Canada, elle a vécu en Allemagne, aux Etats-Unis, en France. Auteure de nombreux romans, elle milite pour la cause féministe.

Demandez aux apprenants de lire le texte, les questions et d'y répondre.
Procédez à une correction collective.

Réponses
1. Le texte commence ainsi *Le Nord, le Grand Nord a laissé sur moi sa marque indélébile*.
Nous restons toujours les enfants de notre pays, c'est là où nous avons grandi, nous sommes construits comme individus. L'enfance est une phase indispensable à la construction d'un individu et à ce titre, elle nous marque de manière indélébile, elle fait partie de nous, elle nous définit.
2. Nancy Huston parle de degrés de nationalités parce que : *Nés en France, les rejetons d'une Canadienne et d'un Bulgare sont français sans problème et sans complexe, grâce au taux relativement bas de mélanine dans leur pigmentation. Il est évident que la progéniture française d'une Togolaise et d'un Cambodgien aura plus de mal à se sentir chez elle chez elle.*
Tout dépend du regard de la société sur nous. Plus on ressemble aux Français et notre faciès n'est pas trop atypique, plus nous serons acceptés comme Français.

 Activité 8 (page 169)

Accompagnez les apprenants pour expliquer la phrase de Nancy Huston, aidez-les à identifier le ton utilisé par la narratrice. Faites parler en petits groupes.

 **Activité 9** (page 169)

Avant de commencer

Faites regarder et décrire l'image
Demandez aux apprenants de présenter Tahar Ben Jelloun :

> Ecrivain, poète et peintre franco-marocain, il a remporté le Prix Goncourt en 1987 pour son roman *La nuit sacrée*. Auteur de plusieurs romans et nouvelles mais aussi d'ouvrages pédagogiques permettant de lutter contre le racisme. Il intervient dans des écoles et universités marocaines, françaises et européennes.

Faites lire les questions, puis le texte.
Une fois que les apprenants ont répondu aux questions, procédez à une correction collective.

Réponses
1. Au Maroc, il n'y a pas d'individu mais des familles. L'intimité n'existe pas.
2. Les énumérations sont :
– *on t'envahit, on te prend tout, on te bouscule, on ne te laisse aucun espace de liberté.*
– *il y avait toujours un frère, une sœur, un cousin, un oncle, une tante.*
La première énumération est une amplification pour montrer à quel point la société marocaine peut être envahissante sur les individualités propres à chacun.
La deuxième énumération permet de mentionner toute la famille. Elle sert à montrer le nombre de personnes élevé qui peut parfois venir à la maison. Il y a toujours quelqu'un.
La première énumération, par la gradation des termes, montre un sentiment d'étouffement de la part du narrateur, un peu comme si son individualité était totalement absorbée par trop de monde. Il n'a pas la possibilité de se retrouver seul avec lui-même ou d'avoir un moment d'intimité et il exprime qu'il n'aime pas cela. Sa hantise, son cauchemar étaient les fêtes parce qu'il y avait vraiment beaucoup de monde. Il va même jusqu'à parler de *torture* !

 Activité 10 (page 169)

Avant de commencer

Faites échanger par petits groupes sur la consigne, le contenu ainsi que les caractéristiques de la production à rédiger. Invitez les apprenants à élaborer par petits groupes le plan de cet article. Passez dans les groupes pour vérifier les structures proposées, conseiller, faire rajouter des connecteurs…
Faites procéder ensuite à la rédaction du document.

LEÇON 3 — Une littérature dynamisée (Pages 170-173)

Avant de commencer

La leçon 3 aborde une *littérature dynamisée, collaborative et participative*. Elle permet d'identifier et d'analyser les nouvelles formes de littérature tout en réfléchissant sur la participation des lecteurs dans le processus de création littéraire. Elle montre comment il est possible de faire vivre la poésie pour lui donner un regain de succès. Elle présente aussi des plateformes culturelles, du slam, la poésie 2.0.

Présentez brièvement les points de grammaire, de vocabulaire et d'interactions qui seront traités dans cette leçon 2, à savoir :
– Grammaire : l'anaphore, l'assonance, l'allitération, les rimes.
– Vocabulaire : anglicismes et néologismes.
– Interactions : débattre sur les questions de la modernisation de la littérature.

Avant de commencer l'activité 1, faites un remue-méninge autour du titre *Une littérature dynamisée*. Faites émettre des idées, des hypothèses pour proposer des stratégies pour une littérature plus dynamisée.

Activité 1 (page 170)

Avant de commencer

Faites lire le sous-titre de la leçon ainsi que le titre de l'enregistrement.
Faites émettre des hypothèses sur le contenu du document oral, sur ce que peut être la littérature collaborative.
Faites lire les questions et écoutez le document.
Invitez les apprenants à prendre des notes.
Proposez-leur d'échanger leurs réponses par petits groupes.
Faites écouter une deuxième fois.
Procédez à une correction collective.

Réponses

1. Le document parle de l'influence des réseaux sociaux dans la littérature, qui s'érigent en laboratoires de nouvelles expériences littéraires, avec beaucoup de succès, que ce soit pour la poésie ou les romans.
2. Un outil, une plateforme de création, de fabrication et de collaboration littéraire : les auteurs écrivent en ligne leurs romans et entrent en contact avec leurs lecteurs, chapitre après chapitre ; il y a interaction avec son lectorat et au gré des commentaires, l'auteur peut adapter son récit.
3. Amour et fiction.
4. Le plus grand réseau social d'écrivains et de lecteurs : 90 millions de lecteurs.
5. Non, Wattpad génère 22 milliards de minutes de lecture par mois en 26 langues.
6. Victor. Il s'agit d'un adolescent qui doit cohabiter avec la fille de la nouvelle femme de son père.
7. Wattpad vend le temps d'attention des adolescents, un bien très convoité par les entreprises de la tech.
8. Wattpad propose à ses auteurs d'adapter leurs œuvres au cinéma ou dans des séries. Mine d'or pour l'industrie du cinéma car la plateforme peut identifier les plus prometteurs en termes d'audience, de genre, de structure de phrases et de vocabulaire.

Activité 2 (page 170)

Faites échanger les idées sur les plateformes comme Wattpad par petits groupes. Invitez les apprenants à réfléchir sur la question de la langue et de la littérature en général et à répondre à la question si des plateformes comme Wattpad ne sont pas réductrices pour un travail de création littéraire complexe et élaboré. Conseillez aux apprenants de bien voir les aspects positifs et négatifs.

Activité 3 (page 170)

Avant de commencer

Faites lire le titre, ainsi que la source du document et émettre des hypothèses sur le thème du texte. Demandez ce que signifie « rester dans la course ».
Faites lire les questions puis le texte.
Procédez à une correction collective.

Réponses

1. L'écriture participative est une écriture où plusieurs personnes participent, d'où son nom ; par exemple, le best-seller *After*, né sur Wattpad, grâce à la participation de plusieurs lecteurs.
2. Une adulescente est une jeune adulte qui reste adolescente, dont le comportement rappelle celui d'une adolescente. Il s'agit d'un mot-valise : **adu**lte-ado**lescente**.
3. Le mot gamification, vient du mot *game*, le jeu. La gamification littéraire fait entrer la dimension ludique dans la littérature : esprit de compétition, participation de plusieurs...
4. Fyctia fait entrer en compétition les auteurs. Seuls ceux qui auront le plus de *J'aime* pourront continuer leur activité d'écriture.

Activité 4 (page 170)

Divisez le groupe en 2 : un groupe sera pour l'écriture participative, un autre contre.
Faites préparer le débat.
Chaque groupe choisit les rôles de chacun (liste non exhaustive) : un présentateur du débat et/ou un modérateur (se mettre d'accord entre les groupes), un professeur de littérature, un/des écrivain(s), des adolescents, un éditeur...
Invitez les apprenants à présenter le débat, sans préparation, de manière spontanée, mais en utilisant des arguments qui correspondraient à leur personnage.

Activité 5 (pages 170-171)

Avant de commencer

Lire le titre de l'article ainsi que son chapeau.
Invitez les apprenants à répondre à la question du chapeau (remue-méninges).
Faites lire le texte et répondre aux questions.
Procédez à une correction collective.

Réponses
1. Louis Wiart distingue 6 activités différentes, articulées autour de communautés de lecteurs en ligne :
– la circulation de l'objet livre, l'échange de livres, après les avoir enregistrés sur une plateforme pour en garder leur trace ;
– le téléchargement illégal de livres ;
– le financement de publications (plateformes de crowdfunding) ;
– des plateformes d'autoédition, où des éditeurs chassent des talents et où les auteurs peuvent s'éditer et avoir un lectorat ;
– la construction de connaissances communes (Wikipédia ou Correct) ;
– la conversation autour du livre : réseaux sociaux, blogs, forums, livre numérique...
2. Réponse différente suivant le pays de l'apprenant.e
3. Louis Wiart souligne le développement du réseau social Instagram, l'augmentation des *booktubeurs* qui peuvent désormais vivre de cette activité, ainsi que la progression du podcast littéraire qui pourrait gagner du terrain, et remporter un certain succès si on considère que son format correspond au caractère multi-tâche du lectorat.

Activité 6 (page 171)

Il s'agit ici d'une idée d'exploitation, mais bien entendu, il est aussi possible, si le temps et le groupe le permettent, de préparer et organiser la table ronde avec des invités spécialistes ou d'autres groupes de français...

Faites travailler par groupes de 4 ou 5 apprenants.
Faites découvrir la consigne.
Invitez-les à échanger entre eux, en s'appuyant sur les différentes activités de l'unité. Il est possible de les guider avec des questions comme : dans l'unité, qu'avez-vous pu noter sur les fonctions de la littérature, son évolution, la participation et/ou l'influence des lecteurs sur la création des auteurs ? Quels auteurs avez-vous découverts ? Que dénoncent-ils ?
Proposez-leur aussi d'agrémenter d'expériences personnelles, de connaissances propres sur la littérature, les plateformes culturelles, le monde de l'édition...
Faites détailler le rôle du médiateur dans une table ronde de ce type ainsi que comment il gèrerait la progression et le rôle des intervenants : qui seraient les intervenants...
A la fin procédez à une mise en commun globale : chaque groupe désigne un porte-parole qui présentera les questions du modérateur, les spécialistes participant à la table ronde, ainsi que quelques avantages, limites et perspectives.

Activité 7 (page 172)

Avant de commencer

Demandez ce que c'est un calligramme et invitez les apprenants à présenter Apollinaire :

Apollinaire : Poète français célèbre du début du xxe siècle, il s'inscrit dans la poésie moderne et propose de nouvelles règles esthétiques avec ses *Calligrammes*. Il est l'inventeur du mot *Calligramme*, mot valise constitué à partir de **calli**graphie/idéo**gramme**. Apollinaire s'inscrit aussi dans le courant littéraire du surréalisme.
Un calligramme est *un texte, le plus souvent poétique, dont les mots sont disposés de manière à représenter un objet qui constitue le thème du passage ou du poème* (www.larousse.fr).

Demandez-leur ce que représente chacun des calligrammes : un cœur (ou une flamme renversée), une couronne, un miroir.

Réponses
1. Mon cœur pareil à une flamme renversée.
2. Les rois qui meurent tout à tour renaissent au cœur des poètes.
3. Dans ce miroir je suis enclos vivant et vrai comme on imagine les anges et non comme sont les reflets.
Guillaume Apollinaire.

Activité 8 (page 172)

Avant de commencer

Faites lire le titre et le chapeau de l'article, et échanger sur ce que peut être un site consacré à la poésie. Faites lire le texte et répondre aux questions.

Réponses
1. *Appelle-moi Poésie* est le premier programme web francophone dédié à la poésie, son objectif est de faire connaître des poètes, à travers des vidéos de leurs poèmes.
2. Chaque poète présente 3 ou 4 textes, un est sélectionné pour être mis en scène, puis le réalisateur se met au travail.
3. Poursuivant le même objectif de dynamiser la poésie, Catel Tomo et son équipe travaillent sur 3 autres projets :
– des apéritifs poésie à domicile : *Open-Poésie*
– des happenings, des évènements dans la rue : *Poésie-Box*
– des vidéos qui permettent à travers des micro-trottoirs et des explications d'un éditeur ou d'un poète de (re)découvrir des poèmes.

Activité 9 (page 172)

Invitez les apprenants à chercher la définition de « insurrection ».

1. Action de s'insurger, de se soulever contre le pouvoir établi pour le renverser : L'insurrection de février 1848.
2. Littéraire. Opposition vivement exprimée : Insurrection de la dignité en face d'une humiliation.

Dictionnaire Français en ligne – Larousse

En quoi la poésie peut être dénonciatrice ou s'opposer à des situations ?
Demandez aux apprenants de répondre oralement à la question par petits groupes, en réfléchissant à tout ce qui a été vu dans cette leçon et en faisant aussi des comparaisons avec les poèmes et les poètes qu'ils connaissent.

Activité 10 (page 173)

Avant de commencer

Invitez les apprenants à consulter le tableau grammatical de la p.169. Résolvez les éventuelles difficultés.
Proposez-leur de présenter Alain Kassanda.
Né au Congo, il est parti vivre en France à l'âge de 11 ans
Faites écouter et lire le poème et répondre aux questions.

Réponses

1. Lexique de l'obscurité : *noir, noir de jais, épais, encre d'une pieuvre, ténèbres, obscurité, ombre*
Lexique de la clarté, réseau lexical lié aussi au feu : *zénith, brûlées, chaleur, bitume fiévreux, irradiait*
2. La clarté, le pouvoir. Mais aussi une certaine domination, un côté un peu tyrannique (*arrogant, rayonnant de puissance, suffisant, pétri des certitudes d'un roi, démiurge, despote*) sur un peuple qui est brûlé et en position de soumission : *les épaules accablées, les échines ruisselantes*.
3. C'est assez ambigu parce que en général, nous sommes habitués à ce que la clarté domine l'obscurité et c'est ce qui serait optimiste. Cependant, et il s'agit d'inviter les apprenants à réfléchir sur ce point : la clarté est définie ici comme une expression excessive, tyrannique de pouvoir. Tout est décrit comme si la victoire de l'obscurité sur la clarté laisse tout le monde stupéfait : *hagards, hébétés*. Cette stupéfaction est renforcée par l'opposition entre l'assurance d'un roi de tout gouverner et d'avoir le pouvoir absolu : (*Arrogant, Rayonnant de puissance à son zénith, Pesant de tout son poids sur les épaules accablées, Suffisant, Pétri des certitudes d'un roi De l'assurance d'être au-dessus des lois, Des promesses d'éternité Nées d'une vie d'ivresse du pouvoir*) et la victoire de l'obscurité. Alors, ici la victoire de l'obscurité sur la clarté pourrait être plutôt optimiste puisqu'elle met fin à la tyrannie et la souffrance d'un peuple.
4. L'assonance du son /e/ insiste sur la description au passé. Ce son traîne un peu et rajoute de la solennité au moment.
Les rimes plates présentes sur les mots stupéfaits/obscurité ; cécité/assistaient ; hébétés/clarté, avec le son /t/ qui est un peu fort, permettent d'insister sur la surprise de tous quand tombe la nuit, qu'ils se retrouvent dans l'obscurité.
L'assonance en « en » dans la deuxième partie du poème, fréquente parce qu'il y a 3 adjectifs verbaux, permet de souligner une certaine durée des actions, une lenteur : les gens souffrent et subissent, le moment de la clarté et de l'autorité de l'instant d'avant s'éternisent un peu.

Activité 11 (page 173)

Avant de commencer

Faites lire la définition de slam. Demandez aux apprenants s'ils/si elles connaissent le slam et si ce type d'expression existe dans leur culture.
Demandez aux apprenants s'ils/si elles connaissent Grand Corps Malade :

> Fabien Marsaud, slameur, poète, auteur et compositeur français. Auteur d'un roman autobiographique, *Patients*, adapté au cinéma, il a souffert un grave accident dont les conséquences ont été son éloignement du basket et son changement de trajectoire professionnelle. Pendant qu'il travaille dans le service marketing du Stade de France, il découvre le slam et commence à percer comme slameur.

Faites lire le titre de la chanson et émettre des hypothèses sur le thème.
Faites lire les questions et écoutez le début de la chanson sans les paroles.
Invitez les apprenants à corriger en petits groupes.
Procédez à une deuxième écoute, avec les paroles, ce qui permettra de vérifier les réponses, et de répondre à la dernière question.
Invitez aussi les apprenants à faire des recherches sur les femmes qui sont mentionnées :
– Simone Veil : Véritable icône de la lutte pour les droits des femmes. Née dans l'entre-deux guerres, en 1927, elle a été prisonnière à Auschwitz, quand elle était adolescente et a perdu ses parents et son frère pendant la guerre. Ministre de la santé, elle a légalisé l'avortement. Première Présidente du Parlement Européen, première femme ministre d'Etat mais aussi membre du Conseil Constitutionnel et de l'Académie Française.
– Marie Curie : Physicienne très connue pour ses travaux sur le radium. Première femme à avoir reçu un Prix Nobel et unique femme à en avoir reçu 2.
– Rosa Parks : Figure emblématique de la lutte contre la ségrégation raciale aux Etats-Unis
– Angela Davis : militante anti-raciste et féministe, professeure de philosophie et écrivaine américaine, elle défend les droits des minorités.

Réponses

1. Il s'agit d'un hommage aux femmes, à leur vie, à ce qu'elles sont et représentent pour les hommes : *vous êtes les plus beaux personnages…vous tenez nos cœurs en otage*.
2. Elles sont plus subtiles, plus élégantes, plus classes, plus sensuelles aussi. Les hommes sont machistes, parlent fort, prennent une place importante, imposante.
3. *Derrière chaque homme important se cache une femme qui l'inspire ; vous êtes nos muses, nos influences, notre motivation, et nos vices*.
4. Simone Veil, Marie Curie, Rosa Parks, Angela Davis.
Les activités mentionnées sont d'ordre familial (*mères, sœurs, filles, mère au foyer*) et professionnel : (*caissières, docteurs*). Tout cela pour renforcer l'affirmation que les femmes accumulent et assument les 2 tâches : leur emploi et la vie de famille.

Il y a une anaphore « Veuillez accepter Mesdames ». Cette phrase est répétée, ce qui permet d'insister sur le fait que la chanson s'adresse aux femmes dans le plus grand respect.
L'anaphore de « *vous êtes* » force le respect aussi parce qu'elle permet d'insister sur la foule d'activités qu'assument les femmes.
Les rimes sont régulières, plates et permettent de rythmer de manière efficace la chanson, et suivent la syntaxe des phrases. Tout est en harmonie.

Activité 12 (page 173)

Par groupes de 3, faites lire la consigne et procédez à un remue-méninge. Faites donner des idées pour préparer l'article : implication des lecteurs positive ou non ? Faites découvrir la grille d'évaluation du DALF C2 (page 158) et ainsi travailler par groupes une liste de critères à respecter pour l'élaboration de l'article : progression, connecteurs, lexique riche et varié, introduction et conclusion... Élaborez collectivement (en mettant en commun le travail effectué en petits groupes) la liste de critères à vérifier avec l'élaboration de l'article. Faites rédiger l'article en devoir. Faites procéder, à l'aide de la liste, à une auto-évaluation, puis à une co-évaluation de chaque production écrite.

Pour aller plus loin

Écoutez et lisez cet extrait de *J'en appelle à la poésie* de David Goudreault jusque 1'11 : https://www.lafabriqueculturelle.tv/capsules/11648/david-goudreault-le-temps-d-un-slam

J'en appelle à la poésie Ce souffle profond en apnée du monde Pour chaque professeur qui n'esquive pas le module Se plonge les tripes, les mains dans la matière Lumière libre de s'exprimer En vers libres, en slam, en sonnet, en Haïku « Oh capitaine, mon capitaine » Pille les coffres pis ramène-nous du poème Faut en remplir les écoles Dès l'primaire : Du Jean Narrache en dictée Marie Uguay imposée aux joueurs de football Et Vanier aux premiers d'classe Qu'on intègre aux cours de sexualité La lecture entre les lignes de Michel X Côté Qu'entre les périodes de maths et d'édu' On accrédite des périodes de silence Où faire pousser la parole, toute croche et vivante	J'en appelle à la poésie Par les creux d'villes et les fonds d'rangs Que les travailleurs de rues arpentent le vide Pour chuchoter du Roland Giguère à l'oreille de la misère Qu'il y ait des poétesses en résidence Dans chaque résidence pour personnes âgées Que l'on jumelle chaque analphabète à un poète Et qu'on le paye pour réinvestir les mots Qu'ils peignent de grandes pancartes devant les hôpitaux psychiatriques : «Entrez-voir nos spéciaux !» Devant l'Assemblée nationale, ne nourrissez pas les idéaux Et gravez dans la pierre des bibliothèques : "Bienvenue au centre communautaire d'Art-Thérapie"

Proposez ces questions aux apprenants. Les réponses se trouvent en italique.

1. Quelles métaphores utilise David Goudreault pour représenter la poésie ?
souffle profond en apnée du monde ; Lumière libre de s'exprimer
Et pour représenter les bibliothèques ? *Centre communautaire d'art thérapie*
2. Quelles sont les quatre formes de poésie mentionnées ?
vers libres (pensons aux petits poèmes en prose de Baudelaire), slam, sonnet, haïku
3. Quels poètes cite David Goudreault ?
Jean Narrache, Marie Uguay, Vanier, Michel X Côté, Roland Giguère
4. De quelle nationalité ils sont ? *Ils sont tous canadiens*
5. Où devrait être la poésie selon lui ?
Partout mais surtout dans les écoles, les rues et les résidences pour personnes âgées.

Invitez les apprenants à identifier la fonction multiple de la poésie : éducative, cathartique, engagée... tout en s'appuyant sur des passages de ce texte mais aussi sur toute l'unité et sur leurs propres lectures.

PROJET (page 174)

Faites analyser l'image et le titre du projet et invitez les apprenants à échanger sur ce que représente l'image, en quoi elle est peut-être différente d'un café « classique ».

Il s'agit d'un café où il y a des livres, un espace ouvert et fermé, des tables pour travailler de manière individuelle ou pour échanger avec 2 chaises.

Toutes les réponses et les interventions sont acceptées. Il s'agit de commencer à parler des cafés littéraires.

Faites lire les questions de l'activité 1, échanger sur ce qu'ils connaissent des cafés littéraires.

Faites lire le texte qui mentionne le déploiement des cafés littéraires au XVIIIème siècle, des lieux de rencontres d'intellectuels qui débattent, échangent sur l'actualité philosophique et littéraire.

Pendant les activités, passez dans les groupes pour accompagner les apprenants dans le choix de la structure de leur poème, l'articulation du recueil, leur poser des questions pour les aider à faire une sélection, corriger d'éventuelles erreurs, accompagner le travail de préparation de la présentation du poème.

Pour information, voici la présentation d'un café littéraire : *Les Deux Magots*.

Ce texte permet de bien mesurer l'effervescence artistique qui règne dans les cafés littéraires : rencontres pour échanger sur la littérature, la philosophie, sur un livre, nos expériences de lecteurs, sur l'actualité ; mais aussi lieu de rencontre d'auteurs, et de différents évènements culturels : expositions, concerts...

https://lesdeuxmagots.fr/magazines/les-meilleurs-cafes-litteraires-a-paris/

Les Deux Magots : le café littéraire de Paris le plus inspirant

Situé en plein cœur du 6ème arrondissement, les Deux Magots est plus qu'un café, c'est une authentique institution. Fondé en 1812 au 23 de la rue de Buci, il est transféré place St-Germain-des-Prés en 1873 pour s'agrandir. Les deux statues qui ornent la salle aujourd'hui témoignent encore de cette époque.

D'ailleurs, ce sont ces deux statues qui ont donné son nom à l'établissement, les « magots » en question étant les figurines chinoises qui ont d'abord donné son nom à un magasin de nouveautés.

Puis, en 1885, le magasin laisse la place à un café liquoriste qui conserve le même nom. Verlaine, Rimbaud et Mallarmé, entre autres, prennent alors l'habitude de s'y retrouver.

Ce café commence à jouer un rôle important dans la vie culturelle parisienne avant d'affirmer sa vocation littéraire en 1933 avec la création du Prix des Deux Magots.

Depuis, Les Deux Magots a accueilli de nombreux artistes illustres parmi lesquels Elsa Triolet, Louis Aragon, André Gide, Jean Giraudoux, Pablo Picasso, Fernand Léger, Jacques Prévert, Ernest Hemingway...

L'endroit devient ensuite le repère des surréalistes sous l'égide d'André Breton, puis des existentialistes autour de Sartre et de Beauvoir. On imagine les débats enflammés, les amitiés nouées, les projets ébauchés dans l'antre des Deux Magots.

Aujourd'hui, tout aussi prisé, l'un des plus anciens cafés de Paris attire personnalités du monde des arts et de la littérature, de la mode et de la politique.

Ce café littéraire unique organise régulièrement des concerts de jazz, des rencontres littéraires et des expositions. Il est l'hôte de cérémonies de remises de prix littéraires prestigieux, dont le fameux Prix des Deux Magots, créé en 1933, mais aussi le Prix Apollinaire et le Prix Pelléas.

Il vous restera un défi de taille lorsque vous entrerez dans ce lieu empreint de culture et d'histoire : choisir entre la grande salle qui a accueilli tant d'artistes renommés et la terrasse face à la plus ancienne église de Paris, où se ressent pleinement l'ambiance du quartier de Saint-Germain-des-Prés.

UNITÉ 11 — LES ARTS VISUELS

Présentation et objectifs de l'unité

L'unité 11 traitera des arts visuels et permettra de consolider les connaissances des apprenant(e)s autour de cette thématique.

Grâce aux documents rigoureusement choisis, les apprenant(e)s seront capables d'appréhender toutes les facettes du domaine des arts visuels, en travaillant leurs compétences en compréhensions et productions écrites et orales attendues au niveau DALF C2.

Chaque leçon traitera plus spécifiquement d'une période et/ou d'un aspect de l'art visuel.

Ainsi, la première leçon commence avec un clin d'œil historique en abordant l'art pariétal et elle se poursuit en traitant des fonctions des arts visuels.

La deuxième leçon est, dans un premier temps, davantage abstraite, car elle s'intéressera à l'impact émotionnel de l'art sur l'humain. Elle se conclura, de manière plus concrète avec la démocratisation des arts visuels dans nos sociétés.

Enfin, la leçon 3 explorera diverses formes d'arts et ses manifestations tangibles, notamment dans l'architecture et la mode.

Présentation des contenus

Je découvre…

> **des types de documents :** des vidéos authentiques, des reportages et témoignages audio et des articles authentiques

> **des types d'interactions :** donner son ressenti, décrire une expérience dans le domaine de l'art, exprimer ses sentiments, commenter des changements dans le domaine de l'art, confronter ses idées sur les différentes formes d'art

> **des points de grammaire :** le subjonctif passé, l'accord des déterminants indéfinis

> **du vocabulaire :** l'expression du sentiment artistique, l'expression de la beauté dans l'art, le corps et l'art

> **un projet :** Créer un ekphrasis au service de l'inclusion

Page d'ouverture (page 177)

Annoncez les objectifs de l'unité 11 et introduisez brièvement les différentes thématiques qui y sont présentes, à savoir : « les arts visuels pour s'exprimer et comprendre le monde », « les arts visuels et l'humain », et enfin « les arts visuels au service de la vie ».
Dans un deuxième temps, invitez les apprenant(e)s à observer la photo d'ouverture et demandez-leur quel rapprochement ils peuvent faire entre la photo et le titre de cette unité. La réponse attendue est la suivante : *Il s'agit d'une peinture, c'est donc de l'art*. Il pourra être souligné que la représentation d'un œil est un jeu de mots avec le titre « les arts visuels ».
Ensuite, lisez ou faites lire par un(e) apprenant(e) le premier encadré intitulé « Josie aime. ».
Continuez en leur posant les questions de l'encadré à droite : « Et vous ? Quel est votre rapport aux arts visuels ? Quelle place occupent-ils dans votre vie ? Vous sentez-vous artiste ou simple consommateur ? Selon vous, sont-ils nécessaires ? accessibles ? ».
Vous pouvez également faire de petits groupes pour que les apprenant(e)s échangent entre eux/elles sur ces questions avant de faire une mise en commun.

Une fois cette activité terminée, vous pouvez passer à la deuxième partie de l'activité de la page d'ouverture : visionner la vidéo. Demandez aux apprenant(e)s de prendre le maximum de notes sur le contenu de la vidéo qu'ils visionneront. Si besoin, jouez-la deux fois.
Demandez aux apprenant(e)s de restituer ce qu'ils ont compris. Vous pouvez également leur poser les questions suivantes : 1. « Pourquoi les arts visuels sont comparés à un sac de nœuds ? », 2. « Que regroupent les arts visuels ? », 3. « Que veut dire Edith lorsqu'elle dit que l'art est à la fois discours et silence ? »

Réponses
1. Pour montrer que c'est un sujet complexe.
2. Les arts visuels regroupent : la peinture, la sculpture, le dessin/arts graphiques, l'architecture, la photographie, la vidéo, le design et les arts décoratifs.
3. Elle veut dire que l'art c'est d'un côté des connaissances factuelles et d'un autre côté une interprétation, un mystère.

LEÇON 1 — Les arts visuels pour s'exprimer et comprendre le monde (pages 178-181)

Avant de commencer
La leçon 1 parlera de l'art à travers le temps, sous toutes ses formes et dans toutes ses fonctions.
À travers le temps, parce qu'il débute à la préhistoire avec l'art pariétal et existe sous de nombreuses formes, dont certaines très contemporaines comme le street art. Les arts visuels doivent être appréhendés sous leurs multiples expressions comme celle de l'artisanat qui travaille différentes matières et sous toutes ses fonctions comme avec le 7e art, qui a l'art de nous envahir d'émotions et le street art, très politisé.
Présentez brièvement les points de vocabulaire et d'interactions qui seront traités dans cette leçon 1, à savoir :
– vocabulaire : l'expression du sentiment artistique
– interactions : donner son ressenti, décrire une expérience dans le domaine de l'art.
Ensuite, demandez aux apprenant(e)s en quoi les arts visuels nous permettent de nous exprimer et de comprendre le monde.
Les réponses attendues sont multiples : grâce à la peinture, on peut transmettre des émotions, que ce soit par un jeu de couleurs que dans les formes/éléments représentés. La sculpture et la photo jouent également ce rôle en figeant des émotions telles que la colère ou la joie.
Les arts visuels nous permettent de comprendre le monde parce que la culture fait intrinsèquement partie d'une œuvre. Ainsi, une œuvre est un moyen de transmettre une culture et, donc de comprendre autrui.
Une fois cet échange terminé, vous pouvez commencer l'activité 1.

Activité 1 (page 178)

Avant de commencer
Dans un premier temps, demandez à vos apprenant(e)s s'ils/si elles connaissent un lieu préhistorique où nos ancêtres avaient peint.
Continuez en leur demandant de répondre à la question du titre du texte.
Ensuite, lisez ou faites lire le texte par un(e) apprenant(e). Au cours de la lecture, n'hésitez pas à leur donner des explications ou à leur poser des questions. Après la lecture du texte, donnez quelques minutes à vos apprenant(e)s pour répondre aux questions. Enfin, procédez à la correction de l'activité.

Réponses
1. Afin de pouvoir communiquer.
2. Des représentations anthropomorphes et de nombreux signes géométriques.
3. Ces dessins sont généralement situés dans des endroits difficiles d'accès, dans des boyaux étroits.
4. Les nombreuses traces laissées nous donnent des informations sur le quotidien, sur leur rituel et leur pensée.
5. « Resteront à jamais tagines de mystère » « il s'expose à de multiples interprétations… aussi spéculatives les unes que les autres. »

Suggestions d'exploitation
• Pour aller plus loin, vous pouvez, dans un premier temps, faire visionner une vidéo de la visite de la grotte de Lascaux, puis demandez aux apprenants de rédiger un petit article qui relate leur visite (fictive) de ce lieu en environ 250 mots.

Activité 2 (page 178)

Avant de commencer

Divisez les apprenant(e)s en petits groupes pour discuter du sujet. Encouragez-les à présenter des arguments pour ou contre la capacité de compréhension de l'art d'une époque par un public d'une autre époque. Chaque groupe peut ensuite présenter ses conclusions au reste de la classe.

Proposition de réponse

– L'art transcende les époques et les émotions, les thèmes humains restent universels. Cela permet au public de différentes époques (et cultures) d'appréhender avec justesse l'art.
– La compréhension de l'art dépend fortement du contexte culturel et historique. Cela peut rendre difficile l'appréciation complète de l'art d'une autre époque.
– Certain(e)s apprenant(e)s peuvent citer des exemples d'artistes ou d'œuvres d'art qui sont devenus intemporels et continuent à résonner avec le public contemporain du fait de leur esthétisme ou des émotions qu'ils transmettent.
– Les apprenant(e)s peuvent également discuter de la nécessité de l'éducation artistique pour aider le public à mieux comprendre et apprécier l'art d'autres époques ainsi que de l'importance de l'environnement où les œuvres sont exposées.
– Une même œuvre d'art peut être appréciée pour différentes raisons selon les époques.

Suggestions d'exploitation

• Pour prolonger cette activité, sélectionnez des œuvres d'art de différentes époques et demandez aux apprenant(e)s si elles sont, selon eux/elles, accessibles à un public contemporain. Demandez-leur quels éléments facilitent ou entravent la compréhension de l'art d'une autre époque ? Poussez les apprenant(e)s à réfléchir aux changements culturels, sociaux et technologiques qui peuvent influencer la manière dont le public perçoit et comprend l'art. Comment ces facteurs façonnent-ils notre réception de l'art du passé ?

Activité 3 (page 179)

Avant de commencer

Demandez à vos apprenant(e)s de lire le texte de l'activité 3 et de répondre aux questions.
Procédez ensuite à la correction.

Réponses

1. Une création de masques et une mise en scène montrent la diversité des êtres humains et des espaces naturels. Des individus des deux sexes portent les créations qui cachent leur visage tout en laissant leur corps nu dans un environnement sauvage vide de civilisation. Une fois la prise de photos finie, les masques, faits avec le matériel du site, sont laissés sur place.
2. Notre héritage social s'ajoute à notre hérédité biologique.
3. Selon lui, le naturel n'existe pas parce qu'il a déjà été modifié par l'Homme.
4. Celui de l'importance de se connecter avec la nature, d'échanger et de dialoguer sur notre responsabilité dans sa protection et sur le futur que nous voulons.

Suggestions d'exploitation

• Pour aller plus loin, prenez quelques minutes pour échanger sur les idées/concepts abordés dans ce texte. Demandez à vos apprenant(e)s ce qu'ils/elles pensent du projet « Être(s) ». Est-ce qu'ils/elles sont d'accord avec l'idée que la culture est indissociable de son environnement ? Pourquoi ?

Activité 4 (page 179)

Proposition de réponse

Le projet artistique « Être(s) » est une œuvre puissante qui pousse à réfléchir profondément sur notre rapport à la nature, à la culture, et à notre place dans le monde. À travers ces photographies, les artistes Hugo Mairelle, plasticien, et Vincent Muller, photographe, nous invitent à repenser ce que signifie être humain au naturel, et cela va bien au-delà de simples images visuelles.
En observant les créations artistiques, nous sommes rappelés que la frontière entre le naturel et le culturel est floue. L'être humain est profondément culturel. En d'autres mots, nos choix, nos modes de vie, et notre interaction avec l'environnement sont très largement façonnés par notre héritage social. Les philosophes et les sociologues ont d'ailleurs longtemps débattu de la question de la nature humaine. Ce projet en tire les conclusions et nous rappelle que nous, les humains, sommes avant tout des êtres culturels.
De ce postulat, le projet « Être(s) » affirme que l'humain n'a pas de nature préétablie. Notre identité est forgée avant tout par notre environnement et nos interactions sociales. Cette idée défie les conceptions traditionnelles de la nature humaine et nous invite à penser que l'humain est une histoire en constante évolution.
Le projet souligne également la notion que le terme « nature » est lui-même une construction sociale. Cela signifie que les perceptions que nous avons de la nature et de ce qui est « naturel » ont été façonnées par notre culture, nos expériences et l'histoire du peuple auquel nous appartenons. Cette prise de conscience, insufflée par les photographies, nous amène à réfléchir à la manière dont nous modifions notre environnement et à notre responsabilité envers la nature. Notre humanité est, en réalité, intrinsèquement liée à notre environnement. Par leur art, Hugo Mairelle et Vincent Muller nous encouragent à la réflexion sur notre mode de vie actuel, qui est souvent insoutenable sur le plan écologique. Les sociétés qui vivent en harmonie avec leur environnement en adoptant des modes de vie sobres et créatifs servent d'exemple à suivre. Le projet « Être(s) » est une ode à la sobriété, à la créativité et à la réflexion sur notre rapport à la nature. Il nous incite à repenser nos sociétés et à envisager un avenir plus durable. Il est une invitation à agir et à préserver la diversité et l'équilibre de notre écosystème, car l'art a le pouvoir de changer notre vision du monde et de nous inspirer à agir en conséquence.

Suggestions d'exploitation

• En prolongement de cette activité de production écrite, vous pouvez organiser un débat philosophique en classe en mettant en avant les idées d'Émile Durkheim, Karl Marx, Lucien Malson et Philippe Descola comme base de discussion. Invitez les apprenant(e)s à discuter de la nature humaine, de l'impact de la culture sur nos vies, et de l'absence d'une nature humaine préétable.

• Un autre prolongement possible est de proposer aux apprenant(e)s de créer leurs propres œuvres d'art qui reflètent leur vision de la relation entre l'homme et l'environnement. Cela peut inclure des photographies, des sculptures ou des peintures. Organisez ensuite une petite exposition des œuvres au cours de laquelle les apprenant(e)s-artistes expliqueront leur démarche et vision.

 ## Activité 5 (page 179)

Avant de commencer

Donnez une petite minute à vos apprenant(e)s pour lire les questions ou lisez les vous-même à la classe.
Dites-leur que l'enregistrement sonore sera joué 2 fois. Suggérez-leur de prendre le maximum de notes pendant la première écoute de l'enregistrement.

Réponses
1. Au XVIIIe, par d'Alembert.
2. L'art n'a pas d'utilité pratique.
3. Selon la correspondance entre l'objet et sa cause formelle. Quand l'objet est conforme à l'idée qui lui préexiste, il relève de l'artisanat, et quand le créateur ne sait pas exactement ce qu'il va faire de son objet, il s'agit d'un objet d'art.
4. Quand l'artisan change d'idée au cours de son œuvre.
5. Parce que ses savoirs techniques ne sont pas suffisants pour créer.

Suggestions d'exploitation

• Une fois l'activité 5 terminée, lisez la transcription de l'audio avec les apprenant(e)s pour faire une compréhension fine du document. Expliquez-leur le lexique non compris. Réécoutez le document avec la transcription, puis une dernière fois sans transcription.

• Pour prolonger l'activité, donnez quelques minutes à vos apprenants pour réfléchir sur la question suivante : « Êtes-vous d'accord avec la définition qui est donnée pour différencier l'art de l'artisanat ? »

• Ensuite, demandez à vos apprenant(e)s de sélectionner un objet du quotidien qui répond à la définition de l'art donnée dans ce podcast. Ils/elles devront le présenter et expliquer pourquoi l'objet sélectionné est de l'art et non de l'artisanat.

Activité 6 (page 180)

Avant de commencer

Lisez pas à pas le texte en prenant soin de vous assurer que les apprenant(e)s comprennent bien son contenu.
Une fois la lecture finie, donnez-leur quelques minutes pour répondre aux questions, puis procédez à la correction.

Réponses
1. Parce que même en dehors de son contexte historique, une œuvre d'art continue de créer en nous des émotions.
2. Parce qu'il nous aide à apprivoiser et éduquer nos émotions.
3. Nous pouvons laisser place à l'interprétation.
4. Une œuvre développe de fortes émotions en tous parce qu'elle en superpose de nombreuses qui peuvent être plus personnelles ou collectives.

 ## Activité 7 (page 180)

Avant de commencer

Commencez l'activité en demandant aux apprenant(e)s s'ils/si elles ont déjà visité une exposition d'art et quelles ont été leurs impressions et leurs émotions lors de cette expérience. Quand tout le monde se sera exprimé, demandez s'ils/si elles sont d'accord avec l'analyse qui est faite dans l'article. Si les apprenant(e)s éprouvent des difficultés à répondre à cette question, vous pouvez la décomposer en les interrogeant sur chaque idée présente dans le document.

À savoir

– L'art a le pouvoir de susciter et d'exprimer une large gamme d'émotions chez les spectateurs.
– Les œuvres d'art visent souvent à toucher des émotions universelles, créant ainsi une connexion entre les spectateurs et l'art.
– Les spectateurs ne sont pas passifs face à une œuvre d'art ; ils peuvent expérimenter la catharsis en s'identifiant à certains aspects de l'œuvre. Cela peut les aider à purger leurs émotions.
– L'art peut contribuer au bien-être émotionnel en aidant les individus à comprendre et à apprivoiser leurs émotions.
– L'interprétation des œuvres d'art permet aux spectateurs de donner du sens à ce qui est insensé a priori, en fonction de leurs sensibilités, de leurs émotions et de leurs préjugés.
– L'émotion est un élément essentiel du processus artistique, car les artistes puisent dans des émotions intimes et collectives pour créer des œuvres qui éveillent à leur tour des émotions chez les spectateurs.

Proposition de réponse
Réponse libre

Suggestions d'exploitation

• Pour prolonger cette activité, demandez à vos apprenant(e)s de rédiger un texte qui synthétisera les opinions échangées durant les discussions. Attention, ils/elles devront en faire la restitution en prenant soin de les regrouper dans un plan logique qui facilitera leur compréhension.

 ## Activité 8 (page 180)

Avant de commencer

Avant de commencer l'écoute du document sonore, prenez quelques minutes pour échanger sur la question « Pourquoi pleure-t-on au cinéma ? » qui est le titre de cette activité. Invitez vos apprenant(e)s à donner leur opinion.

Donnez une petite minute à vos apprenant(e)s pour lire les questions ou lisez-les.
Dites-leur que l'enregistrement sonore sera joué 2 fois. Suggérez-leur de prendre le maximum de notes pendant la première écoute de l'enregistrement.

Réponses

1. L'effet de réel se réfère au degré de similitude ou de connexion entre la fiction présentée à l'écran et notre vécu personnel. Plus il y a de points de contact entre la fiction et notre réalité, plus nous nous identifions rapidement et intensément aux personnages et à l'histoire.
2. L'identification aux personnages joue un rôle crucial dans notre réaction émotionnelle devant un film. Plus nous nous identifions et ressentons de l'empathie pour les personnages, plus nous sommes émotionnellement impliqués dans l'histoire. L'attachement que nous développons envers les personnages influence directement notre sensibilité aux événements émotionnels qui leur arrivent. Leurs émotions deviennent les nôtres. Ainsi, lorsque quelque chose de tragique ou émouvant arrive aux personnages, cela nous affecte également et peut déclencher une réponse émotionnelle, telle que des larmes.
3. Dans certains cas, nous nous attachons non seulement aux personnages, mais aussi à l'environnement dans lequel ils évoluent. Cette familiarité avec l'environnement fictionnel contribue à notre engagement émotionnel et à notre implication dans l'histoire.
4. Les expressions faciales sont considérées comme un moyen puissant de transmettre des émotions. Les expressions faciales des acteurs, telles que les regards, les sourires, les mouvements musculaires du visage, jouent un rôle essentiel dans notre processus de construction affective pour les personnages. Lorsque nous observons des expressions faciales intenses et authentiques à l'écran, notre cerveau interprète ces signaux et les relie à nos propres expériences émotionnelles. Cela peut déclencher une réponse émotionnelle en nous, y compris des larmes, en réponse aux émotions exprimées par les acteurs.
5. La théorie de James-Lange propose que la perception d'un mouvement facial chez un humain entraîne un mouvement interne chez le spectateur, impactant directement son organisme, y compris son système vasculaire, respiratoire et musculaire. Cela peut conduire à l'imitation des mouvements et des émotions des acteurs à l'écran, et la puissance de l'émotion ressentie dépend de la sensibilité des muscles et du cœur du spectateur.

Suggestions d'exploitation

- Une fois l'activité 8 terminée, lisez la transcription de l'audio avec les apprenant(e)s pour faire une compréhension fine du document. Expliquez-leur le lexique non compris. Réécoutez le document avec la transcription, puis une dernière fois sans transcription.
- Sur le mur collaboratif de la classe, invitez vos apprenant(e)s à rédiger un texte d'environ 250 mots sur le sujet suivant : « Qu'est-ce qui vous pousse à voir un film ? ».

Activité 9 (page 181)

Avant de commencer

Afin d'introduire la thématique de cette compréhension des écrits, demandez à vos apprenant(e)s s'ils/si elles ont déjà entendu parler du street art. Peuvent-ils/elles définir cet art ? Où, quand et comment ont-ils/elles pu voir ce type d'art ? Une fois cet échange terminé, demandez à vos apprenant(e)s de lire le texte de l'activité 9 et de répondre aux questions. Procédez ensuite à la correction.

Réponses

1. Le street art englobe des pratiques plus diverses et spontanées, allant de la peinture à l'affichage, en passant par des œuvres en relief. Le street art ouvre le jeu à toute velléité d'intervention artistique dans l'espace urbain, tandis que le graffiti est souvent plus codifié et réservé à des communautés plus restreintes. De plus, le graffiti est traditionnellement associé à des slogans politiques et à une expression contestataire (mai 68).
2. Le street art véhicule encore une image de rébellion, car il a hérité de mouvements contestataires du passé, notamment des années de contestation comme les années 60 et mai 68. Le simple fait d'intervenir dans l'espace urbain sans y être invité est considéré comme un geste fort de contre-culture et de contre-proposition. Bien que cet héritage de rébellion soit adouci dans le street art contemporain, il reste une volonté d'existence artistique et d'ajout de poésie à l'espace urbain, tout en gardant un potentiel d'engagement et de contestation du système.
3. Le street art se développe et se donne une légitimité grâce à une collaboration croissante entre les artistes et les autorités publiques. Des commandes publiques sont passées à des artistes de street art, et certaines autorités politiques reconnaissent l'engouement du public pour cette forme d'art. Cela favorise la rencontre entre les citoyens et le street art, donnant aux artistes l'opportunité d'exister, de gagner en visibilité et en moyens. Cependant, il est également souligné que le street art peut être récupéré politiquement et économiquement, ce qui peut entraîner une certaine ambivalence quant à sa légitimité.
4. Les artistes de street art sont tiraillés entre deux mondes, celui de la reconnaissance officielle et de la participation aux commandes publiques, et celui de l'activité clandestine et de la volonté de rester anonymes. Certains artistes ont une double casquette : ils répondent à des commandes publiques et continuent à avoir une activité clandestine en créant des œuvres en dehors du cadre officiel. Ainsi, ils jonglent entre la nécessité de gagner en visibilité et en moyens d'un côté, et le désir de maintenir une certaine marge de liberté et d'expression de l'autre.
5. Pour certains, le street art n'a pas sa place dans les musées en raison de son caractère contextuel et de son lien étroit avec l'espace urbain. Le street art est considéré comme une forme d'expression qui réagit souvent à des situations spécifiques et qui suscite le débat dans l'espace public. Lorsqu'une œuvre de street art est transposée dans un musée, elle perd son double contexte : elle n'est plus en résonance avec son environnement urbain et le contenu de l'œuvre peut être perdu, à moins d'une longue

Les arts visuels • Unité 11

explication. Certains soutiennent qu'il est important de préserver et d'archiver ces formes d'expression, mais sans les « muséifier » complètement, afin de préserver leur vitalité et leur connexion avec l'environnement urbain.

Suggestions d'exploitation

• Demandez à vos apprenant(e)s de revoir le vocabulaire de cette activité. Préparez un petit jeu-questionnaire avec une application de type Kahoot sur le lexique du texte. Voici une liste non exhaustive de mots de vocabulaire issus du texte que vous pouvez utiliser pour faire votre jeu-questionnaire : dissident, éphémère, la profusion, codifié, la contestation, adouci, clandestin, l'émergence, la gentrification, la domestication, l'agrégation, un vandale, étouffer.
• Pour aller plus loin, organisez un petit débat sur le sujet suivant : « Le street art est-il toujours un art dissident ? ». Donnez 20 minutes environ à vos apprenant(e)s pour préparer leurs arguments, puis lancez le débat.

 Activité 10 (page 181)

Avant de commencer

Lisez le sujet avec vos apprenant(e)s. Vous pouvez faire un petit tour de table pour mettre en commun les idées des uns et des autres.

Proposition de réponse
Le Street Art : un trésor urbain à valoriser

Dans une époque où les paysages urbains se transforment rapidement et où la ville est souvent synonyme de froideur et monotonie, il est de notre devoir de préserver les trésors artistiques, bien souvent négligés, qui colorent nos rues. Le street art, forme d'expression urbaine par excellence, incarne un patrimoine culturel riche en créativité et en diversité.

Nous rencontrons tous, quotidiennement, des fresques murales audacieuses et des graffitis vibrants dans les rues de notre ville. Mais combien d'entre nous ont pris le temps de s'arrêter, d'admirer, d'apprécier et de comprendre le message que leurs auteurs, véritables artistes, cherchent à transmettre ? Souvent dédaigné, le street art n'est pas une œuvre de délinquance. Ce n'est pas, non plus, une simple « décoration murale. » C'est une expression authentique de l'âme de la cité où nous habitons, c'est le reflet de ses rêves, de ses aspirations, et de ses défis.

Qu'on se le dise, les artistes de rue transmettent une vision d'intérêt culturel et esthétique qui contribue à l'identité de nos villes. Leurs œuvres racontent des histoires, dénoncent des injustices et invitent à la réflexion. Ils transforment des espaces gris et négligés en véritables galeries à ciel ouvert, accessibles à tous, sans distinction de classe ou de statut.

L'art de rue, bien loin d'être une nuisance, contribue à embellir nos quartiers et à créer un sentiment d'appartenance. De nombreuses villes dans le monde ont déjà compris la valeur de cette forme d'art, organisant des festivals de street art pour célébrer la créativité et l'expression individuelle. En embrassant cet art, nous favorisons l'inclusion, l'ouverture d'esprit et le dialogue entre les communautés.

Il est donc temps que dans notre bien aimée ville aussi, nous reconnaissions l'importance du street art et que nous le considérions comme un élément précieux. Encourageons les artistes locaux, soutenons les initiatives de street art, et donnons à ces artistes la place qu'ils méritent dans notre ville. Ainsi, nous contribuerons à la richesse culturelle de notre ville et nous laisserons un héritage artistique durable pour les générations futures.

Suggestions d'exploitation

• Pour ancrer votre cours dans une approche actionnelle, demandez à vos apprenant(e)s de faire des recherches pour trouver un journal ou un magazine en ligne qui traite de ce même sujet. Ensuite, demandez-leur de copier leur écrit dans la partie « forum » ou « commentaire » en faisant les modifications nécessaires si besoin est.

LEÇON 2 — Les arts visuels et l'humain (pages 182-185)

Avant de commencer

Dans la leçon 2, l'humain est au centre de ce monde artistique. La leçon 2 sera explicative des émotions que l'art crée en nous, notamment par la peinture.

Cette leçon intègre également des documents sur les changements dans notre consommation de l'art, aussi bien, dans notre quotidien par l'adoption progressive de couleurs neutres que par la baisse de notre fréquentation dans les cinémas.

Présentez brièvement les points de grammaire, de vocabulaire et d'interactions qui seront traités dans cette leçon 2, à savoir :
– grammaire : le subjonctif passé
– vocabulaire : l'expression de la beauté dans l'art
– interactions : exprimer ses sentiments, commenter des changements dans le domaine de l'art

Ensuite, vous pouvez commencer l'activité 1.

 Activité 1 (page 182)

Avant de commencer

Lisez ou faites lire le texte par un(e) apprenant(e). Au cours de la lecture, n'hésitez pas à leur donner des explications ou à leur poser des questions. Après la lecture du texte, donnez quelques minutes à vos apprenant(e)s pour répondre aux questions. Enfin, procédez à la correction de l'activité.

Réponses
1. Balthazar a ressenti une émotion de paix et d'apaisement physique et affectif inédit devant le tableau de Caspar Friedrich, qui représentait un jeune homme sur un rocher au-dessus des nuages.

2. L'émotion esthétique se caractérise par le fait qu'elle se passe au-delà du rationnel, de la question du beau, de la technique, des influences, de la valeur marchande. Comme toute émotion, elle est d'autant plus forte que nous en ignorons les raisons.
3. Ce qui nous parle dans un tableau n'est pas ce que l'artiste a représenté, l'évident, mais le sens caché qu'il a donné au tableau. Notre inconscient peut décrypter immédiatement l'émotion produite par l'artiste sur la vie, la mort, le sexe, l'incomplétude, la finitude de l'être humain, voire une pulsion obscure comme l'agressivité, y trouvant un écho.
4. L'artiste essaie de traduire son émotion du moment à travers son œuvre, mais il n'est pas sûr que lui-même sache de quelle émotion il s'agit. L'œuvre lui échappe autant qu'au spectateur.

 Activité 2 (page 182)

Avant de commencer

L'objectif est d'inviter les apprenant(e)s à partager leurs propres expériences émotionnelles devant une œuvre d'art en employant un lexique riche et précis relatif aux émotions et à l'expression des sentiments.
Commencez par discuter en classe des émotions ressenties par Balthazar. Invitez ensuite les apprenant(e)s à partager leurs expériences émotionnelles face à des œuvres d'art. Encouragez les apprenant(e)s à utiliser un vocabulaire riche pour décrire leurs émotions. Quels mots ou expressions utiliser pour décrire comment ils/elles se sont sentis ? Vous pouvez, à cette occasion, construire avec eux/elles une « boîte à outils » pour exprimer les sentiments et émotions.
Demandez enfin aux apprenant(e)s de réfléchir aux raisons pour lesquelles ils/elles ont ressenti ces émotions. Invitez-les à s'interroger sur le rôle de l'artiste dans le déclenchement de ces émotions. Était-ce délibéré ?

Proposition de réponse
Réponse libre

Suggestions d'exploitation

• En prolongement de cette activité, vous pouvez sélectionner un panel d'œuvres variées et demander aux apprenant(e)s d'exprimer les émotions que chacune d'entre elles suscite chez eux/elles.

Grammaire (page 183)

Avant de commencer

Invitez vos apprenant(e)s à consulter l'encadré de grammaire « Le subjonctif passé. »
Vous pouvez également le lire ou le faire lire à haute voix en donnant des explications supplémentaires.

Réponses
2. Conjuguez les verbes au subjonctif passé dans les phrases suivantes.
a. La cinéaste trouve dommage que les critiques aient souligné le manque de créativité de son dernier film.

b. Certains s'insurgent que les professionnels ne se soient pas intéressés à cette nouvelle exposition.
c. Il est regrettable que nous n'ayons pas consacré plus de temps à ce projet artistique.
d. L'artiste s'attriste que peu d'acheteurs ne se soient rendus à son vernissage.

Suggestions d'exploitation

• Afin de mettre en pratique l'utilisation du subjonctif passé, demandez à vos apprenant(e)s d'imaginer les regrets d'un artiste devant son œuvre achevée en employant le maximum de verbes au subjonctif passé et en 200 mots environ.
• Pour aller plus loin sur ce point grammatical, consultez la banque de ressources où des exercices complémentaires sont proposés.

 Activité 3 (page 183)

Avant de commencer

Faites lire par un(e) apprenant(e) les questions de l'activité ou donnez-leur un moment pour lire les questions.
Dites-leur que la vidéo sera jouée 2 fois. Suggérez-leur de se concentrer sur la prise de notes lors de la première lecture du document vidéo et d'essayer de répondre aux questions après la première et la deuxième lecture du document.

Réponses
1. Le constat est que la couleur semble avoir disparu de notre environnement, du moins en Occident, en raison de la standardisation des produits conçus pour plaire au plus grand nombre.
2. Les voitures de couleur neutre sont plus faciles à revendre, ce qui explique leur succès sur le marché.
3. Moins il y a de couleur autour de nous, moins on a envie de porter de la couleur, car on oublie l'usage de la couleur et on a peur de faire des fautes de goût.
4. Les architectes modernes ont oublié d'utiliser le noir, le blanc et le béton comme des contre-couleurs pour jouer sur les contrastes et faire ressortir les tons vifs.
5. Selon Jean-Gabriel Causse, la couleur revient dans notre environnement quotidien grâce à quelques influenceurs qui sont habillés de façon très colorée, ainsi qu'en architecture, notamment grâce à la Silicon Valley, où les gens ont envie d'endroits gais et conviviaux.

Suggestions d'exploitation

• Une fois l'activité 3 terminée, lisez la transcription de la vidéo avec les apprenant(e)s pour faire une compréhension fine du document. Expliquez-leur le lexique non compris. Revisionnez le document avec la transcription, puis une dernière fois sans transcription.

 Activité 4 (page 183)

Avant de commencer

En classe entière ou en petits groupes, demandez aux apprenant(e)s de discuter de la disparition de la couleur de notre quotidien. Voici quelques idées de questions pour alimenter la discussion :

- Constatez-vous également que le monde est moins coloré qu'avant ?
- Quelles sont les raisons possibles pour lesquelles la couleur a disparu de notre environnement ?
- Comment cela affecte-t-il notre humeur et notre perception de l'environnement ?
- Y a-t-il des avantages ou/et des inconvénients à avoir moins de couleurs dans notre vie quotidienne ?
- En quoi les tendances de la mode, de l'architecture et du design ont-elles joué un rôle dans cette évolution ?

Après avoir discuté de la situation actuelle, demandez aux apprenant(e)s de réfléchir à l'avenir : Comment pensent-ils/elles que cette situation évoluera ? Les couleurs reviendront-elles davantage dans notre quotidien, ou cette tendance se poursuivra-t-elle ?

Proposition de réponse
Réponse libre

Suggestions d'exploitation
- Vous pouvez terminer l'activité en demandant aux apprenant(e)s de réfléchir à l'importance des couleurs dans la vie quotidienne et en quoi elles peuvent agir sur leur bien-être et leur créativité.
- Pour prolonger cette activité, demandez à vos apprenant(e)s de rédiger un écrit qui célébrerait l'importance de la couleur et qui prônerait son emploi pour égayer nos vies. (400 mots minimum)

Activité 5 (pages 183-184)

Avant de commencer
Lisez ou faites lire le texte par un(e) apprenant(e). Au cours de la lecture, n'hésitez pas à leur donner des explications ou à leur poser des questions. Après la lecture du texte, donnez quelques minutes à vos apprenant(e)s pour répondre aux questions. Enfin, procédez à la correction de l'activité.

Réponses
1. Selon Gilles Lipovetsky, certains voient dans la ruée vers les grandes expositions une paupérisation du sens esthétique, tandis que d'autres, comme Gilles Lipovetsky, considèrent que c'est le signe d'un processus d'hyperesthétisation de la consommation.
2. L'hyperesthétisation de la consommation se manifeste par l'engouement pour les jardins, les paysages, la décoration intérieure, la décoration du corps, la photographie, la musique, le tourisme culturel, etc.
3. Certains comparent les musées à de nouveaux temples où les individus iraient communier ensemble, dans le culte des œuvres. Le consommateur moderne cherche en effet une expérience émotionnelle et sensorielle en visitant les musées, plutôt qu'un accès à un savoir ou à une vérité supérieure.
4. La mutation de la sensibilité contemporaine est à rattacher au développement du capitalisme de consommation qui a légitimé la quête du plaisir, des jouissances du présent et de la qualité de vie, laquelle ne se réduit plus au confort matériel, mais à des expériences sensibles, émotionnelles et esthétiques.

5. Gilles Lipovetsky préconise une forte reconsidération de la place de l'éducation artistique à l'école pour améliorer la consommation culturelle.

Suggestions d'exploitation
- Pour prolonger cette activité, organisez un petit débat dont le sujet serait le suivant : « Êtes-vous d'accord avec Gilles Lipovetsky qui soutient que nous sommes entrés dans une ère d'esthétisation du monde ? » Laissez environ 20 minutes à vos apprenant(e)s pour se préparer, puis faites commencer le débat.

Activité 6 (page 184)

Proposition de réponse
Au courrier des lecteurs de *La Croix*,
En réaction aux réflexions de Gilles Lipovetsky sur l'hyperesthétisation du monde et l'engouement croissant pour les expositions d'art, je tiens à exprimer un point de vue différent. Bien que M. Lipovetsky perçoive ce phénomène comme une forme d'hyperesthétisation de la consommation, je soutiens que cette tendance peut parfois se faire au détriment de l'art authentique.
Il est indéniable que nous vivons à une époque où l'esthétique occupe une place centrale dans notre quotidien. Les expositions artistiques, les jardins, la décoration intérieure et même l'apparence de nos corps à travers les tatouages et les piercings sont des éléments importants de notre vie. Cependant, cet engouement ne signifie pas nécessairement une appréciation plus profonde de l'art.
M. Lipovetsky suggère que cette hyperesthétisation est une forme de quête d'expériences émotionnelles, mais il me semble que cela peut parfois se traduire par une superficialité inquiétante. Les visiteurs des musées sont souvent pressés, passant rapidement devant les œuvres pour prendre des photos ou des selfies, sans vraiment s'immerger dans l'expérience esthétique. Cette démarche superficielle peut être le signe d'une époque obsédée par le paraître, mais dépourvue d'une réelle capacité à apprécier l'art.
M. Lipovetsky évoque également la notion de « religion de l'art, » suggérant que les musées sont devenus les nouveaux temples. Cependant, je tiens à souligner que l'approche du consommateur moderne diffère de celle des esthètes du XIXe siècle. Alors que ces derniers cherchaient l'absolu dans l'art, notre époque est marquée par une recherche d'émotions fugaces plutôt que d'accès à une vérité supérieure. En fait, la plupart des visiteurs de musées, y compris moi-même, ne comprennent pas toujours les détails complexes des œuvres qu'ils contemplent.
Le constat que notre culture religieuse et mythologique s'est estompée est pertinent. Ainsi, la signification profonde des œuvres d'art peut échapper au public contemporain. Cependant, cela souligne davantage le besoin d'une éducation artistique solide et d'une réflexion approfondie sur les œuvres, plutôt que d'encourager une simple recherche d'émotions visuelles.

M. Lipovetsky parle de l'importance de l'expérience sensorielle dans l'art. Je ne peux qu'acquiescer à l'intérêt de cette dimension. Toutefois, je plaide pour un équilibre entre l'esthétisation de la vie quotidienne et une véritable compréhension et appréciation de l'art. Le fait que les visiteurs passent si peu de temps devant des œuvres majeures comme La Grande Odalisque d'Ingres, se contentant de les juger en termes de « j'aime » ou « je n'aime pas, » est préoccupant.

L'art authentique mérite d'être exploré en profondeur. Il est essentiel de comprendre la signification et le contexte des œuvres, de se laisser émouvoir par leur profondeur, plutôt que de simplement les effleurer.

En conclusion, l'engouement pour l'esthétique est un phénomène contemporain d'une ampleur alarmante. Nous devons comprendre que l'appréciation superficielle d'une œuvre est moins enrichissante que sa véritable compréhension. L'art mérite mieux que d'être réduit à une simple quête d'émotions visuelles éphémères.

Cordialement,

 Activité 7 (page 184)

Avant de commencer

Faites lire par un(e) apprenant(e) les questions de l'activité ou donnez-leur un moment pour lire les questions.
Dites-leur que l'écoute sera jouée 2 fois. Suggérez-leur de se concentrer sur la prise de notes lors de la première écoute et d'essayer de répondre aux questions après la première et la deuxième écoute.

Réponses

1. L'appel à des États généraux du cinéma survient dans un contexte de baisse de fréquentation des salles et de négociations autour de la chronologie des médias, qui organise la diffusion des films dans le temps, sur différents supports.
2. Le cinéma et la télévision ont coopéré pour mettre en place un système vertueux où la télévision avait la possibilité de diffuser des œuvres cinématographiques attractives qui, par ailleurs, valorisait les films diffusés et finançait la création, la distribution et les salles de cinéma, grâce à une « taxe » et avec le rôle régulateur du CNC.
3. Les nouveaux entrants sont de grandes plateformes de streaming transnationales comme Netflix, Disney+, Prime Video et Apple. Leur arrivée soulève de nombreuses questions, notamment sur le financement des séries et des films et l'exception culturelle.
4. La politique française du cinéma cherche à intégrer les plateformes de streaming en leur demandant de respecter certaines règles et de prendre des engagements en termes d'investissement dans le cinéma français et européen, ainsi que la diversité. Cela crée des tensions, chaque acteur cherchant à améliorer sa position et à se rapprocher de la date de sortie des films en salle.

Suggestions d'exploitation

• Une fois l'activité 7 terminée, lisez la transcription de l'écoute avec les apprenant(e)s pour faire une compréhension fine du document. Expliquez-leur le lexique non compris. Réécoutez le document avec la transcription, puis une dernière fois sans transcription.
• Pour aller plus loin, vous pouvez demander à vos apprenant(e)s de proposer leurs solutions pour sauver le cinéma. Organisez une conférence fictive dont le thème serait : « À l'ère des plateformes de vidéos à la demande, comment le cinéma peut-il se réinventer pour survivre ? ». Chaque apprenant(e) tiendra un rôle (professionnel du secteur de l'audiovisuel, producteur/réalisateur, propriétaire/gérant d'un cinéma, etc.). Vous pourrez jouer le rôle du coordinateur de cette conférence ou désigner un(e) apprenant(e) pour jouer ce rôle. Chaque apprenant(e) aura 10 minutes maximum pour convaincre l'audience que ses propositions sont les bonnes pour sauver le secteur des salles obscures.

 Activité 8 (page 185)

Avant de commencer

Dans un premier temps, lisez uniquement le titre et demandez aux apprenant(e)s leur opinion sur le sujet, à savoir « une intelligence artificielle peut-elle être considérée comme une artiste ? ».
Vous pouvez également leur poser les questions suivantes : L'intelligence artificielle peut-elle être considérée comme une créatrice ? N'est-elle pas qu'un objet technique qui copie en cherchant ce qui a déjà été fait ? Finalement, qu'est-ce qu'un article ? L'article ne copie-t-il pas inconsciemment ce qu'il a vécu à travers ses expériences ?
Une fois cet échange terminé, demandez à vos apprenant(e)s de lire le texte de l'activité 8 et de répondre aux questions. Procédez ensuite à la correction.

Réponses

1. Il s'agit de la victoire d'une image entièrement conçue par une IA lors d'un concours d'arts visuels au Colorado.
2. L'algorithme artistique cherche des représentations d'objets, animaux, personnes, styles, etc., et à partir de ce qu'il a trouvé, il conçoit une illustration. C'est toutefois l'utilisateur qui définit l'approche que doit suivre l'IA.
3. Les problèmes soulevés par le « prompt art » concernent la paternité de l'œuvre (l'IA ou l'utilisateur) et le fait que les IA puisent dans les styles et œuvres d'autres artistes sans demander leur avis, ce qui peut être considéré comme des « emprunts » involontaires.
4. La législation est plutôt claire à cet effet : à partir du moment où un humain est responsable de la création, il est le détenteur des droits.
5. La sensibilité artistique est souvent perçue comme l'intention de l'artiste, et la question se pose de savoir si cette sensibilité est moins présente lorsqu'on tape sur un clavier dans une volonté de créer.

 Activité 9 (page 185)

Avant de commencer

Lisez le sujet et rappelez aux apprenant(e)s qu'ils/elles peuvent mettre à profit ce qu'ils/elles ont appris dans le texte de l'activité 8 et des échanges qui ont été faits en amont de cette même activité.

Les arts visuels • Unité 11

Proposition de réponse

Chers amis artistes, intellectuels et férus de technologie,
Le débat sur l'art généré par l'intelligence artificielle (IA) est un sujet qui nous a captivés ces dernières années. Peut-on vraiment considérer ces créations algorithmiques comme de l'art ? Cette question soulève des interrogations fondamentales sur la nature de l'art, la créativité et le rôle de la technologie dans l'expression artistique. Par cette lettre, je vais tenter de démystifier cette question complexe tout en partageant ma propre vision.
Tout d'abord, il est essentiel de reconnaître que l'art, dans sa forme la plus pure, est une expression de l'âme humaine. L'œuvre est un reflet de nos émotions, de notre expérience et de notre interprétation uniques du monde. L'art transcende et ne se résume pas à de simples objets visuels ou sonores ; c'est une manifestation de l'humanité elle-même. C'est cette dimension humaine, cette profondeur émotionnelle, qui donne à l'art son caractère sacré et son pouvoir de connexion universelle.
L'IA, quant à elle, est une création de l'intelligence humaine. Elle fonctionne sur la base d'algorithmes sophistiqués, d'apprentissage automatique et de données. Elle n'a ni conscience ni âme et elle ne ressent pas d'émotions. Elle crée en fonction de modèles préexistants et de données d'entrée. L'IA est un outil puissant, capable de générer des œuvres qui peuvent être esthétiquement plaisantes, mais cela soulève une question cruciale : sans la dimension humaine, peut-on appeler ces créations de l'art ?
Un argument en faveur de l'art généré par l'IA est qu'il peut évoquer des émotions et des réactions esthétiques chez le public. Si une composition musicale, une peinture ou un poème créé par une IA parvient à susciter des émotions, ne mérite-t-elle pas d'être qualifiée d'art ?
La capacité à susciter l'émotion est une composante fondamentale de l'art et si l'IA parvient à le faire, cela pourrait partiellement lui donner un statut d'artiste. Cependant, il est important de nuancer. L'IA crée des œuvres en utilisant des données et des schémas existants. Ses créations ne sont pas le produit d'une créativité authentique, mais plutôt le résultat de calculs. L'art authentique provient de l'exploration de la condition humaine, de la capacité de l'artiste à puiser dans ses émotions, ses expériences et ses perspectives personnelles pour créer quelque chose de nouveau. C'est cette dimension originale, absente des œuvres générées par l'IA, qui rend l'art si précieux.
En outre, l'art est souvent porteur d'un message, d'une intention ou d'une réflexion profonde sur la société et le monde qui nous entoure. Les artistes utilisent leur travail pour exprimer des idées, défier les normes, poser des questions, et inspirer le changement. L'IA n'a pas de volonté, d'intention ou de conscience. Ses créations manquent souvent de profondeur, d'originalité et de la capacité à transmettre des messages transcendants.
La question se pose également de savoir si l'IA peut être considérée comme une artiste malgré sa nature. L'art est souvent intrinsèquement lié à l'artiste, à son parcours de vie, à son histoire et à son intention. L'IA n'est qu'un outil, au mieux, un moyen par lequel un artiste peut s'exprimer. L'art véritable est le fruit d'une recherche personnelle et d'une exploration profonde, tandis que l'IA n'a pas de soif de découverte, elle n'est habitée par aucune passion et elle ne s'adonne aucunement à l'exploration.
Il serait néanmoins injuste de minimiser complètement la valeur de l'IA dans le monde de l'art. Elle peut être un instrument puissant pour les artistes. Elle leur offre, en effet, de nouvelles possibilités et perspectives inexplorées. L'IA peut servir de source d'inspiration permettant de repousser les limites de la créativité humaine.
En conclusion, la question de la dimension artistique de l'intelligence artificielle est extrêmement complexe et naturellement sujette à débat. Alors que l'IA peut certainement créer des œuvres esthétiquement plaisantes et émotionnellement évocatrices, elle manque de la profondeur, de l'originalité et de l'intention qui sont souvent associées à l'art authentique. L'IA doit être considérée comme un outil précieux pour les artistes, mais elle ne pourra jamais être reconnue comme un artiste à part entière. L'art, dans sa forme la plus pure, restera toujours un reflet de l'âme humaine et de notre capacité à créer et à communiquer des émotions et des idées profondes.
Cordialement,

LEÇON 3 — Les arts visuels au service de la vie (Pages 186-189)

Avant de commencer

Dans la leçon 3 dont le titre est « Les arts visuels au service de la vie », l'art sera abordé sous un angle plus pragmatique.
La première partie de la leçon parlera de l'architecture comme moyen d'améliorer notre quotidien en la mettant au service de l'homme. La deuxième partie montrera le lien entre l'art et certaines pratiques comme le tatouage et dans des domaines insoupçonnés comme dans celui des jeux vidéo.
Présentez brièvement les points de grammaire, de vocabulaire et d'interactions qui seront traités dans cette leçon 3, à savoir :
– grammaire : l'accord des déterminants indéfinis
– vocabulaire : le corps et l'art
– interactions : confronter ses idées sur les différentes formes d'art

Ensuite, demandez aux apprenant(e)s de quelle manière les arts visuels se retrouvent au cœur de nos vies.
Après avoir introduit cette unité, commencez l'activité 1.

Activité 1 (page 186)

Avant de commencer

Afin d'introduire le sujet de cette compréhension des écrits, dans un premier temps, lisez uniquement le titre du texte de l'activité. Demandez à vos apprenant(e)s comment l'architecture peut être centrée sur l'homme et quel en est l'objectif selon eux ?

Réponses

1. L'architecture peut affecter la santé et le bien-être des personnes en créant des réactions physiologiques qui peuvent favoriser la santé et le bien-être à long terme, ou au contraire, la maladie ou la détresse mentale. Par exemple, l'exposition à la verdure et à la nature améliore considérablement la santé, tandis que les espaces restreints et les environnements peu inspirants sont connus pour être plus néfastes.
2. L'architecture centrée sur l'homme est une approche basée sur des solutions visant à optimiser la relation entre les personnes et les bâtiments pour répondre aux besoins d'une communauté. Son objectif est de créer des bâtiments qui répondent et correspondent aux besoins, aux comportements et aux émotions des personnes.
3. Pour qu'un projet de conception architecturale centré sur l'homme réussisse, il est nécessaire de tenir compte de l'homme dans sa globalité, et donc de ses dimensions (physique, mentale, émotionnelle, familiale, sociale, culturelle, etc.).
4. Mileha Soneji a observé que son oncle, atteint de la maladie de Parkinson, avait moins de difficultés à se déplacer dans les escaliers que sur sol plat. Elle a donc, à l'aide d'une imprimante, créé une « illusion d'escaliers » sur sol plat pour que son oncle s'y déplace avec aisance.

Suggestions d'exploitation

• Pour aller plus loin, prenez quelques minutes avec vos apprenant(e)s pour échanger sur les questions suivantes : Comment l'architecture est-elle considérée dans leur pays ? Est-elle au service des personnes ou pas ? Comment devrait-elle évoluer selon eux ?

 Activité 2 (page 187)

Proposition de réponse

L'architecture centrée sur l'Homme : un art au service de la vie

L'architecture, en tant qu'art et science de concevoir et de construire des espaces physiques, occupe une place incontournable dans nos existences. Elle excède largement sa simple fonction de créer des structures destinées à loger nos besoins les plus élémentaires, tels que l'abri et la sécurité. En effet, l'architecture a ce pouvoir singulier d'exercer une influence marquée sur nos émotions, notre bien-être, et même notre santé. Elle peut engendrer ce précieux sentiment d'appartenance, susciter la crainte, ou insuffler l'espoir. Toutefois, pour prétendre à une architecture véritablement centrée sur l'humain, plusieurs fonctions cruciales doivent être remplies.

La première fonction essentielle de l'architecture est de répondre de manière adéquate aux besoins fondamentaux des êtres humains. Il s'agit notamment de concevoir des logements sécurisés et fonctionnels pour abriter les individus et les communautés. Il revient aux bâtiments de fournir une protection contre les intempéries, les menaces extérieures, et les défis environnementaux. Une architecture orientée vers l'humain veille à garantir l'accès à un logement décent, indépendamment du statut social ou économique de chaque individu.

L'architecture ne peut se résumer à sa dimension utilitaire. Elle a, en effet, le pouvoir d'exercer un impact sur notre bien-être. En d'autres termes, les environnements bâtis influencent nos émotions, qu'elles soient positives ; joie, confort, sérénité, ou encore créativité ou inversement négatives ; stress, anxiété, voire sentiment d'isolement lorsque l'architecture est inadaptée. Pour cette raison, centrer l'architecture sur l'être humain, c'est aussi s'engager à créer des espaces favorables à des émotions positives, améliorant ainsi la qualité de vie des individus. Par ailleurs, une architecture centrée sur l'homme prend en considération les impacts physiologiques et psychologiques de l'environnement bâti sur ses occupants. Diverses études ont conclu que l'exposition à la nature, à la verdure, et à des espaces ouverts contribue de manière significative à la santé et au bien-être. Par conséquent, la conception architecturale peut être orientée vers la maximisation de l'accès à la lumière naturelle, à l'air frais, et à des vues apaisantes. Ces éléments ont un effet direct sur la santé. Ils contribuent au bonheur et à la longévité des êtres humains, contrairement aux environnements restreints et mornes.

Une architecture centrée sur l'homme place l'accent sur la qualité des interactions entre les individus et les édifices. Les espaces sont conçus pour répondre aux besoins, aux comportements, et aux émotions des habitants. Ce sont des lieux de convivialité, d'accessibilité et d'inclusivité. Enfin, le devoir d'un architecte ne se limite pas à la création de simples structures. Il vise à résoudre des problèmes complexes en recourant à des approches de conception innovantes, s'appuyant sur des disciplines telles que l'ethnographie, la sociologie, et la psychologie cognitive. Les projets architecturaux couronnés de succès résultent d'une compréhension holistique des besoins de la communauté, visant à améliorer le quotidien des gens en relevant des défis tels que la durabilité, l'accessibilité, et la résilience face aux catastrophes.

En conclusion, l'architecture, bien plus qu'un simple art, se révèle être un moyen de répondre aux besoins essentiels, de créer des environnements émotionnellement positifs, de favoriser la santé et le bien-être, d'optimiser les interactions entre les êtres humains et les bâtiments, et de promouvoir l'innovation sociale. Elle constitue une discipline mettant l'humain au cœur de la réflexion et de la création, reconnaissant que les bâtiments ne sont pas de simples espaces physiques, mais des lieux de vie où l'âme humaine s'exprime. En somme, l'architecture centrée sur l'homme reflète notre aspiration collective à vivre dans un monde meilleur, plus sain, et plus harmonieux.

Suggestions d'exploitation

• Pour que chacun puisse s'enrichir des idées développées par les autres, demandez à vos apprenants de mettre leurs productions corrigées par vos soins sur une page en ligne

Les arts visuels • Unité 11

dédiée pour la classe. Invitez les apprenant(e)s à lire les productions de leurs camarades et à laisser un commentaire.

Activité 3 (page 187)

Avant de commencer

Dans un premier temps, lisez uniquement le titre du texte. Interrogez vos apprenant(e)s sur le sens du mot « expeausition ». Évidemment, il est attendu qu'ils/elles trouvent le jeu de mots avec « exposition » et le mot « peau » puisque ce texte parle du tatouage. S'ils/si elles ne le trouvent pas, invitez-les à regarder la photo pour faire le rapprochement.

Ensuite, lisez ou faites lire le texte par un(e) apprenant(e). Au cours de la lecture, n'hésitez pas à leur donner des explications ou à leur poser des questions. Après la lecture du texte, donnez quelques minutes à vos apprenant(e)s pour répondre aux questions. Enfin, procédez à la correction de l'activité.

> **Réponses**
> 1. Le tatouage est traditionnellement utilisé à des fins rituelles pour graver sur la peau un moment signifiant de l'individu, correspondant à des cérémonies de passage importantes telles que l'âge adulte, le mariage, la bataille ou le décès. Aujourd'hui, ces rituels concernent toujours des étapes marquantes, mais plus contemporaines comme l'obtention d'un diplôme ou la célébration d'un anniversaire.
> 2. Selon l'auteur, la démocratisation du tatouage coïncide avec les différentes crises que nous traversons, suggérant une possible corrélation entre ces phénomènes. Le tatouage pourrait être perçu comme une façon pour les individus de sauvegarder des éléments personnels et de réenchanter leur corps dans un monde en mutation et incertain, comme peuvent le faire les prisonniers.
> 3. Le tatouage est dorénavant reconnu. Il est réalisé selon des règles d'hygiène encadrées par des professionnels reconnus et agréés. Le corps tatoué est exposé dans des défilés de mode, des campagnes publicitaires et des galeries d'art, et fait l'objet d'expositions à travers le monde.
> 4. L'auteur décrit le corps tatoué comme un « ego-musée », où la personne tatouée enrichit régulièrement sa collection en acquérant de nouvelles œuvres qu'elle affiche sur sa peau. Cela nécessite un travail de curation étroit entre l'individu qui prête son corps à l'œuvre et l'artiste tatoueur qui réalise la toile.

Suggestions d'exploitation

• Demandez à vos apprenant(e)s de revoir le vocabulaire du texte de cette activité. Préparez un jeu-questionnaire sur le lexique avec une application de type Plickers. Voici une liste non exhaustive de mots tirés du texte que vous pouvez utiliser pour élaborer votre jeu-questionnaire : un encrage, un essaimage, le débordement, être saturé, l'affût, une paroi, ériger, prodiguer, être imputable, stigmatisant, sémantique, incarner, indélébile, éminemment, en catimini, entremêler.
• Pour prolonger cette activité, demandez à vos apprenant(e)s de rédiger un article sur le sujet suivant : « Vous pensez que le tatouage est trop souvent stigmatisé du fait de diverses pratiques ou croyances anciennes. Vous écrivez un article pour réhabiliter cet art et lui donner le respect qu'il mérite. » (400 mots minimum)

Activité 4 (page 188)

Avant de commencer

Faites lire par un(e) apprenant(e) les questions de l'activité ou donnez-leur un moment pour lire les questions.
Dites-leur que la vidéo sera jouée 2 fois. Suggérez-leur de se concentrer sur la prise de notes lors de la première lecture du document vidéo et d'essayer de répondre aux questions après la première et la deuxième lecture.

> **Réponses**
> 1. Les disciplines artistiques réunies dans la création d'un jeu vidéo sont, entre autres, le design, le dessin, l'animation.
> 2. Les jeux vidéo intègrent les références aux arts plastiques en s'inspirant d'illustrateurs et de mouvements artistiques, tels que Gustave Doré et le cubisme.
> 3. Pour créer des mondes virtuels immersifs dans les jeux vidéo, de nombreux talents collaborent : des designers, des dessinateurs, des animateurs ou encore des codeurs.
> 4. Les références aux mouvements artistiques enrichissent l'esthétique des jeux vidéo en reflétant des styles visuels spécifiques, tels que le cubisme, l'art déco et l'abstrait. Elles permettent aussi de faire passer des émotions, de créer une ambiance.
> 5. Selon Jean-Jacques Launier, le public joue le rôle de commanditaire dans l'industrie du jeu vidéo, en influençant les attentes et les demandes des studios de jeux vidéo.
> 6. Les références aux arts plastiques dans les jeux vidéo peuvent être perçues comme une forme d'art contemporain en raison de leur exploration de nouvelles techniques artistiques et de leur utilisation de technologies modernes pour créer des expériences esthétiques interactives. De plus, le jeu vidéo, grâce aux technologies, rassemble plusieurs arts pour créer un tout, une nouvelle forme d'art.

Suggestions d'exploitation

• Une fois l'activité 4 terminée, lisez la transcription de la vidéo avec les apprenant(e)s pour faire une compréhension fine du document. Expliquez-leur le lexique non compris. Revisionnez le document avec la transcription, puis une dernière fois sans transcription.
• Pour prolonger cette activité, demandez à vos apprenant(e)s de rédiger un article sur le sujet suivant : « Les jeux vidéo sont souvent critiqués pour diverses raisons. Dans un article qui sera publié sur votre page internet personnelle, vous défendez le domaine des jeux vidéo en montrant qu'il est aussi noble que les autres formes d'art et qu'il a le mérite, entre autres, de mettre en avant des artistes dits traditionnels à travers ses jeux. » (400 mots minimum)

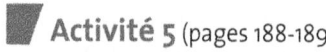
Activité 5 (pages 188-189)

Avant de commencer

Lisez ou faites lire le texte par un(e) apprenant(e). Au cours de la lecture, n'hésitez pas à leur donner des explications ou à leur poser des questions. Après la lecture du texte, donnez quelques minutes à vos apprenant(e)s pour répondre aux questions. Enfin, procédez à la correction de l'activité.

Réponses

1. Les peintres de la Renaissance, tels que Jacopo Bellini, Antonio Pisanello et Antonio del Pollaiuolo, imaginaient des vêtements aux broderies et aux motifs originaux et les illustraient sur leurs toiles. Ces designs étaient ensuite copiés et confectionnés pour créer de véritables vêtements, faisant ainsi passer l'art de la toile à la réalité.
2. Vers la fin du 19e siècle, les designers de mode étaient influencés par l'Art nouveau et le mouvement de la Sécession de Vienne. De l'Art nouveau découlaient les iconiques silhouettes en S aux corsets très ajustés, tandis que du mouvement de la Sécession de Vienne naissaient des designs textiles à l'esthétique abstraite.
3. La perception d'Andy Warhol vis-à-vis de l'art, considérant que le travail d'artiste n'était pas si spécial et qu'il était comparable à un travail ordinaire, a renforcé les liens entre la mode et l'art. Son travail a contribué à démystifier le processus de création artistique et à le rapprocher de la mode.
4. Parmi les collaborations célèbres, on peut citer Elsa Schiaparelli s'inspirant de Picasso et Braque, Emilio Pucci s'inspirant de l'Op Art, Yves Saint Laurent avec sa robe Mondrian en 1965, et Louis Vuitton collaborant avec l'artiste contemporain Takashi Murakami au début des années 2000. Ces collaborations étaient bénéfiques pour les deux parties, car elles stimulaient la créativité et augmentaient la visibilité et les ventes des produits de mode.
5. L'auteur remet en question la pertinence du débat sur la classification de la mode en tant qu'art en suggérant qu'il est peut-être plus important de se demander si l'art lui-même est encore de l'art. En effet, les entreprises de luxe investissent davantage dans l'art contemporain que dans la mode. Ainsi, les beaux-arts sont devenus une industrie d'envergure, à l'instar de la mode.

Activité 6 (page 189)

Avant de commencer

Divisez les apprenants en groupes de discussion et demandez-leur de choisir un porte-parole. Invitez chaque groupe à discuter du sujet et trouver des arguments soutenant les deux points de vue.
Demandez ensuite aux porte-parole de présenter chacun leur tour un argument de leur choix qui n'a pas été évoqué. Pour chaque argument, encouragez les autres apprenant(e)s à le contrer ou à poser des questions. N'hésitez pas à modérer la discussion pour vous assurer qu'elle reste constructive et respectueuse.

Proposition de réponse

Idées d'arguments :
– La mode repousse constamment les limites de la créativité, elle crée des pièces originales et innovantes.
– Les créateurs de mode s'inspirent de l'art, de la culture et de l'histoire pour concevoir des vêtements qui transmettent des messages puissants.
– Les défilés de mode sont souvent présentés comme des spectacles artistiques, mêlant musique, danse et design.
– L'industrie de la mode est principalement axée sur les profits, la vente des vêtements.
– Les tendances de la mode changent rapidement pour encourager les consommateurs à acheter de nouveaux vêtements fréquemment.
– Les grandes maisons de couture et les marques de mode tentent de maximiser leurs revenus grâce à des stratégies de marketing et de vente qui s'apparentent à de l'art.

Suggestions d'exploitation

• Pour prolonger cette activité, vous pouvez demander à vos apprenant(e)s de rédiger un écrit sur ce même sujet, à savoir « La mode est-elle une forme d'expression artistique ou une simple manœuvre commerciale ? » en prenant soin d'enrichir ses idées personnelles avec les idées évoquées durant le débat fait en classe. (700 mots environ)

Grammaire (page 189)

Avant de commencer

Invitez vos apprenant(e)s à consulter l'encadré de grammaire « L'accord des déterminants indéfinis *tel, telle, tels, telles* ».
Vous pouvez également le lire ou le faire lire à haute voix en donnant des explications supplémentaires.
Complétez les phrases suivantes avec les déterminants indéfinis *tel, telles, tels* ou *telles*.

Réponses

a. Tel un tableau, le tatouage peut être une véritable œuvre d'art.
b. Les grottes telles que la grotte de Lascaux sont comme une encyclopédie de l'ère préhistorique.
c. La mode produit de telles merveilles que ça en devient de l'art.
d. Tel que nous la connaissons, elle ne viendra pas voir ce genre de film.
e. Dans ce bâtiment, on ressentait une telle émotion !

Suggestions d'exploitation

• Pour aller plus loin sur ce point grammatical, consultez la banque de ressources où des exercices complémentaires sont proposés.

Les arts visuels • Unité 11

PROJET — Une galerie d'art inclusive (page 190)

Avant de commencer

Lisez tout d'abord le chapeau d'introduction du projet avec vos apprenant(e)s.

Ensuite, lisez chaque étape, l'une après l'autre, en vous assurant de leur bonne compréhension.

Au cours de la réalisation du projet, soyez vigilant à ce que toutes les étapes soient bien effectuées. N'hésitez pas à conseiller et proposer des changements si besoin.

Suggestions d'exploitation

• Pendant l'élaboration du projet, ayez une présence active en classe. Passez dans les rangs et veillez à ce que les apprenant(e)s respectent les consignes du projet. Répondez aux interrogations et demandes si besoin.

UNITÉ 12 — QUIPROQUOS

Présentation et objectifs de l'unité

L'unité 12 est la dernière unité du manuel et aborde avec humour les malentendus que peuvent susciter les différences interculturelles et langagières. En effet, même quand on connaît très bien une langue, on est toujours confronté, au détour d'une conversation ou d'une rencontre, à une expression ou un mot nouveau, ou nous commettons un impair, qui nous plonge dans une situation interculturelle, sinon délicate, du moins bizarre.

Grâce aux activités proposées, les apprenants auront une idée plus claire des différences qui peuvent exister au sein même de la francophonie, dans la langue, mais aussi dans les comportements. Ils développeront leur capacité à prendre des notes, débattre, s'exprimer sur des aspects, renforceront leurs compétences communicatives grâce à des outils rhétoriques. Chaque leçon abordera des points liés à des situations interculturelles, à de la culture implicite.

Dans la première leçon, nous verrons comment la société véhicule en général des stéréotypes sur les cultures et analyserons les malentendus qui peuvent être causés dans les premiers contacts avec une autre culture, ou même dans des situations interculturelles qui font partie intégrante de notre patrimoine familial (des enfants issus de familles d'immigrés).

La deuxième leçon montrera les communications interculturelles et les quiproquos qui peuvent être causés entre pays francophones.

Dans la troisième leçon, nous aborderons l'humour, un aspect essentiel et partie inhérente de chaque culture, mais pas toujours accessible au premier abord.

Présentation des contenus

Je découvre...

> **des types de documents :** des vidéos authentiques, des entrevues, des articles authentiques, des caricatures, des extraits de spectacles d'humour, de films et de chansons, des extraits de romans.

> **des types d'interactions :** expliquer des différences culturelles, faire le récit d'un voyage, signaler des coutumes inconnues, comprendre une chronique radio, utiliser de manière pertinente le tutoiement et le vouvoiement, distinguer et adapter les registres de langue, déterminer les caractéristiques de l'humour, comprendre des jeux de mots.

> **des points de grammaire :** les figures de l'analogie : comparaison, métaphore
et personnification, les tournures impersonnelles pour l'expression du conseil, le subjonctif plus-que-parfait.

> **du vocabulaire :** le lexique francophone source de malentendus, expressions idiomatiques variées dans la francophonie, le verlan, lexique familier, expressions québécoises, jeux de mots.

> **un projet :** créer et jouer un sketch

Page d'ouverture (page 191)

Sans annoncer les thématiques de l'unité 12, demandez aux apprenants de regarder l'image et le titre de l'unité et demandez-leur de décrire ce qu'ils voient et d'expliquer le lien entre le titre de l'unité (quiproquos) et l'image. Proposez-leur de réfléchir aux différentes sources de quiproquos entre les individus. À partir des réflexions, proposez-leur de faire des hypothèses sur le contenu de l'unité à partir du titre et de l'image.

Dans un deuxième temps, présentez la vidéo de la page d'ouverture (*Il me saoule* de Miel Tropical) et demandez aux apprenants de commenter la vidéo et d'expliquer sur quoi repose l'aspect humoristique de la vidéo.

Dans un troisième temps, faites lire le premier encadré intitulé « Léa est fraîchement arrivée » et continuez par la lecture du deuxième encadré « et vous ? ». Laissez les apprenants partager leurs commentaires et réponses. Vous pouvez également faire des petits groupes pour que les apprenant(e)s échangent entre eux sur ces questions avant de faire une mise en commun.

Finalement, terminez en présentant brièvement les thématiques qui seront présentées dans l'unité 12.

LEÇON 1 — Stéréotypes et chocs culturels (pages 192-195)

Avant de commencer

La leçon 1 abordera les stéréotypes et les chocs qui reposent sur les différences culturelles et comment ceux-ci peuvent mener à des malentendus.
Présentez brièvement les points de grammaire, de vocabulaire et d'interactions qui seront traités dans cette leçon 1, à savoir :
– Grammaire : les figures de l'analogie : comparaison, métaphore et personnification
– Vocabulaire : lexique francophone source de quiproquos
– Interactions : expliquer des différences culturelles, faire le récit d'un voyage : signaler des coutumes inconnues
Ensuite, demandez aux apprenant(e)s ce qu'évoquent pour eux les notions de choc culturel et de stéréotypes culturels.

 Activité 1 (page 192)

Suggestions d'exploitation

Demandez aux apprenants s'ils connaissent la personne sur la photo, Gad Elmaleh. Demandez-leur de faire une recherche rapide pour le présenter s'ils ne savent pas.
Demandez-leur ce qu'évoquent les clichés pour eux. Proposez-leur d'échanger des clichés sur un autre pays que le leur. Faites lire les questions, invitez les apprenants à prendre des notes pour y répondre et faites visionner la vidéo une seule fois.

Réponses
Eléments de réponse pour la présentation de Gad Elmaleh :
Humoriste, acteur, réalisateur, comédien.
Marocain, mais aussi canadien.
Issu d'une famille juive marocaine.
Connu pour ses stands up mais aussi pour son rôle dans des films comme *La vérité si je mens 2*, *A+ Pollux*, *la doublure*, *Minuit à Paris*, *l'Ecume des Jours*.
1. La société peut identifier un individu comme étranger ou le définir (quand elle apprend sa nationalité) par rapport à la gastronomie de son pays, une manière d'être différente, surtout un accent différent, les chansons qui peuvent être associées à sa culture d'origine.
2. Une cure pour les étrangers, une cure de désintoxication de soi-même, serait un traitement qui permettrait de se fondre dans la masse, de ne plus être reconnaissable, identifié comme étranger : on leur enlèverait leur accent, on supprimerait quelques aspects de leur manière d'être, ce qui leur permettrait de renier leurs origines.
3. A travers l'exagération de la cure pour les étrangers, Gad Elmaleh montre qu'un individu étranger ou dont le physique peut sembler étranger, ne peut pas renier ses origines, qui font partie intégrante de lui, de son identité, et que les clichés sont réducteurs parce qu'ils limitent une nationalité, un pays d'origine à quelques-uns de ses aspects alors que chaque pays a une culture et une histoire vaste et riche. Il se moque des personnes qui ont des a priori sur les origines d'autrui.
4. A la fin il y a un jeu de mots sur la similitude phonétique de cliché et Clichy.
<u>Pour information</u> : la place de Clichy est une place qui se trouve au nord-ouest de Paris. Elle se nomme ainsi parce qu'elle est située où se trouvait une porte de sortie de Paris, vers le village de Clichy. Place très animée, pleine de commerces et de restaurants, mais aussi de pistes cyclables et d'espaces piétons.

 Activité 2 (page 192)

Avant de commencer

Demandez aux apprenants s'ils connaissent Sébastian Marx. Expliquez brièvement qu'il s'agit d'un humoriste américain qui présente des spectacles d'humour mentionnant les particularités de la culture française et proposez-leur de faire quelques recherches supplémentaires sur l'Internet pour en savoir davantage sur cet humoriste.
Précisez que la vidéo porte sur les différences culturelles axées sur les habitudes alimentaires des Français. Proposez aux apprenants de réfléchir à ce qui caractérise les habitudes alimentaires en France.
Faites lire les questions de l'activité ou donnez un petit moment aux apprenants pour lire les questions.
Dites-leur que la vidéo sera présentée une seule fois.

Réponses

1. Le moment du repas est très important pour les Français, tellement important que ca ne leur semble pas bizarre qu'une personne inconnue leur dise « bon appétit » alors qu'une simple salutation attirerait l'attention.

2. Les cartes de restaurants peuvent être compliquées à cause des noms des plats parce qu'ils sont présentés avec des images, des métaphores. Du coup parfois il est difficile de comprendre quels sont les plats proposés. Sebastian donne l'exemple du *savoureux méli-mélo du pêcheur sur son lit de pommes de terre finement écrasées* : il s'agit en fait d'un poisson-purée.

3. Sébastian définit le fromage des Etats-Unis comme quelque chose de fluorescent qui ressemble à du caoutchouc, des tranches individuelles emballées dans du plastique. Il est critiqué parce qu'il a la même texture et odeur que les préservatifs et qu'il est difficile d'ouvrir l'emballage.

Si le public auquel vous donnez cours fait partie d'une culture où les allusions au sexe sont complètement tabouées ou peuvent choquer, il faut savoir que la vidéo mentionne ceci: « le fromage français, c'est comme le sexe. C'est cru, ça se marie bien avec le vin. Et c'est encore meilleur quand ça pue le fauve ». Si le professeur le juge important, il est possible d'omettre la question 4 et de couper ce passage dans la vidéo. Les auteurs ont souhaité laissé ce passage parce qu'on s'adresse à des niveaux experts, normalement sinon habitués, du moins avec un peu d'expérience des situations interculturelles.

4. L'odeur du fromage français est caractéristique : plus il sent mauvais, plus le fromage est bon. Il se marie bien avec le vin. Il est aussi possible de présenter la grande variété du fromage français. Pour information, selon le CNIEL (Centre National Interprofessionnel de l'Economie Laitière), il existerait en 2023 plus de 1200 variétés de fromages français.

5. D'après Sebastian, pour les Français, le vin ce n'est pas de l'alcool parce qu'il s'agit d'une boisson qui peut être bue tous les jours pour accompagner les plats, comme une épice, un condiment. Les Français banalisent sa consommation.

6. En France, on trouve du vin excellent, mais aussi du très mauvais vin, On peut acheter des bouteilles qui vendent du vin, mais sans aucune caractéristique (AOC, lieu, année…), simplement le mot « vin » sur l'étiquette. Il n'est pas bon et il fait mal. L'exagération est la suivante : il est tellement mauvais qu'il peut faire un trou dans le trottoir quand on le crache. On n'ose pas l'amener quelque part.

7. C'est un billet d'entrée parce que quand les Français sont invités quelque part, ils apportent souvent une bouteille de vin, c'est ce qui leur permet d'entrer dans une fête.

 **Activité 3** (page 192)

Avant de commencer

Dans un premier temps, lisez la première question en grand groupe et assurez-vous qu'elle soit bien comprise par l'ensemble. Apportez des précisions ou des exemples au besoin. Faites un rapide tour de table pour recueillir les réponses des apprenants sur les différents produits de leur culture d'origine qui peuvent susciter des réactions polarisées chez les étrangers.

Dans un deuxième temps, sondez le groupe sur ce qui caractérise selon eux le contenu typique des menus dans les restaurants français. Laissez les apprenants échanger quelques instants en sous-groupe et proposez un partage des réponses en grand groupe.

En petits-groupes, les apprenants procèdent à l'élaboration d'un menu à la française, de l'entrée au dessert. Placez ensuite deux groupes ensemble et demandez-leur de présenter leur menu à tour de rôle en justifiant leurs choix.

Proposition de réponses

Bienvenue au Restaurant Le Gourmet Parisien !

Entrées

Soupe à l'Oignon Gratinée – Un classique réconfortant : de l'oignon caramélisé, du bouillon de bœuf, et du fromage fondant.

Foie Gras Maison – Un délice velouté de foie gras de canard, accompagné de confiture de figues et de pain de campagne.

Salade Niçoise – Une explosion de saveurs méditerranéennes avec du thon frais, des œufs durs, des haricots verts, des tomates, des olives et des pommes de terre.

Plats Principaux

Bœuf Bourguignon – Un plat mijoté lentement avec du bœuf tendre, des champignons, des carottes, et du vin rouge, servi avec une purée de pommes de terre.

Coq au Vin – Morceaux de poulet mijotés dans du vin rouge, accompagnés de champignons, d'oignons perlés, et de lardons, servis avec des pommes de terre.

Ratatouille Provençale – Un plat végétarien coloré composé d'aubergines, de courgettes, de poivrons, de tomates, d'oignons et d'herbes de Provence.

Plats de la Mer

Bouillabaisse Marseillaise – Une soupe de poissons typique de Marseille, avec une variété de poissons, de fruits de mer, et de rouille.

Moules Marinières – Moules cuites dans un délicieux bouillon de vin blanc, d'ail, d'échalotes et de persil, accompagnées de frites croustillantes

Fromages

Assiette de Fromages affinés – Une sélection de fromages français soigneusement affinés, accompagnée de noix, de fruits secs, et de confiture.

Desserts

Crème Brûlée – Une crème vanillée onctueuse sous une couche de sucre caramélisé.

Tarte Tatin – Une tarte aux pommes renversée caramélisée, servie avec une boule de glace à la vanille.

Profiteroles au Chocolat – Des choux garnis de crème glacée à la vanille, nappés de chocolat chaud.

Vins et Boissons

Découvrez notre sélection de vins français pour accompagner votre repas. Nous proposons également une variété de boissons non alcoolisées, cafés, et thés pour satisfaire tous les palais.

Bon appétit !

Activité 4 (page 193)

Avant de commencer

Demandez aux apprenants ce que cette image de la Suisse leur évoque et le lien qu'ils peuvent faire entre le titre du texte (Bienvenue au Paradis) et l'idée que les gens se font généralement de la Suisse.

Faites lire le texte à tour de rôle par différents apprenants. et arrêtez-vous au besoin pour préciser des termes du lexique ou des aspects pertinents à la compréhension du texte.

Faites lire le texte individuellement et proposez-leur de prendre des notes sur le vocabulaire ou le contenu, au besoin. Laissez les apprenants répondre aux questions de compréhension du texte en sous-groupe et revenez en grand groupe pour la correction.

Réponses

1. La relation entre les Suisses et les Français a évolué de manière significative. Dans le passé, les deux pays entretenaient des relations cordiales, partageant une histoire commune et des liens économiques forts. Cependant, avec l'arrivée de vagues de Français en Suisse, la perception des Suisses a changé. Les Français, autrefois considérés comme des cousins, sont devenus des étrangers qui suscitent des inquiétudes quant à l'éventuelle dégradation de la situation économique et sociale en Suisse.

2. Lorsqu'on arrive en Suisse, on s'attend généralement à trouver le pays calme et vert décrit dans les guides touristiques, avec des autochtones chaleureux produisant du fromage, du chocolat et des montres. Cependant, la réalité est différente, avec des particularités comme l'absence de grèves, une police des poubelles et des rues vides dès 21 heures.

3. Un bouc émissaire est une personne ou un groupe de personnes sur lequel on déplace la responsabilité ou la faute d'une situation donnée. Dans le contexte du texte, les Français deviennent des boucs émissaires pour les Suisses. La phrase en gras indique que les Suisses considèrent les Français comme trop bruyants et trop nombreux, les associant à des problèmes potentiels. Cette perception est renforcée par les partis nationalistes, se servir des Français comme boucs émissaires est devenue banal.

4. Les différentes manières de désigner la France et la Suisse dans le texte incluent « les Français » et « les Suisses », mais on note également des expressions plus informelles telles que « les frouzes » (utilisée par les Suisses pour désigner les Français de manière parfois moqueuse).

5. Les principales différences entre la culture suisse et la culture française reposent sur des aspects tels que le sérieux, l'abnégation, la pudeur des habitants suisses, en comparaison avec la vivacité des manifestations, débats et repas animés en France. De plus, la Suisse est décrite comme un pays où les rues sont vides à 21h00, ce qui contraste avec l'activité nocturne plus prononcée en France. Ces différences culturelles sont accentuées par les changements politiques et économiques en Suisse, tels que la fin du secret bancaire, qui ont influencé la manière dont les Suisses perçoivent les Français venant s'installer sur leur territoire.

Activité 5 (page 193)

Avant de commencer

Lisez la question en grand groupe et donnez un exemple personnel d'un voyage durant lequel vos apriorise sur la culture locale se sont révélés incorrects.

Donnez ensuite du temps aux apprenants pour raconter un voyage similaire en sous-groupes.

En grand-groupe, faites un retour sur les différentes expériences de voyages vécues par la classe en proposant aux apprenants volontaires de partager leur expérience personnelle. Encouragez les autres à poser des questions pour mieux comprendre les facteurs qui ont contribué à la déconstruction des apriorise sur la culture locale.

Activité 6 (page 194)

Avant de commencer

Dans un premier temps, demandez aux apprenants de nommer spontanément des clichés qu'ils connaissent sur les Français et de quelle manière ils représenteraient ces clichés s'ils avaient à les illustrer.

Montrez les trois images aux apprenants et lisez ensuite la première question et la deuxième question en grand groupe. Donnez-leur du temps en sous-groupes pour réfléchir et lister leurs idées. En grand groupe, une personne par équipe rapporte le raisonnement de l'équipe.

Dans un deuxième temps, donnez du temps aux sous-groupes pour réfléchir à la question 3, à savoir les traits à représenter dans la caricature d'un Suisse et lisez en grand groupe l'exemple de réponse donné ci-dessous. Proposez aux apprenants de partager leurs réactions et commentaires.

Dans un troisième temps, lisez les questions 4 et 5 et laissez les apprenants y réagir en grand groupe. Encouragez les apprenants à commenter et à donner des exemples concrets.

Réponses

1. Réponses personnelles

2. L'image d'une grenouille en tant que serveur français avec un tablier blanc, une petite moustache, tenant un plateau avec du vin rouge et une baguette s'appuie sur plusieurs clichés souvent associés à la culture française. Ces clichés, bien que caricaturaux, sont utilisés de manière humoristique et ne doivent pas être pris au pied de la lettre. Voici sur quels clichés cette image pourrait s'appuyer :

Grenouille : Le surnom « Les Froggies » (Les Grenouilles) est parfois utilisé de manière affectueuse pour se référer aux Français. Bien que ce terme ait des origines historiques complexes, il est parfois utilisé de manière amusante.

Tablier Blanc : Le tablier blanc est souvent associé au métier de serveur dans la restauration, symbolisant la profession et l'engagement envers le service.

Petite Moustache : La petite moustache est un cliché généralement associé aux Français, en partie grâce à des icônes historiques comme le mime français avec une moustache fine.

Plateau avec du Vin Rouge : La France est mondialement reconnue pour sa production de vin, et le vin rouge

en particulier est habituellement associé à la culture gastronomique française.
Baguette : La baguette est un symbole emblématique de la boulangerie française et est fréquemment représentée dans des images caricaturales pour souligner la culture du pain en France.
L'image d'une femme avec un sac Louis Vuitton, portant un béret et étant bien habillée s'appuie sur des clichés de la mode française et du style de vie élégant. Voici sur quels clichés cette image pourrait s'appuyer :
– Sac Louis Vuitton : La marque Louis Vuitton est associée au luxe et à la haute couture. Posséder un sac Louis Vuitton est souvent perçu comme un symbole de statut et de raffinement.
– Béret : Le béret est un accessoire généralement associé à la mode française, évoquant un style chic et classique. C'est un cliché vestimentaire qui renvoie à l'image d'une Parisienne élégante.
– Bien habillée et à la Mode : La femme est représentée comme étant bien habillée et à la mode, ce qui renforce le cliché de la Parisienne élégante et sophistiquée, connue pour son sens aigu de la mode.
3. Caricature des Suisses : 10 Traits humoristiques à représenter
1. Horlogerie impeccable : Une personne suisse toujours accompagnée d'une multitude de montres, même pour un court trajet.
2. Amour du fromage : Un passionné de fromages suisses, portant un attirail spécial pour la dégustation de différentes variétés.
3. Perfectionnisme extrême : Un individu mesurant tout avec une précision suisse, de la distance entre les objets au temps passé à accomplir chaque tâche.
4. Neutralité à toute épreuve : Une personne assise sur une chaise de neutralité, évitant habilement tout débat controversé.
5. Adoration des montagnes : Toujours vêtu d'un équipement de randonnée, même en ville, avec une carte des Alpes en main.
6. Passion pour le chocolat : Un visage constamment taché de chocolat suisse, avec des barres au lait en guise de collation régulière.
7. Langues multiples : Un individu jonglant avec plusieurs langues, portant un dictionnaire multilingue en bandoulière.
8. Efficacité redoutable : Une personne accomplissant plusieurs tâches simultanément, tout en respectant scrupuleusement les horaires.
9. Banquier paranoïaque : Toujours entouré de coffres-forts et portant un costume de banquier avec des billets sortant de toutes les poches.
10. Flegme face aux retards : Une personne impassible face aux retards, regardant sa montre avec une sérénité olympique.
4. Caractéristiques de la caricature
Une caricature est une représentation exagérée et souvent humoristique d'une personne ou d'un groupe, mettant en avant des traits physiques ou comportementaux de manière satirique. Elle permet d'exprimer des opinions, de critiquer de manière légère ou de susciter le rire en accentuant certains aspects de la réalité.

5. Utilisation de la caricature dans différents pays
La caricature est couramment utilisée dans plusieurs pays, notamment dans les médias, les journaux satiriques et sur les réseaux sociaux. Elle est utilisée dans le but de commenter des événements politiques, sociaux ou culturels, de critiquer de manière humoristique, ou simplement de divertir. Les caricatures sont fréquemment présentes dans des contextes éditoriaux, mais elles peuvent également être utilisées dans des situations plus informelles pour exprimer des opinions et des sentiments de manière ludique.

 ### Activité 7 (page 194)

Avant de commencer

Lisez la question en grand groupe et assurez-vous qu'elle soit bien comprise par tous. Apportez des précisions ou des exemples au besoin.
Si possible, regroupez en sous-groupes les apprenants ayant la même culture d'origine ou pays d'origine.
Proposez-leur de lister les dix caractéristiques principales de leurs pays ou culture d'origine qui seraient mises en avant et amplifiées par une caricature. Demandez-leur ensuite de préparer la présentation de la caricature d'une personne typique de leur pays ou culture d'origine.
En grand groupe, chaque équipe présente à l'ensemble de la classe la caricature qu'ils ont réalisée et explique sur quoi reposent les traits caricaturaux présentés.

 ### Activité 8 (page 194)

Remarque : si le podcast n'est plus disponible sur Spotify, le chercher ici :
https://www.binge.audio/podcast/kiffetarace/les-vacances-au-bled

Avant de commencer

a. Faites regarder et décrire l'image. Demandez : Qu'est-ce qu'elle représente ? Trouvez-vous la voiture chargée ?
Faites découvrir le titre du podcast, ainsi que celui de l'émission « Kiffe ta race ». Demandez ce que signifient *le bled* et *kiffer*. Donnez les significations si les apprenants ne les connaissent pas.
bled (définition tirée de https://www.larousse.fr/dictionnaires/francais-monolingue) :

> Vient de l'arabe maghrébin, *blad*: pays
> En Afrique du Nord, l'intérieur des terres.

Faites imaginer quels sont les thèmes principaux de l'émission *kiffe ta race* et de l'épisode « les vacances au bled ».
Kiffe ta race est une émission destinée à valoriser sa culture d'origine, avec ses particularités, ses différences et ses richesses. Elle est animée par Rokhaya Diallo et Grace Ly et soulève les questions raciales sans tabou.

Voici la présentation du podcast « Les vacances au bled » pour voir de quoi il s'agit :

Pour de nombreuses familles issues de l'immigration postcoloniale, congés d'été riment avec retour au pays d'origine ou dans les territoires ultramarins. Un grand voyage qui nécessite toute une logistique et dont le coût implique bien souvent de lourds sacrifices. Ces vacances au bled donnent lieu à de grandes retrouvailles avec sa famille locale, sources d'une joie immense, mais aussi, parfois, de querelles et de tiraillements.

Comment les descendants et descendantes d'immigrés nés en France hexagonale vivent les vacances au bled ? Qu'est-ce que ces vacances révèlent des conflits d'identité inhérents au fait d'incarner une double culture ? Quels sont les enjeux du retour au bled pour les personnes qui ont quitté leur pays de naissance pour s'élever socialement ?

Pour en parler, Rokhaya Diallo et Grace Ly partagent leurs souvenirs familiaux avec Chadia Chaïbi-Loueslati, autrice, illustratrice et scénariste de bande-dessinées. Dans son roman graphique Nos vacances au bled (éd. Marabulles, 2019), l'artiste retrace le départ estival de sa famille de 11 frères et sœurs pour la Tunisie, à la fin des années 1980. Une œuvre drôle et intime qui aborde le rapport à ses racines, à la transmission ainsi qu'au fantasme de l'Occident.

Faites lire les questions du point a. Invitez les apprenants à prendre des notes pour pouvoir répondre aux questions. Faites écouter une première fois l'enregistrement. Faites comparer les réponses par groupes de 3. Confirmez les réponses avec la deuxième écoute. Procédez à une correction collective.

Réponses
a.
1. Le podcast va parler des vacances des enfants d'immigrés dans leur pays d'origine. Pour les enfants élevés en France, il s'agit d'une expérience vécue de manière différente et variée.
2. Les générations représentées sont les parents et leurs enfants qui, finalement, suivent leurs parents pendant les vacances pour revenir dans le territoire d'origine.
3. La personne interrogée, Chadia Chaïbi-Loueslati, est autrice et illustratrice de bandes dessinées et de romans graphiques. Elle a publié en 2017 *Famille nombreuse*, en 2019 *nos vacances au bled* et en 2022, elle devient aussi scénariste.
4. Le rituel est de demander aux personnes invitées si elles se situent sur le plan racial. Par exemple, Grace est perçue comme une femme asiatique et Rokhaya comme une femme noire.
5. La personne invitée se rend compte qu'elle est différente quand elle arrive à l'école et qu'on l'installe au fond de la classe à cause de ses cheveux qui sont trop volumineux, prédominants, et qui empêchent les autres enfants de voir le tableau.
6. Elle travaillait dans un cabinet d'avocats et on lui a demandé d'attacher ses cheveux parce qu'ils faisaient peur, car trop volumineux. Elle a démissionné, mais avant, elle leur a dit qu'elle attacherait ses cheveux quand tout le monde le ferait. Elle a refusé d'être jugée sur des critères physiques.

b. Faites lire les questions du point b. Invitez les apprenants à prendre des notes pour pouvoir répondre aux questions. Faites écouter une première fois l'enregistrement. Faites comparer les réponses par groupes de 3. Confirmez les réponses avec la deuxième écoute. Procédez à une correction collective.

Réponses
b.
1. L'extrait proposé parle de la promiscuité dans certaines familles. Il s'agit d'une conversation téléphonique d'un couple, conversation qui est écoutée par l'entourage. C'est un extrait du film « Né quelque part ».
2. Les personnes rient parce qu'elles disent qu'en arabe, le mot *intimité* n'a pas de traduction : il n'existe pas.
3. Réponse libre. Échanger éventuellement à propos de la différence mentionnée entre la France et les pays de l'autre côté de la Méditerranée : en France on frappe à la porte d'une chambre avant d'entrer alors que de l'autre côté de la Méditerranée, on se réveille avec un enfant qui nous observe.
4. En Tunisie notre maison est la maison de tout le monde. En même temps que les voisins frappent, ils rentrent. Ils n'attendent pas la permission de rentrer.
Dans la maison de la grand-mère de l'invitée, il n'y a pas de salle de bains, tout le monde se lave dans le patio, qui donne sur la porte d'entrée. Et parfois les voisines frappaient et insistaient pour qu'on ouvre, même si une personne était en train de se laver.
Ou alors, l'invitée faisait la sieste et quand elle se réveillait, elle découvrait une voisine qui la regardait dormir.
Tout le monde vit les uns sur les autres, il y a beaucoup de promiscuité. La grand-mère de l'invitée lui disait qu'elle aurait de l'intimité en France.
Les portes des maisons sont ouvertes. Si une personne inconnue demande de l'eau, on la lui donne sans problème.
5. Malgré les difficultés de la personne interrogée à cause de l'absence de salle de bain, elle a finalement apprécié ce contexte, car il a créé de supers souvenirs. Sa grand-mère mettait des peaux de moutons (peaux gardées des fêtes de l'Aïd) au sol et faisaient dormir tous ensemble les cousins et cousines. Ils parlaient toute la nuit, les barrières tombaient et ils se racontaient des expériences d'adolescents, peu importe s'ils vivaient et avaient grandi en Tunisie ou en France.
La notion d'intimité est différente en Tunisie parce que la vie est dehors.
Pour information, l'Aïd est une fête musulmane lors de laquelle on sacrifie un mouton. Il est possible de demander comme activité complémentaire aux apprenants de faire des recherches sur un pays francophone musulman et de présenter les fêtes de l'Aïd.
Il est recommandé de laisser comme devoir l'écoute de tout l'enregistrement, qui est un peu long et d'échanger ensuite sur les différents aspects du document.

Activité 9 (page 195)

Avant de commencer

En grand groupe, lisez l'encadré de grammaire sur les figures d'analogie. Répondez aux questions et donnez des exemples supplémentaires au besoin.

Présentez l'image de la couverture du livre et demandez à l'ensemble de la classe s'ils connaissent l'autrice, Monique Proulx. Au besoin, laissez-les faire des recherches pour en apprendre davantage sur elle.

À partir du titre de l'œuvre, demandez aux apprenants de partager ce que le titre du livre évoque pour eux. Demandez-leur ce qu'ils savent de Montréal et du Québec et, pour ceux qui y sont déjà allés, encouragez-les à partager leurs expériences de voyage.

Lisez les questions 1 à 4 en grand groupe et apportez des clarifications au besoin.

Laissez les apprenants lire le texte individuellement. Placez-les ensuite en petits groupes pour répondre aux questions et partagez les réponses et réflexions en grand groupe. Lisez la question 5 en plénière et incitez les apprenants à partager les malentendus culturels qu'ils ont vécus ainsi que les émotions qu'ils ont ressenties. Au tableau, listez les différentes émotions mentionnées au fur et à mesure qu'elles sont nommées.

Réponses

1. La narratrice entre dans un magasin (Canadian Tire) pour acheter un tuteur pour soutenir ses dahlias. Cependant, elle se retrouve rapidement submergée par la diversité et la quantité d'objets dans le magasin. Incapable de trouver ce dont elle a besoin, elle se sent perdue et angoissée. Un homme lui offre son aide, mais un malentendu culturel conduit à une situation où elle se sent abandonnée.

2. La narratrice vit cette expérience avec un sentiment d'angoisse et de détresse croissante. Elle se sent perdue dans l'immensité du magasin, incapable de trouver des repères ou une direction claire. Son anxiété atteint son paroxysme lorsqu'elle réalise qu'elle est seule, ne comprenant pas la langue ni les codes de ce nouvel environnement.

3. Des éléments stylistiques tels que la personnalisation et la métaphore renforcent les émotions de la narratrice. Le magasin est décrit comme une entité monstrueuse aux parties innombrables, évoquant une mer solide et insondable. La métaphore filée de la mer solide renforce le sentiment d'être submergée et incapable de trouver un point d'ancrage, soulignant la détresse croissante de la narratrice.

4. Le malentendu culturel survient lorsque la narratrice, répondant en français, décline poliment l'offre d'aide de l'homme. Cependant, il interprète cela comme un rejet et s'éloigne, mal compris. Il s'agit d'une incompréhension liée à la langue et à la communication, reflétant les défis culturels auxquels la narratrice est confrontée dans son nouvel environnement à Montréal.

5. Réponses personnelles des apprenants. Pour précision, il est fréquent que les malentendus culturels provoquent des émotions de confusion, d'inconfort et parfois de solitude. Les différences culturelles dans la communication peuvent entraîner des situations où les intentions ne sont pas bien comprises, générant des sentiments de frustration et d'isolement.

Activité 10 (page 195)

Avant de commencer

Faites lire la consigne et faites élaborer en grand groupe une liste de points à respecter dans cet exercice. Sorte de check-list. Procédez à une auto-évaluation qualitative.

Réponses
Liste de points attendus à respecter
Raconter quelque chose
Utilisation de connecteurs pour bien comprendre la progression de la lettre
Description détaillée de coutumes inconnues
Expression des émotions
Utilisation de quelques éléments stylistiques
Lexique varié

LEÇON 2 — S'entendre malgré tout (pages 196-199)

Avant de commencer

La leçon 2 aborde la francophonie et les échanges francophones. Elle met en lumière les spécificités langagières des différents peuples qui parlent le français : expressions idiomatiques, mots familiers source de quiproquos, d'ambiguïté, nuances de la langue, notamment dans le choix du vouvoiement et du tutoiement, qui n'est pas toujours si évident, car, même si codifié, dans le contact à l'autre, les adaptations sont constantes.

Présentez brièvement les points de grammaire, de vocabulaire et d'interactions qui seront traités dans cette leçon 2, à savoir :

– Grammaire : expressions du conseil
– Vocabulaire : expressions idiomatiques de la francophonie, le verlan
– Interactions : comprendre une chronique radio, jouer avec la langue, adapter son discours aux contextes interactionnels (registres de langue, tutoiement et vouvoiement)

Ensuite, demandez aux apprenants s'il est toujours facile de se comprendre entre deux locuteurs qui parlent la même langue et pourquoi. Après ce petit échange, commencez l'activité 1.

 **Activité 1** (page 196)

Avant de commencer
Proposez de faire une mini-recherche sur Laélia Véron : Linguiste et stylisticienne et enseignante-chercheuse, son travail porte principalement sur le langage comme instrument de pouvoir. Connue pour sa participation dans les réseaux sociaux, où elle rend accessibles les sciences du langage.
Faites lire les questions et proposez d'essayer de répondre à quelques-unes, en petits groupes, par rapport à ses expériences personnelles.
Faites écouter le document.

Réponses
1. Tutoyer ou vouvoyer est un choix qui n'est pas si simple. Cela dépend :
– de conventions qui peuvent être historiques ou sociales. Par exemple, les enfants qui ne vouvoient plus leurs parents (changements dans les relations intergénérationnelles).
– de conventions interpersonnelles : tutoyer ou vouvoyer ses beaux-parents ?
– de conventions médiatiques (différence sur plateau télé ou radio avec un public ou hors plateau)
Parfois, on ne sait pas trop, donc on alterne le vouvoiement et le tutoiement. Il est aussi possible de négocier ce tutoiement ou ce vouvoiement.
2. Si une personne refuse d'être tutoyée, on risque de *mal le prendre* (expression utilisée par Laelia)
3. Un vous de politesse fait partie d'un vouvoiement qui montre du respect pour la personne, de la courtoisie alors qu'un vous de distanciation est pour montrer un éloignement social avec la personne. Nous ne souhaitons pas forcément que notre relation soit plus profonde, nous connaître mieux.
4. D'après le sociologue Alex Albert, dans *Tutoyer son chef*, dans les entreprises modernes, le tutoiement serait de mise entre les cadres et les exécutants. Mais les hommes tutoieraient plus leur chef que les femmes. Et plus il y a de marches dans le niveau hiérarchique, plus il est difficile de tutoyer : une femme de ménage ne tutoie pas son PDG. En gros, plus nous avons de supérieurs, moins nous tutoyons.
5. Le tutoiement, dans les entreprises, sous prétexte de gommer les hiérarchies, renvoie l'employé face à ses responsabilités. Le fait de tutoyer son chef, de travailler pour son ami, peut être sympathique, mais la relation de hiérarchie existe bel et bien et n'est donc pas tout à fait propice à des rapports amicaux sincères.
6. En Norvège, la loi demande le tutoiement. Si on croise le premier ministre dans la rue, on le tutoie.

 **Activité 2** (page 196)

Avant de commencer
<u>Première partie</u>
Lisez la question en grand groupe et laissez les apprenants proposer spontanément des réponses. Écrivez les suggestions données au tableau.

Propositions de réponses
Voici des explications sur les facteurs qui influencent le choix du vouvoiement ou du tutoiement entre les individus de la Francophonie.
Le choix entre le tutoiement et le vouvoiement en français dépend de plusieurs critères sociaux, et voici six facteurs qui peuvent influencer cette décision :
1. Âge et génération : Les personnes issues de la même génération ou du même groupe d'âge ont tendance à se tutoyer plus facilement, tandis que le vouvoiement peut être privilégié entre les générations plus éloignées.
2. Contexte social : L'environnement social et professionnel peut également influencer le choix du tutoiement ou du vouvoiement. Dans un cadre informel ou amical, le tutoiement est souvent préféré, tandis que dans des contextes formels ou professionnels, le vouvoiement est plus approprié.
3. Statut social : Le statut social des personnes impliquées peut jouer un rôle. Le vouvoiement est souvent utilisé dans des relations hiérarchiques ou entre des personnes de statuts sociaux différents.
4. Nature de la relation : La nature de la relation entre les individus, qu'elle soit amicale, professionnelle, familiale, ou autre, peut influencer le choix du tutoiement ou du vouvoiement.
5. Respect et politesse : Le vouvoiement est fréquemment perçu comme une marque de respect et de politesse, surtout dans des situations formelles ou lors des premières rencontres. Le tutoiement peut être interprété comme plus familier.
6. Normes culturelles : Les normes culturelles et régionales peuvent également jouer un rôle important. Dans certaines cultures, le tutoiement est plus répandu et accepté, tandis que dans d'autres, le vouvoiement est la norme.

<u>Deuxième partie</u>
Lisez les situations en grand groupe et laissez les apprenants réfléchir en sous-groupe. Pour chaque situation, demandez-leur de justifier leurs réponses.
Retour en grand groupe, à tour de rôle, une équipe présente sa réponse et explique son raisonnement pour une situation. Présentez ensuite les réponses ci-dessous pour les comparer avec les réponses des apprenants.

Réponses
1. Deux étudiants universitaires : Ils ont probablement le même âge et appartiennent à la même génération. Dans un contexte universitaire informel, ils vont probablement se tutoyer.
2. Un patient et son médecin : En général, le vouvoiement est préféré pour maintenir une relation formelle, respectueuse et professionnelle entre le patient et le médecin.
3. Un gendre et sa belle-mère : La nature familiale de la relation suggère une proximité, mais le choix dépendra des normes familiales et de la nature de leur relation. Dans beaucoup de familles, le tutoiement est courant.
4. Un employé et son supérieur : En milieu professionnel, le vouvoiement est souvent privilégié pour maintenir une relation formelle et hiérarchique.

5. Une caissière et un client : Le vouvoiement est habituellement utilisé dans le contexte du service à la clientèle pour maintenir une relation professionnelle et respectueuse.
6. Un écolier et sa maîtresse de classe : Dans le cadre scolaire, les élèves ont tendance à vouvoyer leurs enseignants, établissant une distinction formelle entre les rôles, sauf à l'école maternelle où l'âge de l'enfant peut justifier le tutoiement.
7. Un couple dans la vingtaine : La nature amoureuse et informelle de la relation suggère qu'ils vont probablement se tutoyer.

 Activité 3 (page 196)

Avant de commencer

Lisez les questions en grand groupe et proposez un remue-méninges collectif sur les différents facteurs et critères à prendre en considération dans l'élaboration d'un guide pour adapter son registre de langue dans un pays francophone. Écrivez les réponses au tableau sous forme de mots-clés au fur et mesure.
Au besoin, orientez les réponses des apprenants vers les notions de contextes (social, professionnel, amical, etc.), de niveau de familiarité ou lien de parenté, de statut social, de la nature de la relation, d'âge, etc.
À partir de ces critères, placez les apprenants en sous-groupe et laissez-leur du temps pour l'élaboration du guide.
En grand groupe, les équipes volontaires présentent leur guide et expliquent leur raisonnement. Les autres sont encouragés à commenter.

Propositions de réponses

En adaptant votre langage en fonction de ces facteurs, vous serez en mesure de naviguer avec succès dans différentes situations, en respectant les normes sociales et culturelles du pays francophone dans lequel vous vous trouvez.
Adaptez le registre de langue en fonction des situations dans un pays francophone en suivant ces conseils :
1. Contexte social et professionnel :
– Formel (professionnel) :
– Utilisez le vouvoiement.
– Évitez le tutoiement, sauf invitation explicite à le faire.
– Utilisez des formules de politesse standard.
– Informel (social) :
– Utilisez le tutoiement entre amis, pairs ou personnes du même âge.
– Soyez attentif aux signaux sociaux pour déterminer le niveau de familiarité accepté.
2. Statut et Relation :
– Hiérarchie (supérieur/subordonné) :
– Vouvoiement avec les supérieurs hiérarchiques.
– Le tutoiement peut être introduit par la personne de statut supérieur.
– Égalité (pairs, amis) :
– Tutoiement avec des pairs ou amis.
– Famille :
– Tutoiement avec les membres de la famille.

3. Nature de la situation :
– Professionnelle :
– Utilisez un langage formel en réunion, présentation, entretien d'embauche.
– Informelle :
– Adaptez le langage en fonction du degré de familiarité.
– Dans un contexte décontracté, le tutoiement peut être approprié.
4. Environnement culturel :
– Normes culturelles :
– Respectez les normes culturelles du pays spécifique.
– Observez comment les locaux interagissent et adaptez-vous en conséquence.
5. Expressions idiomatiques et niveaux de langue :
– Langage soutenu :
– Utilisez un langage soutenu dans des situations formelles.
– Évitez les expressions familières dans un contexte professionnel.
– Langage familier :
– Dans des contextes informels, utilisez des expressions idiomatiques et familières.
6. Réception de signaux sociaux :
– Attitudes et comportements :
– Observez les réactions et attitudes de votre interlocuteur pour ajuster votre registre de langue.
– Si l'autre personne utilise le tutoiement, cela peut indiquer une ouverture à un registre plus informel.

 Activité 4 (page 197)

Avant de commencer

<u>Première partie</u>
En grand groupe, faites lire le texte par une personne. Sondez les apprenants pour savoir s'ils connaissent les expressions ou encouragez-les à faire des hypothèses sur leur signification à partir du contexte du texte et de la signification littérale des mots.

Réponses

1. Donner un coup de fil : Cette expression signifie simplement « appeler quelqu'un au téléphone ». L'origine exacte de cette expression n'est pas claire, mais l'utilisation du mot « coup » peut être liée à l'action rapide et brève d'appuyer sur les touches du téléphone pour composer un numéro.
2. Poser un lapin : L'expression « poser un lapin » est utilisée lorsque quelqu'un ne se présente pas à un rendez-vous sans prévenir. L'origine de cette expression est incertaine, mais une théorie suggère qu'elle pourrait provenir du fait qu'un lapin est associé à la ruse ou à la malice, et donc, lorsque quelqu'un « pose un lapin », il pourrait être perçu comme ayant trompé ou joué un tour à l'autre personne.
3. Tomber sur quelqu'un : Cette expression signifie rencontrer quelqu'un de manière inattendue. L'origine de cette expression est imagée, suggérant une collision ou une rencontre fortuite avec une autre personne, comme si vous « tombiez » littéralement sur elle.

4. Se fendre la poire : Cette expression signifie «rire beaucoup» ou « se tordre de rire ». L'origine de cette expression remonte à 1832, quand Charles Philipon réalisa une caricature de Louis Philippe avec une tête de poire. *Poire* a pris depuis le sens argotique de *visage*. La poire ou le visage, est fendu par le rire.

Deuxième partie
En grand groupe, lisez la consigne. Notez les expressions mentionnées au tableau.

Troisième partie
En grand groupe, lisez les consignes.
Placez les apprenants en petits-groupes et assignez-leur une expression. En grand groupe, chaque équipe présente son expression avec son exemple et ses explications.

Réponses
1. Être dans les patates – Cette expression québécoise signifie «se tromper» ou « être dans l'erreur ». Elle provient probablement du fait que lorsqu'on est dans les patates (pommes de terre), on est dans un état de confusion ou de désorientation, ce qui peut mener à des erreurs.
Exemple : « J'ai complètement raté mon rendez-vous parce que je pensais que c'était demain. Je suis vraiment dans les patates. »
2. Aller au pas de caméléon – Cette expression africaine signifie « avancer à pas lents » ou « progresser très lentement ». Elle tire sûrement son origine du mouvement lent et prudent du caméléon lorsqu'il se déplace.
Exemple : « Le projet avance tellement lentement, on dirait qu'on va au pas de caméléon. »
3. Il n'y a pas le feu au lac – Cette expression suisse signifie « il n'y a pas d'urgence » ou « il n'y a pas de raison de se presser ». L'origine de cette expression n'est pas précisément connue, mais elle pourrait faire référence au fait qu'il n'y a pas de danger imminent dans un lac en feu, contrairement à une maison ou une forêt en feu.
Exemple : « Tu peux prendre ton temps pour finir ce rapport, il n'y a pas le feu au lac. »
4. Cogner des clous – Cette expression québécoise signifie « s'endormir » ou « perdre momentanément conscience ». Elle vient probablement du fait que lorsque quelqu'un s'endort dans une situation où il devrait rester éveillé, il peut parfois faire des mouvements involontaires ou des bruits qui ressemblent au bruit de quelqu'un qui cogne des clous avec un marteau.
Exemple : « Pendant le cours ennuyeux, j'ai commencé à cogner des clous et j'ai manqué toute la partie importante de la leçon. »
5. Ne pas avoir toutes les frites dans le même sachet – Cette expression belge signifie « ne pas avoir les idées claires» ou « être un peu lent d'esprit ». Elle fait allusion au fait que quelqu'un qui n'a pas toutes ses frites dans le même sachet manque de quelque chose, de la même manière qu'un sachet de frites incomplet.
Exemple : « Quand il a essayé d'expliquer le concept, il bafouillait et semblait confus. Il n'a vraiment pas toutes ses frites dans le même sachet. »

Activité 5 (page 197)

En grand groupe, lisez la consigne. Donnez des exemples au besoin.
Notez au tableau les expressions données par les apprenants et organisez-les dans un tableau selon le pays ou la région (France, Suisse, etc.) et le niveau de similarité avec la langue d'origine des apprenants.

Activité 6 (page 197)

En grand groupe, lisez la consigne. Donnez des précisions au besoin.
Enrichissez le tableau initié à l'activité 5 avec les nouvelles expressions présentées dans les interactions entre les apprenants. Apportez des précisions et exemples au besoin.

Activité 7 (page 198)

Avant de commencer

Faites regarder l'image et demandez quelle est l'expression de la personne.
Faites lire les questions et faites écouter une seule fois l'enregistrement.
Procédez à une correction collective.

Réponses
1. Charlotte s'énerve parce qu'elle entend ses collègues dire que son dessert est écœurant entre eux et qu'ils lui disent à elle qu'il est bon. Elle pense qu'ils n'ont pas aimé son dessert et qu'ils sont hypocrites avec elle.
2. Le malentendu repose sur la double signification du mot « écœurant » au Québec : qui soulève le cœur. Peut-être alors très bon ou à l'inverse provoquer du dégoût.

Activité 8 (page 198)

En grand groupe, lisez la consigne. Proposez aux apprenants de partager leurs expériences avec l'ensemble de la classe.

Activité 9 (page 198)

Avant de commencer

En grand groupe, faites lire le titre « Il me vénère » et demandez la signification de cette phrase.
Faites regarder la vidéo une seule fois et faites répondre aux deux questions par petits groupes.
Puis, échangez en grand groupe.

Réponses
1. Le quiproquo repose sur le mot « vénère ».
– Vénérer quelque chose ou une personne : éprouver un attachement profond pour cette chose ou cette personne. *Il me vénère* est aussi une expression en verlan, les syllabes du verbe « é/ner/ver » ont été inversées et cela donne donc *il me vénère* au lieu de *il m'énerve*, provoquant le malentendu.
2. La situation est comique parce qu'on voit bien que Martin essaye de montrer à Charlotte à quel point il l'apprécie et elle ne comprend absolument pas.

Activité 10 (page 198)

Avant de commencer

En grand groupe, demandez aux apprenants s'ils savent ce qu'est le verlan et s'ils ont des exemples.
Demandez-leur ensuite de faire des recherches en équipe de deux pour vérifier si les affirmations sont vraies ou fausses.
En grand groupe, les apprenants présentent leurs réponses et les informations qu'ils ont trouvées sur le sujet.

Réponses

1. Vrai : Le verlan est effectivement un type d'argot français qui consiste à inverser l'ordre des syllabes d'un mot. Par exemple, le mot « bizarre » devient « zarbi ».
2. Faux : L'origine du verlan remonte bien avant les années 90. Il existait déjà au XIXe siècle sous différentes formes. Cependant, le verlan est devenu plus répandu et populaire dans la culture contemporaine, notamment avec l'émergence du mouvement hip-hop dans les années 80.
3. Faux : Bien que le verlan soit souvent associé aux banlieues françaises, il n'est pas exclusivement parlé là-bas. Le verlan a traversé les frontières sociales et géographiques pour devenir une partie intégrante de l'argot français utilisé dans divers contextes et par des personnes de différentes origines.

Activité 11 (page 198)

Avant de commencer

Faites lire la question et demandez aux apprenants de donner des exemples de mots en verlan qu'ils connaissent déjà : cela peut être *ziquemu, laisse béton, zarbi, il me vénère…* ou même des expressions de la liste.
Faites résoudre l'exercice par petits groupes et procédez à une correction collective.

Réponses

Ces termes du verlan, devenus courants dans le langage familier, sont fréquemment utilisés de manière informelle et décontractée dans la conversation quotidienne en français contemporain.
Voici la signification des termes du verlan en français courant :
1. cimer :
– Signification : Merci
Exemple : « Cimer pour ton aide. »
2. relou :
– Signification : lourd, agaçant, pénible
Exemple : « Arrête d'être relou ! »
3. ouf :
– Signification : fou, dingue, incroyable
Exemple : « Cette soirée était ouf ! »
4. chelou :
– Signification : louche, étrange
Exemple : « Cet endroit est un peu chelou. »
5. chanmé :
– Signification : méchant, cruel, dur
Exemple : « C'est chanmé de faire ça. »
6. pécho :
– Signification : séduire, draguer, conquérir ou attraper
Exemple : « Il a réussi à pécho le numéro de la fille. »
7. une teuf :
– Signification : une fête, une soirée festive
Exemple : « On va à une teuf ce soir. »
8. un keuf :
– Signification : un policier
Exemple : « Attention, il y a un keuf là-bas. »
9. une meuf :
– Signification : une femme, une fille
Exemple : « C'est ma meuf. »
10. un keum :
– Signification : un homme, un mec
Exemple : « C'est mon keum, mon pote. »

 Activité 12 (page 199)

Avant de commencer

Faites visionner la vidéo et demandez aux apprenants de prendre des notes sur ce qu'ils comprennent. Demandez-leur quel est le thème, ce qu'ils ont compris.
Faites écouter une deuxième fois avec la transcription. Invitez-les à repérer les mots/expressions en verlan et en registre familier.
Faites répondre aux questions par petits groupes.
Procédez à une correction collective.
Il est possible aussi de présenter le chanteur, ou de leur demander de faire une mini-recherche et de le présenter, avant ou après l'activité :

> Kerredine Soltani, chanteur et compositeur, est né à Argenteuil, en banlieue parisienne. Il intervient souvent à l'université de Stanford où ses chansons sont étudiées. Il est l'auteur de chansons de plusieurs chanteurs, notamment *Je veux* de Zaz, chanson mondialement connue.

Réponses

1. La chanson parle du verlan et en montre différents mots. Le verlan est présenté comme une langue, pour cette raison le chanteur dit qu'il est bilingue : il parle français et verlan. Au début de la vidéo, on voit Gad Elmaleh lui parler en anglais et lui répond qu'il parle verlan.
2. En italique les mots en verlan, en normal les mots venant de l'argot, du registre familier.
– poto, gros : poto vient du mot familier pote (ami) ; gros désigne un ami proche.
– *cansva* : vacances.
– *gova* : vient du mot « vago », voiture. En relation avec les wagons du train.
– rotteca : dans les banlieues, arnaquer, voler, escroquer.
– *québra* : bra/quer, viser avec une arme à feu.
– tu kiffes : tu adores.
– les tiffs : les cheveux.
– *aim-f* : f/aim. Avoir faim.
– *kinf* : a/fri/cain, inversion des syllabes : cain-afri, et la fin est abrégée : kinf
– *geois-bour* : un bourgeois
– pécho : dans les banlieues, séduire une personne, flirter. S'il s'agit de verlan, (*pé/cho* : cho/per) cela signifie autre chose : choper, se faire arrêter, ou prendre, récupérer, attraper, choper quelque chose

– *bédot* : verlan de *daube* : joint de mauvaise qualité
– michto : dans les banlieues, peut désigner une situation bien, agréable, mais aussi une fille belle, attirante.
– crevard : dans les banlieues, peut signifier démuni, sans ressources, mais aussi avare, radin.
– blédard : vient du mot « bled ». Une personne qui habite au bled, qui vient du bled (intérieur des terres, campagne au Maghreb).
– wesh / wesh bien : dans les banlieues, manière de saluer, de dire bonjour, ça va bien.
– *reuch* : cher
– *reuf* : frère
– toss : terme péjoratif pour désigner un portugais
– bastos : du nom de la marque Bastos, marque de cigarettes à Alger, et désignant par analogie balle d'une arme à feu, une cartouche. Par analogie aussi entre l'effet produit par le tir d'une arme à feu et une femme très belle, signifie aussi une femme très belle, une bombe en langage familier.
– gratos : abréviation populaire de gratuit
– *chelou* : louche, bizarre
– t'inquiète : Ne t'inquiète pas, ce n'est pas grave, ça va aller
– gosse beau : beau gosse, homme attirant, beau
– un mec : un homme
– mytho : Abréviation de mythomane, menteur.
– poucave : informateur, personne qui dévoile des secrets. Vient du verbe poukh dans la langue des gitans : trahir, dénoncer.
– trav' : homme travesti en femme. Abréviation.
– sosse : peut désigner un associé, mais aussi un copain, un ami.
– ça boum : ça va bien, cela me convient.
Il est possible de trouver beaucoup de mots d'argot des banlieues dans ce site : www.dictionnairedelazone.fr
3. brêle vient de l'arabe *brêl*, mulet : imbécile, idiot, mais aussi incompétent.

 Activité 13 (page 199)

Avant de commencer

Faites lire la consigne.
Faites travailler par petits groupes (entre 3 et 5 apprenants par groupe) pour faciliter les échanges.
Les inviter à utiliser le dictionnaire monolingue pour chercher des définitions comme langue, langage, dialecte…

Échanges attendus

La question de savoir si le verlan peut être considéré comme une langue est complexe. En général, le verlan est davantage une variation linguistique ou un argot plutôt qu'une langue à part entière. Une langue est généralement caractérisée par sa propre grammaire, syntaxe et structure, tandis que le verlan est une forme d'argot qui modifie la prononciation des mots. Cependant, on peut argumenter en faveur du fait que le verlan représente une certaine forme d'expression linguistique créative et distincte, avec ses propres règles et conventions. Dans ce sens, certains considèrent le verlan comme un registre ou une variété linguistique plutôt que comme une langue à part entière.

Quant à savoir si cela contribue à la richesse d'une langue et d'une culture ou si cela déprave la qualité de la langue, les opinions peuvent diverger :

Arguments en faveur :
1. Créativité linguistique : Le verlan et d'autres formes d'argot montrent la créativité linguistique des locuteurs, démontrant la flexibilité de la langue pour s'adapter à différents contextes et groupes sociaux.
2. Identité culturelle : Ces variations linguistiques peuvent renforcer l'identité culturelle et créer un sentiment d'appartenance parmi certains groupes sociaux.
3. Expression individuelle : Le verlan offre aux locuteurs une manière unique de s'exprimer, de se démarquer et de créer une connexion entre eux.

Arguments en défaveur :
1. Compréhension difficile : L'utilisation intensive du verlan peut rendre la communication difficile pour ceux qui ne sont pas familiers avec cette forme d'argot, créant des barrières linguistiques.
2. Dégradation linguistique : Certains critiques estiment que l'utilisation fréquente de l'argot, y compris le verlan, peut contribuer à une dégradation de la qualité linguistique en introduisant des variations non standard et des déformations de la langue.
3. Stigmatisation sociale : L'utilisation exclusive de certaines formes d'argot peut stigmatiser certains groupes sociaux et contribuer à des préjugés linguistiques.

En fin de compte, la perception du verlan dépend souvent de la perspective individuelle, et il est possible d'apprécier la richesse linguistique tout en reconnaissant les défis potentiels qu'il pose dans certains contextes de communication.

 Activité 14 (page 199)

Avant de commencer

Faites échanger par petits groupes sur les caractéristiques d'un billet d'humour : tonalités, exclamations, longueur… Faites aussi échanger sur les situations provoquant un malentendu. Faites résoudre l'activité par groupes de 3 personnes.

Proposition de réponses

Titre : Quand le lexique sème la confusion chez les Expatriés !
Salut les expats intrépides ! Vous savez, l'expatriation, c'est comme une aventure linguistique perpétuelle. On s'immerge dans une nouvelle culture, on apprend de nouveaux mots, et parfois, on tombe dans le piège du malentendu lexical.
Imaginez-vous, tout heureux de vous installer dans ce pays francophone, prêt à vous fondre dans la masse avec votre dictionnaire et votre meilleure intention. Mais attention, la route vers la maîtrise de la langue est pavée de malentendus, et parfois, c'est à mourir… de rire !
Situation 1 : Le Coup du 'Actuellement'
Vous, fraîchement débarqué, essayez de vous intégrer dans une conversation animée. Tout va bien jusqu'à ce que vous dégainiez un « actuellement ». Votre interlocuteur vous regarde, perplexe, se demandant si vous venez de déclarer votre flamme ou si vous avez soudainement adopté un style de vie végétarien. Eh oui, ici, 'actuellement'

veut souvent dire 'maintenant', et non pas 'en réalité'. Vous voilà parti pour une séance de rattrapage en linguistique affective !

Situation 2 : Le Café qui Surprend
Vous décidez de vous la jouer local et de commander un café. Mais voilà, vous n'étiez pas prêt pour le vocabulaire particulier du barista. Vous demandez un 'latte', et on vous sert une litière. Non, non, pas celle pour chat, mais une 'laitière', car ici, on dit 'café au lait'. On espère que vous aimez les surprises lactées !

Situation 3 : Le Grand Mix Culturel
Vous recevez une invitation à une soirée entre amis et, pour briller, vous décidez de mélanger un peu de votre langue natale. Seulement voilà, votre « Je suis très 'émoustillé' » ne suscite pas les réactions que vous espériez. On vous regarde avec des yeux ronds et des sourires gênés. Ici, 'émoustillé' ne signifie pas 'excité', mais plutôt amusé. À moins que votre soirée ne prenne un tout autre tournant inattendu !

Voilà, chers expatriés, la vie, c'est un grand sketch linguistique. Mais n'ayez crainte, les malentendus sont les pépites qui rendent votre expérience unique et mémorable. Et puis, soyons honnêtes, qui ne voudrait pas d'une dose d'humour dans cette aventure culturelle et linguistique ? Bonne chance et surtout, gardez le sourire, même si parfois, c'est en grimaçant devant votre latte au lait !

LEÇON 3 — L'humour dans tous les sens (pages 200-203)

Avant de commencer

La leçon 3 aborde *l'humour dans tous les sens*. Elle pose la question des différentes raisons de rire dans le monde, permet de réfléchir sur, malgré le fait que le rire est une caractéristique physique sociale propre à l'individu, les différentes manières de rire et les causes variées, sur les différences d'humour entre les peuples. Elle pose la question de si on peut rire de tout.

Présentez brièvement les points de grammaire, de vocabulaire et d'interactions qui seront traités dans cette leçon 3, à savoir :
– Grammaire : le subjonctif plus-que-parfait
– Vocabulaire : expressions québécoises, jeux de mots
– Interactions : humour et jeux de mots

Avant de commencer l'activité 1, faites un remue-méninge autour du titre *l'humour dans tous les sens*. Faites émettre des idées, des hypothèses autour de ces questions. À quoi ce titre fait penser ? Pourquoi *dans tous les sens* ? Quels aspects vont être traités dans la leçon ?

Activité 1 (page 200)

Avant de commencer

Faites lire le titre de l'article ainsi que le chapeau. Faites élaborer des hypothèses sur le contenu de l'article et faites échanger sur l'éventuelle existence d'humours nationaux. Faites lire le texte et répondre aux questions de manière individuelle.
Procédez à une correction collective.

Réponses

1. Le texte ne donne pas d'indication claire sur le fait de rire des mêmes thèmes partout. Cependant, il suggère que chaque pays a ses spécificités en matière d'humour, basées sur des connivences, références communes, différences sociales et culturelles propres à chaque contrée.
2. Oui, les blagues qui se moquent des dirigeants, voisins, territoires ou populations étrangères sont fréquentes. La phrase du texte qui justifie cela est : « Tous les pays ou presque se sont fait une spécialité de dauber sur leurs dirigeants et leurs voisins, territoires ou populations. »

3.
– Litote : Associée aux Anglais.
– Exagération : Prédominante chez les Américains.
– Ironie luthérienne : Marche en Suède, basée sur la loi de Jante, un code de conduite et de politesse extrême.

4. La blague la plus drôle au monde, telle qu'elle est présentée dans le texte, peut être considérée comme de l'humour noir. Elle utilise une situation grave (un homme qui semble mort) pour créer une surprise et susciter le rire, en jouant sur l'inattendu et le macabre.

5. Les raisons de rire mentionnées dans le texte comprennent les perturbations naturelles du corps (locomotion, respiration, digestion), les différences sociales et culturelles, les plaisanteries sur les dirigeants, voisins, territoires ou populations étrangères. Le rire est également associé à des spécificités nationales, mais la mondialisation et la circulation des médias tendent à estomper les différences d'appréciation de l'humour.

Activité 2 (page 200)

Avant de commencer

Proposez de décrire l'image et demandez d'élaborer des hypothèses sur les raisons du rire des personnes.
Lisez les questions, échangez en petits groupes puis en grand groupe.

Réponses

Réponses qui dépendent du public et de sa culture, mais des réflexions doivent être engagées sur le fait que le rire peut parfois être blessant dans quelques situations, et qu'on ne rit pas des mêmes choses partout. Accompagner les apprenants pour qu'ils identifient les procédés qui provoquent le rire dans les exemples qu'ils/elles mentionnent.

Activité 3 (page 201)

Avant de commencer

Faites identifier l'image. Il s'agit d'une scène d'un film très connu, *Le dîner de cons*.

Faites décrire la scène.
Faites lire les questions, visionner une fois la vidéo, répondre aux questions de manière individuelle. Faites vérifier les réponses en visionnant une deuxième fois.
Procédez à une correction collective.

Réponses

1. Le personnage s'appelle Juste Leblanc. L'incompréhension repose sur l'homonyme *juste* : le prénom *Juste* et la signification du mot *juste, correct, exact ou qui fait référence à la justice*. Mr Pignon pense que Mr Leblanc n'a pas de prénom et l'incompréhension se poursuit afin de créer aussi un effet de comique avec les phrases suivantes qui utilisent le mot *juste* : *C'est Juste son prénom. Votre prénom à vous, c'est François, c'est juste ? Ben lui c'est pareil, c'est Juste.*
2. Mr Pignon pense que Christine est bretonne parce que son nom de famille de jeune fille Leguirec ressemble à des noms bretons.
3. L'accent belge est ici caractérisé par une intonation traînante sur le son /wa/ qui ressemble plus à /we/ (bons**oi**r, une f**oi**s, des dr**oi**ts, sav**oi**r…) ainsi que sur une insistance particulière sur le son /a/ dans *blague*. Le discours est ponctué d'expressions comme *juste une fois, n'est-ce pas, une fois*.
4. Le spectateur rit aussi de la situation, par exemple, quand le personnage chuchote au téléphone par imitation ou encore surtout par le fait qu'il s'éternise sur les droits d'une adaptation au cinéma d'un livre, et à la fin quand il raccroche et qu'il a oublié la raison principale de son appel : localiser Christine, la femme du personnage.
5. le cinéma : le grand écran
la télévision : la petite lucarne
une bévue : la boulette

Activité 4 (page 201)

Avant de commencer

Faites observer et décrire l'image.
Procédez à la lecture à voix haute du texte et demandez de repérer et souligner les répétitions : les apprenants devraient identifier la répétition du son /gre/.
Faites lire et répondre aux questions, n'oubliez pas de faire identifier les différentes graphies du même son. Procédez à une correction collective.

Réponses

1. L'expression « ne pas tourner autour du pot » signifie ne pas éviter le sujet principal, aller droit au but, s'exprimer de manière directe sans détours ni circonvolutions.
2. Voici toutes les expressions qui utilisent le mot « gré » dans le texte, accompagnées de leur définition :
– « Le pot de grès » – « Grès » désigne ici un type de céramique, une poterie faite à partir d'une argile durcie par le feu.
– « Traité de gré à gré ». Cette expression signifie un accord conclu directement entre les parties, sans intervention extérieure ou sans passer par une procédure formelle.
– « Fort à mon gré » – « À mon gré » signifie selon ma convenance, à mon goût, de manière satisfaisante pour moi.
– « Pas le pot qui n'agrée pas » – « Agréer » signifie accepter, convenir, trouver à son goût.
– « C'est le grès ! » – Ici, « grès » est utilisé pour désigner le matériau dont est fait le pot, en référence au point précédent.
– « Bon gré mal gré ». Cette expression signifie qu'on le veuille ou non, qu'on soit d'accord ou non.
– « De force ou de gré ». Cette expression signifie qu'on le fasse sous contrainte ou volontairement.
– « Contre son gré ». Contre sa volonté, sans son consentement.
– « Malgré que ce grès m'agrée » – « Malgré que » est utilisé ici pour introduire une concession. « Agréer » signifie ici convenir, plaire.
– « Je vous saurais gré ». Cette expression signifie « je vous en serais reconnaissant », souvent utilisée pour exprimer sa gratitude.
– « Plus à son gré » – « À son gré » signifie selon son goût, ses préférences. « Plus à son gré » signifie donc plus conforme à ses souhaits ou préférences.
3. La lettre présente plusieurs caractéristiques formelles :
– Elle commence par une formule de politesse (« Monsieur »).
– Elle est structurée avec une introduction (« Je ne tournerai pas autour du pot. »), un développement et une conclusion (« Veuillez agréer, Monsieur, avec mes regrets, etc. »).
– Elle utilise un registre de langage formel et respectueux, ainsi que le vouvoiement.
– Elle est signée à la fin par l'auteur.
4. L'humour de ce texte repose sur le jeu de mots et la confusion autour du mot « gré ». L'auteur joue avec les différentes significations du mot, utilisant des expressions telles que « gré à gré », « bon gré mal gré », « de force ou de gré », pour créer une situation comique. La lettre semble sérieuse et formelle au premier abord, mais le comique réside dans la manière dont l'auteur utilise habilement le langage pour exprimer une situation anodine de manière humoristique.

Activité 5 (page 201)

Avant de commencer

Réponses

1. Réponse alternative explicative : Le jeu de mots repose sur la similarité phonétique entre les mots « le thon », qui fait référence au poisson, et « le ton » qui monte durant une dispute.
2. Réponse alternative explicative : Le citron est assez fort pour couper des arbres. L'humour découle du jeu de mots entre « citron » et « scie-tronc », où la prononciation similaire crée une association comique.
3. Réponse alternative explicative : Un cendrier devant un ascenseur souhaite des cendres. L'humour repose sur le jeu de mots entre « souhaiter des cendres » et « souhaiter descendre », créant une confusion comique.
4. Réponse alternative explicative : Dans l'eau, une imprimante déclare qu'elle a du papier. L'humour vient

du jeu de mots entre « J'ai papier » et « J'ai pas pied », créant une situation comique où l'imprimante semble parler de son incapacité à avoir pied dans l'eau.

Activité 6 (page 201)

Faites lire la consigne et échanger les apprenants par petits groupes, accompagnez-les pour expliciter les procédés humoristiques des blagues qu'ils mentionnent.
Faites choisir par le grand groupe le jeu de mots le plus intéressant, le plus comique, le plus original... parmi ceux présentés.
Pas de réponse spécifique, mais on peut attendre des présentations reposant sur les homonymes *ver*, *verre*, *vert*, *vers* ou encore *maire*, *mère*...

Activité 7 (page 202)

Avant de commencer

Proposez de faire une recherche sur Mamane pour présenter une mini-biographie :

> Humoriste, réalisateur et scénariste nigérien. Son vrai nom est Mohamed Mustapha.
> Animateur de la *Chronique de Mamane* sur RFI.
> Les thèmes traités en général dans ses spectacles sont la langue française, la démocratie, l'immigration, l'écologie...

Faites visionner la vidéo et répondre aux questions

Réponses

1. Pour former les antonymes, nous devons rajouter le préfixe *dé-*. Par exemple, tendu/détendu, réglé/déréglé, caféiné/décaféiné.
2. Le problème est dans certains mots pour lesquels cette règle ne fonctionne pas : tourner-détourner. Détourner n'est pas le contraire de tourner, mais signifie changer le cours, la direction de quelque chose. Les jeux de mots reposent sur cette irrégularité de la langue. Ce n'est pas forcément parce qu'on rajoute le préfixe dé- que l'on donne le contraire du mot.
Les exemples mentionnés sont :
Pourquoi les rappeurs dérapent alors qu'ils rappent encore ?
Je lave le jean et il se délave.
Un jean délavé est cher, mais on ne sait pas s'il est sale ou pas.
Chaque année Bob Marley sort un cédé alors qu'il est décédé.
Pourquoi les riches dépensent et les pauvres ils y pensent ?
Quand le patron refuse une prime, tu déprimes.
3. détester signifie ne pas aimer. Donc tester doit signifier aimer. Alors évidemment quand il dit à sa femme qu'il la teste au lieu de lui dire qu'il l'aime, il provoque un malentendu.
4. Testament en un seul mot parce que s'il s'agissait de deux mots, ce serait, un test-amant.
5. Si envoyer promener et envoyer chier sont synonymes, alors promener et chier sont synonymes. Donc faire promener son chien, c'est le sortir pour qu'il fasse ses besoins. C'est pour cela que dans les villes françaises, il y a des tonnes de promenades (en suivant l'idée, il fait bien entendu référence aux excréments des chiens).
Il continue le jeu de mots promener/faire ses besoins en parlant des promeneurs du dimanche (qui profitent du dimanche pour réaliser des activités de loisirs).
Et il mentionne la Promenade des Anglais, à Nice tout en continuant sur le même jeu de mots, comme si les Français invitaient les Anglais.
Il mentionne, pour aller *promener* des lieux comme la place Beauvau, Matignon, l'Elysée.

Activité 8 (page 202)

Faites expliciter la phrase « on ne peut faire de l'humour que sur l'endroit où l'on vit » et faites exprimer en petits groupes si cela est vrai ou pas et pourquoi.

Activité 9 (page 202)

Avant de commencer

En grand groupe, présentez la couverture du livre et demandez aux étudiants ce que le titre évoque pour eux.
Laissez les apprenants lire le texte individuellement et placez-les ensuite en équipe de deux pour répondre aux trois questions.
Revenez en grand groupe pour discuter des réponses des apprenants et apportez des précisions au besoin.

Réponses

1. L'attitude de la narratrice pendant la discussion est teintée d'ironie et de sarcasme. Le style utilisé semble être celui de l'humour, mais il peut aussi être interprété comme de l'ironie, avec un ton léger et moqueur envers les comportements du Québécois.
2. Le malentendu entre les deux personnes repose sur plusieurs expressions québécoises que la narratrice ne comprend pas ou qu'elle interprète de la mauvaise manière. Par exemple, lorsque le Québécois demande à la narratrice si elle « feel », il fait référence à son bien-être ou à son état émotionnel. Cependant, la narratrice interprète mal cette expression et pense qu'il s'agit de quelque chose de physique ou de médical, ce qui crée un malentendu comique.
3. Le comportement alimentaire des Québécois qui déstabilise la narratrice est le fait que le Québécois mange de la glace en hiver malgré le froid intense. La narratrice exprime sa surprise et son incompréhension face à cette habitude, soulignant les différences culturelles entre les Français et les Québécois en matière de nourriture et de climat.

Activité 10 (page 203)

Avant de commencer

<u>Première partie</u>
À partir de l'activité 9, demandez aux apprenants de retrouver dans le texte les expressions québécoises qui font référence aux synonymes donnés. Des recherches sur l'internet peuvent aider.

Réponses

1. Dans le texte, voici les expressions québécoises correspondantes aux synonymes mentionnés :
1. Le coffre : De mon char (dans la phrase « Peux-tu ouvrir la valise ? De mon char ! »)
2. Ne pas se sentir bien : Tu feel pas ?
3. La voiture : De mon char (utilisé pour désigner la voiture, en lien avec la phrase « Peux-tu ouvrir la valise ? De mon char ! »)
4. Les lunettes : La buée dans les barniques (dans la phrase « Té pâle ! Pis t'as de la buée dans les barniques, t'as pas l'air bien »)
5. Paniquer : S'exciter le poil des jambes (dans la phrase « T'excite pas le poil des jambes »)
6. Avoir peur : Avoir la chienne (dans la phrase « T'as-tu la chienne ? »)

Deuxième partie
Demandez-leur de faire des recherches sur l'internet pour chercher d'autres termes ou expressions propres à certaines régions de la francophonie.
En grand groupe, les apprenants présentent les termes qu'ils ont trouvés.

Proposition de réponses
Chaque région a ses propres particularités linguistiques, souvent influencées par la culture, l'histoire et les interactions avec d'autres langues. Ces termes contribuent à la richesse de la langue française à travers le monde.
Voici quelques exemples de termes et expressions propres à certaines régions de la francophonie :

En Belgique :
• « Kot » : Mot belge pour désigner une chambre étudiante.
• « Cobaye » : En Belgique, ce terme désigne un stagiaire ou un débutant dans un domaine.
• « Chicon » : Nom belge pour l'endive.
Au Québec :
• « Crisser » : Verbe québécois utilisé pour exprimer l'action de jeter violemment quelque chose.
• « Tuque » : Bonnet tricoté porté en hiver au Québec.
• « Cabane à sucre » : Lieu où l'on produit et déguste du sirop d'érable, typique de la culture québécoise.
En Afrique francophone :
• « Tonton » : Terme africain francophone pour désigner un oncle.
• « Boubou » : Vêtement traditionnel africain porté par les hommes.
• « Toubab » : Terme africain francophone pour désigner un étranger ou un occidental.

 **Activité 11** (page 203)

Avant de commencer
Demandez aux apprenants de regarder la gravure et de dire ce qu'elle représente. Demandez-leur quel est le lien entre la gravure et le titre de l'extrait.
Faites analyser le paratexte : quel est le type de document ? D'où il est extrait ? Quelle est l'époque ?
Procédez à la lecture du document de manière individuelle.

Réponses
1. Caractéristique principale de la mode :
La caractéristique principale de la mode, selon le texte, est son caractère capricieux et changeant. Les personnes semblent suivre les tendances sans se soucier de la cohérence ou de la constance dans leur façon de s'habiller.
2. Exagérations permettant de tourner en dérision le phénomène de la mode :
– Une femme qui quitte Paris pour aller passer six mois à la campagne en revient aussi antique que si elle s'y était oubliée trente ans.
– Le fils méconnaît le portrait de sa mère, tant l'habit avec lequel elle est peinte lui paraît étrange.
– L'auteur utilise l'exagération pour souligner l'instabilité de la mode, affirmant que les Français ont oublié comment ils étaient habillés non seulement cet été, mais aussi qu'ils ignorent comment ils le seront cet hiver.
– L'idée que les coiffures montent et descendent comme résultat de révolutions, et que les architectes modifient les portes en fonction des exigences de la mode, ou que parfois les coiffures sont tellement hautes que le visage d'une dame semble être au milieu d'elle-même.
Toutes ces exagérations tournent en dérision les phénomènes de mode et soulignent l'absurdité de certaines pratiques.
3. Exemples faisant écho au titre « Les caprices de la mode » :
– Les exemples donnés dans le texte, tels que la description des femmes qui reviennent de la campagne aussi « antiques » que si elles s'y étaient oubliées pendant trente ans, illustrent les caprices de la mode.
– La référence aux mouches sur le visage, qui disparaissent soudainement, renforce l'idée que les tendances de la mode peuvent changer brusquement et de manière imprévisible.
L'auteur utilise l'ironie et l'exagération pour critiquer la superficialité et l'inconstance associées à la mode, soulignant le caractère futile et changeant des tendances vestimentaires.

Activité 12 (page 203)

Laissez les apprenants échanger entre eux/elles sur les phénomènes de mode et sur nos capacités à nous moquer, si nous devons nous le permettre ou pas et si nous devons exprimer des opinions sur la manière de s'habiller des personnes.

Activité 13 (page 203)

Faites préparer l'activité en petits groupes. Accompagnez les apprenants en leur posant des questions : qu'est-ce qui peut paraître bizarre pour un étranger dans votre pays ? Quels conseils donneriez-vous à un étranger francophone avant de venir dans votre pays ? Faites repérer les spécificités de chaque texte pour que les apprenants choisissent leur style :
Texte de Diane Ducret : plus informel, phrases idiomatiques, expressions qui interpellent le lecteur et renforcent le comique de situation.
Texte de Montesquieu : plus formel, exercice de comparaison chronologique, une lettre.

Chaque apprenant rédige son écrit et le fait corriger par l'un de ses collègues.

Pour aller plus loin : l'ironie dans le texte de La Rempailleuse de Maupassant.

Lisez cet extrait de *La Rempailleuse* de Maupassant.
Comme je vous l'ai dit en commençant, elle est morte ce printemps. Après m'avoir raconté toute cette triste histoire, elle me pria de remettre à celui qu'elle avait si patiemment aimé toutes les économies de son existence, car elle n'avait travaillé que pour lui, disait-elle, jeûnant même pour mettre de côté, et être sûre qu'il penserait à elle, au moins une fois, quand elle serait morte.
Elle me donna donc deux mille trois cent vingt-sept francs. Je laissai à M. le curé les vingt-sept francs pour l'enterrement, et j'emportai le reste quand elle eut rendu le dernier soupir.
Le lendemain, je me rendis chez les Chouquet. Ils achevaient de déjeuner, en face l'un de l'autre, gros et rouges, fleurant les produits pharmaceutiques, importants et satisfaits.
On me fit asseoir ; on m'offrit un kirsch, que j'acceptai ; et je commençai mon discours d'une voix émue, persuadé qu'ils allaient pleurer.
Dès qu'il eut compris qu'il avait été aimé de **cette vagabonde, de cette rempailleuse, de cette rouleuse**, Chouquet bondit d'indignation, comme si elle lui avait volé **sa réputation, l'estime des honnêtes gens, son honneur intime, quelque chose de délicat qui lui était plus cher que la vie**.
Sa femme, aussi exaspérée que lui, répétait : « Cette gueuse ! cette gueuse ! cette gueuse !... » Sans pouvoir trouver autre chose.
Il s'était levé ; il marchait à grands pas derrière la table, le bonnet grec chaviré sur une oreille. Il balbutiait : « Comprend-on ça, docteur ? Voilà de ces choses horribles pour un homme ! Que faire ? Oh ! si je l'avais su de son vivant, je l'aurais fait arrêter par la gendarmerie et flanquer en prison. Et elle n'en serait pas sortie, je vous en réponds ! »
Je demeurais stupéfait du résultat de ma démarche pieuse. Je ne savais que dire ni que faire. Mais j'avais à compléter ma mission. Je repris : « Elle m'a chargé de vous remettre ses économies, qui montent à deux mille trois cents francs. Comme ce que je viens de vous apprendre semble vous être fort désagréable, le mieux serait peut-être de donner cet argent aux pauvres. »
Ils me regardaient, l'homme et la femme, perclus de saisissement.
Je tirai l'argent de ma poche, du misérable argent de tous les pays et de toutes les marques, de l'or et des sous mêlés. Puis je demandai : « Que décidez-vous ? »
Madame Chouquet parla la première : « Mais, puisque c'était sa dernière volonté, à cette femme... il me semble qu'il nous est bien difficile de refuser. »
Le mari, vaguement confus, reprit : « Nous pourrions toujours acheter avec ça quelque chose pour nos enfants. »
Je dis d'un air sec : « Comme vous voudrez. »
Il reprit : « Donnez toujours, puisqu'elle vous en a chargé ; nous trouverons bien moyen de l'employer à quelque bonne œuvre. »
Je remis l'argent, je saluai, et je partis.
Le lendemain Chouquet vint me trouver et, brusquement : « Mais elle a laissé ici sa voiture, cette... cette femme. Qu'est-ce que vous en faites, de cette voiture ? »
– Rien, prenez-la si vous voulez.
– Parfait ; cela me va ; j'en ferai une cabane pour mon potager.
Il s'en allait. Je le rappelai. « Elle a laissé aussi son vieux cheval et ses deux chiens. Les voulez-vous ? » Il s'arrêta, surpris : « Ah ! non, par exemple ; que voulez-vous que j'en fasse ? Disposez-en comme vous voudrez. » Et il riait. Puis il me tendit sa main que je serrais. Que voulez-vous ? Il ne faut pas, dans un pays, que le médecin et le pharmacien soient ennemis.
J'ai gardé les chiens chez moi. Le curé, qui a une grande cour, a pris le cheval. La voiture sert de cabane à Chouquet ; et il a acheté cinq obligations de chemin de fer avec l'argent.

Avant de commencer

Faites effectuer des recherches sur le métier de rempailleuse. En quoi il consiste ? Demandez aux apprenants à quelle classe sociale appartiennent les rempailleuses, si elles ont beaucoup d'argent ou non.
Faites lire le texte et les questions :
1. Pourquoi le narrateur rend visite aux Chouquet ?
2. Quelle réaction attend-il des Chouquet ? Réagissent-ils comme il l'avait pensé ? Expliquez.
3. Relevez le champ lexical de l'abondance, de la richesse, qui permet de décrire le couple des pharmaciens.
4. Quel est le procédé stylistique utilisé dans les mots en gras ? En quoi ce procédé permet d'insister sur la réaction des Chouquet ?
5. Expliquez le revirement de situation. A quel moment le couple de pharmaciens change d'attitude ?
6. Comment est caractérisé l'argent de la rempailleuse ?
7. Mentionnez l'ironie dont fait preuve ce texte. Pensez aux oppositions, ainsi qu'aux réactions du narrateur.

Réponses :
1. Parce qu'il vient leur raconter la vie de la Rempailleuse qui vient de mourir, et leur donner l'argent qu'elle a laissé et économisé toute sa vie pour l'homme qu'elle aimait.
2. Il pense que les Chouquet vont être émus de cette histoire, bouleversés ; mais au contraire, le couple se sent agressé, comme si l'amour d'une pauvre tâchait leur réputation de membres d'une bonne société.
3. Plusieurs mots font référence à l'abondance et l'aisance qui règnent chez les Chouquet : *gros et rouges ; importants et satisfaits*. *Important* peut faire référence à un statut qu'ils dégagent, mais aussi à un physique imposant, de personnes qui mangent beaucoup, qui vivent dans l'abondance.
4. L'énumération et l'amplification présentes dans les mots en gras montrent à quel point les Chouquet ont une réaction exagérée. Ces amplifications sont renforcées d'autant plus qu'elles sont opposées entre elles (la mauvaise et la bonne société). Tout cela participe à l'ironie de la situation et tourne en ridicule le couple de pharmaciens.
5. Le couple de pharmaciens change d'attitude dès qu'il apprend l'existence de l'argent, et prend une attitude de dévouement pour le recevoir alors que le narrateur fait bien comprendre leurs bas instincts guidés par l'intérêt.
6. *du misérable argent de tous les pays et de toutes les marques, de l'or et des sous mêlés*. Il s'agit de l'argent de toute une vie de travail.

7. Le couple de pharmaciens est tourné en dérision, l'ironie est présente tout au long du texte.

L'insistance sur les efforts effectués par la Rempailleuse pour obtenir de l'argent pour un homme qu'elle a aimé en silence toute sa vie, ne permet que de renforcer le décalage avec la réaction des Chouquet, qui auraient dû faire preuve d'empathie et valoriser cela : *Elle n'avait travaillé que pour lui, disait-elle, jeûnant même pour mettre de côté, et être sûre qu'il penserait à elle, au moins une fois, quand elle serait morte.*

Ces efforts, les économies qu'elle donne sont d'autant plus en contraste avec la richesse de personnes qui n'ont pas besoin de cet argent. C'est pour cela que le narrateur les montre dans l'abondance.

Les oppositions entre les réactions attendues par le narrateur et celles du couple ne font que renforcer l'ironie de la situation : au lieu de se sentir reconnaissants et empathiques avec la Rempailleuse, ils se sentent offensés qu'elle ait osé aimer le pharmacien. Mais cette indignation est tournée elle aussi en dérision, montrant les bassesses de leur comportement, quand ils acceptent l'argent, quand le pharmacien demande la voiture, se moque du cheval et des chiens, en pensant en plus créer une connivence avec le médecin qui, vu sa situation sociale, devrait le comprendre. La chute, la fin de la nouvelle montre bien l'ironie de la situation : une rempailleuse qui s'est privée de beaucoup, qui a vécu dans la pauvreté toute sa vie en espérant pouvoir donner quelque chose à l'homme qu'elle aimait, un amour tourné en dérision et le profit d'un homme riche qui ne sera jamais reconnaissant des origines de l'argent, et qui aura bien vite oublié l'existence de la Rempailleuse.

Nous comprenons que le narrateur n'est pas d'accord avec le couple de pharmaciens, mais ne peut le dire, par respect des conventions sociales, car : *Que voulez-vous ? Il ne faut pas, dans un pays, que le médecin et le pharmacien soient ennemis...*

PROJET — Créez et jouez un sketch (page 204)

Activité guidée par les consignes.

# ENTRAÎNEMENT AU DALF C2 (pages 205-209)

Compréhension et production écrites

• Grille d'évaluation

Critères		Niveau de performance			
		Non répondu ou production insuffisante	En dessous du niveau ciblé	Au niveau ciblé	
				C2	C2+
Compétence pragmatique	Réalisation de la tâche : essai	☐ 0	☐ 1	☐ 3	☐ 5
	Cohérence et cohésion	☐ 0	☐ 1	☐ 3	☐ 5
Compétence sociolinguistique	Adéquation sociolinguistique	☐ 0	☐ 1	☐ 3	☐ 5
Compétence linguistique	Lexique	☐ 0	☐ 1	☐ 3	☐ 5
	Morphosyntaxe	☐ 0	☐ 1	☐ 3	☐ 5
Anomalies	*Si la production contient des anomalies, veuillez cocher la ou les cases correspondantes :* ☐ Hors-sujet thématique : le candidat ne peut pas être identifié « C2+ » pour les critères « réalisation de la tâche : essai » et « lexique ». ☐ Hors-sujet discursif : le candidat ne peut être identifié ni « C2 » ni « C2+ » pour les critères « réalisation de la tâche : essai » et « cohérence et cohésion ». ☐ Hors-sujet complet (thématique et discursif) : attribuez la note de 0 aux critères « respect de la règle d'objectivité », « réalisation de la tâche : essai » et « cohérence et cohésion ». Le candidat ne peut être identifié ni « C2 » ni « C2+ » pour les critères « lexique » et « morphosyntaxe ». ☐ Copie blanche : attribuez 0 à l'ensemble des critères de cet exercice. ☐ Manque de matière évaluable : si le candidat produit moins de 50 % du nombre de mots attendus (soit 349 mots ou moins), attribuez 0 à l'ensemble des critères de cet exercice.				

Commentaires (facultatif) :

• **Descripteurs de performance de la production écrite**

Critères	Niveau de performance		
	En dessous du niveau ciblé	Au niveau ciblé	
		C2	C2+
Réalisation de la tâche	Peut développer une argumentation en rapport avec la problématique du dossier, mais les informations restituées sont peu nombreuses et / ou secondaires. Peut exprimer sa position à l'aide de quelques apports personnels, mais peine à la défendre efficacement.	Peut développer une argumentation en rapport avec la problématique du dossier et réutiliser les idées importantes, même si certains éléments sont partiellement et / ou inégalement exploités. Peut exprimer sa position et la défendre avec des apports personnels variés mais ceux-ci peuvent parfois manquer de développement et / ou de conceptualité.	Peut développer une argumentation détaillée en rapport avec la problématique du dossier et réutiliser efficacement les informations clés du dossier. Peut exprimer avec clarté et précision sa position et la défendre avec aisance, à l'aide d'apports personnels variés.
Cohérence et cohésion	Organise les informations de façon globalement structurée mais de nombreux passages manquent encore de fluidité et / ou d'enchaînements logiques. La mise en page et la ponctuation contiennent encore des maladresses qui gênent la compréhension du message.	Organise les informations de façon structurée et logique, à l'aide d'articulateurs variés, bien que certains passages manquent parfois de fluidité. La mise en page et la ponctuation sont utilisées à bon escient, malgré des maladresses ponctuelles qui n'impactent pas le message.	Organise les informations de façon fluide et logique, à l'aide d'articulateurs variés et correctement employés. La mise en page et la ponctuation sont maîtrisées et mises au service du message.
Adéquation sociolinguistique	Peut utiliser des stratégies de communication pour s'adresser au destinataire, mais celles-ci restent encore limitées pour produire un effet convaincant sur le destinataire. Le registre et / ou le ton ne sont pas toujours en adéquation avec la situation et / ou le destinataire.	Peut utiliser des stratégies de communication qui suscitent l'attention du destinataire. Le registre employé est globalement soutenu et adapté au destinataire, mais le ton peut parfois manquer de conviction.	Peut utiliser de nombreux effets stylistiques et rhétoriques pour convaincre et impliquer le destinataire. Le registre employé est en parfaite adéquation avec la situation et le destinataire. Le ton utilisé est engagé et convaincant.
Lexique	Possède un répertoire lexical étendu, mais celui-ci manque encore de variété et de conceptualité pour traiter efficacement le sujet et pour formuler sa pensée avec suffisamment de précision et de nuances. Des erreurs gênant la compréhension de certains passages peuvent se produire. Les erreurs d'orthographe sont fréquentes.	Possède un vaste répertoire lexical, incluant du vocabulaire élaboré, lui permettant de traiter efficacement le sujet et de formuler sa pensée avec un bon degré de précision. Des répétitions et des erreurs ponctuelles de maîtrise se produisent encore, sans toutefois nuire à la compréhension. Les erreurs d'orthographe sont ponctuelles et non systématiques.	Possède un très vaste répertoire lexical lui permettant de traiter le sujet avec précision et souplesse et de formuler sa pensée sans aucune restriction. L'utilisation du vocabulaire est correcte et appropriée sur l'ensemble du discours, à l'exception de quelques très rares erreurs sans impact sur la compréhension. Les erreurs d'orthographe sont très rares ou absentes.
Morphosyntaxe	Fait preuve d'un niveau de correction grammaticale relativement élevé, mais commet encore des erreurs récurrentes et facilement repérables. Peut varier les structures utilisées pour exprimer sa pensée mais fait preuve d'une souplesse limitée pour reformuler ses idées et / ou exprimer des nuances de sens.	Maintient globalement un haut niveau de correction grammaticale sur l'ensemble de la production. Des erreurs ponctuelles peuvent se produire sur les structures les plus élaborées. Peut utiliser correctement une gamme étendue de structures variées pour exprimer et nuancer sa pensée, mais certains passages du discours peuvent manquer ponctuellement de souplesse et de fluidité.	Maintient constamment un haut degré de correction grammaticale. Les erreurs sont rares et / ou peu repérables. Peut utiliser une gamme très étendue de structures pour formuler sa pensée avec souplesse et précision.

• **Contenu des documents**

Document 1
La langue française est en déclin au Québec.
Des décisions sont prises pour la revitaliser.
Un comité est constitué pour élaborer un plan d'action ainsi que des indicateurs d'observation de la situation.
Une campagne de sensibilisation, grande campagne publicitaire, est mise en place pour maintenir informée la population de cette situation préoccupante et qu'elle se mobilise.
Seulement la moitié des Québécois parlent le français à la maison.

Document 2
La seule langue officielle en France, héritage de l'Ordonnance de Villers-Cotterêts, est le français. Mais dès le XIXe siècle, des pédagogues ont commencé à prôner les avantages du multilinguisme.
La continuité intergénérationnelle de l'utilisation des langues régionales est fondamentale pour leur survie.
Des CAPES de langue régionale existent ainsi que des évènements culturels en langue régionale.
De plus en plus de jeunes souhaitent apprendre une langue régionale.
Malheureusement, en mai 2021, la loi sur la protection patrimoniale des langues régionales a été en partie censurée.
Une certaine élite et une bonne partie de la population privilégient une bonne connaissance du français, au détriment des langues régionales.
L'avenir et l'apprentissage de ces langues serait malgré tout assurés grâce à la technologie : différentes plateformes, des claviers prédictifs.

Document 3
Des années 30 aux années 80/90, on est passé de 25 % de personnes parlant une langue régionale à 3 %.
Pourquoi ?

En 1880, avec les lois Jules Ferry, le français devient LA langue de l'école. Les langues régionales sont bannies du contexte scolaire, et pour appuyer la scolarité de leurs enfants, de nombreux parents bannissent aussi l'utilisation des langues régionales à la maison
La mondialisation et l'uniformisation mettent en péril de nombreuses langues territoriales.
On estime que la moitié des langues pourrait disparaître avant la fin du siècle. En France ce sont 26 langues régionales, selon l'UNESCO, qui sont en danger d'extinction.
Depuis les lois Ferry, des études ont été faites pour prouver les bienfaits d'un bilinguisme précoce : il est plus facile ensuite d'apprendre une autre langue, les capacités cognitives sont plus développées.
Ce n'est qu'en 2008 que la Constitution française a reconnu les langues régionales comme patrimoine de la France.
La préservation des langues territoriales est aussi un avantage économique : échanges facilités entre langues *voisines*, exemple alsacien/allemand.

Document 4
La caricature montre le choc culturel dans certaines régions : coutumes différentes. Un lien est fait entre le parisien comme langue et l'attitude.

Document 5
La carte montre la variété et la présence importante des langues régionales.

Document 6
L'homme pose la question de l'utilité de parler le basque et la femme montre le lien qui existe entre la langue parlée et son appartenance sociale à un groupe, son identité.

Document 7
Le graphique montre le déclin du français au Québec entre 2011 et 2016.

Compréhension et production orales

• Grille d'évaluation

Critères		Niveau de performance			
		Non répondu ou production insuffisante	En dessous du niveau ciblé	Au niveau ciblé	
				C2	C2+
Compétences pragmatique et sociolinguistique	Réalisation de la tâche : présentation du document *(5 à 10 minutes)*	☐ 0	☐ 1	☐ 2,5	☐ 4
	Réalisation de la tâche : point de vue argumenté *(10 minutes environ)*	☐ 0	☐ 1	☐ 2,5	☐ 4
	Réalisation de la tâche : débat avec le jury *(10 minutes environ)*	☐ 0	☐ 1	☐ 2,5	☐ 4
Compétence linguistique *(pour les trois parties de l'épreuve)*	Lexique	☐ 0	☐ 1	☐ 3	☐ 5
	Morphosyntaxe	☐ 0	☐ 1	☐ 2,5	☐ 4
	Maîtrise du système phonologique	☐ 0	☐ 1	☐ 2,5	☐ 4
Sujets	Veuillez indiquer le numéro du sujet préparé par le candidat : Sujet n°........				

Commentaires (facultatif) :

• **Descripteurs de performance de la production orale**

Critères	Niveau de performance		
	En dessous du niveau ciblé	Au niveau ciblé	
		C2	C2+
Réalisation de la tâche 1 : monologue suivi présentation du document	Peut restituer globalement les informations du document mais omet certaines parties ou ne met pas suffisamment en relief les points significatifs. La présentation contient des répétitions, des altérations et / ou des éléments étrangers. La présentation manque d'organisation logique et se limite à une restitution linéaire des informations.	Peut restituer la majorité des informations principales et des points de vue du document, malgré quelques imprécisions ou omissions ponctuelles. La présentation est globalement bien structurée autour d'un plan personnel clair. Les structures organisationnelles sont adéquates et facilitent la compréhension mais peuvent parfois manquer d'élaboration et / ou de variété.	Peut restituer de façon précise et fidèle l'ensemble des informations importantes et des points de vue du document, en hiérarchisant les idées. La présentation suit une structure logique et efficace. Les structures organisationnelles, élaborées, nombreuses et variées, facilitent l'écoute pour le destinataire.
Réalisation de la tâche 2 : monologue suivi point de vue argumenté	Peut produire une argumentation globalement en adéquation avec la tâche, mais les idées sont essentiellement reprises du document. Les apports personnels sont peu nombreux ou absents. Peut exposer une réflexion personnelle élaborée mais les arguments manquent souvent d'élaboration et / ou de conceptualité. L'exposé manque globalement de structure, de cohésion et / ou de cohérence et n'aide pas le destinataire à suivre l'intervention.	Peut produire une argumentation en adéquation avec la tâche, à l'aide d'apports personnels étayés par des exemples, mais qui peuvent manquer ponctuellement de développement. Peut exposer une réflexion personnelle élaborée, en s'appuyant sur des arguments variés, bien que certaines idées puissent manquer de conceptualité. L'exposé suit une organisation logique et facilitante, qui aide le destinataire à remarquer les points importants. Des maladresses ponctuelles peuvent toutefois rendre certaines parties moins limpides.	Peut produire une argumentation en adéquation avec la tâche, à l'aide d'apports personnels variés et développés. Peut exposer une réflexion personnelle claire, élaborée et conceptuelle. L'exposé, fluide et bien structuré, suit une organisation logique et facilitante qui aide à maintenir l'attention du destinataire tout du long.
Réalisation de la tâche 3 : exercice en interaction – débat	Peut préciser son point de vue en apportant quelques idées supplémentaires, mais celles-ci sont souvent peu développées et / ou répétitives. Tente de défendre son point de vue mais les réponses manquent parfois de clarté et ne permettent pas de relancer le débat avec l'interlocuteur.	Peut défendre, préciser et nuancer son point de vue, en développant ses arguments à l'aide d'exemples, mais les idées sont parfois répétitives et / ou peu variées. Peut contribuer au développement du débat et gérer un questionnement complexe, malgré des hésitations ponctuelles.	Peut défendre, préciser et nuancer son point de vue de façon nette et convaincante, en approfondissant ses arguments à l'aide d'exemples variés et en élargissant ou recentrant le débat lorsque cela est nécessaire. Peut participer activement au débat et gérer avec assurance un questionnement complexe en répondant avec habileté aux contre-arguments.
Lexique	Possède un répertoire lexical étendu, mais celui-ci manque encore de variété et de conceptualité pour traiter efficacement le sujet et pour formuler sa pensée avec suffisamment de précision et de nuances. Des erreurs gênant la compréhension de certains passages peuvent se produire.	Possède un vaste répertoire lexical, incluant du vocabulaire élaboré, lui permettant de traiter efficacement le sujet et de formuler sa pensée avec un bon degré de précision. Des répétitions et des erreurs ponctuelles de maîtrise se produisent encore, sans toutefois nuire à la compréhension.	Possède un très vaste répertoire lexical lui permettant de traiter le sujet avec précision et souplesse, et de formuler sa pensée sans aucune restriction. L'utilisation du vocabulaire est correcte et appropriée sur l'ensemble du discours, à l'exception de quelques très rares erreurs sans impact sur la compréhension.
Morphosyntaxe	Fait preuve d'un niveau de correction grammaticale relativement élevé, mais commet des erreurs récurrentes et significatives. Peut varier les structures utilisées pour exprimer sa pensée mais fait preuve d'une souplesse limitée pour reformuler ses idées et / ou exprimer des nuances de sens.	Maintient globalement un haut niveau de correction grammaticale sur l'ensemble de la production. Des erreurs ponctuelles peuvent se produire sur les structures plus élaborées. Peut utiliser correctement une gamme étendue de structures variées pour exprimer et nuancer sa pensée, mais certains passages du discours peuvent manquer ponctuellement de souplesse et de fluidité.	Maintient constamment un haut degré de correction grammaticale, à l'exception de quelques très rares erreurs sans impact sur la compréhension. Peut utiliser une gamme très étendue de structures pour formuler avec souplesse et précision sa pensée.
Maîtrise du système phonologique	La prononciation est globalement claire et intelligible mais des erreurs altèrent encore la compréhension de certains mots. A une maîtrise encore limitée des traits prosodiques (liaisons, rythme, accentuation), qui peut impacter l'efficacité du message. Peut s'exprimer avec une relative assurance mais le discours manque souvent de fluidité et de limpidité.	La prononciation est claire et naturelle, malgré quelques erreurs ponctuelles qui n'impactent pas la compréhension. A une bonne maîtrise des traits prosodiques, même s'il ne les utilise pas toujours efficacement. Peut s'exprimer longuement sans effort, dans un discours globalement fluide et limpide.	Peut utiliser tout l'éventail des traits phonologiques de la langue. A une très bonne maîtrise des traits prosodiques et peut les utiliser efficacement pour appuyer ses idées et maintenir l'attention de l'interlocuteur. Peut s'exprimer longuement de façon naturelle et sans effort, dans un discours parfaitement fluide et limpide.

• **Contenu des documents**
Il est possible de se référer aussi à la transcription.
Le document est un programme de radio : *Sens de la visite*, l'épisode 52 de la saison 4, en collaboration avec **le centre des monuments nationaux (CMN)**
Il traite de la récente inauguration de la Cité Internationale de la langue française au château de Villers-Cotterêts, une Cité entièrement dédiée à la langue française et à l'ensemble des cultures francophones.
Avec 2 objectifs : Révéler cette langue dans toute sa richesse, sa diversité, et ses formes d'expression tout en restant accessible aux adultes, aux jeunes générations, aux Français et aux étrangers.
4 ans de travail du CMN pour que la Cité voie le jour.

Xavier Bailly, directeur délégué de la Cité internationale de la Langue Française :
Constructions par étapes du Château de Villers-Cotterêts
1. Moyen-Age : 3 châteaux autour d'une cour intérieure.
2. François Ier en fait une résidence royale. En août 1539, l'ordonnance de Villers-Cotterêts qui instaure le français comme langue officielle dans les actes administratifs et juridiques du Royaume, est signée. Malgré cette Ordonnance, les dialectes continuent d'être parlés dans les régions : breton, picard, gascon, occitan...
3. une résidence princière au XVIIe siècle pour les ducs d'Orléans,
4. Après la Révolution française dépôt de mendicité, puis maison de retraite abandonnée en 2014
5. Depuis 2018, confié au CMN pour créer la Cité Internationale de la Langue Française, qui a toute sa place ici, au vu de l'Ordonnance qui y avait été signée.

2 enjeux : la restauration d'un château en ruines, et créer un équipement culturel à vocation de proximité mais aussi à vocation nationale et internationale.

1200 m² de parcours, déclinés en 3 chapitres :
1. une langue monde ; quel est le lien entre cette langue et la production artistique.
2. une langue en mouvement, comment la langue française s'est-elle métissée, a-t-elle transmis aux autres langues, s'est-elle enrichie d'autres mots et quelques séquences historiques autour de la langue des Lumières, de la colonisation ou de la décolonisation.
3. Parcours historique : des lois Toubon jusqu'à l'ordonnance de Villers Cotterêts, l'on aboutit au siècle de François Ier pour achever son parcours avec la Chapelle Renaissance et l'escalier de la reine.

La Cité internationale de la Langue Française est un lieu de plaisir, un lieu festif où chacun d'entre nous trouvera ici-même de quoi jouer avec la langue, et surtout pourra prendre la mesure que nous en détenons chacun une partie et qu'elle mérite d'être découverte avec toute sa saveur, ses parfums, ses couleurs.

Xavier mentionne un parcours de médiation intéressant : *les mots pour le dire* Ce sont 2 acteurs sur des écrans géants, et au centre de la salle il y a des pupitres. Et ces 2 acteurs dialoguent jusqu'au moment où l'un des deux cherche le mot, il ne le trouve pas, mais *comment dit-on, comment dit-on, infox ou fake news ?* et là le public va pouvoir interagir avec ces comédiens et sur les pupitres voter le mot qu'il faut dire et les comédiens vont dire *mais oui mais bien sûr il faut dire infox*. Ce sont des situations que tout le monde vit au quotidien.

L'animatrice du programme de radio mentionne que la Cité Internationale de la Langue Française c'est 1200 m² d'expositions permanentes et temporaires, une soixantaine de dispositifs audiovisuels et numériques, une centaine d'œuvres d'art, d'objets et de documents exposés, un auditorium de 250 places, et 12 ateliers de résidence pour des artistes, des chercheurs et des entrepreneurs.

Barbara Cassin, membre du commissariat scientifique de la Cité
Dans une salle qu'on appelle la Tourelle, il y a une ligne d'histoire qui nous permet d'entendre le français tel qu'il était prononcé à différentes époques.
Barbara Cassin présente son parcours : philologue et philosophe, médaille d'or du CNRS, rentrée à l'Académie Française en 2019, et conviée par Xavier North à participer à cette aventure du français.
Elle manifeste que ce qui l'a incitée pour participer c'est bien parce qu'il s'agit d'une Cité Internationale de la Langue Française, non nationale de la langue française. Elle montre la relation entre la langue et sa sémantique, sa représentation. Il s'agit d'une langue parmi d'autres.
Une langue, c'est passionnant, ça bouge. Pour l'Académie Française, quand le dictionnaire est fini, il faut recommencer. Entre la norme et l'usage, ça n'arrête pas de bouger. Dans la salle des dictionnaires, il y a des flux de langue qui manifestent ce bougé.
Le français, c'est de l'import-export. Les mots français essaiment dans les autres langues, c'est peut-être l'une des langues qui a le plus exporté mais c'est aussi une langue qui importe.
L'équipe a essayé de faire en sorte que le français apparaisse comme une langue singulière et en même temps comme une langue entre autres.

Mathieu Avanzi, dialectologue à l'origine de plusieurs dispositifs de médiation
Il présente un jeu qui permet de montrer comment est-ce que phonétiquement, comment est-ce que d'un point de vue auditif, perceptif, on peut identifier géographiquement les accents.
Il s'agit de fichiers sonores, l'identification des accents ne se fait que par le biais auditif, aucun signe physique donnant une certaine influence pour la réponse (couleur de peau, habits...)
Le français est une langue plurielle, sur le plan historique et géographique.
Il présente un autre dispositif où il s'agit de mettre le mot correct sur la carte de France : par exemple, serpillère : wassingue, panosse, ou encore emballage suivant les régions.

ÉPREUVES BLANCHES DALF C1 ET C2 (pages 212-226)

Épreuve blanche DALF C1 (page 212)

Compréhension de l'oral (pages 212-214)

• PREMIÈRE PARTIE

1. a.
2. Les livres et les dessins animés permettent aux enfants de construire leur imaginaire et leur monde intérieur. Ils aident également les enfants à se créer des modèles ou des héros intérieurs.
3. Au 20ème siècle, on remarque une prolifération des personnages de dessins animés et de BD, et aujourd'hui, les enfants sont submergés d'images à travers une multitude de chaines dédiées aux enfants.
4. Les enfants sélectionnent, trient et choisissent les personnages qui les intéressent ou ne les intéressent pas.
5. Il observe que le monde de l'imaginaire a beaucoup changé aujourd'hui, qu'il s'est complexifié mais que les thèmes fondamentaux persistent (princesses, super héros, etc.)
6. b.
7. Initialement, les parents se méfient des dessins animés car ils pensent que les enfants sont beaucoup trop devant les écrans mais au fur et à mesure que le temps passe, ils se rendent compte que les dessins animés peuvent tranquilliser les enfants et être également un formidable outil éducatif.
8. Le langage et les codes culturels.
9. b.
10. a.

• DEUXIÈME PARTIE

Document 1 :

1. b.
2. b.
3. c.
4. a.

Document 2 :

1. a.
2. Les produits ne sont pas fabriqués en France mais importés et donc ce ne sera pas des produits complètement locaux.
3. b.

Compréhension de l'écrit (pages 215 – 216)

1. a.
2. b.
3. Faux « … On part glamper » en famille, en couple ou entre copains, persuadé de réduire la concentration des lieux touristiques, mais question authenticité de l'expérience et impact sur l'environnement, on est loin de la panacée espérée. »
4. L'objectif de l'hospitalité régénérative est de revoir entièrement les méthodes d'hébergement en tenant compte de la dimension humaine, sociale, économique et environnemental. Les hôtels sont créés dans et avec les écosystèmes déjà existants.
5. Le concept de caravane de *Dar Ahlam* permet de visiter toutes sortes de lieux, même les plus reculés, grâce à un système de malles. Il donne tout le confort nécessaire aux touristes comme un palace nomade en leur permettant de rencontrer la population locale et de vivre une expérience exceptionnelle.
6. Vrai « Le voilà, en 2023, lancé sur le chemin de l'hospitalité régénérative. Un concept (…) prisé des théoriciens, mais encore à ses balbutiements dans la pratique. »
7. Thierry Teyssier pense que les touristes détruisent tout sur leurs passages en profitant de la richesse des lieux pour ensuite les quitter et refaire les mêmes dégâts ailleurs.
8. Elle permet de s'enrichir humainement grâce aux nouvelles rencontres faites sur place.
9. b.
10. a.
11. Le projet de Thierry Tessier de créer une société de construction permettra de créer des emplois pour la population locale et de créer une indépendance financière.

Production écrite

• Épreuve n° 1 : Synthèse des documents

Éléments de corrigé qui mettent en évidence les points saillants des deux textes. En aucun cas, ils ne sont exigibles en l'état dans la synthèse car elle doit répondre à un plan choisi par le candidat.

Document 1 : Faut-il rajeunir à tout prix ?

– Le culte de la jeunesse dérive de notre angoisse de la mort et par conséquent de notre volonté de défier le temps.
– Selon le philosophe Bernard Andrieu, la société actuelle aime à croire qu'il est possible d'arrêter le temps et ses processus vitaux alors qu'à l'intérieur de notre corps tout est en mouvement.
– Même si on a tous les mêmes angoisses, tout le monde ne peut pas se permettre d'avoir recours aux soins esthétiques car ils coûtent cher. Ainsi, le journaliste se pose la question de savoir si les signes de vieillesse deviendront un marqueur social entre les riches et les pauvres.
– Selon le journaliste, le mythe de la jeunesse sert avant tout à faire vendre.
– D'après le journaliste, le fait de refuser de vieillir est naturel et permet au corps et à l'esprit de mieux vieillir.
– Le journaliste pense que le problème ne réside pas tant dans le fait de vouloir rester jeune mais plutôt dans

l'obsession qui peut en découler et qui nous fait souffrir.
– Si on accompagne les changements liés à la vieillesse, sans y résister, cela peut nous mettre en valeur et nous rendre beau.
– On peut « faire jeune » lorsque l'on n'a plus peur de vieillir.

Document 2 : Le culte de la jeunesse

– Dans notre société actuelle, la jeunesse a pris le dessus par rapport à la vieillesse. Même si l'on vit plus longuement, on a tendance à se considérer vieux de plus en plus tôt. D'où ce culte du jeunisme.
– Le jeunisme agit sur nos corps et a des conséquences sur nos vies.
– On remarque que les personnes qui ont une vision négative de la vieillesse vieillissent moins bien et ont moins envie de vivre que les autres.
– La journaliste pense que ce culte du jeunisme a des conséquences négatives sur la société.

• Épreuve n° 2 – Essai argumenté

La proposition de plan ci-dessous n'est qu'un exemple. D'autres plans sont possibles.

Introduction : [Identifier le thème et la problématique du sujet + annoncer le plan]
– Définition du jeunisme : Le jeunisme est une attitude ou une volonté présumée de donner une place plus importante aux jeunes en les survalorisant.
– Place du jeunisme dans la société actuelle : Grâce à l'allongement de la durée de vie et à l'arrivée des nouvelles technologies, le jeunisme s'est imposé petit à petit dans notre société actuelle.
– Problématique : Quels sont les enjeux du jeunisme dans la société actuelle ?
– Plan : analyse des différents aspects du culte de la jeunesse aujourd'hui + conséquences (négatives ou positives) de ce culte dans notre société.
Développement : 2 ou 3 arguments illustrés d'exemples
– Avoir l'air jeune et dynamique est un impératif de notre société, quels que soient l'âge et la classe sociale.
– Le culte de la jeunesse est présent dans tous les domaines : médias, publicité, alimentation et également dans les milieux professionnels.
– Le « jeune » fait vendre. Il est un puissant levier de la consommation.
– Mais cette obsession pour la jeunesse crée un climat où la valeur d'une personne semble être directement proportionnelle à sa jeunesse. Par conséquent, les personnes sont prêtes à tout pour rester jeunes (recours à la chirurgie esthétique, achat de cosmétique, régimes alimentaires sur mesure…) et cela peut entrainer des disparités dans la société (pauvres/riches).
– Dans les entreprises, les salariés plus âgés se sentent souvent mis sur la touche.
– Ce culte du jeunisme engendre une vision négative de la vieillesse et cette dépréciation peut avoir un impact négatif sur la vie des personnes plus âgées (comparaison constante, quête inlassable de perfection, dépression…)

Conclusion : ouverture / solutions / propositions
– Ce culte de la jeunesse crée des fissures dans la société en générant des inégalités et des préjudices.
– Mettre fin au jeunisme pourrait permettre de créer davantage de collaboration intergénérationnelle pour que les jeunes et les moins jeunes s'enrichissent mutuellement.
– Il faut éliminer les discriminations liées à l'âge, pour construire un avenir où chacun, jeune ou vieux, peut trouver sa place.

Épreuve blanche DALF C2 (page 221-226)

Compréhension et production écrites
(pages 221-224)

Les propositions de plans ci-dessous ne sont que des exemples. D'autres plans sont possibles.

Sujet 1

Introduction :
– **Introduire la thématique du sujet avec ses propres mots :** L'impact environnemental de la consommation de viande est incontestable. Pour protéger la planète et les êtres humains qui y habitent, nous avons le devoir de changer nos habitudes alimentaires notamment en diminuant voire en éliminant notre consommation de viande.
– **Préciser son statut** (facultatif) : Mon rôle au sein de l'association de protection de l'environnement « …. » m'a permis de prendre conscience des problématiques liées à la consommation excessive de viande. En effet, …
– **Formuler une problématique :** Quelles mesures concrètes pouvons-nous prendre pour protéger autant la santé des êtres humains que celle de la planète ?
– **Annoncer le plan :** [expliciter le thème de chaque argument dans l'ordre où ils apparaitront dans le texte.] Dans cet article, nous ferons tout d'abord le point sur l'impact négatif que la consommation de viande a sur la planète et sur la santé des hommes. Puis, dans un deuxième temps, nous nous attacherons à trouver des solutions alternatives pour pallier ce problème.
Développement : [2 ou 3 arguments illustrés d'exemples]
– Impact environnemental : La viande, plus que tout autre aliment, coûte cher à la planète (gaz à effet de serre + importante quantité d'eau + déforestation).
– Impact sur la santé des êtres humains : Manger trop de viande peut provoquer des maladies chez l'homme contrairement à la consommation de fruits, de légumes et d'autres aliments végétaux.
– Diverses solutions possibles : 1. Réduction de la consommation de viande en privilégiant les aliments végétaux / 2. Faire évoluer les pratiques agricoles / 3. Investir dans le développement de la viande cultivée en laboratoire.
Conclusion : [ouverture]
– L'humanité doit faire des efforts pour protéger la planète et pour mieux vivre : consommer moins de produits d'origine animale, plus de végétal et choisir des produits issus de systèmes de production durables.

SUJET 2

Introduction :
– **Introduire la thématique du sujet avec ses propres mots :** Soucieux de l'impact environnemental que la consommation de viande produit sur notre planète, il s'avère urgent de revoir nos modèles alimentaires. Toutefois, je suis convaincu que supprimer la viande de notre système alimentaire aurait de graves conséquences sur notre santé mais également sur le secteur agro-alimentaire.
– **Préciser son statut** (facultatif) : En tant que directeur d'un grand groupe agroalimentaire, je voudrais vous faire part dans cet article de mes préoccupations face à la diminution de la consommation de viande.
– **Formuler une problématique :** Comment le secteur agroalimentaire peut-il protéger la santé des êtres humains et celle de la planète ?
– **Annoncer le plan :** [expliciter le thème de chaque argument dans l'ordre où ils apparaitront dans le texte.] Dans un premier temps, nous verrons comment la suppression de la viande de notre alimentation peut avoir des effets négatifs sur la santé des hommes et sur l'économie. Puis, dans un deuxième temps, nous présenterons les différentes solutions à mettre en application dans le secteur agroalimentaire pour une consommation raisonnable de la viande.

Développement : [2 ou 3 arguments illustrés d'exemples]
– Il n'existe pas de danger à consommer de la viande. L'homme est un omnivore et la viande est nécessaire et même indispensable pour une alimentation variée.
– Effets négatifs sur l'homme : Arrêter de manger de la viande peut créer des déséquilibres alimentaires dangereux pour la santé (carence de fer, vitamines etc. + problèmes digestifs)
– Effets négatifs sur l'économie locale : Passer au tout végétal créerait de gros problèmes économiques car la France est un pays agricole. Si la population cesse de manger de la viande, les petits agriculteurs risquent de faire faillite et mettre en danger l'économie locale mais aussi nationale.
– Les pratiques agricoles ont considérablement évolué, notamment pour limiter leur empreinte sur l'environnement. Les agriculteurs ont le souci de la protection des eaux, des sols, de la biodiversité, autant de ressources naturelles dont ils dépendent.
– Solutions à mettre en place : 1. augmenter les fermes extensives / 2. promouvoir l'alimentation locale / 3. favoriser les structures plus petites qui sont ancrées sur le territoire.

Conclusion : [ouverture]
– La solution n'est pas de supprimer totalement la consommation de viande mais de modérer notre alimentation carnée en privilégiant des produits de qualité. Le bétail fait partie intégrante de l'écosystème.

BANQUE DE RESSOURCES

Grammaire

UNITÉ 1

1.
1. Au moment où le journal **a voulu** se renouveler, son nombre d'abonnés **avait réduit** de moitié.
2. Ce type de média **s'était déjà démocratisé** quand cette entreprise **a pris** la décision d'entrer sur le marché.
3. Certaines radios **avaient connu** des années difficiles avant de surfer sur la vague du podcast.
4. Des journalistes **s'étaient inquiétés** de leur avenir avec l'arrivée de la presse en ligne, puis ils **se sont rassurés** en voyant les opportunités possibles.
5. Avant l'avènement d'Internet, les professionnels de la presse **contribuaient** à l'écrasante majorité des informations véhiculées.

2.
1. Eric Fottorino a affirmé que l'indépendance payait au bout d'un moment.
2. Le philosophe a demandé ce qu'était la vérité.
3. Julia Cagé a soutenu qu'en France, on n'avait pas repensé la propriété des médias depuis 1944.
4. Camille Tassel a demandé aux lycéens si ça leur arrivait d'aller chercher des versions différentes de la soi-disant vérité sur d'autres médias.
5. L'éditeur a demandé aux lecteurs ce qu'ils pensaient de ce nouveau format.

3.
1. Les réseaux sociaux lui auraient bien permis de se sortir de l'isolement, mais cette personne âgée ne les a jamais utilisés.
2. La communication que les autochtones ont commencé à employer leur permet d'avoir plus de visibilité.
3. Les magazines papier, il les a lus, puis les a donnés à un ami.
4. Ces revues, autrefois célèbres, ont cessé d'être imprimé**es** faute de ventes suffisantes.
5. Étant électrosensible, elle s'est fait faire une maison conçue spécialement pour réduire les ondes.

UNITÉ 2

1.
1. Selon certains, le monde **dans lequel** nous vivons n'a jamais été aussi individualiste.
2. L'univers **dans lequel** tout sera possible dans un avenir proche s'appelle le métavers.
3. Les applications grâce **auxquelles** nous communiquons plus facilement peuvent-elles nous aider à rencontrer l'âme sœur ?
4. L'ubérisation c'est la chose **à laquelle** les travailleurs pensent quand ils subissent des conditions de travail de plus en plus dures.
5. Les particularismes sont des éléments sans **lesquels** la création d'une identité n'est pas possible.

2.
Qu'est-ce que réussir dans la vie ? Pour certains, il n'y a pas de doute, il faut qu'on **devienne** riche. Pour d'autres, il est préférable qu'on **soit** en bonne santé et qu'on **ait** une famille heureuse. Pour les plus intellectuels, il faut qu'on **sache** tout de ce qui nous entoure. Pour les enfants, pour réussir, il faut qu'on **fasse** influenceur comme métier. Une chose est sûre, il est souhaitable que vous **puissiez** accomplir ce dont vous rêvez pour parvenir à votre conception de « réussir ».

3.
1. Des personnes privilégient le travail, **alors qu'**une autre partie de la population préfère se concentrer sur sa vie privée.
2. **En dépit de** l'idée selon laquelle le monde devient de plus en plus égoïste, une minorité croit toujours à l'altruisme.
3. **Même s'**il semble naturel de vouloir accumuler un nombre de richesses pour se sentir bien, une frange de la société s'est convertie au minimalisme.
4. Les pays dits industrialisés offrent toutes les commodités. **Pourtant**, les habitants de ces pays ne sont pas tous satisfaits.
5. **Au lieu que** les citoyens soient constamment à la recherche du bonheur, ils devraient accepter que la vie soit faite de joies, mais aussi de peines.

UNITÉ 3

1.
Quel scandale ! Allez-vous le croire ? Le gouvernement maintient l'anonymat en ligne. C'est **scandaleux** ! Surtout après les cas de harcèlement qui ont conduit à des drames. **Il aurait** mieux fallu au contraire renforcer l'identification des utilisateurs des réseaux sociaux. C'est **certain**, ce n'est pas la bonne solution pour arrêter les déchaînements de violence en ligne. **Sans doute**, le gouvernement attend un autre drame. **Moi**, en tout cas, je n'ai pas besoin de me cacher derrière un pseudonyme pour donner mon avis. Je **trouve** cette décision honteuse et je le crie haut et fort !
Jean-Charles, Obernai (France)

2.
Suite à l'article publié sur le vote blanc dans la gazette, je tenais à donner mon opinion. **Au premier abord**, nous pourrions penser que comptabiliser un vote blanc permettrait d'encourager les citoyens à aller voter. Mais, de mon point de vue, il n'en est rien. **En premier lieu**, même si des politiciens tentent de valoriser le vote blanc comme un vote ayant une valeur, il n'en est rien. À ce que je sache, en votant de la sorte, aucun candidat ne sortira jamais d'une élection. **Deuxièmement,** on cherche à donner plus d'importance au vote blanc qu'à l'abstention. Cependant, à mes yeux, ces deux ne comportent aucune différence et surtout pas sur le résultat d'une élection. À quoi bon se déplacer d'ailleurs ? **Je terminerai en soulignant que** des expérimentations ont déjà été faites à l'étranger sur l'officialisation du comptage des votes blancs

et celles-ci ont été peu concluantes. Aucune étude ne peut confirmer d'un impact positif sur le taux de participation au vote. Éveline Andlau

3.
1. **Faute d'**avoir pu légaliser l'euthanasie, l'Assemblée nationale a introduit une loi contre l'acharnement thérapeutique.
2. La souffrance animale est devenue inacceptable pour beaucoup. **C'est pourquoi** un nombre croissant d'individus décide de ne plus consommer de viande.
3. **Sans que** cela devienne une généralité, les nouveaux pères prennent plus spontanément un congé de paternité.
4. La tentative du gouvernement de passer une loi en force par le 49.3 **a déclenché** l'indignation de l'opposition.
5. **Sous prétexte de** ne pas avoir été écoutés, des jeunes se sont révoltés en cassant des équipements publics.

UNITÉ 4

1.
1. La plupart des scientifiques **s'accordent** à dire que les hivers rigoureux seront bientôt chose du passé.
2. L'ensemble des vêtements produits **génère** une pollution colossale.
3. La totalité des continents **sera obligée** de faire des changements agricoles pour faire face aux sécheresses.
4. Un grand nombre d'oiseaux autrefois communs dans nos campagnes **est/sont** désormais presque **disparu/disparus**.
5. Une dizaine d'experts **a/ont** étudié les fonds marins pour enquêter sur l'adaptation des espèces marines au changement climatique.

2.
1. Au fur et à mesure que les réserves en pétrole **s'amenuisent**, nous serons obligés de trouver des ressources alternatives. Mais jusqu'à ce que nous **puissions** en découvrir une, il nous faudra utiliser les réserves intelligemment.
2. Tandis que les consommateurs **veulent** des produits sans répercussion sur le bien-être animal, des chercheurs travaillent sur un cuir végétal. En attendant que celui-ci **soit** au point, les consommateurs doivent rester vigilants quant à leurs achats.

3.
1. Avant de se convertir au minimalisme, ce cadre **était tombé** dans la surconsommation.
b. La permaculture **a déjà été introduite** en Afrique.
c. L'écologiste a dit que ses membres **avaient dû** se battre des années avant que le crime d'écocide soit reconnu.
d. Si seulement l'être humain **avait réagi** bien avant pour sauver la planète !

UNITÉ 5

1.
1. Si **c'était** possible de se greffer un deuxième cerveau, je **saurais** parler cinq langues en quelques heures ! → hypothèse sur le présent SI + imparfait / conditionnel présent
2. Si elle **réussit** ses études supérieures, elle **pourra** travailler dans la géo-ingénierie. → hypothèse sur le futur SI + présent / futur simple

3. Si nous ne **faisons** rien pour diminuer la pollution des océans, des centaines d'espèces marines **disparaîtront** bientôt. → hypothèse sur le futur SI + présent / futur simple
4. Si vous **aviez assisté** au début de la conférence, vous **comprendriez** de quoi on parle maintenant ! → hypothèse sur le passé SI + plus-que-parfait / conditionnel passé

UNITÉ 6

1. *Exemples de réponses :*
1. afin de
2. dans le but de
3. dans le souci de comprendre et d'analyser
4. en vue d'augmenter
5. en vue d'obtenir
6. pour que
7. tend à

2.
1. « **Inutile de dire qu'**AgroParisTech forme chaque année des centaines d'élèves à travailler pour l'industrie de diverses manières »
2. « compter des grenouilles et des papillons pour que les bétonneurs puissent les faire disparaître légalement, **n'est-ce pas ? Félicitations !** »
3. « à vous qui sentez un malaise monter sans pouvoir le nommer, qui trouvez souvent que ce monde est fou, **car il est vraiment fou, fou dans ses choix, fou dans ses contradictions, etc.** »
4. « qui pratiquent au quotidien une écologie populaire, **inclusive, progressiste**, décoloniale et féministe. »
5. « Quelle vie voulons-nous ? Un patron cynique ? Un emprunt sur 30 ans pour un pavillon ? **Une planète en détresse ? Une société déconnectée de ses valeurs fondamentales ?** »

3.
1. Quitte à
2. Quoique
3. quoiqu'
4. Bien que

UNITÉ 7

1.
1. Il est révoltant **que** des individus puissent se passer tous leurs caprices quand d'autres meurent de faim ! → Subjonctif
2. Il est absolument choquant **de** refuser de l'aide à d'autres humains ! → Infinitif
3. Il est révoltant **de** trouver ça normal ! → Infinitif
4. Il est choquant **que** les laboratoires de recherche médicale ne fassent rien pour diminuer le coût des traitements ! → Subjonctif

2.
1. Il est immoral que nous ne **fassions** pas le nécessaire pour éviter cette situation ! → Subjonctif
2. Il est criminel de **masquer** cette injustice ! → Infinitif
3. Il est choquant que tant de personnes **meurent** encore aujourd'hui de manque de soins. → Subjonctif
4. Il est immoral de **penser** uniquement à l'argent dans ce contexte ! → Infinitif

UNITÉ 8

1.
Ils se **procurent** de la peinture et deux gros pinceaux. La maison Salagnon **a** de si nombreux fournisseurs qu'il **est** aisé de recevoir un gros seau de peinture pour métaux, bien épaisse et couvrante, et résistante à l'eau **précise** celui qui l'**offre** au fils en croyant obliger le père. Ce n'**est** pas du blanc mais un rouge sombre. Mais trouver de la peinture en 1943 **est** déjà bien ; il ne **faut** pas en plus espérer choisir la couleur. Cela **ira**. Ils **décident** du soir, ils **préparent** les mots à écrire sur de petites feuilles qu'ils **avalent** ensuite, et **font** plusieurs dimanches de reconnaissances pour repérer le mur.

2.
1. a. La chasse aux sorcières est **sans doute** une manifestation de l'inquiétude face à la puissance des femmes.
2. b. Les Invasions barbares ne **porteraient** pas bien leur nom.
3. a. Les réparations sont utiles mais **vraisemblablement** elles ne suffisent pas.

3.
1. L'emploi du conditionnel
2. L'emploi de formules telles que : comme l'affirme
3. L'emploi de tournures impersonnelles : Il est vrai que… mais,
4. L'emploi de connecteurs : en effet, pourtant

4.
1. c
2. a
3. d
4. b

5.
1. Dans une guerre, les vainqueurs sont tout **autant** perdants que les vaincus.
2. La solidité d'une fortification dépend **autant** de sa conception stratégique que du matériau utilisé.
3. Le Moyen Âge dure **considérablement** plus longtemps que l'époque moderne.
4. La mémoire **en comparaison** de l'histoire, est plus intuitive, plus individuelle.
5. Elle est bien **meilleure** romancière qu'historienne.

UNITÉ 9

1.
1. ce dont
2. ce qui
3. ce que
4. ce que
5. ce dont
6. ce que
7. ce qui
8. ce que
9. ce qui
10. ce dont

2.
1. C'est difficile de prévoir **ce qui** va se passer demain.
2. Elle apprécie **ce que** vous avez fait pour elle.
3. C'est incroyable de voir **ce que** la technologie peut accomplir.
4. Je sais **ce dont** je suis capable.
5. C'est **ce dont** j'ai peur.

3.
1. J'ai bien mangé hier, ce qui est rare.
2. Il est arrivé en retard, ce que j'avais prévu.
3. Ne répétez pas ce que je viens de faire !
4. Montre-moi ce que tu as écrit.
5. Confie-moi ce dont tu as peur.

UNITÉ 10

1. *Exemples de réponses* :
a. Elle va manger et à la fac
b. Ils sont très amoureux du Japon et de la même fille.
c. « Ces cadeaux qui meublent une chambre et la conversation, mais auxquels la réalité actuelle ne correspond pas », Marcel Proust, *A l'ombre des jeunes filles en fleurs*
d. « Le ciel s'est couvert de rage et de plumes », Raymond Queneau, *Le ciel s'est couvert*
e. « Napoléon prit du ventre et beaucoup de pays », Jacques Prévert, *Paroles*.

2.
– *Candide ou l'optimisme* (Voltaire, 1759) :
Le plus grand philosophe du monde, sur une planche plus large qu'il ne faut, s'il y a au-dessus un précipice, quoique sa raison le convainque de sa sûreté, son imagination prévaudra.
Si on analyse la structure de la phrase, *le plus grand philosophe du monde* étant le groupe nominal du début, on s'attendrait à ce que ce soit le sujet de la phrase, or, le sujet devient *son imagination* qui prévaudra.
Nous avons ici une phrase dont la syntaxe explose, avec différents compléments entremêlés. Cela crée un effet d'immédiateté du récit, mais qu'il est un peu difficile de suivre. Nous pourrions proposer cette phrase : Si le plus grand philosophe du monde se trouve sur une planche plus large qu'il ne faut et avec un précipice au-dessus, même si sa raison le convainc de sa sûreté, il écoutera plus son imagination qui lui dira le contraire.
– *Un de Beaumugnes* (Jean Giono, 1929) :
Après boire, l'homme qui regarde la table et qui soupire, c'est qu'il va parler.
Après avoir bu, si l'homme regarde la table et soupire, c'est qu'il va parler. Nous pourrions nous attendre à cette phrase. Or, nous avons deux relatives liées entre elles par la conjonction de coordination « et » (« qui regarde la table / qui soupire ») complément de l'antécédent « l'homme », dont on attend qu'il soit le sujet de la phrase. Mais ce groupe nominal, sans aucun verbe associé, est repris à son tour par le pronom démonstratif « c'est » pour insister sur l'attitude de l'homme et ce qu'elle signifie. Il s'agit d'un rythme haché de la phrase qui peint la scène de manière directe et ce qu'elle signifie.
Exemples d'anacoluthes :
« Exilé sur le sol au milieu des huées, ses ailes de géant l'empêchent de marcher », Baudelaire, « L'Albatros », *Les fleurs du mal*.

« Lui qui aimait tant ses aises, une veste n'importe comment, un vieux pantalon, il n'aimait que ça, les vieux vêtements », Nathalie Sarraute, *Le planétarium*.

« En vous remerciant, recevez, Monsieur, mes salutations distinguées. Qui remercie ? Qui reçoit les salutations ? »

3.
1. *Liste de critères qui peuvent être pris en compte :*
– Durée (entre 3 et 5 minutes maximum)
– Procédés stylistiques utilisés (au moins 3 différents : litote, euphémisme, prétérition, hyperbole, anacoluthe, zeugme…)
– Utilisation de déictiques
– Description et narration détaillée de l'expérience
– Expression corporelle, gestuelle
– Intonation / modulation de la voix
– Implication, interpellation du public
– Variété et richesse lexicale
– Morphosyntaxe variée et correcte

UNITÉ 11

1.
1. Il est regrettable que le street art **n'ait jamais reçu** la reconnaissance des grands artistes.
b. Des visiteurs auraient aimé que l'artiste **se soit déplacé** pour le premier jour de l'exposition.
c. Les amoureux du grand écran déplorent que les jeunes **aient délaissé** les cinémas au profit du petit écran.
d. Les nostalgiques trouvent dommage que la photo noir et blanc **ait disparu** presque totalement.
e. La police ne croit pas que le voleur **soit parti** avec le tableau en pleine journée.

2.
1. Des formes d'art **telles** que le street art ne sont pas toujours reconnues à leur juste valeur.
b. L'art-thérapie est louée pour ses bienfaits **tels que** la prise de confiance en soi.
c. Dans certaines sociétés, les tatouages jouent de **tels** rôles qu'il est difficile de tous les énumérer.
d. **Tel** un phare, il a su être un guide dans ma vie.
e. La maison a été construite **telle** qu'elle l'avait imaginée.

UNITÉ 12

Personnification créative
3. *Suggestion de réponse :*

Nouvelle

Dans un monde où les concepts abstraits prennent vie, le Temps était un vieil homme sage et grisonnant qui marchait lentement à travers les vallées du passé, du présent et du futur. L'Amour, quant à lui, était une jeune femme douce et compatissante, répandant sa chaleur là où elle allait. La Peur, un être sombre et furtif, se faufilait silencieusement dans les coins obscurs, attendant patiemment son moment.

Un jour, l'Amour croisa le chemin du Temps lors d'une soirée étoilée. Le vieil homme fut immédiatement captivé par la lumière étincelante de la jeune femme, et ils décidèrent de marcher ensemble. Leur union créa des moments d'une beauté intemporelle, et le monde semblait suspendu dans une étreinte éternelle.

Cependant, la Peur, jalouse de l'harmonie qui émanait de l'Amour et du Temps, décida d'intervenir. Elle se tapit dans l'ombre, attendant le bon moment pour semer le doute et la discorde. Un jour, elle glissa des ombres dans les souvenirs du Temps, distordant le passé pour créer des fissures dans son lien avec l'Amour.

Les rires et les sourires se transformèrent en murmures de méfiance, et l'harmonie se dissipa lentement. Le Temps, tourmenté par les illusions de la Peur, se mit à hésiter sur sa propre nature. L'Amour, sentant la détresse de son compagnon, tenta de rallumer la flamme qui les avait unis, mais la Peur persistait.

Finalement, dans un acte de bravoure, l'Amour affronta la Peur dans les recoins les plus sombres de leur monde. Elle parla de compassion, de compréhension et de pardon, dissipant les ténèbres qui avaient envahi le cœur du Temps. La lumière de l'Amour rétablit la vérité du passé, et le Temps, libéré de l'emprise de la Peur, reprit son cours naturel.

Ainsi, l'Amour et le Temps apprirent que même dans un monde où les concepts prennent vie, la force de l'Amour pouvait guérir les blessures du passé et transcender les craintes du futur. Ils continuèrent leur marche, main dans la main, sculptant ensemble le récit éternel du temps qui passe.

Le subjonctif plus-que-parfait
1. Je doutais sincèrement qu'il eût écrit ces lettres.
2. Il aurait fallu qu'elle eût appris les expressions québécoises avant d'être partie au Québec. Cela lui aurait évité des difficultés.
3. Je n'aurais jamais pensé qu'ils eussent terminé le pont à temps.
4. Ils n'étaient pas certains que nous eussions mangé avant d'arriver.
5. Il aurait téléphoné avant qu'elle fût arrivée à ses fins.

Vocabulaire

UNITÉ 1

1.
1. La progression de la technologie/développement
2. Transformer/modifier
3. Révolutionner/bouleverser
4. Réinventer/créer de nouveau
5. S'adapter/ajuster
6. Innover/introduire de nouvelles idées
7. Émerger/apparaître
8. Se propager/se diffuser
9. S'impliquer/participer activement

2.
1. Les progrès technologiques ont permis une **évolution** rapide dans le domaine des communications.
2. Les smartphones ont **transformé** la façon dont nous consommons les médias.

3. Les médias doivent **s'adapter** aux nouvelles attentes des consommateurs.
4. Les entreprises médiatiques cherchent constamment à **innover** pour rester compétitives.
5. L'**émergence** des réseaux sociaux a **bouleversé** notre façon de communiquer.
6. Les rumeurs se **propagent** rapidement sur les réseaux sociaux.

3.
1. populaire – c
2. démocratisé – g
3. mutation – f
4. transformer – h
5. éclatement – e
6. bousculé – b
7. enrayer – a
8. dégringoler – d
9. désuète – i

4.
1. Désinformation : d. Diffusion délibérée de fausses informations.
2. Falsification : a. Déformer la réalité de manière intentionnelle.
3. Exactitude : c. Conformité à la réalité ou à la vérité.
4. Manipulation — b. Action de contrôler ou influencer de manière trompeuse.

5.
De nos jours, il est de plus en plus difficile de distinguer les informations **vraies** des informations **fausses**. Certains médias, notamment sur Internet, tentent de **manipuler** les gens afin d'**influencer** l'opinion publique.
Pour y parvenir, ils ont recours à la **désinformation**, c'est-à-dire la diffusion délibérée de fausses informations dans le but de **propager des rumeurs** et de créer de la **confusion**.
Dans ce contexte, il devient essentiel de vérifier l'**exactitude** des informations avant de les partager. Il est important de s'assurer que les **sources** sont fiables, que les faits sont **véridiques**.

6.
1. manque : e. Condition d'être privé ou de faire défaut de quelque chose.
2. nocivité : c. Effet néfaste ou dommageable sur la santé ou le bien-être.
3. anxiété : d. Sentiment d'inquiétude, de tension ou de peur excessive.
4. addiction : b. État de dépendance compulsive à une activité ou à une substance.
5. infolisme : f. Obsession excessive pour la recherche et la consommation d'informations.
6. isolement : a. État de se sentir exclu socialement ou culturellement.
7. rejet : g. Action de mettre à l'écart ou de ne pas accepter quelqu'un.
8. marginalisation : h. Processus par lequel une personne est rendue peu importante ou insignifiante dans la société.

UNITÉ 2

1.
1. uniformisation
2. émancipation
3. métissage
4. mondialisation
5. obsolescence ; obsolètes

2.
1. progrès → régression
2. innovation → tradition
3. changement → stabilité
4. mondialisation → localisme
5. diversité → uniformité
6. égalité → inégalité

3.
1. a. Sexisme
2. a. Superficialité
3. b. Mal-être

4.
Le consumérisme est un phénomène qui caractérise les sociétés **modernes**. Il se caractérise par une **augmentation** de la consommation de biens et de services qui est due à plusieurs facteurs, notamment la **publicité**, la **mondialisation** et l'**offre de biens et services**. Le consumérisme a des conséquences négatives sur l'environnement, la société et l'économie. Il contribue à la **pollution**, aux **inégalités** ainsi qu'à l'**égarement** des êtres humains.

5.
Le bonheur est un état de **bien-être** dans lequel une personne se sent pleinement satisfaite et épanouie. Il peut être atteint de différentes manières, telles que la **réalisation** personnelle, les relations **harmonieuses** et l'**accomplissement** de ses objectifs. Chacun a sa propre définition du bonheur et les facteurs qui contribuent à l'**épanouissement** peuvent varier d'une personne à l'autre.

6.
1. idéalisme : a. Une conception philosophique qui privilégie les idéaux et les principes moraux.
2. rêve : b. Une représentation mentale de situations ou d'événements agréables et souhaités.
3. progrès : c. L'amélioration graduelle de la société par des changements positifs.

7.
L'utopie est un concept qui désigne un modèle de société **imaginaire** et idéal, souvent pensé comme une solution aux problèmes et aux **injustices** de notre monde actuel. Dans une utopie, les valeurs telles que l'**égalité**, la justice et la **fraternité** sont mises en avant. Cependant, l'utopie est souvent critiquée pour son caractère **irréalisable**.

UNITÉ 3

1.

La **politique** est un domaine complexe qui englobe l'ensemble des activités liées à la **gouvernance** et à l'**administration** des affaires publiques d'un **pays**. Elle concerne la prise de décisions politiques, la gestion des ressources et l'exercice du **pouvoir** au sein d'une société. Les **politiciens**, en tant que représentants élus, sont chargés de **défendre** les intérêts de la **population** et de mettre en place des politiques publiques visant à **améliorer** les conditions de vie et **promouvoir** le bien-être collectif.

2.

1. La justice sociale : une politique qui favorise une répartition équitable des richesses et vise à réduire les inégalités sociales.
2. L'électorat : l'ensemble des citoyens d'un pays ayant le droit de vote.
3. Une campagne électorale : l'action de persuader et de convaincre les électeurs en faveur d'un candidat ou d'une cause politique.
4. Citoyenneté : l'ensemble des droits et des devoirs d'un citoyen.
5. Législation : l'ensemble des lois et des règles qui régissent un pays.

3.

1. La mobilité sociale peut être facilitée par l'accès à l'**éducation** et aux **opportunités** d'emploi.
2. Certaines professions offrent plus de **perspectives** que d'autres.
3. Les **politiques** gouvernementales peuvent jouer un rôle dans la promotion de la **mobilité sociale**.

4.

1. Égalité
2. Justice
3. Inclusion

5.

L'égalité est un principe fondamental qui vise à assurer le traitement **identique** de tous les **individus**, indépendamment de leurs **caractéristiques** personnelles.

L'équité, quant à elle, cherche à garantir une **répartition** juste en tenant compte des différences et des **besoins** spécifiques de chaque individu.

La discrimination est une **violation** des principes d'égalité et d'équité, car elle entraîne un traitement **inégal** et injuste envers certaines personnes ou groupes.

Les **inégalités** de genre persistent dans de nombreux domaines de la société et limitent l'accès des femmes à certaines opportunités.

L'**inclusion** est une approche qui favorise la participation de tous les individus, en veillant à ce que personne ne soit exclu ou marginalisé.

6.

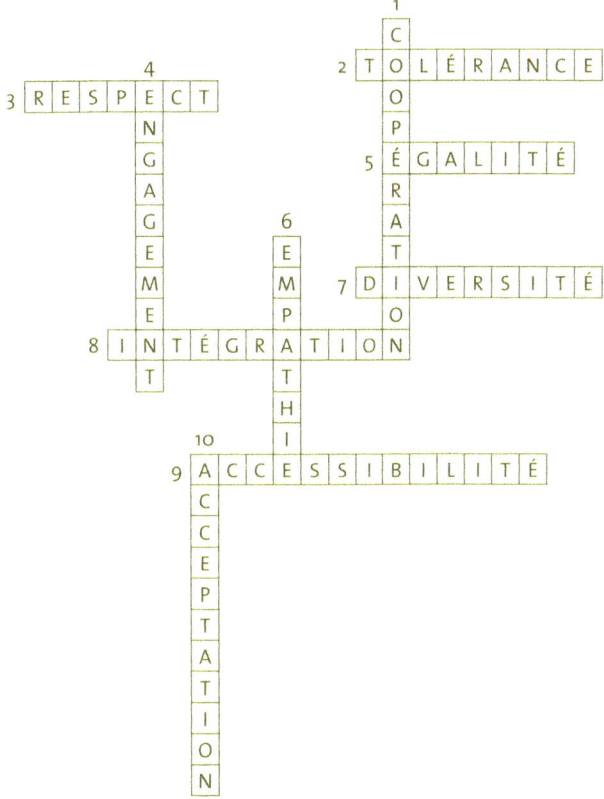

UNITÉ 4

1.

1. La déforestation : la destruction des forêts à grande échelle.
2. La pollution : la présence de substances nocives dans l'environnement, causant des dommages à la santé et à la nature.
3. L'érosion : l'usure et la disparition progressive des sols et des terres fertiles.
4. Le développement durable : un modèle de croissance économique qui prend en compte les aspects sociaux, environnementaux et économiques afin de répondre aux besoins des générations présentes et futures.
5. L'empreinte écologique : la quantité de ressources naturelles utilisées et de déchets générés par une personne, une entreprise ou une communauté.
6 Les énergies fossiles : Les sources d'énergie non renouvelables, telles que le pétrole et le charbon.

2.

Les émissions de **gaz à effet de serre** provenant des activités humaines, telles que l'**industrie** et les **transports**, contribuent au réchauffement climatique. Ce phénomène a des conséquences graves sur notre planète, notamment la fonte des glaciers, l'**élévation** du niveau de la mer, et des événements climatiques extrêmes de plus en plus fréquents. Pour lutter contre cela, il est essentiel de promouvoir les énergies **renouvelables**, comme l'énergie **solaire** et éolienne, qui sont **respectueuses** de l'environnement et réduisent les **émissions** nocives.

En outre, la pollution est un problème urgent. La pollution des plastiques dans nos océans menace la **biodiversité**. Les gouvernements et les organisations du monde entier doivent œuvrer ensemble pour mettre en place des politiques de **préservation** de l'environnement qui encouragent la réduction des déchets, la récupération des matériaux, et la protection des forêts contre la déforestation.

La **durabilité** est la clé pour garantir un avenir meilleur pour les générations futures. Il est temps que chacun prenne des **mesures** pour réduire son **empreinte écologique** et préserver la planète pour les années à venir.

3. Suggestions de réponse :
1. Le tigre de Sibérie, également connu sous le nom de tigre de l'Amour, est une espèce en voie de **disparition** en raison de la chasse illégale pour sa précieuse **peau**.
2. Les organisations de conservation mettent en œuvre des programmes de **réintroduction** pour sauver cette espèce en danger critique en relâchant dans la nature des tigres élevés en captivité.
3. Il est essentiel que les gouvernements prennent des mesures strictes pour **lutter** contre le braconnage en renforçant les **lois**.

4.
1. Pour réduire les émissions de gaz à effet de serre, il est essentiel d'encourager l'utilisation des **transports en commun**.
2. Une méthode efficace pour minimiser les déchets est de pratiquer le **recyclage** en triant soigneusement les matériaux recyclables.
3. Les **énergies renouvelables** telles que les panneaux solaires sur les toits des maisons peuvent contribuer à produire de l'électricité propre.
4. L'adoption de l'**agriculture biologique** est une approche agricole respectueuse de l'environnement qui évite l'utilisation d'engrais chimiques et de **pesticides**.
5. Les **produits réutilisables** tels que les sacs en toile et les gourdes sont de bonnes alternatives aux produits **jetables**.
6. Les véhicules électriques gagnent en popularité en tant que moyen de transport écologique, réduisant ainsi la dépendance aux **combustibles fossiles**.

5.
1. Réemploi : pratique de réutilisation des objets ou matériaux au lieu de les jeter.
2. Donnerie : lieu où l'on donne des objets réparables qui peuvent ainsi être réutilisés.
3. Écologie participative : approche qui encourage la participation du public à la prise de décision en matière d'environnement.
4. Coopérative : lieu où les habitants se réunissent pour partager des compétences, des ressources et des connaissances.
5. Économie collaborative : système regroupant les activités qui reposent sur le partage ou la mutualisation des biens, savoirs, services ou espaces.

UNITÉ 5

1.

Innovation	Génétique	Maladies	Univers	Intelligence Artificielle
Les découvertes scientifiques	Un gène	Le diabète	L'espace	un cerveau numérique
Les avancées technologiques	Les séquences d'ADN	Le cancer	Le système solaire	Les capteurs connectés
Le progrès technique	Le clonage	Les maladies cardio-vasculaires	La Voie Lactée	Les robots conversationnels
Les nouvelles technologies	Les cellules	La pandémie de Covid-19	Des années-lumière	La protection des données
La transformation digitale des entreprises	La manipulation du vivant		La matière sombre	

2. Réponses libres

UNITÉ 6

1. *Exemples de réponses :*
L'économie circulaire **a un impact sur** la réduction des déchets. Elle **contribue à** la préservation de l'environnement. **Grâce à** l'économie circulaire, on observe une optimisation des ressources et une diminution de l'empreinte écologique.

L'économie sociale **influence** positivement la cohésion sociale en favorisant des entreprises axées sur le bien commun. Elle **concourt** à la réduction des inégalités en créant des emplois inclusifs. L'économie sociale œuvre à la création d'une économie plus solidaire et équitable.

L'économie de seconde main **affecte** positivement la consommation en encourageant l'achat de produits d'occasion. Elle **s'illustre** dans la promotion d'une consommation plus responsable.

L'économie virtuelle **entraîne** des changements dans les modes de travail en favorisant le télétravail. Elle **participe** à la mondialisation des échanges en facilitant les transactions en ligne. On **constate que** les technologies de l'information sont des moteurs clés de la croissance économique.

2. *Exemples de réponses :*

1. **Il est inadmissible que** le harcèlement administratif perdure dans le cadre du travail hybride, compromettant ainsi le bien-être des travailleurs.
2. **Il est affligeant que** les grandes entreprises manifestent une inertie regrettable face aux problèmes écologiques, mettant en péril la durabilité de notre planète.
3. **Il est révoltant que** le profilage publicitaire soit utilisé dans le métavers pour manipuler le comportement d'achat des utilisateurs.
4. **Refuser que** la diversité des perspectives soit une priorité dans la prise de décision managériale épuise les possibilités d'une gouvernance plus éclairée et éthique.

3. *Exemples de réponses :*
1. varient grandement
2. on observe
3. de manière significative
4. une augmentation

UNITÉ 7

1.
Loi : législatif ; législateur ; légal ; légitime ; légiférer ; illicite
Justice : juger ; jugement ; judiciaire ; injustice ; juridique ; juridiction ; juste ; injustifiable ; justesse

2.
1. Monter à la barre = Faire une déclaration devant une cour de justice.
2. Porter plainte = Dénoncer un acte en justice (quand nous en sommes la victime).
3. Rendre un verdict = Rendre un jugement.
4. Demander réparation = Demander une compensation pour un tort ou une offense dont nous sommes la victime.
Expression au sens figuré :
Monter à la barre = (fig.) S'engager, se compromettre pour un idéal.

3.
1. Intenter une action en justice
2. Être déclaré innocent
3. Prendre parti dans une affaire
4. Commettre un crime
5. Demander réparation
6. Saisir la justice

4. *Exemple de réponse :*
Il s'agit d'une scène de tribunal. On y voit une avocate exposer sa plaidoirie devant la juge. La juge est assise au premier plan, de dos. On ne voit pas son visage. L'avocate, debout, tient un papier à la main et désigne de l'autre sa cliente. On n'aperçoit que la chemise blanche de cette dernière et une partie de son visage, tourné vers sa défenseuse. Au fond, derrière l'avocate, sont réunies diverses personnes. Sur le banc à gauche de l'image se trouve certainement la partie civile, avec l'avocat de la partie adverse. Sur le banc juste derrière, on peut imaginer qu'il s'agit des témoins de l'accusation. Au fond à droite, juste derrière la main tendue de l'avocate, un homme jeune écoute attentivement le procès. Il pourrait s'agir d'un proche de l'accusée. Tous les regards convergent vers l'avocate. Cette dernière semble sûre d'elle et sérieuse. Elle défend sa cliente avec assurance.

UNITÉ 8

2.
1. f
2. e
3. d
4. c
5. a
6. b

3.
Les héros de l'ombre écrivent leur propre histoire, une histoire de courage et de **bravoure** où **s'incliner** face à l'ennemi n'est pas une option. Au cœur des **intempéries** sur les **champs** de batailles, se dresse le **théâtre** des opérations où ces soldats **bravent** l'adversité et **luttent** contre l'oppression qui les étreint.

4.
Le château **médiéval** remplit plusieurs fonctions, celle d'habitation pour le seigneur mais aussi celle de protection contre la **menace** ennemie. C'est pourquoi, il possède un système de **défense** avec des murailles, des tours, des portes **fortifiées**, des meurtrières, etc. L'**ensemble** de ces murailles défensives est appelé **enceinte** ou de rempart.

5.
De nouveaux **vestiges** archéologiques ont été mis au jour lors de **fouilles** : des statuettes, des **outils** et des masques, la plupart en mauvais état. En vue de l'exposition au musée, un minutieux travail de **reconstitution** a été engagé afin de fabriquer des **répliques**, créées à partir d'un **moulage**.

6.
1. c
2. e
3. a
4. d
5. b

UNITÉ 9

1.
1. Le **réalisateur** d'un film est souvent responsable de la vision globale du projet.
2. L'autofiction est un genre littéraire où l'auteur explore son propre **vécu intime**.
3. L'océan, avec sa **marée haute** constante, est souvent utilisé comme métaphore dans la poésie.
4. L'entretien avec le **documentariste** a révélé des détails fascinants sur le processus de création du documentaire.
5. La **complexité** d'un récit autobiographique peut parfois susciter des émotions intenses chez les lecteurs.
6. Le **dialogue** avec un auteur peut révéler des éléments fascinants sur son processus créatif.
7. Un documentaire bien réalisé peut mettre en lumière la **profonde** complexité de la société.

8. L'**intimité** d'un récit autobiographique peut toucher profondément les lecteurs.
9. Une œuvre poétique peut évoquer un sentiment d'**émerveillement** et de découverte.
10. L'**imagination** d'un dramaturge peut donner vie à des mondes imaginaires sur scène.
11. Un entretien avec un **réalisateur** peut offrir des perspectives uniques sur le processus de réalisation d'un film.
12. Les tribulations d'une **autofiction** peuvent refléter les épreuves personnelles de l'auteur.

2.
1. Propriété virtuelle : Actif numérique, bien dématérialisé
2. Œuvre d'art : Création artistique, chef-d'œuvre
3. Collectionneurs : Mécènes, amateurs d'art
4. Maisons de vente : Galeries d'enchères, salles des ventes
5. Innovation : Avancée, progrès
6. Curatrice : Conservatrice, commissaire d'exposition
7. Bouleverser : Ébranler, perturber
8. Révolutionner : Transformer, réformer
9. Propriété intellectuelle : Droits d'auteur, droits de propriété industrielle
10. Démocratisation : Accessibilité générale, vulgarisation

UNITÉ 10

1.
1.
Même si c'est **tentant**
De fuir le **présent**
S'il te plaît, ouvre les yeux
Regarde devant
Va où va le vent
Et après, fais de ton mieux
Prisonnier du doute, pas vraiment du passé
Trop d'ombre sur la route, je vois plus les **tracés**
Et j'me rappelle **en folie** mon panel de **prolos**
J'ai la mélancolie du bordel en **colo'**
Rire de tous nos sens, et des heures à vanner
Insolente innocence de mes plus belles années
Oh, où sont passées nos plus belles années ?
On s'éloigne lentement
Où sont passées nos plus belles années ?
L'avenir nous les rend
Un **passé composé** d'évènements **imparfaits**
Un passé **pas si simple**, des sourires en trophées
Puis la mélancolie, je la mêle au **présent**
C'est la belle embellie des souvenirs apaisants
Et les belles années, même en point de suture
Je vais les amener visiter mon **futur**.

2.
AA-BAAB Rimes plates et embrassées

3.
Bordel

4.
J'ai la mélancolie du bordel en colo'
Rire de tous nos sens, et des heures à vanner
Insolente innocence de mes plus belles années

Il est possible aussi d'en mentionner d'autres comme la question « où sont passées nos plus belles années ? », qui manifeste mélancolie et nostalgie des années qui ont passé, sentiments qui sont renforcés par la musique aussi.

5.
Passé composé, imparfait, passé simple, présent, futur.
Le passé composé devient un passé, des moments du passé, des souvenirs, qui sont composés, constitués de moments, d'évènements imparfaits, qui ne sont pas parfaits. Le passé pas si simple fait un clin d'œil au temps du passé simple tout en montrant que les moments du passé pouvaient aussi être compliqués, difficiles. La mélancolie est mêlée au présent, à l'actualité du moment. Le passé est revu, revisité, de manière apaisée, embellie. Puis les belles années seront aussi présentes dans l'avenir, le futur.

6.
La mélancolie du temps qui passe, mais il est aussi possible de parler de l'optimisme des années à venir, le fait qu'il y a encore des choses à vivre. Cet optimisme est aussi présent dans la chanson.

2.
hôte et louer
– Louer peut signifier payer pour habiter un moment quelque part ou faire payer une personne pour qu'elle habite un moment notre maison. Même chose pour hôte : un hôte peut être la personne qui reçoit ou celle qui est reçue. Ici, on comprend que nous sommes allés en vacances et avons payé pour vivre dans une maison dont le propriétaire était sympathique. L'utilisation de l'article indéfini au lieu du possessif notre (une maison et non notre maison) indique cette signification, mais le contexte dans tous les cas est ce qui va lever tout type d'ambiguïté, car que se passerait-il si nous avions plusieurs maisons à louer ?
– Ici, il n'y a pas d'ambiguïté parce qu'on parle de « notre résidence secondaire ». Le sujet « nous » loue, fait payer un loyer à des étudiants pour qu'ils habitent sa maison.
– Pas d'ambiguïté non plus : les hôtes sont les personnes, tes amis que nous avons reçus chez nous.

apprendre
Apprendre peut signifier : enseigner quelque chose à quelqu'un (phrase 1) ou acquérir de nouvelles connaissances (phrase 2).

3.
Il est possible de jouer sur la polysémie de mots comme : partager, licencier, défendre, gâter, chasser, amateur, trinquer, remercier...

4.
Proposez au groupe d'identifier dans les dialogues présentés les néologismes ainsi que d'expliquer leur formation.

UNITÉ 11

1.

Créé par les hommes du Paléolithique supérieur, il y a environ 35-40 000 ans, l'art pariétal avait un objectif de **communication**. La signification des peintures reste toutefois **énigmatique** pour les préhistoriens. Les parois de grottes en Europe occidentale ont été ornées d'images diverses, notamment d'animaux, de figures **anthropomorphes** et de signes géométriques. Cependant, étant parfois caché dans des endroits difficiles d'accès, cet art n'était pas **accessible** à tous. Il semblait servir à transmettre des messages **symboliques** codifiés, résistant à l'interprétation. Les spéculations sur son sens incluent la magie, la religion, le totémisme et le chamanisme, entre autres.

2.
1. Fascination → Admiratif (ve)
2. Stupéfaction → Étonné(e)
3. Émerveillement → Ébloui(e)
4. Enchantement → Transporté(e)
5. Perplexité → Intrigué(e)
6. Extase → Captivé(e)

3.

Grâce aux avancées technologiques, l'art visuel est devenu plus **immersif**, permettant une interaction plus profonde avec les œuvres.
Les initiatives artistiques en plein air, telles que les **installations** urbaines, contribuent à la **valorisation** de l'art dans l'espace public.
Les musées et les galeries mettent en place des programmes éducatifs pour **promouvoir** la compréhension de l'art auprès du public.
Les artistes contemporains explorent de nouvelles **esthétiques**, remettant en question les **conventions** traditionnelles.
Les **expositions** itinérantes et les foires d'art internationales favorisent la **diffusion** des artistes à l'échelle mondiale.
Les nouvelles formes d'art **numérique**, telles que l'art interactif et la réalité augmentée, offrent des expériences artistiques **novatrices**.

4.
1. L'art nous permet d'exprimer notre **sensibilité** et nos émotions de manière transcendante et authentique.
2. En contemplant une œuvre d'art, nous pouvons ressentir une profonde **émotion** qui touche notre **être** même.
3. L'art est un moyen de **réinventer** notre vision du monde, de **défier** les conventions établies et de repousser les **frontières** de notre **imagination**.
4. Les artistes utilisent leur talent pour **véhiculer** des messages subtils, pour **éveiller** les sens et pour susciter l'**engagement** intellectuel des spectateurs.
5. La contemplation d'une œuvre d'art peut nous amener à nous interroger sur notre **condition** existentielle, à remettre en question les **valeurs** fondamentales de notre société et à **redéfinir** notre propre identité.
6. L'art nous offre une expérience **envoûtante** qui **transcende** les barrières culturelles, temporelles et **linguistiques**.

5.

Crossword:
3. ÉLANCÉ
6. ÉCLATANT
8. ÉPURÉ
9. PERSPECTIVE
11. ANGULEUX
12. SINUEUX

Down: 1. IMPOSANT, 2. ABSTRAIT, 4. ANCIEN/ENIGMATIQUE, 5. MOCHE/MONOCHROME, 10. PSYCHÉ...

UNITÉ 12

1.
1. plier = ployer sous
2. esquiver = se dérober
3. en quantité infinie = innombrable
4. un grand groupe de personnes = une cohue
5. la peur = l'effroi
6. se précipiter = affluer
7. infinie = insondable

2. a.

Verlan	Argot, expressions familières	Anglicismes
la téci	Wesh	rester dans le game
kiltran	Frérot	la life
le bata	le binks	
les keufs	être pépouze	
les meufs	les mecs	
	causer	
	en avoir rien à secouer	
	les potes	
	débarquer	
	faire péter les tasses	
	kiffer	
	délirer	
	le larsen	
	les beurks	
	laisser qqch sous forme	
	s'enjailler	
	s'ambiancer	
	le shneur	
	se refiler	
	tchatcher	
	tracer sa route	
	la dèche	
	les gros	
	rester solide	
	en mettre plein la face	
	le kif	
	se faire de la bile	

b. *Suggestion de réponse :*
Salut, mon ami ! C'est le quartier, tu vois ? On est dans notre quartier, on se repose, on est tranquilles. Je suis chez moi, je fume du tabac. Les gens parlent, mais je m'en fiche. J'ai mes amis, on arrive, et on fait sauter les verres.

On aime, on rigole, on n'est pas dans le moule. On fait du bruit, on laisse les problèmes en suspens. On s'amuse, on crée une ambiance. Ce n'est pas le destin qui nous ajuste.

Dans le quartier, on se passe les choses, on parle en argot. Les policiers, les filles, on les évite, on trace notre route. On traîne quelque part, on prend des risques, c'est la misère, c'est la rue. Certains veulent tester, mais on reste dans le jeu. On fait des affaires, on manigance, on garde notre flamme. Les amis d'enfance, on ne les oublie pas, c'est la base. On reste forts, même si la vie nous met des obstacles.

Voilà, c'est la vie en verlan, mon ami. On s'exprime, on ne lâche pas le micro. Ce n'est pas le rêve, mais on trace notre chemin, et on fait face, sans se soucier des critiques.

3.
La notion de partager est une notion normalement équitable, qui permet que les ressources soient réparties de la même manière entre tous. Coluche joue sur le fait que chaque catégorie de la population aura quelque chose, mais les riches la nourriture et les pauvres de l'appétit. Bien évidemment, c'est de l'humour noir parce que cela tourne en dérision la condition des pauvres (qui n'obtiennent absolument rien).

contact@cle-inter.com

N° d'éditeur : 10309924 – Dépôt légal : avril 2024

Achevé d'imprimer en juillet 2025
sur les presses numériques de l'Imprimerie Maury S.A.S.
Z.I. des Ondes – 12100 Millau
N° d'impression : G25/77541N

Imprimé en France